D1568534

STATISTIQUES SOCIALES

William Fox

STATISTIQUES SOCIALES

traduit de l'anglais et adapté

par

Louis M. Imbeau

en collaboration avec

Augustin Simard

Thierry Rodon

DE BOECK
LES PRESSES DE L'UNIVERSITÉ LAVAL

1999

Les Presses de l'Université Laval reçoivent chaque année du Conseil des Arts du Canada et de la Société de développement des entreprises culturelles du Québec une aide financière pour l'ensemble de leur programme de publication.

CANADA

Nous reconnaissons l'aide financière du gouvernement du Canada par l'entremise de son Programme d'aide au développement de l'industrie de l'édition (PADIÉ) pour nos activités d'édition.

Données de catalogage avant publication (Canada)

Fox, William, 1942-

Statistiques sociales

3e édition

(Collection Méthodes des sciences humaines)

Traduction de : Social Statistics.

Comprend des réf. bibliogr. et un index.

Publ. en collab. avec : De Boeck

ISBN 2-7637-7654-X

1. Sciences sociales – Méthodes statistiques. I. Titre. II. Collection: Méthodes des sciences humaines (Sainte-Foy, Québec).

HA29.F6514   1999   300'.1'5195   C99-941119-5

© 1998, MicroCase Corporation.
          Titre original: *Social Statistics*
© 1999, Les Presses de l'Université Laval
          pour la traduction française
Tous droits réservés. Imprimé au Canada
Dépôt légal 3e trimestre 1999
ISBN 2-7637-7654-X

17e tirage 2015

LES PRESSES DE L'UNIVERSITÉ LAVAL
Pavillon de l'Est
2180, chemin Sainte-Foy, 1er étage
Université Laval, Québec
Canada, G1V 0A6

www.pulaval.com

À Colette, Jean et Jennifer,
pour tout ce qui importe :
la famille

Table des matières

Préface xv

Première partie : Introduction et analyse univariée

Chapitre 1 : Les statistiques et les variables.. 3

   1.1   Les statistiques et les données 4

   1.2   Un survol des statistiques.. 5

   1.3   Les échantillons et les populations 7

   1.4   Les variables 9

   1.5   Les niveaux de mesure 10

   1.6   Catégories mutuellement exclusives et collectivement
       exhaustives 16

   1.7   Les variables continues et les variables discrètes 17

   1.8   Cas, variables et fichiers de données.................................. 19

   1.9   Les données agrégées 21

   1.10 Les idées et la réflexion 24

   1.11 Jouer avec les données 25

   1.12 Ce qu'il faut attendre de ce livre 26

   1.13 Résumé du chapitre 1 29

Chapitre 2 : Les distributions de fréquences et de pourcentages 33

   2.1   Les distributions de fréquences.. 34

   2.2   Les distributions de pourcentages 38

   2.3   Les distributions cumulatives 41

   2.4   Produire des tableaux lisibles et bien présentés 44

   2.5   Fusionner des catégories 46

   2.6   L'exclusion de données manquantes 51

   2.7   Les sous-ensembles de cas.. 53

   2.8   Les diagrammes circulaires et les diagrammes en bâtons ... 53

2.9   Les cas déviants.. 57

2.10   La cartographie des variables écologiques 58

2.11   Résumé du chapitre 2 61

Rapport d'analyse n° 1 :
Pourcentages, distributions, graphiques et cartes 64

Chapitre 3 : Les mesures de tendance centrale 69

3.1   Le mode 70

3.2   La médiane 72

3.3   La moyenne 78

3.4   Les propriétés de la moyenne 80

3.5   La moyenne d'une variable dichotomique..................... 83

3.6   Lequel employer – le mode, la médiane ou la moyenne ? .. 85

3.7   Résumé du chapitre 3 88

Chapitre 4 : Les mesures de variation 91

4.1   Les mesures de variations : la variance et l'écart-type 92

4.2   De la forme des distributions 100

4.3   Les scores standardisés ou scores-Z 103

4.4   La distribution normale.. 105

4.5   Les distributions d'échantillonnage 108

4.6   Les intervalles de confiance 112

4.7   Avertissement concernant les statistiques univariées......... 114

4.8   Résumé du chapitre 4 116

Rapport d'analyse n° 2 :
Mesures de tendance centrale et de variation 119

Deuxième partie : Les analyses bivariées

Chapitre 5 : L'analyse des tableaux bivariés 123

5.1   Les tableaux bivariés de fréquences.................................... 125

5.2   Les tableaux bivariés de pourcentages................................ 128

5.3   La lecture des tableaux de pourcentages 131

5.4   Les relations positives, négatives et curvilinéaires 134

5.5   Comment présenter des tableaux bivariés........................ 139

5.6   Les diagrammes en bâtons divisés pour les relations
bivariées 141

5.7   Un mot d'avertissement à propos de tableaux
bivariés basés sur des N faibles 143

5.8 L'association n'implique pas la causalité 144

5.9 Résumé du chapitre 5 146

Chapitre 6 : Le test du chi-carré 149

6.1 La logique des tests de signification statistique 150

6.2 Le test du chi-carré 154

6.3 Les problèmes causés par des fréquences
anticipées inférieures à 5 162

6.4 Signification statistique et signification « réelle » 163

6.5 Les tests de signification sur des données de population .. 165

6.6 Résumé du chapitre 6 166

**Chapitre 7 : Mesures d'association pour des données de tableau croisé
(nominales ou ordinales)** 169

7.1 Un survol des mesures d'association 170

7.2 Les mesures basées sur le chi-carré pour
variables nominales : le C, le V et le ϕ 171

7.3 Le lambda 175

7.4 Le choix d'une mesure d'association
pour les variables nominales 179

7.5 Les mesures d'association pour des variables ordinales :
le gamma 181

7.6 Le D_{yx} de Somers 187

7.7 Le tau-b et le tau-c 191

7.8 Les mesures d'association : un résumé 193

7.9 Résumé du chapitre 7 196

Exemple de rapport n°3 :
Analyse de tableaux bivariés 199

Chapitre 8 : Comparaison de moyennes et test *t* 203

8.1 Les diagrammes en boîtes et la différence
entre les moyennes 204

8.2 Le test *t* pour la différence entre les moyennes 208

8.3 Postulats et mises en garde à propos du test *t* 217

8.4 Test unilatéral et test bilatéral 219

8.5 Les intervalles de confiance pour les différences
entre les moyennes 220

8.6 Résumé du chapitre 8 223

Exemple de rapport n° 4 :
Comparaison de moyennes et test *t* 225

Chapitre 9 : L'analyse de variance 227

9.1   Les diagrammes en boîtes et moustaches
       et les différences entre les moyennes 228

9.2   Le but et les conditions d'application de l'analyse
       de variance 231

9.3   La logique de l'analyse de variance................................... 233

9.4   Le tableau ANOVA 243

9.5   Le ratio de corrélation (E²) 244

9.6   L'analyse de variance à 2 variables indépendantes
       (et au-delà) 246

9.7   Trois mises en garde à propos des proportions F
       statistiquement significatives 247

9.8   Résumé du chapitre 9 248

       Exemple de rapport n° 5 :
       Analyse de variance... 251

Chapitre 10 : La régression et la corrélation 253

10.1   Les diagrammes de dispersion 254

10.2   Les diagrammes de dispersion et l'intensité
       des relations 258

10.3   Les limites des diagrammes de dispersion......................... 261

10.4   La régression et la droite des moindres carrés.................. 262

10.5   Le calcul des coefficients de régression 267

10.6   Le coefficient de corrélation (r) 269

10.7   L'interprétation du r² comme la proportion
       de la variation expliquée.. 274

10.8   La corrélation entre des variables dichotomiques 276

10.9   L'association n'implique toujours pas la causalité 277

10.10 Relations linéaires et non linéaires 277

10.11 Test de signification pour un coefficient de corrélation ... 278

10.12 La matrice de corrélation 280

10.13 Résumé du chapitre 10 283

       Rapport d'analyse n° 6 :
       Régression et corrélation 286

Troisième partie : Les analyses multivariées

Chapitre 11 : L'analyse tabulaire multivariée 291

    11.1   La logique des relations causales 292

    11.2   Les relations fallacieuses 294

    11.3   Quelques éléments de terminologie 297

    11.4   Des exemples de relations fallacieuses 299

    11.5   La reproduction 300

    11.6   Quelque part entre l'explication et la reproduction 301

    11.7   La spécification 303

    11.8   Les variables dissimulatrices 304

    11.9   Les variables intermédiaires comme variables de contrôle 306

    11.10 Le gamma partiel 308

    11.11 Résumé de l'élaboration 310

    11.12 L'élaboration et le problème des petits N 311

    11.13 La relation entre l'analyse multivariée et le devis expérimental 312

    11.14 Résumé du chapitre 11 314

    Rapport d'analyse n° 7 : Analyse tabulaire multivariée 317

Chapitre 12 : Les régressions et corrélations multiples 319

    12.1   L'extension du modèle de régression 320

    12.2   Le coefficient de corrélation multiple 326

    12.3   Les coefficients de régression standardisés (coefficients bêta) 328

    12.4   Les tests de signification pour les coefficients de corrélation multiple 330

    12.5   La régression avec des variables dichotomiques et des variables factices 332

    12.6   Résumé du chapitre 12 335

    Rapport d'analyse n° 8 : Régression et corrélation multiple 338

Appendices : Tableaux statistiques 341

    Tableau 1 : La distribution du chi-carré 343

    Tableau 2 : La distribution du t 344

Tableau 3A : La distribution du F 345

Tableau 3B : La distribution du F (suite) 346

Tableau 3C : La distribution du F (suite) 347

Glossaire 349

Bibliographie 365

Index 371

Préface

La publication de cette troisième édition a été motivée par la généreuse réception qu'on a accordée aux deux précédentes. Ce sont les commentaires et les suggestions des utilisateurs de ces éditions qui m'ont guidé. Étudiants comme professeurs ont suggéré des façons de communiquer les notions de statistique plus efficacement. J'ai fait de mon mieux pour incorporer le sens et la substance de leurs suggestions dans cette édition. C'est ainsi que j'ai ajouté un chapitre sur le test t de la différence entre les moyennes et que je me suis étendu plus longuement sur les intervalles de confiance et les coefficients bêta. Dans cette édition, j'utilise des bases de données plus à jour et plus importantes. J'ai intégré des techniques de gestion de données dans les analyses statistiques et j'ai proposé des exemples de rapports de recherche. Les étudiants ont apprécié le style vivant et interactif des éditions précédentes ; je l'ai conservé dans cette édition.

Ce dont vous avez besoin pour comprendre ce livre

Vous vous demandez sûrement ce que vous devez connaître avant de vous lancer dans l'étude des notions de base de la statistique. Je suppose d'abord que vous connaissez les opérations arithmétiques simples – l'addition, la soustraction, la multiplication et la division. Vous devrez, de plus, être raisonnablement à l'aise avec les fractions, les décimales, les exposants, les racines carrées et les équations simples.

Tout ce qu'il vous faut savoir de plus, vous l'apprendrez en chemin. L'idéal serait que vous ayez déjà suivi un cours de méthode de recherche, mais ce n'est pas essentiel. De même, il serait bien que vous ayez également suivi quelques cours en sciences sociales, quoique, ici aussi, cela ne soit nullement nécessaire. Pour être franc, je demanderai de votre part plus de motivation et de bonne volonté que de connaissances à proprement parler.

J'espère enfin que vous aurez un bon professeur. Bien que je crois à l'importance des ouvrages bien faits (c'est pourquoi j'ai beaucoup travaillé pour écrire ce livre), je continue à penser qu'apprendre d'un professeur enthousiaste et compétent est plus profitable que de lire le meilleur des livres.

Remerciements

J'ai rédigé cette troisième édition alors que j'étais libéré par le collège Skidmore pour un congé sabbatique. J'ai la chance d'enseigner dans un collège où l'on croit à l'éducation libérale, où l'on promeut un enseignement de haute qualité, où l'on soutient les professeurs... et où l'on est conscient que ces trois engagements vont de pair.

Ce texte a vu le jour grâce à mon ex-collègue Richard Rosenfeld, maintenant à l'Université du Missouri à Saint-Louis. Rick me vantait les vertus de MicroCase, me harcelant gentiment pour que je l'essaie. Il me convainquit ensuite du besoin d'un manuel de statistique qui compléterait ce logiciel, puis me soutint activement à chaque moment critique du projet. Sans Rick, je n'aurais jamais publié ce livre[1].

Plusieurs utilisateurs des éditions précédentes m'ont fait part de suggestions qui ont été très utiles à cette révision, en particulier les collègues suivants, venant d'un peu partout au pays :

Gretchen Arnold, University of Missouri, Saint-Louis
Scott Beck, East Tennessee State University
James C. Cramer, University of California, Davis
Thom Curtis, University of Hawaii, West Hawaii
Robert Evans, Rockford College
Jody L. Fitzpatrick, University of Colorado
George Guay, Salem State College
Farrukh B. Hakeem, John Jay College of Criminal Justice
Craig C. Hagensick, University of Wisconsin, Milwaukee
Frances Hoffmann, University of Missouri, Saint-Louis
Rosemary Hopcroft, University of North Carolina, Charlotte
Rollie Jacobs, U.S. Military Academy
Michael Jerin, St. Ambrose University
Jocelyn Johnston, University of Kansas
Michael C. Kearl, Trinity University
Scott Kuehn, Clarion University of Pennsylvania
Gary Lilly, Westminster College
Mary Maloney, Wayland Baptist University

---

1. L'édition originale en anglais se vend avec un cahier d'exercices accompagné de la version pour étudiant de MicroCase, un logiciel d'analyse statistique très convivial (N.D.T.).

William F. McDonald, Georgetown University
Miller McPherson, University of Arizona
Kenneth Mietus, Western Illinois University
Carol Miller, Humboldt State University
David A. Nordlie, Bemidji State University
Jeff Pounders, Ouachita Baptist University
John W. Prehn, Gustavus Adolphus College
Roger Reed, Dakota State University
Steve Roberds, University of North Alabama
Beth Rushing, University of Missouri, Saint-Louis
Terry Russell, Frostburg State University
Richard Shingles, Virginia Polytechnic Institute & State University
Kurt Schock, Rutgers University, Newark
Christopher B. Smith, Mount Saint Mary's College
Kurt Thurmaier, University of Kansas
Rollo Tinkler, Abilene Christian University
Henry Vandenburgh, Prairie View A&M University
Mark Wattier, Murray State University
Raymond Wheeler, University of South Florida
James Wiest, Hastings College
Sheldon Zhang, California State University, San Marcos

Des remerciements spéciaux vont à Steve Bird et Eric Metchik qui ont révisé soigneusement les derniers brouillons de ce texte. S'il reste des erreurs, j'en assume la responsabilité.

Les gens de MicroCase – Dave Smetters, David Simmons, Julie Aguilar et Jodi Gleason – ont accueilli ce projet avec enthousiasme et ont fait l'impossible pour en soutenir le développement. Ils ont mis au point le logiciel MicroCase pour étudiant, m'ont conseillé, ont traité les critiques des manuscrits et ont fourni les illustrations et graphiques. Mais le plus important fut leur enthousiasme. Je suis particulièrement reconnaissant envers Dave Smetter qui a supervisé ce projet avec le mélange parfait de professionnalisme et d'empathie.

Merci à mes étudiants, spécialement à ceux du Skidmore College. Il est vrai qu'ils ne pouvaient pas m'empêcher de tester sur eux mes stratégies pédagogiques. Mais ils n'étaient pas obligés d'avoir si bon caractère ni de m'enseigner tant de choses. Je leur en suis reconnaissant. Les informaticiens du Skidmore College m'ont aidé de toutes sortes de façons, en particulier Leo Geoffrion, John Danison, Lisa Schermerhorn et Bill Duffy. Ils forment le groupe le plus convivial qui soit. Mon assistante, Susan Danielson, a travaillé à ce projet avec diligence et énergie.

Je veux remercier Elton Jackson, professeur de sociologie à l'Université d'Indiana, qui m'a enseigné les statistiques. Le premier jour de classe, Elton nous promit une nouvelle façon de voir le monde. Il a rempli sa promesse. Elton Jackson m'a enseigné les statistiques et beaucoup plus.

Ma gratitude va aussi à plusieurs individus et institutions qui ont fourni les fichiers de données sur lesquels la plupart des exercices du cahier d'exercices sont basés. J'ai obtenu toutes les bases de données des fichiers archivés chez MicroCase, ce qui m'a épargné des semaines de travail. Un merci spécial va à Tom W. Smith du National Opinion Research Center qui dirige et administre le General Social Survey. Merci aussi à l'Inter-University Consortium for Political and Social Research (ICPSR) et au Roper Center qui, depuis des années, distribuent le General Social Survey. L'archivage de données par le ICPSR, le Roper Center et MicroCase Corporation est un service inestimable que ces institutions rendent aux chercheurs en sciences sociales.

Mes remerciements vont aussi à l'exécuteur littéraire de feu Sir Ronald A. Fisher, F.R.S., Dr Frank Yates, F.R.S., et le Chapman Group Ltd de Londres, qui m'ont accordé la permission de reproduire des parties des tableaux III et IV de leur livre *Statistical Tables for Biological, Agricultural and Medical Research*.

Par dessus tout, je veux remercier Nanci Griffith et Collette Fox. Nanci et ses associés ont créé une belle musique qui se marie très bien avec les statistiques et avec à peu près n'importe quoi d'autre dans la vie. Et Collette fait que cette vie en vaut la peine.

Commentaires ou suggestions ?

Je désire vraiment vous entendre si vous avez une idée utile concernant ce livre. Dites-moi ce que vous aimez, ce que vous n'aimez pas, ce qui marche bien, ce qui a besoin d'être amélioré, ce qui pourrait être retranché et ce qui doit être ajouté. Si vous avez accès à Internet, voici mon adresse électronique : statprof@skidmore.edu. Vous pouvez aussi m'écrire à l'adresse suivante :

William Fox
Department of Sociology, Anthropology, and Social Work
Skidmore College
Saratoga Springs, NY 12866

Un dernier mot avant de commencer à apprendre les statistiques. Je me suis beaucoup amusé en écrivant ce livre. J'espère que vous vous amuserez autant en l'utilisant.

Bill Fox
Skidmore College

PREMIÈRE PARTIE
Introduction et analyse univariée

CHAPITRE 1
Les statistiques et les variables

CHAPITRE 2
Les distributions de fréquences
et de pourcentages

CHAPITRE 3
Les mesures de tendance centrale

CHAPITRE 4
Les mesures de variation

CHAPITRE 1
Les statistiques et les variables

Dans ce chapitre introductif, je décris ce que sont les statistiques, les variables et les données. Je ferai ensuite un survol des notions de base de la statistique.

Après ce chapitre vous pourrez :

1. Expliquer la différence entre des statistiques descriptives et des statistiques inférentielles.

2. Expliquer la différence entre un échantillon et une population.

3. Expliquer la différence entre une statistique et un paramètre ;

4. Expliquer ce que sont les banques de données et les fichiers de données.

5. Reconnaître les unités d'analyse et les cas.

6. Expliquer ce qu'est une variable et en donner des exemples.

7. Expliquer en quoi consiste une variable dichotomique et donner des exemples de ce type de variable.

8. Expliquer la différence entre les variables discrètes et les variables continues et donner des exemples pour chacune d'elles.

9. Expliquer les niveaux de mesure nominal, ordinal et d'intervalles/ratio, donner des exemples de chacun d'eux et repérer les niveaux de mesure de variables contenues dans une banque de données.

10. Expliquer ce que sont des données agrégées et ce que sont des données écologiques. Donner des exemples de ces deux types de données.

11. Savoir que la chose la plus importante à faire lorsque l'on travaille avec des statistiques, c'est de penser.

1.1   Les statistiques et les données

Nous utilisons souvent le terme *statistique* pour désigner des nombres qui résument quantitativement des informations. Nous disons qu'il fait plus froid à Québec qu'à Paris lorsque l'on considère la température moyenne de ces deux villes, ou que le nombre de crimes violents a augmenté de 5,5 % l'année dernière, ou que l'assistance moyenne au Yankee Stadium fut de 32 505 personnes par match l'été dernier, ou encore que 54 % des Américains interrogés sont satisfaits du Président. Ces résumés quantitatifs, numériques, sont bel et bien des statistiques. Nous rencontrons quotidiennement ces statistiques. En fait, les sociétés modernes sont submergées de statistiques. Bien que nous nous en plaignions souvent (« On réduit tout à un simple nombre » entendons-nous de façon récurrente), nous savons qu'il serait difficile de bien fonctionner sans ces statistiques. Car nous avons besoin de résumés quantitatifs – de statistiques – pour comprendre le monde et pour prendre des décisions éclairées.

Mais les *statistiques* renvoient également à la méthode utilisée pour calculer ces résumés numériques et pour en tirer quelque constat général. Entendues ainsi, les statistiques sont l'ensemble des procédures qui permettent de calculer la température moyenne, de décrire l'évolution de la criminalité, de déterminer l'assistance moyenne ou de généraliser à l'électorat entier ce que l'on sait d'un échantillon d'Américains. Aussi, dans ce texte, c'est dans ce second sens que nous userons de la notion de statistiques. En somme, les statistiques sont des méthodes résumant quantitativement et généralisant des informations[1].

L'information non résumée, l'information « brute » que les statistiques (entendues bien sûr dans leur seconde acception) rendent plus aisément « manipulable » est nommée *donnée*. Les bases de données sont des registres d'observations. Si la plupart des données qu'utilisent les sciences sociales proviennent d'expériences ou de sondages, notons que les données peuvent être le résultat de tout type d'observation systématique. Par exemple, des compilateurs officiels notent régulièrement la température qu'il fait à Québec et à Paris. Toutes ces informations sont des données que les statistiques résumeront alors en termes de température moyenne.

Afin de rendre l'information plus facile à utiliser, les données brutes provenant d'observations sont organisées systématiquement de quelque façon – par exemple, en une liste minutieusement compilée et uniforme des températures quotidiennes minimales et

---

1 .   Plus loin dans ce chapitre, nous apprendrons que le terme « statistique » a une autre signification, plus étroite et plus technique. Il sert à qualifier la caractéristique d'un échantillon, par opposition à la caractéristique d'une population.

maximales dans une ville. Nous appelons les données organisées de cette façon une **banque de données**. Les banques de données conservées de façon à être lues par un ordinateur sont nommées ***fichiers de données***. Parfois, les fichiers de données comprennent également la description des données. Dans ce texte, nous puiserons des informations de trois banques de données : une banque tirée d'un important sondage réalisé auprès des adultes américains (le General Social Survey), une autre contenant des informations sur les 50 États américains et une troisième sur les 50 pays les plus peuplés du monde.

   L'***unité d'analyse*** est la personne, l'objet ou l'événement que le chercheur étudie. Voici quelques-unes des nombreuses unités d'analyse que les chercheurs utilisent en sciences sociales : personnes, groupes, familles, collèges, pays, cultures, éditoriaux, élections présidentielles et guerres. Les individus et les groupes sont les unités d'analyse les plus communes. Mais des choses comme des éditoriaux ou des événements ou même des élections peuvent être des unités d'analyse. Le ***cas*** est l'unité spécifique à propos de laquelle on collecte de l'information. Par exemple, les personnes qui sont interrogées dans un sondage Gallup sont des cas. Sont aussi des cas les pays qui seraient inclus dans une banque de données sur les 50 pays les plus peuplés, ou les États dans une banque de données sur les États américains, ou les éditoriaux dans une étude portant sur le contenu de journaux, ou les élections présidentielles dans une banque de données sur les résultats électoraux.

1.2   Un survol des statistiques

Il y a deux branches dominantes dans les statistiques – les statistiques descriptives et les statistiques inférentielles. Celles-ci correspondent respectivement au résumé et à la généralisation de l'information. Ainsi, les ***statistiques descriptives*** concernent les méthodes résumant l'information afin de la rendre plus intelligible, plus utile ou plus aisément communicable. Les méthodes que l'on utilise pour calculer les pourcentages et les moyennes ainsi que les techniques graphiques qui nous permettent de présenter des informations sous forme visuelle sont des exemples de statistiques descriptives. Cette branche des statistiques peut également décrire la relation entre des variables, comme le font notamment les tableaux de pourcentages.

   Les statistiques descriptives impliquent bien sûr la perte de certains détails. Mais, si elles sont employées correctement, elles peuvent rendre l'information beaucoup plus utile. Savoir que la température moyenne à Québec est de 20 degrés en août ne nous dit pas grand-chose sur la température qu'il a fait chacun des 31 jours d'août de l'été dernier. Mais cela nous dit qu'il est plus agréable de visiter Québec en août qu'en novembre où la température moyenne est de -4 degrés. Les hausses et les baisses dans les données mensuelles décrivant l'évolution de la criminalité au fil des années peuvent sembler incohérentes, mais un résumé décrivant la tendance lourde s'avère extrêmement utile pour la formulation de politiques publiques. Les assistances au Yankee Stadium varient tant d'une partie à l'autre que nous ne pouvons comprendre la signification de cette information si nous la considérons sur une base quotidienne ; la moyenne de ces assistances quotidiennes présente néanmoins un résumé intelligible de la popularité des Yankees lors de la dernière saison estivale. De même, il est bien difficile de déceler une cohérence dans 1500 opinions différentes à propos du Président sans résumer celles-ci sous la forme d'un indice plus général, tel le pourcentage des personnes interrogées qui se disent satisfaites du Président.

Si nous étions des êtres omniscients possédant de remarquables capacités cérébrales (un peu comme Mr. Spock dans *Star Trek*), sans doute pourrions-nous nous passer des statistiques descriptives. Nous pourrions alors jongler sans problème avec une multitude de détails. Mais, considérant les limites de nos cerveaux bien humains, nous devons condenser l'information en des formes la rendant plus facile à manipuler. Aussi, les statistiques descriptives (créées par nos cerveaux limités mais somme toute rusés) nous aident à réduire l'information de façon à ce que nous puissions la comprendre et l'utiliser avec efficacité.

Les *statistiques inférentielles*, l'autre branche principale des statistiques, renvoient aux procédures par lesquelles nous généralisons l'information concernant un échantillon à la population de laquelle fut tiré l'échantillon en question. Lorsqu'un sondage Gallup décèle que 54 % des gens interrogés se disent satisfaits du Président, les sondeurs ne s'intéressent pas vraiment aux 1500 personnes qui forment l'échantillon utilisé. Après tout, un autre échantillon de 1500 personnes contiendrait des gens différents avec des opinions différentes, et aurait ainsi pu donner un pourcentage différent – peut-être 56 %. Un troisième échantillon, différent des deux autres, aurait pu afficher, disons, 53 %. Et ainsi de suite, avec des échantillons différents et des pourcentages différents chaque fois. Non, ce qui intéresse vraiment les sondeurs, ce n'est pas un échantillon particulier. Ce qui les intéresse, c'est la population de laquelle l'échantillon provient – l'électorat en entier. Que pouvons-nous dire concernant les opinions politiques de tous les électeurs en sachant que 54 % de ceux qui forment l'échantillon se déclarent satisfaits de ce que fait le Président ? Les sondeurs utilisent les statistiques inférentielles pour répondre à des questions de ce type. Aussi, les statistiques inférentielles sont-elles souvent nommées statistiques inductives. Nous utiliserons cependant le terme plus commun de statistiques inférentielles.

Nous nous basons si souvent sur des échantillons que les statistiques inférentielles sont monnaie courante. Un peu comme monsieur Jourdain, le célèbre personnage de Molière, faisait de la prose sans le savoir, vous avez probablement vous-mêmes employé des statistiques de ce type sans toutefois les appeler ainsi. Les statistiques inférentielles sont utilisées, par exemple, pour déterminer la marge d'erreur qui accompagne les résultats d'un sondage (par exemple « 54 % avec une marge d'erreur de ± 3 % »). Ou peut-être avez-vous rencontré des tests de chi-carré ou des expressions telles que « $p < 0,05$ » dans des travaux que vous avez lus lors d'autres cours. Ces tests et ces expressions sont des statistiques inférentielles qui généralisent à une population l'information que l'on a obtenue d'un échantillon.

Les statistiques descriptives sont plus fondamentales que les statistiques inférentielles dans la mesure où nous devons résumer l'information concernant un échantillon avant de généraliser cette information à une population plus vaste. Mais, bien sûr, les statistiques descriptives et les statistiques inférentielles se complètent mutuellement, et ces deux branches des statistiques sont essentielles à la recherche en sciences sociales. Nous apprendrons, dans ce livre, à maîtriser autant les statistiques descriptives que les statistiques inférentielles.

1.3   Les échantillons et les populations

Comme les statistiques inférentielles généralisent d'un échantillon à une population, il nous faut distinguer clairement ces deux sources de données. Les données de population proviennent de tous les cas (ou de presque tous les cas) auxquels un chercheur veut appliquer ses conclusions. Les données provenant des recensements décennaux sont des données de population. Malgré quelques « vides », le recensement américain de 1990 a tenté d'inclure l'ensemble de ceux qui vivent aux États-Unis. Les résultats d'élection, dans la mesure où ils proviennent de l'ensemble de ceux qui ont voté, sont également des données de population. Une recherche basée sur des données concernant les pays industrialisés pris individuellement utilise des données de population, cette population consistant en tous les pays membres de l'Organisation de coopération et de développement économique (OCDE), par exemple. Lorsqu'une information provient de tous ou de presque tous les cas qu'un chercheur veut décrire, les données sont des données de population.

Cependant, les données concernant une population entière sont parfois introuvables, trop onéreuses ou encore impossibles à recueillir. Imaginez-vous tentant de faire un recensement mondial. Ou tentant d'analyser toutes les conversations téléphoniques. Ou étudiant tous les piétons traversant toutes les intersections de Bruxelles. Et si votre médecin vous faisait une analyse de sang en examinant l'ensemble de la population de vos cellules sanguines, vous finiriez complètement exsangue – une perspective bien peu réjouissante. De plus, même si nous pouvions recueillir l'information à même l'ensemble de la population, il est souvent possible d'obtenir des données de meilleure qualité et en plus grande quantité en utilisant seulement un échantillon. N'interroger que 1 500 Français nous permet de poser beaucoup plus de questions, de mieux former les sondeurs et de commettre beaucoup moins d'erreurs lors de la collecte et de la compilation des informations que dans le cas d'un recensement national.

C'est pourquoi nous nous basons si souvent sur des données provenant d'échantillons. Nous généralisons alors à l'ensemble de la population ce que nous révèle l'échantillon. Cette tâche est celle, vous vous en rappelez sans doute, des statistiques inférentielles. Cette généralisation peut s'opérer avec plus d'assurance si nous choisissons scrupuleusement nos échantillons, en suivant une procédure de sélection aléatoire. C'est ce que font Gallup et les autres maisons de sondage. Ils usent de procédures élaborées afin de s'assurer que les cas choisis pour leurs sondages soient représentatifs de la population à laquelle ils veulent généraliser les résultats qu'ils obtiendront. L'échantillonnage aléatoire s'apparente à piger des cas dans un chapeau, sauf que le chapeau est remplacé par des techniques perfectionnées. Plus loin dans ce chapitre seront présentés le National Opinion Research Center (NORC) et son General Social Survey, une des meilleures banques de données scientifiques. Le NORC utilise, pour le General Social Survey, des procédures d'échantillonnage aléatoire.

La différence entre les populations et les échantillons s'avère si importante que les statisticiens emploient des termes et des symboles différents lorsqu'ils parlent du résumé de ces deux types de données. Un *paramètre* est un résumé basé sur une population. Une **statistique** est une caractéristique d'un échantillon. Ainsi, par exemple, l'âge moyen ou le revenu moyen de tous les Belges est un paramètre, à partir du moment où celui-ci provient de l'ensemble de la population. L'âge moyen ou le revenu d'un échantillon de Belges constitue, lui, une statistique. Dans les chapitres ultérieurs, nous verrons que les statisticiens désignent les paramètres par des caractères grecs comme le σ et les statistiques par des lettres romaines comme le s.

1.4   Les variables

Vous avez déjà sans doute une bonne connaissance de ce que sont les variables tant celles-ci sont importantes dans la recherche scientifique et dans la vie de tous les jours. Une *variable* est une caractéristique ou une propriété quelconque dont la valeur diffère d'un cas à l'autre. Une caractéristique constitue une variable si elle possède au moins deux valeurs ou attributs. Disons les choses simplement : une variable est quelque chose qui varie. Le contraire d'une variable est donc une *constante* – quelque chose qui ne varie pas. Songeons à pi, à la vitesse de la lumière ou à la demi-vie du plutonium. Il y a bien peu de constantes en sciences sociales. Ce que nous rencontrons la plupart du temps, ce sont des variables. C'est là sans doute que réside le caractère fascinant et complexe de ces sciences.

Un exemple de variable est le sexe. Il a deux valeurs : masculin et féminin. La classe sociale est une autre variable, probablement avec les valeurs « inférieures », « ouvrière », « moyenne » et « supérieure ». L'âge est également une autre variable : une personne peut avoir un an, deux ans, trois ans... Telles sont les valeurs de la variable « âge ». Des variables qui sont fréquemment utilisées en sciences sociales sont la race, le groupe ethnique, la religion, le niveau d'instruction, le revenu, le niveau d'aliénation, le niveau d'autoritarisme, le niveau de préjugé, la préférence politique, le nombre d'enfants, la région habitée..., et ainsi de suite. La liste est infinie parce que nous créons continuellement de nouvelles variables afin de définir des modèles sociaux et pour expliquer le monde qui nous entoure.

Ce qui rend la variable utile scientifiquement est la mesure. La *mesure* est la procédure qui nous permet de trouver les valeurs d'une variable pour des cas différents. Nous pouvons prendre la mesure d'une variable pour chacune des unités d'analyse que nous étudions – individus, familles, groupes, communautés, sociétés, artefacts et événements. Ainsi, par exemple, nous pouvons mesurer l'instruction d'une personne, le taux de natalité d'un pays, les pertes dues à une guerre.

Nous utilisons le terme *échelle* lorsque nous parlons de la série des valeurs possibles d'une variable. Les années de scolarité constituent une échelle mesurant le niveau d'instruction d'une personne. Le taux de natalité d'un pays se mesure par le nombre de naissances par 1 000 habitants. Les pertes subies lors d'une guerre sont mesurées à l'aide d'une échelle de nombres de morts et de blessés. Les valeurs des variables que l'on trouve par un processus de mesure sont appelées « *scores* ». Des exemples de scores pour les trois variables susmentionnées pourraient être 16 ans de scolarité pour Émile Mangsoumana (B.A., Laval), 11 naissances par 1 000 habitants pour l'Allemagne et 221 005 Américains morts ou blessés au cours de la guerre du Viêt-nam.

Les sciences sociales mesurent toutes sortes de choses, incluant les croyances, les opinions et les valeurs. Nous mesurons même la position d'une personne sur un enjeu moral ou éthique. Dans le General Social Survey, on a demandé aux répondants : « En général, diriez-vous qu'il faut toujours obéir aux lois ou bien diriez-vous qu'il y a des occasions exceptionnelles où une personne devrait suivre sa conscience même si cela implique qu'elle viole la loi ? » Les choix de réponses étaient les suivants : obéir aux lois ou suivre sa conscience. Les enjeux que soulève cette question sont importants ; par exemple, la relation entre l'individu et la communauté, les limites de la loi, ou la moralité de la désobéissance civile. Socrate a dû réfléchir à ces questions lorsqu'il a décidé de boire la ciguë en conformité avec la loi d'Athènes. Lorsque Henry David Thoreau refusait de payer ses impôts pour protester contre la guerre que son gouvernement menait contre le Mexique, ou lorsque Martin Luther King acceptait d'aller en prison pour protester contre les injustices de la ségrégation raciale, ils soulevaient la même question. Bien sûr ce n'est pas par un sondage que l'on pourra explorer en profondeur les implications philosophiques et politiques de l'opposition entre obéir aux lois et suivre sa conscience. Mais les réponses à la question posée par le General Social Survey décrivent les variations dans l'opinion générale du public concernant la désobéissance civile. La réponse de chacun des répondants, obéir aux lois ou suivre sa conscience, reflète son opinion en ce qui a trait à la désobéissance civile.

1.5   Les niveaux de mesure

Il est très utile – voire essentiel – de classifier les variables en quatre catégories selon la façon dont elles se mesurent : nominale, ordinale, d'intervalle et de ratio. Chacune de ces quatre catégories est appelée un *niveau de mesure*. Les niveaux de mesure sont importants lorsque vient le temps de décider comment faire l'analyse statistique des données – c'est-à-dire de décider de la technique statistique à utiliser pour un ensemble précis de données. Certaines méthodes statistiques conviennent davantage à des variables de niveau nominal, d'autres à des variables ordinales, d'autres enfin à des variables d'intervalle ou de ratio.

Une *variable nominale* se mesure de telle façon que ses valeurs ou ses attributs diffèrent les uns des autres. En fait, ils ne sont que différents. Nous ne pouvons disposer les valeurs en fonction d'un ordre logique ou naturel ; il n'y a pas de continuum sous-jacent dans lequel pourraient s'inscrire les scores. Les valeurs d'une variable no-minale sont des catégories sans ordre – tel le sexe par exemple. Mas-culin et féminin (les valeurs du sexe) sont différents l'un de l'autre, toutefois nous ne pouvons ordonner ces catégories. Il nous est im-possible de dire, par exemple, que les hommes sont supérieurs ou inférieurs, meilleurs ou pires, plus ou moins que les femmes. Il n'y a aucun ordre intrinsèque ou inhérent aux valeurs d'une variable comme le sexe.

Toute tentative d'ordonnancement des catégories d'une varia-ble nominale ne peut que découler de conventions culturelles. Nous disons souvent, par exemple, du drapeau américain qu'il est « bleu, blanc, rouge », mais cet ordonnancement ne tient qu'à nos coutu-mes ou nos habitudes, et non pas à une échelle sous-entendue. Après tout, bien que nous le fassions rarement, nous pourrions simplement le décrire comme « blanc, bleu et rouge ». Il en va de même de l'or-dre alphabétique. Tous deux ne sont que des conventions de nature culturelle, sans ordre sous-jacent.

Nous pouvons assigner des nombres aux catégories d'une varia-ble nominale (par exemple, accolons 1 à masculin et 2 à féminin), mais ces nombres ne sont ici que des symboles arbitraires. Ils n'impli-quent aucun rang ou ordre, et nous ne pouvons leur faire subir d'opé-ration arithmétique. Il n'est pas possible de façon sensée de les addi-tionner, de les soustraire, de les multiplier ou de les diviser. Nous ne pouvons affirmer que deux hommes égalent une femme, ou qu'un homme correspond à la moitié d'une femme. Nous pourrions aussi bien inverser les nombres, assigner le 1 au féminin et le 2 au masculin.

La variable « Sexe » est une *variable dichotomique*, c'est-à-dire une variable qui a exactement deux valeurs. Les variables nominales dichotomiques sont très courantes en sciences sociales. Par exemple, on peut distinguer les « électeurs » des « non-électeurs », mesurer la situation géographique par « rural » ou « urbain », indiquer le lieu de naissance par « immigrant » ou « autochtone ». Mais il y a aussi de très nombreuses variables nominales qui ne sont pas dichotomiques, comme l'origine ethnique, la région, le domaine de spécialisation ou l'émission de télé préférée.

Donc, les variables nominales sont simplement des classifica-tions, et leurs valeurs ne peuvent être ordonnées. Mais en sciences sociales nous faisons également grand usage de plusieurs variables ordinales. Une *variable ordinale* est une variable dont les valeurs peu-vent être ordonnées, sans plus. Cet ordonnancement est basé sur un quelconque modèle, « intrinsèque » et « naturel » – un quelconque continuum sous-jacent.

La classe sociale mesurée par les valeurs « inférieure », « ouvrière », « moyenne » et « supérieure » est une variable ordinale.

Il y a un ordre sous-jacent entre les valeurs « inférieure », « ouvrière », « moyenne » et « supérieure ». Nous pouvons assigner à ces valeurs des nombres qui indiqueraient leur ordre. Par exemple, nous pourrions accoler 1 à la classe inférieure, 2 à la classe ouvrière, 3 à la classe moyenne et 4 à la classe supérieure. Ces numéros indiquent les positions relatives des quatre classes (la classe moyenne se situe entre la classe ouvrière et la classe supérieure de la même manière que 3 vient entre 2 et 4). Nous ne pouvons toutefois faire des opérations arithmétiques à partir de ces nombres. Il est impossible de dire qu'une personne de la classe inférieure additionnée à une personne issue de la classe moyenne donnent une personne de la classe supérieure. Notez également que n'importe quels chiffres feraient l'affaire. Bien qu'il n'y ait guère de raison de faire cela, nous pourrions fort bien étiqueter la classe inférieure 5, la classe ouvrière 16, la classe moyenne 43, et la classe supérieure 87. Aussi bêtes que soient ces numéros, ils indiquent l'ordre qui existe parmi les valeurs de classe sociale.

Contrairement aux variables nominales donc, les variables ordinales s'inscrivent dans un continuum où les scores peuvent s'ordonner. Nous pouvons ordonner les scores – c'est-à-dire les mesures – en nous appuyant sur une hiérarchie des valeurs même si rien ne nous permet de mesurer les différences exactes entre les scores. Nous pouvons certes dire que, dans la hiérarchie des classes sociales, une personne provenant de la classe sociale supérieure est plus élevée qu'une personne issue de la classe moyenne, que cette dernière est plus élevée à son tour qu'un membre de la classe ouvrière, qu'enfin ce dernier est plus élevé qu'une personne de la classe inférieure. Nous ne pouvons dire, cependant, qu'une personne de classe sociale supérieure a deux fois plus de classe sociale qu'une personne de la classe inférieure, ou que la distance entre la classe ouvrière et la classe moyenne est la même qu'entre cette classe moyenne et la classe supérieure. Nous ne pouvons qu'ordonner ces valeurs.

La nature ordinale d'une variable comme la classe sociale se reconnaît aisément. La classe inférieure « vient avant » la classe ouvrière, qui à son tour « vient avant » la classe moyenne, et enfin vient la classe supérieure. Cependant, le travail d'ordonnancement est moins évident en ce qui concerne plusieurs variables dichotomiques ordinales. Prenons par exemple la variable de désobéissance civile que nous avons décrite plutôt (« En général, diriez-vous qu'il faut toujours obéir aux lois ou bien diriez-vous qu'il y a des occasions exceptionnelles où une personne devrait suivre sa conscience même si cela implique qu'elle viole la loi ? »). Avec ses deux valeurs, « obéir aux lois » et « suivre sa conscience », cette variable est dichotomique. Mais est-elle nominale ou ordinale ? À première vue, les deux réponses possibles à la question sur la désobéissance civile semblent créer deux catégories qui correspondent à deux attitudes distinctes mais sans ordre. Dans ce cas, c'est une variable nominale. Par contre, on pourrait raisonnablement traiter les valeurs « obéir aux lois » et « suivre sa conscience » comme si elles représentaient deux positions dans un continuum sous-jacent allant de l'obéissance inconditionnelle à la loi, à la soumission complète à sa conscience. On pourrait peut-être même déterminer des positions intermédiaires ayant leurs propres valeurs dans l'échelle, mais nous avons choisi de nous limiter à deux valeurs : « obéir aux lois » et « suivre sa conscience ». Tout en reconnaissant que le fait de placer l'une ou l'autre valeur au bas de l'échelle relève de l'arbitraire, nous pouvons considérer que les valeurs « loi/conscience » sont ordonnées et que la variable « désobéissance civile » est ordinale. Soyez attentifs à de telles variables ordinales dichotomiques qui, au premier abord, semblent plutôt être des variables nominales. Bien que plusieurs chercheurs les traiteront comme telles, nous pouvons en faire meilleur usage si nous tenons compte de leur caractère ordinal.

Il est important de noter que les variables ordinales fournissent plus d'information que les variables nominales. Toutes les variables, y compris les variables nominales, font ressortir des différences entre les cas. Mais, contrairement aux variables nominales, les variables ordinales permettent aussi d'ordonner les valeurs et, par conséquent, donnent plus d'information car elles permettent de disposer les cas sur un continuum. Au fur et à mesure que nous apprendrons les fondements des statistiques, nous verrons qu'il y a plus à faire, statistiquement parlant, avec des variables ordinales qu'avec des variables nominales. Les variables ordinales permettent d'utiliser des techniques statistiques plus poussées. Nous dirons alors que les variables ordinales ont un **_niveau de mesure supérieur_** aux variables nominales.

Il y a une grande variété de variables ordinales : les attitudes comme l'aliénation, mesurée selon qu'elle est faible, moyenne ou forte, ou bien la taille, mesurée selon qu'elle est très petite, petite, moyenne, grande et très grande, ou encore le revenu, sous la moyenne, dans la moyenne, au-dessus de la moyenne, etc. Comme nous l'avons vu, la variable de désobéissance civile (obéir aux lois ou suivre sa conscience) est aussi une variable ordinale.

Une **_variable d'intervalles_** a non seulement des valeurs qui peuvent être ordonnées, mais elle se mesure également à l'aune d'une unité de mesure fixe ou standard, comme le dollar, l'année, le kilogramme ou le centimètre. Prenez la température mesurée en degrés Celsius. L'unité de mesure standard est le degré Celsius. Une unité de mesure constante permet de faire des opérations arithmétiques telles l'addition et la soustraction. Ainsi, par exemple, la différence entre 20° et 25° Celsius est la même qu'entre 27° et 32°. Les différences sont, dans les deux cas, de 5°. (Notez néanmoins que nous aurons affaire à une échelle ordinale si nous mesurons la température par des catégories comme froid, frais, tiède, chaud et très chaud. Ces valeurs sont certes ordonnées, mais sans unité de mesure standard.)

Une *variable de ratio*[2] est semblable à une variable d'intervalles car elle aussi se mesure grâce à une unité standard. Mais, en plus, la variable de ratio a un zéro non arbitraire. Le point zéro représente l'absence de la caractéristique ou de la propriété qui est mesurée. Des exemples de variables de ratio sont le revenu mesuré en dollars, l'instruction mesurée en années de scolarité, l'écoute de la télévision mesurée en heures par jour. Puisque nous parlions tout à l'heure de température, la température mesurée sur l'échelle Kelvin, une échelle utilisée par les scientifiques, constitue également une variable de ratio.

Il existe, pour chacune de ces variables, un zéro absolu : une personne peut n'avoir aucun revenu, n'avoir aucune instruction, ou ne pas regarder la télévision. Et la température peut se trouver au zéro absolu de l'échelle Kelvin. Contrairement au zéro d'une variable comme la température en Celsius, le zéro, dans les variables que nous venons d'examiner, n'est pas arbitraire. Un zéro pour une variable de ratio indique l'absolue absence de la caractéristique mesurée – pas de revenu, pas d'instruction, pas d'écoute de télévision, pas de mouvement moléculaire (dans le cas du 0° Kelvin). Des valeurs négatives sont possibles pour certaines variables de ratio, mais pas pour toutes. Quelqu'un peut avoir un revenu négatif, par exemple, ce qui indique que cette personne a perdu plus d'argent qu'elle en a gagné. Mais on ne peut avoir un nombre négatif d'années de scolarité, ni un âge négatif ni des températures au-dessous de zéro dans l'échelle Kelvin.

On dit « variables de ratio » parce que de telles échelles permettent de calculer des ratios et, par conséquent, ouvrent la voie à un plus grand nombre d'opérations mathématiques. On peut dire par exemple qu'une personne de 20 ans est deux fois plus âgée qu'un enfant de 10 ans, et deux fois moins âgée qu'une personne de 40 ans. Des ratios de ce type ne peuvent pas être calculés avec des variables mesurées sur des échelles inférieures, pas même avec des variables d'intervalles. On ne peut pas dire qu'une personne est deux fois plus mariée qu'une autre, ni deux fois plus obéissante vis-à-vis de la loi, ni deux fois plus intelligente.

Les variables mesurées par dénombrement (de dollars, d'années, d'heures, de degrés) sont presque tout le temps soit des variables d'intervalles, soit des variables de ratio. La différence entre les

---

2 .   En français, il convient également de dire « variable de proportion » (N.D.T.).

variables d'intervalles et les variables de ratio réside dans le fait que ces dernières ont un point zéro non arbitraire.

De la même façon que nous pouvions, dans le cas de variables ordinales, utiliser des méthodes statistiques plus poussées que dans le cas de variables nominales, les variables d'intervalles permettent d'employer des outils statistiques encore plus perfectionnés. Les variables d'intervalles ont même un niveau de mesure plus élevé que les variables ordinales. Les variables de ratio ont, quant à elles, le plus haut niveau de mesure possible. La plupart des statistiques de base qui peuvent être utilisées avec des variables de ratio peuvent également être utilisées dans le cas de variables d'intervalles. C'est pourquoi nous n'avons généralement pas à distinguer ces deux types de variables. De plus, il n'existe pas beaucoup de variables d'intervalles en sciences sociales. Pour ces raisons, nous combinerons les niveaux d'intervalles et de ratio et nous parlerons alors de *variables d'intervalles/ratio*.

Mais nous distinguerons les variables nominales des variables ordinales, et ces deux types de variables des variables d'intervalles/ratio. Si nous ne faisons pas les distinctions appropriées entre ces niveaux de mesure, nous risquons d'utiliser des méthodes statistiques qui ne se servent pas de toute l'information contenue dans les données que nous analysons, ou bien de faire des postulats injustifiés à propos des variables. Le tableau 1.1 présente un résumé des caractéristiques des variables nominales, ordinales et d'intervalles/ratio.

Tableau 1.1. Caractéristiques des niveaux de mesure

Niveau de mesure	Y a-t-il un ordre intrinsèque entre les valeurs ?	Y a-t-il une unité standard de mesure ?
Nominal	Non	Non
Ordinal	Oui	Non
D'intervalles/ratio	Oui	Oui

Il n'est pas toujours facile de distinguer les niveaux de mesure. En vérité, des gens raisonnables peuvent parfois être en désaccord en ce qui concerne le niveau de mesure d'une variable en particulier. Ce qui semble être ordinal à un chercheur peut sembler nominal à un autre. J'ai relevé cette ambiguïté plus tôt dans cette section à propos de la variable de désobéissance civile, mesurée en demandant aux répondants d'un sondage si une personne devait toujours obéir aux lois ou suivre sa conscience même quand cela implique une violation de la loi. Cette variable est nominale pour certains chercheurs et ordinale pour d'autres, selon la façon dont ils conceptualisent la désobéissance civile. Je ne veux pas dire ici que tout est acceptable en statistiques, loin de là ! Mais la science statistique n'est pas une science absolue, ce qui la rend encore plus intéressante.

Toutefois, nous pouvons nous entendre sur le niveau de mesure d'une variable la plupart du temps et c'est à vous d'apprendre à faire les bonnes distinctions. Permettez-moi d'être direct : *il faut* que vous appreniez à distinguer correctement les niveaux de mesure des variables pour employer des statistiques. Il ne peut en être autrement. Tenter de faire des statistiques sans distinguer les niveaux de mesure équivaut à cuisiner sans différencier les fruits des légumes. Vous pourrez concocter quelque chose, mais ça n'aura pas bon goût. Imaginez remplacer le citron par des pommes de terre dans une tarte à la meringue, ou encore utiliser des cerises à la place des haricots dans du cassoulet. Efforcez-vous donc de reconnaître correctement les niveaux de mesure des variables.

Vous verrez que la reconnaissance correcte des niveaux de mesure devient plus facile à force de pratique. Ces niveaux de mesure peuvent sembler un peu obscurs présentement, mais vous apprendrez vite à les reconnaître. Cela sera d'autant plus facile que vous garderez à l'esprit que les niveaux de mesure ne correspondent pas à une variable de façon abstraite, mais plutôt à une variable mesurée d'une façon particulière. Le revenu, par exemple, peut être mesuré soit en tant que variable ordinale (faible, moyen, élevé), soit en tant que variable d'intervalles/ratio (nombre de dollars par année). Pour déterminer le niveau de mesure donc, nous devons savoir non seulement comment est conceptualisée la variable mais aussi comment elle se mesure concrètement. Le point essentiel pour déterminer un niveau de mesure est d'examiner les valeurs de la variable. Sont-elles ordonnées de façon inhérente ? Si la réponse est négative, il s'agira d'une variable nominale ; si les valeurs sont ordonnées, alors cette variable peut être soit ordinale, soit d'intervalles/ratio. Y a-t-il une unité de mesure standard ? Le cas échéant, il s'agit d'une variable d'intervalles/ratio.

1.6 Catégories mutuellement exclusives et collectivement exhaustives

D'habitude, les chercheurs trouvent que les variables les plus utiles sont celles dont les valeurs se répartissent en catégories mutuellement exclusives et collectivement exhaustives. « *Mutuellement exclusives* » signifie que les catégories de valeurs ne se chevauchent pas – chaque cas tombe dans une seule catégorie. Par exemple, une personne peut être protestante ou catholique, mais ne peut être à la fois protestante et catholique. De même, la variable « Sexe » distingue masculin et féminin comme des catégories mutuellement exclusives. À moins d'anomalies sérieuses, une personne ne peut pas être à la fois une femme et un homme. (Bien sûr, quelqu'un peut être et protestant et de sexe masculin. Évidemment. C'est à l'intérieur d'une même variable que les catégories doivent être mutuellement exclusives.)

C'est à tous les niveaux de mesure que les catégories d'une variable doivent être mutuellement exclusives, mais ce principe peut être facilement violé avec certaines variables ordinales et d'intervalles/ratio. Par exemple, on peut être tenté de classer les âges dans des catégories comme 0-10 ans, 10-20 ans, 20-30 ans, etc. Mais, avec une telle classification, une personne de 10 ans pourra être classée dans deux catégories, tout comme la personne de 20 ans ou celle de 30 ans. Mieux vaut utiliser des catégories mutuellement exclusives comme 0-9 ans, 10-19 ans, 20-29 ans, etc.

« *Collectivement exhaustives* » signifie que l'ensemble des catégories de valeurs inclut tous les cas – chaque cas tombe dans une catégorie. Par exemple, les catégories de religion « protestant », « catholique », « juif », « aucune » et « autre » incluent toutes les réponses qu'il est possible d'obtenir à une question portant sur la préférence religieuse. La valeur résiduelle « autre » assure que chaque cas se retrouvera dans une catégorie puisque les gens qui ne sont ni protestants, ni catholiques, ni juifs, ni athées sont forcément d'une « autre » religion.

Ainsi, si les catégories d'une variable sont à la fois mutuellement exclusives et collectivement exhaustives, tous les cas qui se présenteront pourront être situés dans une et une seule catégorie. Les catégories de la variable « religion » mesurée en termes de « protestant », « catholique », « juif », « aucune » et « autre » sont en même temps mutuellement exclusives et collectivement exhaustives. C'est la même chose pour le sexe mesuré en termes de masculin et de féminin.

1.7   Les variables continues et les variables discrètes

Alors que nous distinguons les niveaux de mesure, il peut paraître parfois utile de discerner les variables continues des variables discrètes. Une *variable continue* peut en principe prendre n'importe quelle valeur à l'intérieur de l'étendue de ses valeurs possibles. Prenez l'âge, par exemple. Une personne passe, entre la naissance et la mort, par tous les âges possibles pourvu que l'âge soit mesuré en unités assez petites pour que nous puissions le constater. Bien sûr, nous arrondissons habituellement l'âge au dernier entier inférieur. Nous disons de quelqu'un qu'il a 19 ans. Mais, en principe, nous pourrions décrire l'âge d'une personne ainsi : 19 ans, 3 mois, 7 jours, 16 heures, 23 minutes, 8 secondes..., en remontant jusqu'aux micro-nanosecondes et même au-delà[3]. Eh oui ! L'âge mesuré en unités standards comme les heures, les secondes et les fractions de seconde est une variable continue. D'autres exemples de variables continues sont la plupart des variables décrivant l'attitude, comme les niveaux de préjugé, de libéralisme et d'aliénation. Elles aussi s'expriment dans des continuums qui, en principe, peuvent être segmentés en un ensemble de mesures aussi petites et précises que l'on veut.

Une *variable discrète*, pour sa part, peut prendre seulement certaines des valeurs comprises dans son étendue. La taille d'une famille est un exemple. Une famille peut avoir 1 membre, ou 2 membres, ou 3 membres et ainsi de suite, mais ne peut avoir, disons, 1,7 membre. La taille d'une famille ne peut avoir que les valeurs entières 1, 2, 3..., et ne peut prendre aucune des valeurs qui se situeraient entre ces entiers. (S'il vous plaît, ne compliquez pas cet exemple avec des histoires de grossesses ou de demi-frères et de demi-sœurs.) D'autres exemples de variables discrètes : le nombre de disques compacts possédés, le nombre de cours choisis, le nombre d'amis d'une origine ethnique différente.

Les variables du niveau nominal sont toujours discrètes. Les variables ordinales et d'intervalles/ratio peuvent être soit discrètes soit continues. La distinction est parfois malaisée puisque des variables continues peuvent sembler discrètes car nous les mesurons nécessairement avec des valeurs arrondies. Dans le General Social Survey, on mesure les perceptions de la vie quotidienne en demandant aux gens s'ils trouvent la vie stimulante, plutôt routinière ou morne. Seulement trois valeurs. Mais, en théorie, les gens peuvent choisir n'importe quelle valeur qui jalonnent le continuum de la variable « perception de la vie quotidienne ». Ainsi, la perception de la vie quotidienne est, en vérité, une variable continue. La distinction discrète-continue est également difficile en raison du fait qu'il est souvent utile de traiter une variable discrète qui possède un très grand nombre de valeurs – le revenu, par exemple, ou la population d'un

---

3 .   Je me souviens de ces cours ennuyeux à l'école où je tuais le temps à calculer mon âge à la seconde près. (Vous avez peut-être fait la même chose.) Bien sûr, la précision de mes calculs faisait en sorte qu'aussitôt calculé le résultat était incorrect.

pays – comme s'il s'agissait d'une variable continue, même si, strictement parlant, elle est discrète.

Néanmoins, aussi difficile soit-elle, la distinction continue-discrète importe. Comme en ce qui a trait aux niveaux de mesure, nous verrons que certaines techniques statistiques sont appropriées pour les variables continues et d'autres pour les variables discrètes. Il faut s'assurer qu'une variable est continue ou discrète pour choisir la procédure statistique appropriée aux données spécifiques que nous analysons.

1.8   Cas, variables et fichiers de données

Je veux que vous sachiez à quoi ressemblent les cas et les variables dans les fichiers de données que nous analyserons. Le General Social Survey américain, un sondage national auprès des Américains adultes, est un bon exemple. L'utilisation que les spécialistes des sciences sociales font de ce sondage est si fréquente qu'ils ont abrégé son nom. Ils parlent du GSS. Le GSS est mené par le National Opinion Research Center (NORC) qui utilise des procédures d'échantillonnage rigoureuses et sophistiquées pour sélectionner ses répondants. De plus, le NORC entraîne et surveille soigneusement ses interviewers. On a fait un sondage GSS presque chaque année depuis 1972. Il n'y a pas meilleures données de sondage que celles-là[4]. Au moment même où vous lisez cette phrase, des chercheurs de la Californie à New York, de Barcelone à Oslo analysent exactement les mêmes données que celles que vous trouverez dans ce livre. C'est ce qu'on appelle l'égalité d'accès !

Les variables et le nombre de cas dans le GSS varient d'une année à l'autre. Mais permettez-moi de vous montrer à quoi ressemble l'information que l'on trouve dans le GSS de 1996. Ce GSS avait 1 046 variables et 2 904 cas. Par convention, on organise les données dans un fichier de données pour que les rangées correspondent à des cas et les colonnes à des variables. Le tableau 1.2 présente les numéros de cas et les scores de 9 variables pour les 10 premiers cas du GSS américain de 1996. Les points de suspension aux extrémités du tableau indiquent que seule une partie de la banque de données est présentée. La présentation de la totalité de la banque de données du GSS serait large de 1 046 variables et longue de 2 904 cas – ce qui est beaucoup trop pour tenir sur une page.

---

4 .   Le Canada a aussi son propre sondage social général. Aux dernières nouvelles, plus de 29 pays avaient un sondage national comparable au sondage américain. Ces sondages de grande qualité coordonnent leurs questionnaires pour faciliter la recherche comparative.

Tableau 1.2. Numéros des cas et scores de 9 variables pour les 10 premiers cas
du General Social Survey américain de 1996

Case Number	WORKING	PRESTIGE	MARITAL	DIVORCE	DAD PRES	MA PRES	# SIBS	#CHILDREN	AGE	...
				General Social Survey Variable						
0001	5	32	1	2	28	-9999	2	0	79	...
0002	1	32	5	-9999	44	64	1	0	32	...
0003	4	30	3	-9999	-9999	-9999	2	3	55	...
0004	2	46	1	1	-9999	-9999	98	4	50	...
0005	7	28	4	-9999	39	-9999	7	4	56	...
0006	1	52	4	-9999	22	-9999	4	4	51	...
0007	1	32	4	-9999	-9999	23	1	3	48	...
0008	1	34	5	-9999	-9999	-9999	4	1	29	...
0009	1	34	4	-9999	-9999	17	6	0	40	...
0010	7	-9999	4	-9999	23	-9999	3	4	46	...
.	.	.	.	.	.	.	.	.	.	...
.	.	.	.	.	.	.	.	.	.	...
.	.	.	.	.	.	.	.	.	.	...

Le nom abrégé des variables sert d'en-tête à chaque colonne.
Sans doute pouvez-vous deviner la nature de la plupart des variables
simplement par leur abréviation. WORKING correspond au statut
d'emploi du répondant. PRESTIGE est le prestige relié à l'occupation du répondant, MARITAL est le statut marital du répondant, et
ainsi de suite. Vous pouvez constater que toute l'information a été
convertie en des nombres nommés codes. Les ordinateurs travaillent
plus efficacement avec de l'information numérique qu'avec de l'information alphabétique. Les codes de certaines variables sont évidents. Les codes des variables #SIBS et #CHILDREN représentent
bien sûr le nombre de frères et sœurs[5] et le nombre d'enfants, encore que 98 frères et sœurs peut sembler un peu étrange (nous verrons plus loin que ce code signifie « Ne sait pas »). La variable AGE
réfère certainement à l'âge du répondant en années. Les codes de
certaines autres variables ne sont cependant pas si évidents. Par exemple, en ce qui a trait à la variable MARITAL, les répondants mariés
sont codés 1, les répondants veufs sont codés 2, etc. – mais vous ne
saurez jamais cela en regardant uniquement les codes. Plus tard nous
apprendrons comment trouver ce que signifient ces codes.

En lisant les codes d'une rangée, on peut trouver le score d'un
répondant en particulier pour chacune des variables. Vous pouvez
voir par exemple que le cas 0001 est une personne de 79 ans ayant 2
frères et sœurs et aucun enfant. Si vous connaissiez la signification
des codes des autres variables, vous sauriez aussi que le cas 0001 est

---

5 . Le terme anglais « siblings » se rapporte aux frères et aux sœurs (N.D.T.).

une personne retraitée (ce qui n'est pas surprenant étant donné son âge), qu'elle est mariée, qu'elle n'a jamais divorcé et qu'elle a eu un travail dont le niveau de prestige était sous la normale.

Que dire alors du code -9999 ? C'est un code spécial qui signifie que la variable ne s'applique pas au répondant. Par exemple, un code -9999 pour la variable DIVORCE (qui est basée sur la question : « Avez-vous déjà divorcé ? ») peut signifier que le répondant n'a jamais été marié. Si c'est le cas, il n'est pas logique que l'interviewer lui demande s'il a déjà divorcé car la question ne s'applique pas. Le code –9999 peut aussi signifier qu'une question du sondage n'a pas été posée au répondant même si elle était applicable. Dans le GSS, on pose certaines des questions à tous les répondants. Par exemple, la plupart des questions démographiques comme l'âge, l'éducation ou le statut marital sont posées à tous. Par contre, plusieurs autres questions concernant les attitudes et les croyances ne sont posées qu'à un sous-ensemble de répondants. Par exemple, c'est à moins de la moitié des répondants du GSS de 1996 (1 332 cas) que fut demandé si une personne devait toujours obéir aux lois ou parfois suivre sa conscience, et encore moins de répondants (1 252) ont donné une réponse utilisable. (Les 80 autres répondants ont dit qu'il leur était impossible de choisir entre obéir aux lois et suivre sa conscience, ou bien n'ont donné aucune réponse). Cette méthode qui consiste à poser certaines questions à un sous-ensemble des répondants permet d'inclure dans le GSS un plus grand nombre de questions tout en assurant que le nombre de réponses est suffisant pour des analyses statistiques fiables.

Beaucoup moins communs, les codes 98 et 99 peuvent signifier que le répondant ne connaissait pas la réponse ou a refusé de répondre à une question. Ou peut-être l'interviewer a oublié de poser une question ou de noter la réponse. Mais cela se produit très rarement. L'usage de données manquantes de ce genre est très commun dans les sondages et autres sources de données employées en sciences sociales, particulièrement les codes -9999 utilisés quand la question est « non applicable » ou qu'elle n'est pas posée. Tout au long de ce texte, nous apprendrons quoi faire avec les données manquantes. La plupart du temps, nous les exclurons de l'analyse. Par conséquent, il arrivera souvent que des analyses portant sur la même base de données ne comptent pas le même nombre cas.

1.9   Les données agrégées

Bien que nous analysions souvent des données concernant des unités d'analyse individuelles, telles des personnes, il est parfois avantageux de rassembler ces scores individuels en des groupes plus grands. Par exemple, nous pouvons utiliser de l'information à propos d'étudiants universitaires afin de trouver le pourcentage de femmes dans chacune des universités ; les cas étudiés seront alors les universités et non les étudiants considérés individuellement. Ou encore, des données provenant de répondants à un sondage national peuvent être regroupées de telle façon que l'on obtient les réponses moyennes pour chacun des États américains. Dans une semblable banque de données, les cas sont les 50 États américains. De la même manière, les chercheurs qui s'intéressent à d'autres pays que le leur peuvent employer des banques de données où les cas sont des pays plutôt que des individus. Les cas peuvent aller de l'Afghanistan, l'Albanie et l'Algérie à la Zambie ou au Zimbabwe. Des données de ce type, des données pour lesquelles les cas représentent de plus grandes unités d'analyse, sont appelées *données agrégées*.

Si ces unités sont d'ordre spatial ou géographique, à l'instar de provinces ou de pays, les données agrégées sont dites *données écologiques*. Les variables s'y rapportant sont alors des *variables écologiques*. Voici quelques exemples de variables écologiques : le taux d'homicide, le taux d'urbanisation, le revenu moyen et le pourcentage d'hispanophones pour les 50 États. Parce qu'elles sont liées à des unités géographiques, les variables écologiques ont l'avantage de pouvoir être présentées visuellement sur des cartes. Ainsi pouvons-nous, par exemple, dresser une carte des États-Unis où chacun des États serait coloré ou ombragé en fonction, disons, de son taux d'homicide. Vous avez probablement déjà vu de telles cartes dans les journaux ou dans des magazines. Elles nous aident à visualiser la façon dont se distribue géographiquement une variable. Nous pouvons voir, par exemple, que les hauts taux d'homicide tendent à s'agglomérer dans certaines régions des États-Unis, alors que d'autres régions ont un taux d'homicide relativement bas. Nous apprendrons, en étudiant les statistiques, comment construire des cartes semblables.

Les données agrégées, et spécialement les données écologiques, sont très utiles, parfois plus encore dans certains cas que ne le sont les données individuelles. Les unités agrégées comme les comtés, les provinces et les pays sont souvent d'un intérêt substantiel. Comprendre par exemple comment est distribuée entre les régions d'un pays une variable comme le taux de chômage peut guider les politiques et la planification économiques. De plus, plusieurs théories en sciences sociales considèrent les unités agrégées plutôt que les individus. La théorie du suicide chez Durkheim, par exemple, ou la loi d'airain de l'oligarchie de Michels (« qui dit organisation dit oligarchie ») s'appliquent à des unités agrégées. Les sociologues s'intéressent souvent à des moyennes ou à des taux – le revenu moyen ou le taux d'homicide par 100 000 habitants. Or les moyennes et les taux se rapportent, par définition, à des unités agrégées. Enfin, certaines variables concernant des caractéristiques ou des comportements rares, peu communs, peuvent être impossibles à trouver ou à déceler à un niveau strictement individuel. Il y a si peu de psychiatres dans une population que même un sondage important comme Gallup ou le General Social Survey n'en inclura que quelques-uns, sinon aucun. Mais, au niveau de l'agrégat, nous pourrons néanmoins considérer, pour chaque pays, le nombre de psychiatres par 100 000 habitants – une variable agrégée.

Nous devons à tout moment porter attention à ne pas confondre le niveau d'analyse individuel et le niveau d'analyse de l'agrégat. Tout particulièrement, nous devons nous garder d'inférer, à partir de l'analyse de données agrégés, des caractéristiques individuelles, ou encore, en sens inverse, d'inférer des caractéristiques concernant des unités agrégées d'après ce que nous révèlent des données qui concernent des individus. Ces raisonnements procèdent tous deux d'une erreur logique. L'erreur logique consistant à caractériser les individus à partir de l'analyse de données agrégées est connue sous le vocable d'*erreur écologique* ou de *fausseté écologique*. Nous pouvons par exemple découvrir que les États américains qui ont une plus grande proportion de Juifs ont des taux d'analphabétisme plus élevés. Il serait cependant erroné – ce serait une fausseté écologique – de déduire que les Juifs tendent à être analphabètes. En fait, le taux d'analphabétisme chez les Juifs est très *faible*. Il s'agit simplement du fait que les Juifs ont tendance à vivre dans les États ayant des proportions plus élevées d'illettrés, même si très peu de Juifs sont eux-mêmes illettrés.

Les banques de données agrégées contiennent souvent moins de cas que celles où l'on retrouve des données individuelles. Alors que les sondages comprennent des centaines et parfois des milliers de cas, les données portant sur les États américains ont bien sûr 50 cas. Les banques de données agrégés basées sur des districts de villes comportent généralement moins de 100 cas. Celles qui sont basées sur les pays n'en ont souvent pas plus que 160. Bien que cela nous empêche de nous servir de certaines méthodes statistiques, le fait que les banques de données aient peu de cas permet cependant d'user de façon plus approfondie d'autres méthodes, particulièrement de celles qui présentent visuellement les données. Parfois, en statistiques, comme dans la vie en général d'ailleurs, moins il y en a, mieux c'est.

Les variables agrégées sont plus susceptibles d'être continues et d'intervalles/ratio que les variables dont l'unité d'analyse est l'individu. Plusieurs des variables décrivant les individus sont nominales – leur sexe, leur race, leur religion. Les variables agrégées sont souvent des taux, des moyennes ou des pourcentages – le taux d'homicide par 100 000 habitants, le revenu moyen ou le pourcentage de personnes vivant sous le seuil de la pauvreté par exemple. De telles variables sont des variables continues et des variables d'intervalles/ratio. Elles permettent ainsi d'employer des procédures statistiques qui ne conviendraient ni aux variables nominales ni au variables ordinales.

1.10 Les idées et la réflexion

Les statistiques sont extrêmement importantes en recherche, mais, à la différence de cette phrase, la recherche ne commence pas et ne finit pas dans les statistiques. Celles-ci viennent plutôt au milieu de la recherche. Les idées viennent avant... et après. Les idées sur le monde et sur son fonctionnement – voilà ce qui importe premièrement et ultimement.

Et d'où proviennent les idées ? De plusieurs endroits. Les idées peuvent jaillir de simples observations du monde, même si elles ne sont pas systématiques. N'avez-vous jamais remarqué que les femmes ont tendance à s'asseoir à proximité de la porte de la classe et que les hommes se placent plus loin dans la salle. Hmmm... une observation de ce type peut mener à certaines idées concernant les rôles sociaux liés au sexe.

Ou encore, les idées peuvent découler de théories. Ainsi, par exemple, une théorie féministe peut suggérer quelques idées sur les pratiques d'éducation des enfants, ou encore l'interactionisme symbolique peut nous guider vers des idées nouvelles à propos des rôles et de l'étiquetage, ou encore la théorie du système-monde peut engendrer des idées à propos de la situation économique des nations. Beaucoup de théories croissent dans le jardin des sciences sociales, chacune fleurissante d'idées.

Les idées peuvent aussi provenir de nos lectures. Le *Criton* de Platon, ou *La désobéissance civile* de Thoreau, ou la *Lettre d'une prison de Birmingham* de Martin Luther King peut déclencher notre réflexion sur la désobéissance civile et sur le type de personnes qui sont les plus susceptibles de suivre leur conscience même si cela implique de violer la loi.

Les idées peuvent enfin se développer en réponse à des problèmes pratiques, terre-à-terre. Vous voulez améliorer les relations raciales sur le campus universitaire ? Penser à ce qui peut être fait peut très bien mener à des idées concernant les relations entre les groupes. Vous êtes sensibles aux problèmes de pollution ? Penser à des solutions peut conduire à des idées intéressantes sur les sources d'appui pour des initiatives environnementales. L'apathie politique des étudiants vous inquiète ? Penser à un programme visant à contrer l'apathie peut engendrer des idées sur ses causes sociales.

Peu importe leurs origines, les idées forgent le processus de recherche, y compris les statistiques. Les idées nous suggèrent les questions à poser, les problèmes à soulever et les hypothèses à vérifier. Les idées précisent quels cas devront être étudiés. Elles déterminent quelles variables devront être utilisées et comment elles seront mesurées. Les idées nous révèlent comment ces variables seront reliées l'une à l'autre. Et, encore plus important pour nos fins, les idées nous dirigent vers les techniques statistiques appropriées.

Ainsi, les idées viennent d'abord et affectent l'ensemble du processus de recherche, y compris l'analyse statistique. Mais les statistiques, en retour, influencent les idées. Les analyses statistiques exhortent les chercheurs à examiner d'autres problématiques, à exploiter de nouvelles idées, à produire de nouvelles hypothèses, à considérer d'autres cas à étudier, à introduire de nouvelles variables et à explorer de nouvelles façons de relier entre elles les variables. Ce que nous observons alors n'est pas une recherche en boucle circulaire qui finit où elle a commencé, mais plutôt une recherche en forme de spirale, où des idées conduisent à la recherche et à l'analyse statistique, lesquelles conduisent à leur tour à de nouvelles idées qui mènent, elles aussi, à de la recherche et à des analyses supplémentaires, et ainsi de suite. Nous n'espérons pas arriver à la « vérité », mais nous tentons à coup sûr de nous en approcher.

Certes, les idées importent. Et les idées, bien sûr, requièrent de la réflexion. Nous avons besoin de réfléchir énormément en statistiques. Sans doute des statistiques grossières peuvent être calculées sans réflexion, en suivant machinalement des procédures statistiques. Il en résultera cependant une analyse muette qui nous dira très peu sur le monde et sur son fonctionnement. Manier des statistiques correctement exige que l'on pense – que l'on pense fort. Donc, soyez prêts à penser beaucoup chaque fois que vous emploierez des statistiques.

1.11 Jouer avec les données

Pour bien utiliser les statistiques, vous devez jouer tout autant que vous devez réfléchir. Amusez-vous avec les données à la manière dont vous jouiez avec de la « peinture à doigts » lorsque que vous étiez enfant. Vous rappelez-vous ces étranges fleurs que vous peigniez seulement avec votre index ? Vous vous êtes alors demandé ce qui arriverait si vous employiez deux doigts. Vous avez alors barbouillé vos fleurs et vous en avez créé de nouvelles, des fleurs encore plus étranges, en

mélangeant de nouvelles couleurs. Et vous vous êtes ensuite inter-
rogé sur ce qu'il adviendrait si vous peigniez avec votre paume au
complet. Mais vous avez trouvé ces fleurs bien peu intéressantes, alors
vous les avez barbouillées et vous avez plutôt dessiné une face un peu
idiote à l'aide de votre seul petit doigt. Ensuite vous...

Vous jouiez avec de la peinture, et c'est ce que vous devez faire
avec des données. Essayez des choses. Regardez ce qui se produit.
Laissez aller votre curiosité. Tentez de modifier un peu l'analyse... ou
beaucoup. Regardez ce qu'il advient si vous introduisez une nouvelle
variable. Essayez d'autres variables. Manipuler des données à l'aide
d'un ordinateur est aussi facile que peindre avec ses doigts.

Mais je ne veux pas que vous poussiez trop loin l'analogie entre
la peinture digitale et les statistiques. La peinture à doigts n'a pas
cette discipline et cette rigueur qui caractérisent l'art véritable. La
peinture digitale est un mode d'expression bien facile. C'est pour
cette raison que les peintures faites avec les doigts ornent les réfrigé-
rateurs plutôt que les murs des musées. Vous devrez compléter votre
jeu avec beaucoup de discipline et de rigueur intellectuelle si vous
voulez accomplir effectivement une analyse statistique. C'est à ce
moment qu'intervient la réflexion qui a été mentionnée dans la section précédente. Être joueur est cependant essentiel et complète la
discipline et la rigueur. Vous apprendrez et vous obtiendrez davantage des statistiques, et vos analyses seront plus fructueuses, si votre
approche est celle du jeu.

1.12   Ce qu'il faut attendre de ce livre

Laissez-moi vous expliquer comment est structuré ce livre. Nous apprendrons à utiliser les statistiques d'abord à partir des situations les
plus simples pour ensuite passer graduellement à des cas plus complexes. Nous débuterons en examinant les méthodes qui nous permettent d'analyser une seule variable à la fois. Ensuite, nous nous
attarderons aux méthodes convenant à l'analyse d'une relation entre
deux variables. Voilà qui est sensiblement plus complexe. Finalement,
nous considérerons les techniques appropriées à l'étude des relations
entre trois variables et plus. Cela devient vraiment complexe. En toute
logique (du moins, si vous avez quelques notions de latin), ces trois
situations s'appellent respectivement des *analyses univariées*, *bivariées*
et enfin *multivariées*. C'est de cette façon que procédera ce livre.

Ce livre aborde les méthodes statistiques de base. Vous ne serez
pas un statisticien ou une statisticienne accomplie après avoir lu
Statistiques sociales, mais vous en saurez assez pour évaluer de façon
critique l'utilisation que les autres font des statistiques de base et pour

analyser vous-mêmes des données. En d'autres mots, vous serez un consommateur averti et un producteur responsable de statistiques. De plus, vous aurez une solide préparation pour étudier des statistiques plus avancées si c'est ce que vous voulez faire. Bref, vous n'apprendrez pas tout ce qui concerne les statistiques dans ce livre mais vous en apprendrez beaucoup.

J'ai écrit ce livre pour les étudiants des sciences sociales et des disciplines connexes que sont le travail social, la criminologie, l'administration publique et l'éducation. Je tiens pour acquis que vous aurez à faire des analyses réelles, basées sur des données réelles. Par conséquent, je n'éviterai pas les problèmes que vous et moi rencontrons dans le monde réel : les informations manquantes, les données asymétriques, les valeurs aberrantes, les variables qu'il faut regrouper, et le reste. Dans ce texte, nous tiendrons compte de ce désordre complexe qui fait que les relations sociales sont à la fois si stimulantes à étudier et si agréables à vivre. Nous utiliserons souvent des données réelles tirées de sources variées comme le recensement américain, le Uniform Crime Reports et le General Social Survey, données que les professionnels des sciences sociales analysent dans leurs propres recherches. Bien que nous ne puissions pas éviter les problèmes réels qui accompagnent les données réelles, il arrive parfois que le désordre des données puisse nuire à l'apprentissage des statistiques. C'est pourquoi je n'hésiterai pas à inventer des données lorsque des exemples réels pourraient empêcher de comprendre certaines techniques statistiques. Nous utiliserons les données, réelles ou imaginaires, qui seront les plus utiles pour apprendre les statistiques.

Je tiens aussi pour acquis que vous aurez à présenter des analyses statistiques à d'autres personnes, votre instructeur pour le moment, vos employeurs ou le public dans le futur. Par conséquent, j'inclurai des indications sur la façon de rédiger des analyses statistiques, de construire des tableaux et des graphiques. Vous trouverez aussi à la fin de plusieurs chapitres des exemples de texte présentant des analyses statistiques. Ces exemples vous seront utiles comme modèle pour décrire vos propres résultats de recherche. Point n'est besoin d'être un statisticien professionnel pour communiquer de façon efficace des résultats statistiques. Vous en serez capable après avoir terminé la lecture de ce volume.

Ce texte ne passera donc pas sous silence les problèmes bien réels que pose l'application des statistiques à des situations réelles concrètes. Mais il vise aussi à vous faire comprendre les principes statistiques et les raisonnements qui les sous-tendent. Cette compréhension est nécessaire pour savoir quelle procédure statistique employer dans une situation donnée et pour interpréter les analyses statistiques de façon intelligente. C'est pourquoi je vais aller au-delà des formules et des procédures et expliquer le pourquoi des choses. Vous ne trouverez presque aucune formule de calcul dans ce livre. Grâce aux ordinateurs, ces formules sont dorénavant moins utiles. Cela ne veut pas dire qu'il n'y a plus de place pour les formules de calcul, mais qu'elles appartiennent, pour la plupart, au Musée des antiquités statistiques, juste à côté de la règle à calculer. Ces instruments dépassés nous rappellent que les statistiques ont déjà été ennuyeuses et désagréables.

Ceci ne veut pas dire que nous ne ferons appel à aucune formule et à aucun calcul. Bien au contraire. Nous apprendrons à faire des calculs à la main avant de suggérer de recourir à l'ordinateur pour faire ce travail routinier à notre place. Dans l'apprentissage de l'analyse des données, il est essentiel de calculer les statistiques avec notre cerveau humain pour comprendre ce que veulent dire les statistiques et ce que le très rapide cerveau électronique de nos ordinateurs accomplit pour nous. Nous ferons ces calculs en utilisant des formules de définition plutôt que des formules de calcul. Bien qu'elles soient moins pratiques et plus fastidieuses, les formules de définition décrivent ce que sont vraiment les statistiques et constituent, par le fait même, la meilleure façon de les comprendre.

Vous remarquerez que ce livre est écrit un peu comme s'il s'agissait d'une discussion. C'est ce que j'ai voulu. C'est ma façon d'enseigner. Mes étudiants et moi discutons dans la salle de cours et, en tenant compte des limites de l'écrit, il n'y a pas de raison pour que vous et moi ne discutions pas ensemble dans ce livre. Aussi j'ose espérer que vous ne tiendrez pas pour une familiarité déplacée le fait que je m'adresse à vous à la seconde personne, et que vous ne croirez pas que c'est par affectation que j'utilise fréquemment le pronom « nous ». En fait, nous – vous et moi – allons apprendre à maîtriser les statistiques ensemble, même si, pour vous, c'est la première fois et, pour moi, la énième.

J'ai bon espoir que, lorsque vous aurez terminé de lire ce livre, vous saurez comment employer efficacement les statistiques. Je crois que vous serez alors un critique intelligent de la façon dont les autres s'en servent et que vous en userez vous-même avec sagesse. Mais, au-delà de ces buts pratiques, j'espère que vous apprécierez la beauté, l'élégance et la grâce des statistiques. À l'instar des autres réalisations admirables de la raison humaine, les statistiques sont, dans leur essence, une création esthétique.

1.13   Résumé du chapitre 1

Voici ce que nous avons appris dans ce chapitre :

- Le mot « statistiques » renvoie à la fois à des informations résumées numériquement et aux méthodes qui permettent de résumer et de généraliser ces informations.

- Les données sont des registres d'observations.

- Nous organisons habituellement les données sous forme de banques de données, ou en fichiers de données lorsque l'analyse se fait par ordinateur.

- L'unité d'analyse renvoie à une personne, un objet ou un événement que le chercheur étudie. Les cas sont les unités réelles à partir desquelles les données sont colligées.

- Les statistiques ont deux branches : les statistiques descriptives, qui résument l'information ; et les statistiques inférentielles qui généralisent à partir des données d'un échantillon à la population de laquelle cet échantillon fut tiré.

- Nous nous basons sur des données d'échantillon parce qu'il est souvent impossible d'utiliser ou de recueillir des données provenant de la population entière. Les données d'échantillon sont souvent plus complètes ou de qualité supérieure aux données de population.

- Un paramètre est une caractéristique d'une population. Une statistique caractérise un échantillon.

- Les variables sont des caractéristiques ou des propriétés qui peuvent prendre plus d'une valeur.

- La mesure est le processus par lequel nous trouvons les valeurs d'une variable pour des cas différents. Les valeurs mesurées sont nommées « scores ».

- Une échelle est l'ensemble des valeurs d'une variable.

- Nous décidons de la technique statistique à employer en partie à l'aune du niveau de mesure des variables : nominal, ordinal ou d'intervalles/ratio.

- Les variables nominales ont comme valeurs des catégories non ordonnées.

- Les variables ordinales possèdent des valeurs qui peuvent être ordonnées mais qui ne reposent pas sur une unité de mesure standard.

- Les variables d'intervalles et de ratio ont des valeurs ordonnées et basées sur une unité standard de mesure.

- Le niveau de mesure d'une variable dépend de la façon dont est mesurée la variable.

- Connaître le niveau de mesure d'une variable est essentiel au choix des techniques statistiques appropriées.

- Une variable continue peut, en principe, prendre n'importe quelle valeur comprise dans son éventail. Une variable discrète ne peut, elle, que prendre un nombre restreint de valeurs.

- Certaines techniques statistiques conviennent davantage à des variables continues, d'autres à des variables discrètes.

- Les données agrégées sont basées sur des unités d'analyse plus grandes que les individus.

- Les variables agrégées sont plus susceptibles d'être des variables d'intervalles/ratio. Elles permettent également une utilisation plus fructueuse des présentations visuelles des données.

- Les données écologiques reposent sur des unités d'analyse spatiales ou géographiques et se prêtent bien à une présentation à l'aide de cartes.

- Il faut se méfier des erreurs écologiques qui consistent à inférer des caractéristiques individuelles à partir de données agrégées.

- Le General Social Survey fournit des données de haute qualité provenant d'un sondage national annuel mené auprès d'Américains adultes.

- La réflexion est primordiale (réfléchissez donc beaucoup).

- La meilleure approche pour l'analyse de données est une attitude ludique combinée à la rigueur intellectuelle.

Principaux concepts et procédures

Termes et idées

statistiques (en tant qu'informations)
statistiques (en tant que méthodes)
données
banque de données
fichier de données
unités d'analyse
cas
statistiques descriptives
statistiques inférentielles
données d'échantillon
données de population
recensement
paramètre
variable
mesure
échelle
score
niveaux de mesure
variable nominale
variable dichotomique
variable ordinale
variable d'intervalles/ratio
catégories mutuellement exclusives
catégories collectivement exhaustives
variable continue
variable discrète
General Social Survey
codes
données et variables agrégées
données et variables écologiques
erreur écologique
statistiques univariées (analyse univariée)
statistiques bivariées (analyse bivariée)
statistiques multivariées (analyse multivariée)

CHAPITRE 2
Les distributions de fréquences et de pourcentages

Dans ce chapitre, je décris la façon de résumer des informations concernant des variables prises une par une. En d'autres mots, nous nous attarderons à des situations univariées. Nous examinerons ici les distributions de fréquences et de pourcentages ainsi que les diagrammes circulaires, les diagrammes en bâtons et les projections cartographiques.

Une fois ce chapitre lu, vous pourrez :

1. Transformer des données brutes en distributions de fréquences univariées.

2. Transformer ces distributions de fréquences en distributions de pourcentages.

3. Interpréter les distributions de pourcentages univariées.

4. Comprendre que les pourcentages sont des fréquences standardisées.

5. Produire et expliquer des distributions de pourcentages cumulatifs.

6. Construire des tableaux univariés de pourcentages présentés de façon convenable et les interpréter.

7. Appliquer les règles générales relatives à la fusion des catégories.

8. Reconnaître ce que sont les données manquantes à exclure d'une analyse.

9. Comprendre qu'une analyse peut être basée sur un sous-ensemble de cas.

10. Produire des diagrammes circulaires et des diagrammes en bâtons et les interpréter.

11. Expliquer en quoi les niveaux de mesure affectent les distributions cumulatives et le choix d'un diagramme circulaire ou en bâtons.

12. Expliquer ce qu'est un cas déviant et le reconnaître dans une distribution.

13. Produire et interpréter des cartes décrivant la distribution de variables écologiques.

2.1 Les distributions de fréquences

Une façon simple et directe de résumer des informations concernant une variable est de compter le nombre de cas pour chaque valeur. Ce résumé de la variation d'une variable est une *distribution de fréquences* qui attire notre attention sur le nombre de cas correspondant à chaque valeur plutôt qu'aux valeurs elles-mêmes.

Commençons par quelques exemples très simples. D'abord la variable « Désobéissance civile » dont on a parlé au premier chapitre. Je vous ai dit que, dans le General Social Survey des États-Unis, on avait demandé aux répondants si les gens devaient obéir aux lois sans exception ou s'il y avait des situations exceptionnelles où les gens devaient suivre leur conscience même si cela impliquait de violer la loi. Pour des raisons pratiques nous allons considérer que les réponses à cette question constituent la variable « Désobéissance civile ». Le tableau 2.1 rapporte les scores de 50 répondants réels du General Social Survey pour la variable « Désobéissance civile ».

Ces 50 cas constituent un échantillon de l'échantillon du General Social Survey, pour ainsi dire. Pour s'initier aux distributions de fréquences et de pourcentages, il sera beaucoup plus facile d'utiliser seulement ces 50 cas plutôt que les 2904 cas du sondage. Les deux premiers répondants croient qu'il faut suivre sa conscience, le troisième et le quatrième croient qu'il faut toujours obéir aux lois, le cinquième cas croit plutôt qu'il faut suivre sa conscience, et ainsi de suite. Ce sont des *données brutes*, les scores tels qu'ils se présentent au départ.

Nous pouvons compiler le nombre de cas de chaque score, comme dans le tableau 2.2. Ce décompte est une distribution de fréquences nous montrant combien de répondants ont répondu « obéir aux lois », et combien ont répondu « suivre sa conscience ». L'initiale f qui se trouve au sommet de la colonne de droite est l'abréviation conventionnelle qu'on utilise en statistiques pour signifier « *fréquence* ». Nous avons réduit 50 fragments d'information à deux nombres – les décomptes pour chacune des deux valeurs de la variable « Désobéissance civile ». Nous pouvons sans peine lire que 21 répondants croient qu'il faut toujours obéir aux lois et que 29 répondants croient qu'il y a des occasions où les gens doivent suivre leur conscience même si cela implique de violer la loi. Ainsi ceux qui soutiennent la désobéissance civile sont un peu plus nombreux que ceux qui la rejettent.

Tableau 2.1. Scores de 50 répondants du General Social Survey américain
de 1996 pour la variable « Désobéissance civile »

Numéro du cas	Désobéissance civile	Numéro du cas	Désobéissance civile
01	Suivre sa conscience	26	Suivre sa conscience
02	Suivre sa conscience	27	Suivre sa conscience
03	Obéir aux lois	28	Suivre sa conscience
04	Obéir aux lois	29	Obéir aux lois
05	Suivre sa conscience	30	Obéir aux lois
06	Obéir aux lois	31	Obéir aux lois
07	Obéir aux lois	32	Suivre sa conscience
08	Suivre sa conscience	33	Obéir aux lois
09	Suivre sa conscience	34	Obéir aux lois
10	Suivre sa conscience	35	Suivre sa conscience
11	Suivre sa conscience	36	Suivre sa conscience
12	Obéir aux lois	37	Suivre sa conscience
13	Obéir aux lois	38	Obéir aux lois
14	Obéir aux lois	39	Obéir aux lois
15	Obéir aux lois	40	Suivre sa conscience
16	Suivre sa conscience	41	Suivre sa conscience
17	Suivre sa conscience	42	Suivre sa conscience
18	Suivre sa conscience	43	Suivre sa conscience
19	Obéir aux lois	44	Suivre sa conscience
20	Obéir aux lois	45	Obéir aux lois
21	Obéir aux lois	46	Suivre sa conscience
22	Suivre sa conscience	47	Obéir aux lois
23	Suivre sa conscience	48	Suivre sa conscience
24	Suivre sa conscience	49	Obéir aux lois
25	Suivre sa conscience	50	Suivre sa conscience

Tableau 2.2. Décompte de la variable
« Désobéissance civile »

Désobéissance civile	Décompte	f
Suivre sa conscience	/ / / / / / / / / / / / / / / / / / / / / / / / / / / / /	29
Obéir aux lois	/ / / / / / / / / / / / / / / / / / / / /	21
Total		50

Il nous faut pouvoir communiquer l'information clairement et de façon succincte. Rien ne sert d'embêter les gens avec notre méthode de décompte. Le tableau 2.3 transforme notre décompte en un tableau de fréquences clair et attrayant.

Tableau 2.3. Opinions concernant la
désobéissance civile
(en fréquences)

Désobéissance civile	f
Suivre sa conscience	29
Obéir aux lois	21
Total	50

Considérez maintenant un second exemple. Supposez qu'on ait demandé aux répondants de dire le nombre d'années de scolarité qu'ils ont effectuées. Le tableau 2.4 présente les réponses des 50 mêmes répondants au General Social Survey, catégorisées en cinq niveaux d'instruction.

Tableau 2.4. Scores hypothétiques de 50 répondants pour la variable
« Niveau d'instruction »

Numéro du cas	Niveau d'instruction	Numéro du cas	Niveau d'instruction
01	Secondaire	26	Universitaire avancé
02	Premier cycle universitaire	27	Pas de secondaire
03	Pas de secondaire	28	Premier cycle universitaire
04	Secondaire	29	Pas de secondaire
05	Secondaire	30	Secondaire
06	Secondaire	31	Pas de secondaire
07	Premier cycle universitaire	32	Secondaire
08	Secondaire	33	Secondaire
09	Secondaire	34	Collège
10	Secondaire	35	Secondaire
11	Universitaire avancé	36	Premier cycle universitaire
12	Secondaire	37	Universitaire avancé
13	Secondaire	38	Secondaire
14	Secondaire	39	Pas de secondaire
15	Pas de secondaire	40	Secondaire
16	Secondaire	41	Premier cycle universitaire
17	Secondaire	42	Secondaire
18	Collège	43	Secondaire
19	Universitaire avancé	44	Pas de secondaire
20	Pas de secondaire	45	Secondaire

Tableau 2.4. (suite)

Numéro du cas	Niveau d'instruction	Numéro du cas	Niveau d'instruction
21	Secondaire	46	Pas de secondaire
22	Premier cycle universitaire	47	Premier cycle universitaire
23	Collège	48	Premier cycle universitaire
24	Secondaire	49	Secondaire
25	Premier cycle universitaire	50	Pas de secondaire

Le tableau 2.5 nous donne les fréquences. Notez que cette fois j'ai laissé tomber les marques de décompte et que j'ai donné un titre au tableau, comme nous le ferions si nous avions à présenter ces informations à d'autres. Ce tableau de fréquences condense 50 parcelles d'information en seulement 5 nombres (en excluant le total). Nous découvrons que 4 répondants disent avoir fait des études supérieures, 9 ont fait des études de premier cycle à l'université, 3 ont un diplôme de collège, et ainsi de suite[1].

Tableau 2.5. Niveau d'instruction atteint (en fréquences)

Niveau d'instruction	f
Universitaire avancé	4
Premier cycle universitaire	9
Collège	3
Secondaire	24
Pas de secondaire	10
Total	50

Regrouper des cas pour en faire une distribution de fréquences, c'est aussi facile que... un, deux, trois ! Tout ce que vous avez à faire, c'est de compter. Certes, dans la mesure où il ne sera plus possible de connaître le score qu'avait chacun des cas individuels, nous perdons quelques détails que contenaient initialement les données brutes. Toutefois la distribution de fréquences aide grandement à comprendre nos données. Nous savons maintenant combien de cas se rattachent à chacun des scores et ainsi nous avons une meilleure idée de la façon dont sont distribués ces scores.

---

1. On fait référence ici au système d'éducation américain qui compte généralement cinq niveaux : primaire, secondaire, collège (« Junior College »), premier cycle universitaire (» Undergraduate Degree ») et universitaire avancé (« Graduate Degree »). Cette structure peut varier d'un État à l'autre et même d'une localité à l'autre (N.D.T.).

2.2   Les distributions de pourcentages

Si les distributions de fréquences s'avèrent utiles pour résumer l'information, elles sont parfois difficiles à interpréter. Une distribution de fréquences d'un grand nombre de cas produit souvent des fréquences très élevées qui peuvent être malaisées à comprendre. En effet nous pouvons assez facilement manipuler des fréquences peu élevées comme 4, 9 et 3. Mais lorsqu'il s'agit de centaines, de milliers ou de centaines de milliers, la plupart d'entre nous éprouvons des difficultés. Mais là n'est pas le seul problème.

En effet, la comparaison entre plusieurs distributions de fréquences ou plus se complique si ces distributions sont basées sur des nombres de cas différents. Il est difficile de comparer, par exemple, la distribution de fréquences du niveau d'instruction des répondants du Texas avec celle du Vermont puisque ces États ont une population de taille différente. Le recensement américain rapporte que 2 204 099 habitants du Texas ont un diplôme de collège, alors que c'est le cas de 91 522 habitants du Vermont. Que pouvons-nous cependant conclure à propos du niveau d'instruction relatif des Texans et des habitants du Vermont ? Après tout, le Texas a une population adulte supérieure en nombre à celle du Vermont – 16 986 335 contre seulement 562 758. Les Texans sont-ils plus susceptibles d'avoir un diplôme de collège ? Seulement à partir des fréquences, cela est bien difficile à déterminer.

Nous pouvons surmonter ces problèmes si nous standardisons le résumé de notre distribution en calculant quelle serait chacune des fréquences si le nombre total de cas était exactement 100. On appelle « *pourcentage* » le résultat de cette standardisation. Nous sommes en fait si familiers avec les pourcentages que rarement nous songeons à ce qu'ils sont réellement : les pourcentages sont ce que seraient les fréquences s'il y avait 100 cas au total. Convertir en pourcentage réduit les grands nombres à des nombres plus aisément manipulables (c'est-à-dire des pourcentages) qui vont de 0 à 100. En standardisant chaque fréquence selon la même base – 100 – nous pouvons facilement comparer les pourcentages. Nous pouvons par exemple découvrir qu'il y a relativement plus de diplômés de collège au Vermont qu'au Texas : 16 % des adultes du Vermont comparativement à 13 % des adultes du Texas.

Je sais, vous avez appris les pourcentages à l'école primaire. Voici quand même un rappel de la façon de procéder, juste pour vous rafraîchir la mémoire :

1.   Diviser chaque fréquence par le nombre total de cas.

2.   Multiplier ce résultat par 100.

Sous forme de formule :

$$\text{pourcentage} = \frac{f}{N}(100)$$

lorsque f   =   fréquence

N   =   nombre total de cas

Par exemple, des 50 cas mentionnés dans la section précédente, 29 croient qu'il faut suivre sa conscience même si cela implique de violer la loi, ou $\frac{f}{N}(100) = \frac{29}{50}(100) = 58\,\%$. De la même façon, 21 répondants considèrent qu'il faut toujours obéir aux lois, $\frac{21}{50}(100) = 42\,\%$. L'addition d'un ensemble de pourcentages doit toujours donner un total de 100 (sauf dans les cas où, en arrondissant les pourcentages, leur somme est légèrement au-dessus ou au-dessous de 100).

Quand on se contente de diviser une fréquence par N (sans multiplier le quotient par 100), nous obtenons une *proportion*. Donc la proportion des cas qui ont répondu qu'il fallait suivre sa conscience est de 0,58 et la proportion de ceux qui ont répondu qu'il fallait toujours obéir aux lois est de 0,42. Tout comme les pourcentages varient de 0 à 100, les proportions varient de 0 à 1,00. Et tout comme la somme d'un ensemble de pourcentages doit toujours égaler 100, la somme d'un ensemble de proportions doit toujours égaler 1,00 (lorsqu'il n'y a pas d'erreur due à l'arrondissement). Les pourcentages ne sont que des proportions multipliées par 100. Pourcentages et proportions donnent la même information, mais sur une base différente (100 et 1, respectivement). Les conventions et les préférences en ce qui concerne l'utilisation soit de pourcentages soit de proportions varient d'une discipline à l'autre, et même d'une sous-discipline à l'autre. De façon générale les spécialistes des sciences sociales utilisent les pourcentages et c'est ce que nous ferons dans ce livre.

Le tableau 2.6 est un *tableau de pourcentages* donnant la distribution de nos 50 réponses à la question portant sur la désobéissance civile. Nous observons qu'un plus grand pourcentage des répondants approuvent la désobéissance civile et qu'un plus faible pourcentage croient qu'il faut toujours obéir aux lois (58 % contre 42 %).

Tableau 2.6. Opinions concernant
             la désobéissance civile
             (en pourcentages)

Désobéissance civile	Pourcentages
Suivre sa conscience	58
Obéir aux lois	42
Total	100
(N)	(50)

La lettre N, qui se trouve entre parenthèses au bas du tableau, donne le nombre total de cas sur lequel se basent les pourcentages. En statistique, la lettre majuscule « N » correspond habituellement au nombre total de cas.

Si nous exprimons en pourcentages la distribution de fréquences du niveau d'instruction, nous obtenons le tableau 2.7. Celui-ci montre que près d'un cinquième (18 %) des répondants au sondage ont un diplôme de collège. La moitié (48 %) des répondants sont des diplômés du secondaire qui n'ont jamais fréquenté le collège ni l'université. Un cinquième (20 %) ont un niveau d'instruction inférieur au secondaire.

Tableau 2.7. Niveau d'instruction atteint
             (en pourcentages)

Niveau d'instruction	Pourcentages
Universitaire avancé	8
Premier cycle universitaire	18
Collège	6
Secondaire	48
Pas de secondaire	20
Total	100
(N)	(50)

Un mot d'avertissement concernant les pourcentages : soyez prudents lorsque vous convertissez des fréquences en pourcentages et que le nombre total de cas est faible. Les pourcentages seront « instables » si N est peu élevé, si bien que nous ne pouvons leur faire confiance. Le déplacement d'un cas d'une valeur à une autre produira alors des changements considérables dans les pourcentages. Quand N égale 50, chaque cas représente 2 points de pourcentage. Dans les tableaux 2.6 et 2.7, par exemple, le déplacement d'un cas d'une valeur à une autre fera perdre à l'une des valeurs 2 points de pourcentage et augmentera l'autre d'autant. Les statisticiens divergent dans leur définition de ce qui constitue un petit N. Certains mettent en garde contre l'usage de pourcentages lorsque le nombre total de cas est inférieur à environ 30. D'autres considèrent plutôt des N de 50 et même de 100 comme des cas limites en dessous desquels il ne faut guère descendre. Tous cependant s'entendent pour nous exhorter à ne pas nous fier à des pourcentages qui reposeraient sur un faible nombre de cas. (Je reconnais qu'en voulant simplifier les choses, j'ai choisi un exemple bien près de la limite et qui la dépasse même, peut-être. Je promets que je ne recommencerai pas trop souvent.)

2.3   Les distributions cumulatives

Un pourcentage cumulatif est le pourcentage de tous les scores égaux ou inférieurs à une valeur donnée. Pour obtenir un pourcentage cumulatif :

1.   Additionnez toutes les fréquences qui ont la valeur donnée ou qui sont de valeur inférieure.

2.   Divisez cette somme par le nombre total de cas.

3.   Multipliez ce résultat par 100.

Exprimé en formule :

$$\text{Pourcentage cumulatif} = \frac{F}{N}(100)$$

$$\text{lorsque } F = \text{fréquence cumulative (c'est-à-dire la somme des fréquences inférieures ou égales à une valeur donnée)}$$

$$N = \text{nombre total de cas}$$

De façon équivalente (bien qu'il y ait parfois des erreurs dues à l'arrondissement), nous pouvons trouver le pourcentage cumulatif en additionnant les pourcentages de la valeur donnée et des valeurs qui lui sont inférieures. Bien que l'initiale F majuscule soit utilisée par les statisticiens pour renvoyer à des choses différentes, nous l'utilisons ici pour représenter les fréquences cumulatives, c'est-à-dire la somme de toutes les fréquences inférieures ou égales à une valeur donnée.

Le tableau 2.8 est le tableau de pourcentages cumulatifs qui correspond à nos données hypothétiques sur le niveau d'instruction. Ainsi à partir des fréquences provenant du tableau 2.5, le pourcentage cumulatif des cas qui ont un niveau d'instruction secondaire ou moins nous est donné comme suit :

$$\text{Pourcentage cumulatif} = \frac{F}{N}(100)$$

$$= \frac{10+24}{50}(100)$$

$$= \frac{34}{50}(100)$$

$$= 68$$

On peut calculer le pourcentage cumulatif des cas qui ont un diplôme de collège ou moins de la façon suivante :

$$= \frac{10+24+3}{50}(100)$$

$$= \frac{37}{50}(100)$$

$$= 74$$

Tableau 2.8. Niveau d'instruction atteint
(en pourcentages cumulatifs)

Niveau d'instruction	Pourcentages cumulatifs
Universitaire avancé	100
Premier cycle universitaire	92
Collège	74
Secondaire	68
Pas de secondaire	20
(N)	(50)

Nous pouvons également obtenir ce pourcentage cumulatif en additionnant 20 (le pourcentage des répondants qui ont un niveau d'instruction inférieur au secondaire), 48 (le pourcentage des répondants de niveau secondaire) et 6 (le pourcentage de diplômés de collège). Ainsi, 20 + 48 + 6 = 74. Notez aussi que chacun des pourcentages cumulatifs correspond à la somme des pourcentages cumulatifs des valeurs précédentes plus le pourcentage de la valeur donnée (68 + 6 = 74 pour les diplômés de collège ou des niveaux inférieurs). Le pourcentage cumulatif de la valeur la plus élevée est toujours 100 % puisque que tous les cas doivent avoir ou bien cette valeur ou bien une valeur inférieure.

Nous pouvons imaginer sans peine l'utilité des distributions cumulatives. Elles répondent à des questions comme « Quel pourcentage des répondants ont 40 ans ou moins ? », « Quel est le pourcentage des gens qui ont des revenus de 25 000 $ ou moins ? », ou « Quel pourcentage des répondants regardent la télévision trois heures ou moins par jour[2] ? » De façon assez évidente les distributions cumulatives de pourcentages ne sont pas utiles pour les variables dichotomiques, comme, par exemple, la variable sur la désobéissance civile. Il faut noter aussi qu'une distribution cumulative n'est pertinente que dans la mesure où les valeurs d'une variable peuvent être ordonnées. Donc les fréquences et les pourcentages cumulatifs n'ont de signification de prime abord que pour des variables ordinales ou d'intervalles/ratio. En ce qui a trait aux variables nominales telles la religion ou la région géographique, il est rarement sensé de se servir d'une distribution cumulative parce que les valeurs n'ont pas entre elles d'ordre véritable. Nous ne pouvons pas dire « catholique ou moins » ou « provinces de l'Ouest ou moins ».

Après avoir fait vos premières armes dans l'analyse de données, vous verrez comment il est possible parfois d'utiliser les distributions cumulatives pour des variables nominales. Considérez, par exemple, la variable « statut marital », mesurée par les catégories « marié », « veuf », « divorcé », « séparé » et « jamais marié » (dont les codes sont les nombres de 1 à 5 respectivement). Nous pouvons nous servir d'une distribution cumulative pour découvrir le nombre ou le pourcentage des cas dont les scores se situent dans les quatre valeurs « les plus faibles » – c'est-à-dire « marié », « veuf », « divorcé » et « séparé ». Ces quatre valeurs constituent l'ensemble des cas « déjà mariés ». Le pourcentage cumulatif des répondants se disant séparés nous renseigne en fait sur le pourcentage des répondants qui furent déjà mariés, en opposition à ceux qui ne le furent jamais.

---

2.   Les distributions cumulatives dont nous discutons ici sont toutes des distributions cumulatives de type « ou moins ». Les distributions cumulatives de type « et plus » indiquent la fréquence ou le pourcentage de scores qui ont une valeur donnée ou qui ont une valeur supérieure.

2.4   Produire des tableaux lisibles et bien présentés

Assurez-vous, dans vos tableaux de pourcentages – et, en fait, dans toutes vos analyses –, de ne pas prétendre à plus de précision que ne vous en fournissent vos données. Ne retenez que les décimales significatives – c'est-à-dire les décimales qui sont fiables et en lesquelles vous avez confiance. Pratiquement, cela signifie que vous devez habituellement arrondir les pourcentages soit au dernier nombre entier, soit à la première décimale. Cette règle informelle souffre bien sûr des exceptions, qui sont néanmoins assez peu nombreuses lorsque vous travaillez en sciences sociales avec des données scientifiques. Les pourcentages avec plus d'une décimale prétendent souvent à une fausse précision. Les calculatrices et les ordinateurs nous fournissent généralement un grand nombre de chiffres après la virgule (souvent jusqu'à huit chiffres). Ces décimales sont la plupart du temps non significatives.

À titre de règle générale en statistiques, il est préférable de conserver le nombre maximal de décimales que vous pouvez lorsque vous calculez ou lorsque vous utilisez des formules, etc., de façon à minimiser les erreurs qui pourraient être dues à l'arrondissement lors des calculs. Arrondissez ensuite votre résultat final en gardant le nombre de décimales que vous aviez initialement plus une. Si vos calculs portaient au départ sur des nombres entiers (comme pour des compilations de cas), arrondissez vos résultats (des pourcentages par exemple) à la première décimale. Parce qu'il s'agit là d'une règle bien générale, les exceptions sont tolérées. Toutefois, comme toujours, *pensez* à ce que vous êtes en train de faire et décidez jusqu'à quelle décimale vous avez confiance en vos résultats.

Les décimales superflues (celles qui habituellement se situent au-delà du premier chiffre après la virgule) devraient normalement être arrondies. Quelques exemples : arrondissez 21,32 à 21,3 ; arrondissez 62,81 à 62,8 ; arrondissez 15,66 à 15,7. Mais que faire pour arrondir un nombre se terminant par 5 comme 48,65 ou 17,35 ? Un usage courant consiste à arrondir les « 5 » au nombre *pair* le plus proche. Ainsi, par exemple, 48,65 sera arrondi à 48,6, alors que 17,35 sera arrondi à 17,4. C'est cette « règle du nombre pair » que je suivrai dans ce livre. Elle nous assure qu'à long terme environ la moitié des nombres se terminant par 5 auront été arrondis à l'inférieur, l'autre moitié au supérieur.

Quelques mots à propos de la forme des tableaux. Dans la section précédente, j'ai construit mes tableaux de manière aussi présentable que possible. Bien qu'il n'y ait pas un modèle « officiel » ou « convenable » concernant les tableaux de pourcentages, la forme des tableaux présentés dans ce livre respecte le format d'édition de l'*American Sociological Review* et des autres publications de l'American Sociological Association. Dans d'autres disciplines – la psychologie, la science politique, les sciences de l'éducation, etc. – on préfère des formats légèrement différents. Il y a même des variantes à l'intérieur des disciplines. Consultez un exemplaire récent d'une publication scientifique importante de votre discipline pour des exemples concernant la forme des tableaux ainsi que des exemples de tableaux présentés convenablement.

Voici quelques conseils d'ordre général qui vous permettront de construire des tableaux univariés de pourcentages bien présentés.

- Numérotez vos tableaux en chiffres arabes si vous en présentez plus d'un.

- Choisissez un titre direct qui énonce clairement mais succinctement les variables qui sont décrites dans le tableau. Indiquez aussi la source des données, à moins que cette source ne soit mentionnée dans le texte accompagnant le tableau.

- Intitulez la colonne de gauche du nom de la variable (Désobéissance civile, Instruction). Utilisez pour cela des noms clairs, descriptifs, plutôt que les noms abrégés et codés dont on fait usage dans les fichiers de données.

- Intitulez la colonne de droite : « Pourcentages » (ou « Fréquences », ou « Pourcentages cumulatifs », selon le cas).

- Assurez-vous que les catégories sont mutuellement exclusives et collectivement exhaustives (comme c'est décrit dans la section 1.6). Chacun des scores doit être compris dans une et une seule catégorie de valeurs.

- Ajoutez une rangée « Total » qui compile tous les pourcentages. Celle-ci guide la compréhension du lecteur.

- Ajoutez aussi une rangée (N) présentant le nombre de cas à partir desquels furent calculés les pourcentages. (Cette rangée est parfois intitulée « Nombre de cas ».) Elle permet au lecteur d'évaluer la stabilité des pourcentages et de calculer les fréquences individuelles sur lesquelles le calcul des pourcentages est basé.

- Soyez conséquents en ce qui concerne les décimales. Par exemple, n'arrondissez par certains pourcentages au nombre entier et d'autres à un chiffre après la virgule.

- À moins que vous ayez de bonnes raisons d'attirer l'attention du lecteur sur les fréquences, n'inscrivez pas les fréquences individuelles dans un tableau – seulement les pourcentages. Un lecteur curieux pourra recalculer les fréquences en multipliant N par le pourcentage et en divisant le produit par 100.

- Disposez les pourcentages à droite, alignés les uns sur les autres. (La plupart des logiciels de traitement de texte vous permettent d'aligner ensemble les virgules décimales, ce qui est encore mieux.)

- Ne conservez pas les symboles % après chacun des pourcentages. Ils sont superflus, ils encombrent le tableau et dénotent un mauvais goût.

- Ne tracez pas de lignes verticales dans un tableau. Elles aussi s'avèrent encombrantes. Comme unique guide pour l'œil du lecteur et comme gage de clarté pour votre tableau, ne tracez qu'une ligne double horizontale entre le titre et les en-têtes de colonnes ainsi que de simples lignes horizontales sous ces en-têtes et au bas du tableau, comme je le fais dans ce livre.

- Soyez très propres. Alignez rigoureusement les entrées et les virgules, tracez des lignes horizontales de longueur identique, etc.

Si le style ne doit jamais empiéter sur la substance, vous devez cependant les deux aux lecteurs de vos tableaux. Comment savoir si vos tableaux sont présentés convenablement ? Une personne raisonnablement intelligente devrait être capable de les lire sans ambiguïté, avec un effort minimal. Alors demandez-vous en préparant vos tableaux : mon copain ou ma copine pourrait-il lire ce tableau correctement avec un effort minimal ? (Attention : ce test n'est valide que si votre copain ou votre copine est raisonnablement intelligent ou intelligente.)

Je crois que les tableaux que nous avons vus précédemment étaient bien présentés, bien que je ne prétende pas qu'ils fussent parfaits. (Rien n'est parfait, hormis bien sûr la musique de Mozart et le ragoût de maman.) Le tableau 2.7, par exemple, a probablement trop de catégories. Peut-être y a-t-il trop peu de diplômés de collège ou de programmes universitaires avancés pour justifier l'existence de catégories séparées. Peut-être aurions-nous dû combiner les répondants qui ont obtenu un diplôme de collège et ceux qui ont terminé des études universitaires en une seule catégorie, autrement dit, fusionner trois catégories de la variable en une seule.

2.5 Fusionner des catégories

Quelques variables possèdent tant de valeurs qu'il peut s'avérer très utile de fusionner certaines catégories de valeurs afin d'en obtenir un nombre se prêtant mieux à des tableaux de fréquences et de pourcentages. La variable du GSS décrivant l'âge des répondants a, par exemple, plus de 70 valeurs comprises entre 18 et 89. Plusieurs des valeurs n'ont que peu de cas (il n'y a que 5 répondants âgés de 85 ans). Il est difficile, lorsque l'on tente de résumer la distribution de cette variable, de déceler une cohérence parmi plus de 70 catégories. Avec un si grand nombre de valeurs, plus d'une page est nécessaire si l'on veut imprimer la distribution des pourcentages de la variable « âge ». Un des buts principaux que se proposent les statistiques descriptives est de condenser l'information afin de la rendre plus compréhensible. Il serait douteux de dire qu'un tableau de pourcentages s'étalant sur plusieurs pages serve cette cause. Aussi longtemps que nous pourrons nous passer de détails précis, la cohérence d'une distribution de l'âge réduite à, disons, cinq ou six catégories nous semblera plus évidente que celle d'une distribution de l'âge mesuré en 70 valeurs. Selon nos objectifs de recherche, il pourrait être utile de créer les catégories suivantes pour la variable « Âge » du GSS :

18-29
30-39
40-49
50-64
65 et plus

Prenez note que ces catégories sont mutuellement exclusives et collectivement exhaustives, et ce n'est pas par hasard !

Les variables d'intervalles/ratio ont souvent de nombreuses valeurs et ces valeurs, par conséquent, doivent être fusionnées. Il en va également de même de plusieurs variables nominales et ordinales. Par exemple, une variable indiquant l'État dans lequel réside le répondant (une variable nominale donc) est souvent d'une utilité plus grande lorsqu'elle est réduite aux huit ou neuf régions géographiques les plus importantes, comme la Nouvelle-Angleterre, le Midwest, et ainsi de suite. Même ces catégories assez larges s'avéreront dans certains cas plus utiles si elles sont fusionnées davantage, pour obtenir des catégories encore plus grandes telles le Nord, le Sud et l'Ouest. Certaines situations, bien sûr, commandent que nous conservions les détails que nous fournit un nombre plus élevé de valeurs. Mais il est souvent profitable de combiner ou de fusionner des valeurs, même s'il en résulte la perte de certaines informations.

Nous pouvons également fusionner des catégories dans lesquelles se rangent très peu de cas dans le but d'obtenir des fréquences plus élevées. Par exemple, quand on leur demande s'ils trouvent la vie stimulante, routinière ou morne, la plupart des répondants au GSS affirment que la vie de tous les jours est soit stimulante, soit plutôt routinière. Relativement peu d'entre eux – moins de 5 % –

disent de la vie qu'elle est morne. Peut-être voudrions-nous alors fondre la catégorie « morne » et la catégorie « plutôt routinière » en une seule catégorie « routinière/morne ».

Les chercheurs fusionnent souvent les catégories qui fournissent plus de détails que n'en réclame l'analyse. Pour mesurer les attitudes politiques, on a demandé aux répondants du GSS de se situer eux-mêmes sur une échelle comportant trois degrés de libéralisme, trois degrés de conservatisme et un point central étiqueté « Modéré ». Cette échelle peut être très utile pour certaines techniques statistiques ; mais pour les tableaux de pourcentages il vaudrait peut-être mieux combiner les trois catégories de libéralisme d'une part et les trois catégories de conservatisme, d'autre part, pour obtenir trois catégories : libéral, modéré, conservateur.

Il existe donc plusieurs bonnes raisons de regrouper certaines valeurs : pour obtenir un nombre de catégories qui se prête mieux à l'analyse, pour se débarrasser de détails superflus, et pour éviter de se retrouver avec des catégories dans lesquelles il n'y a que peu de cas. Mais comment décider de la façon de fusionner les catégories d'une variable ? Combien de catégories doit-on conserver ou créer ? Lesquelles ? Voilà des questions auxquelles on ne peut guère répondre définitivement. Des gens raisonnables et sensés pourront très bien être en désaccord sur la meilleure façon de regrouper les catégories d'une variable. Voici cependant quelques conseils, exposés *grosso modo* en ordre de préséance, du plus important au moins important, qu'il est bon de garder à l'esprit :

1. Fusionnez les valeurs d'une variable de façon à ce que cela soit cohérent à l'aune de vos objectifs ou de votre question de recherche. Que voulez-vous tirer de ces données ? Par exemple, si votre recherche porte sur les différences entre les chrétiens et les non-chrétiens, il peut sembler tout à fait sensé de combiner en une seule catégorie les catholiques et les protestants. Mais confondre ainsi catholiques et protestants n'a aucun sens si vous voulez comparer les protestants et les catholiques.

2. Créez des catégories qui sont collectivement exhaustives et mutuellement exclusives. En d'autres mots, assurez-vous que chacun des scores possibles ne figure que dans une seule des catégories fusionnées. Il existe cependant une exception (importante) à cette règle de l'exhaustivité collective : vous pouvez exclure des données manquantes telles que Ne sais pas, Pas d'opinion, Refus de répondre. Nous nous attarderons plus longuement sur ce point dans la prochaine section.

3. Regroupez les catégories d'une variable de façon à ne pas éclipser les structures importantes de la distribution. Ne conservez toutefois pas non plus un nombre trop élevé de catégories qui rendraient la distribution malaisée à comprendre. À moins que vous ne vouliez examiner des détails à l'intérieur d'une distribution, tentez en général de travailler avec seulement six ou sept catégories – avec un nombre moindre encore si cela ne cache pas d'informations essentielles.

4. Conservez des catégories homogènes et « culturellement intelligibles ». Choisissez autant que possible des catégories « naturelles ». Dans le cas de la variable « âge » dont nous nous sommes servi précédemment en guise d'exemple, il semble sensé d'avoir une catégorie « 65 et plus » puisque cela correspond plus ou moins, en Occident, au groupe des retraités. De même, dans le cas d'une variable « allégeance politique » aux États-Unis, dont les catégories seraient « fortement Républicain », « Républicain », « modérément Républicain » et les catégories homologues pour les Démocrates, il paraît cohérent de réduire les trois valeurs « Républicaines » en une valeur « Républicain » et les trois valeurs « Démocrates » en une seule valeur « Démocrate ».

5. Dans la limite des règles précédentes et pour autant que cela soit raisonnable, efforcez-vous de garder la même grandeur pour les catégories des variables d'intervalles/ratio. Le revenu, par exemple, peut être segmenté en catégories de 20 000 $ chacune.

6. Sans violer les règles précédentes, respectez les conventions culturelles en créant, dans le cas des variables d'intervalles/ratio, des catégories en base 5 ou en base 10. Des catégories pour la variable revenu qui respecteraient ces conventions seraient, par exemple, 0 à 19 999 $; 20 000 à 39 999 $; 40 000 à 59 999 $... Il paraîtrait un peu idiot d'user de catégories aussi bizarres que 0 à 14 332 $, 14 333 à 28 665 $, 28 666 à 42 997 $... Nous ne pensons pas, dans notre culture (ni dans les autres cultures que je connais d'ailleurs), en fonction de ce type de catégorie mathématique. Bien sûr, dans le cas de variables qui, comme le revenu, ont quelques valeurs extrêmes, vous devrez placer une catégorie « ouverte » à une des extrémités (ou aux deux extrémités) de la distribution dans le but d'inclure ces cas extrêmes. La variable « revenu », par exemple, pourrait contenir une catégorie telle « 100 000 $ et plus » qui embrasserait les revenus élevés qui se comptent en millions.

7. Dans le cas où cela n'entrerait pas en conflit avec ce qui est dit plus haut, créez des catégories contenant un nombre sensiblement égal de cas si vous avez l'intention de procéder à des

analyses de tableau bivarié ou multivarié. (Cela permet d'obtenir un nombre suffisant de cas pour que soit possible la mise en pourcentage, un point dont nous reparlerons abondamment au chapitre 5.)

Que devez-vous donc faire lorsque vous regroupez les valeurs d'une variable ? Réfléchir, voilà ce qu'il faut faire. En fait, réfléchissez sérieusement ! Quelles catégories semblent cohérentes ? Quelles catégories se prêtent le mieux à votre analyse ? Quelles catégories conservent le plus d'information tout en rendant les données plus facilement manipulables ? Pensez-y sérieusement.

Par exemple, songez à la variable du General Social Survey qui indique les années de scolarité des répondants. Cette variable a 21 valeurs, de 0 (pas de scolarité) à 8 ans d'université (c'est-à-dire 20 années de scolarité). Comment regrouper les valeurs de cette variable ? Nous pourrions créer les catégories 0-6 ans, 7-13 ans, 14-20 ans de scolarité. Il s'agirait certes de catégories d'égale grandeur. Le problème réside dans le fait qu'une classification en trois catégories comme celle-ci n'appréhende pas très bien la distribution de la variable et ne respecte guère la signification culturelle et sociale du niveau de scolarité aux États-Unis. D'abord, cela ne tient pas compte de la très grande proportion des Américains titulaires d'un diplôme d'études secondaires qui n'ont cependant jamais fréquenté le collège. Cela englobe aussi dans une même catégorie les décrocheurs de la 7e année et ceux qui ont terminé une année universitaire. Ceux qui ont décroché au collège sont inclus avec ceux qui viennent de terminer leur première année d'études avancées. Ces catégories forment un véritable salmigondis qui ne peut guère nous éclairer.

Il est beaucoup mieux, je crois, de regrouper de façon suivante les années de scolarité : 0-11 ans, 12 ans, 13-15 ans, 16 ans, 17-20 ans. Ainsi nous obtenons des catégories significatives qui distinguent entre les répondants qui n'ont pas terminé leurs études secondaires, ceux qui sont diplômés du secondaire, ceux qui ont étudié au collège, ceux qui sont titulaires d'un diplôme d'études universitaires de premier cycle et ceux qui ont fait des études avancées. Selon la question de recherche posée ou la méthode d'analyse employée, il existe certes d'autres manières également bonnes de regrouper les années de scolarité. Ce qui est important, une fois de plus, c'est de réfléchir à ce que vous voulez trouver et à ce qui servira le mieux votre analyse de données.

2.6 L'exclusion de données manquantes

Nous avons vu à la section 1.8 qu'il arrive, dans les sondages, que des questions ne s'appliquent pas à certains répondants. Il n'y a pas lieu, par exemple, de demander s'ils sont heureux en mariage aux répondants qui ne sont pas mariés. Nous avons vu aussi que, dans le General Social Survey, on pose certaines questions à un sous-ensemble des répondants de telle sorte que toutes les questions ne sont pas posées à tous les répondants. Cette technique permet d'inclure plus de questions dans un sondage, bien qu'elle limite le nombre de répondants à certaines questions. Le code 9999 est utilisé comme score pour les cas où une question n'est pas applicable ou bien où l'information n'a pas été colligée. Il arrive aussi que les répondants choisis pour un sondage ne veuillent pas répondre ou ne soient pas en mesure de répondre à certaines questions, ou encore n'aient aucune opinion sur la question posée. Ces réponses sont notées « Ne sais pas », « Pas de réponse », « Refus de répondre » et « Pas d'opinion ». De plus, il est possible que, pour certaines variables et pour certains cas d'une banque de données agrégées, l'information ne soit pas disponible. Par exemple, il est possible que les informations concernant les dépenses publiques dans le domaine de la défense ne soient pas disponibles pour la Russie ou pour l'Iran. La donnée est alors « Non disponible » ou « Incertaine ».

La majorité des chercheurs excluent de leur analyse les valeurs telles que « Pas de réponse », « Pas d'opinion », et « Non disponible » dans la mesure où elles ne fournissent aucune information utile concernant les scores d'un cas. Il y a bien peu de raisons qui justifient de les inclure dans le calcul des pourcentages, par exemple. Ce type de valeur que nous devons rejeter au moment de l'analyse est appelé *données manquantes*. Il y a plusieurs valeurs que nous traitons habituellement (pas toujours cependant) comme des données manquantes : Ne sais pas, Pas d'opinion, Pas de réponse, Refus de répondre, Non applicable et Incertain.

Parfois, pas toujours cependant, la valeur « Autre », dans la mesure où elle se présente souvent comme une catégorie résiduelle regroupant un ensemble bigarré de cas qui ont peu en commun, est aussi considérée comme une donnée manquante. Dans le cas d'une variable comme la religion, la catégorie « Autre », par exemple, comprend des religions aussi diverses que l'islam, l'hindouisme et le bouddhisme. La décision d'inclure ou d'exclure cette catégorie dans une analyse dépend de la question de recherche qui est posée. C'est la même chose pour des catégories comme « Cela dépend » ou « Ne peut choisir ». Selon les objectifs de la recherche, de telles catégories peuvent être utiles car elles peuvent correspondre à une opinion intermédiaire entre deux extrêmes ou bien elles peuvent être inutiles parce que l'information qu'elles fournissent n'est pas utile pour la recherche. Par exemple, dans la question du General Social Survey concernant l'avortement on demande au répondant s'il pense que l'avortement devrait être permis à toute femme qui le désire, quelle que soit la raison. On pourrait penser que la réponse « Ne sait pas » exprime une incertitude qui se situerait entre le « Oui » et le « Non ». Dans ce cas, nous ne considérerions pas la réponse « Ne sait pas » comme une donnée manquante et nous ne l'exclurions pas de l'analyse. Par contre, nous continuerions d'exclure les « Refus de répondre ». La réponse « Pas d'opinion » est ambiguë elle aussi et peut parfois être incluse dans une analyse pour signifier une position intermédiaire concernant un enjeu. Les décisions que vous prenez concernant l'inclusion ou l'exclusion de valeurs comme « Ne sait pas » ou « Pas d'opinion » dépendent de votre question de recherche et de l'interprétation sémantique que vous faites des réponses à une question. Il n'y a pas de recette miracle. Comme toujours, réfléchissez sérieusement lorsque ce choix se présente.

Rejeter une donnée manquante n'est pas indifférent puisque cela change le nombre total de cas – N – à partir duquel on calcule le pourcentage. Le tableau 2.9, par exemple, montre la distribution d'une variable du General Social Survey mesurant l'attitude envers l'avortement selon que l'on conserve ou que l'on exclut les catégories des données manquantes. Bien que la distance relative entre les pourcentages reste la même, les pourcentages, eux, augmentent lorsque sont exclues les données manquantes. Le pourcentage de ceux et celles affirmant que l'avortement doit être légal en toutes circonstances augmente de 42,6 à 45,3. Le pourcentage de ceux qui préconisent l'inverse passe de 51,3 à 54,7.

Idéalement il ne devrait y avoir aucune donnée manquante. Nous préférons que chaque cas affiche une information pour chacune des variables de l'analyse. Or cette situation est rarement celle dans laquelle nous nous trouvons. À l'instar des chaussettes orphelines dans la lessive, les données manquantes sont une preuve de plus que nous vivons dans un monde qui est loin d'être parfait.

Tableau 2.9. Attitude envers la légalisation de l'avortement,
selon que les valeurs manquantes sont incluses
ou exclues (en pourcentages)

L'avortement devrait-il être légal ?	Données manquantes incluses	Données manquantes exclues
Oui	42,6	45,3
Non	51,3	54,7
Ne sait pas	5,5	—
Pas de réponse	0,6	—
Total	100,0	100,0
(N)	(1075)	(1010)

2.7   Les sous-ensembles de cas

Il nous paraît souvent utile de restreindre une analyse à certains groupes de cas uniquement. Si nous nous intéressons au niveau d'instruction atteint par les Américains par exemple, nous préférerons peut-être restreindre notre analyse, dans la mesure où une proportion importante d'Américains dans le début de la vingtaine fréquentent encore l'école, aux seuls répondants qui ont plus de 25 ans. Ou si nous étudions les clivages de classes parmi les Afro-Américains, nous pouvons décider de limiter notre analyse uniquement aux Afro-Américains. Si nous nous intéressons à la variation, d'un pays à l'autre, des revenus provenant de l'industrie légale du jeu, il est possible que nous voulions circonscrire l'analyse aux seuls pays qui ont légalisé le jeu. Un *sous-ensemble* est un ensemble de cas choisis pour une analyse en fonction du score qu'ils affichent à certaines variables particulières. Des exemples de sous-ensembles : les répondants qui ont plus de 25 ans, les répondants afro-américains, les pays où le jeu a été légalisé.

2.8   Les diagrammes circulaires et les diagrammes en bâtons

La plupart des recherches réitèrent le lieu commun selon lequel les êtres humains se saisissent plus rapidement de l'information et la retiennent plus longtemps lorsqu'elle est présentée visuellement, par des graphiques ou des diagrammes. Cette préférence pour l'information visuelle est probablement à la fois biologique et culturelle. Même des personnes que les statistiques laissent froides apprécient généralement les présentations à l'aide de diagrammes. Songez au succès de certains magazines d'information et de leurs diagrammes tape-à-l'œil.

Il existe de nombreux types de diagrammes, les deux plus courants qui conviennent à l'analyse univariée étant les *diagrammes circulaires* et les *diagrammes en bâtons*. La figure 2.1 montre un diagramme circulaire qui illustre la distribution de la variable « Désobéissance civile » parmi nos 50 répondants. Lire un graphique comme celui-ci, c'est de la tarte. (Désolé, je n'ai pu résister.) Le cercle complet représente le nombre total de répondants. Les tranches peuvent représenter soit des pourcentages, soit des fréquences. Dans les deux cas, la taille de chacune des pointes de la tarte est proportionnelle au pourcentage ou à la fréquence d'une valeur donnée. Plus grand est le pourcentage ou le nombre de cas d'une valeur précise, plus grande sera la portion du cercle. Parce que 58 % des répondants croient que les gens devraient suivre leur conscience, la tranche se rapportant à cette valeur occupera 58 % de la tarte. Les 42 % des cas qui croient que les gens devraient toujours obéir aux lois accaparent 42 % de la tarte.

Figure 2.1.   Distribution des attitudes concernant la désobéissance civile

Bien qu'il n'y ait pas de règle solide et inviolable qui le dicte, les diagrammes circulaires sont utiles seulement dans le cas de variables ayant moins de, disons, 8 ou 9 valeurs. Avec un plus grand nombre de valeurs, certaines portions de la tarte seraient trop petites pour illustrer clairement une information. Il vaut mieux alors utiliser un diagramme en bâtons.

De plus le diagramme circulaire sert le plus souvent pour des variables nominales ou, comme dans l'exemple précédent, les variables dichotomiques. Les variables ordinales et d'intervalles/ratio sont, règle générale, mieux présentées par des diagrammes en bâtons, lesquels illustrent avec une plus grande clarté l'ordre existant parmi les valeurs. Nous constatons donc, pour la première fois, l'influence qu'exerce le niveau de mesure sur le choix des techniques statistiques. Si une variable est de type nominal et qu'elle possède peu de valeurs, songez à user d'un diagramme circulaire. Si la variable est ordinale ou d'intervalles/ratio ou si elle possède de nombreuses valeurs, vous devriez vous servir plutôt d'un diagramme en bâtons. La figure 2.2 montre un diagramme en bâtons qui illustre la distribution du niveau d'instruction pour les 50 cas de notre exemple.

Figure 2.2. Niveau d'instruction atteint

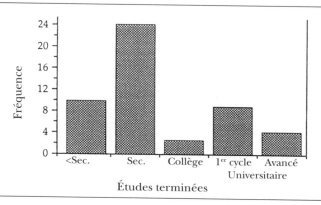

À l'instar des diagrammes circulaires, les diagrammes en bâtons peuvent dépeindre soit des pourcentages, soit des fréquences. L'affaire est simple : plus il y a de cas d'une valeur donnée, plus haute sera la bande. La hauteur de chaque bande est proportionnelle au pourcentage ou au nombre de cas de cette valeur. Dans le diagramme de la figure 2.2 par exemple, il y a trois fois plus de diplômés de premier cycle universitaire que de diplômés de collège. Aussi le bâton représentant les premiers est-il trois fois plus haut que celui des seconds. La fréquence ou le pourcentage des cas pour chacune des valeurs se lit sur l'axe vertical situé à la gauche du tableau.

Soit dit en passant, lorsque la variable est une variable continue et d'intervalles/ratio, ce type de diagramme en bâtons est nommé **histogramme**. Dans ce cas précis, les bandes devront se toucher afin d'indiquer que la variable est continue. Dans la figure 2.2, j'ai traité la variable « Niveau d'instruction » comme une variable discrète. C'est pourquoi les bandes ne se touchent pas.

Voici certaines conventions que vous devriez suivre lorsque vous construisez un diagramme en bâtons.

- Lorsqu'il y a plus d'un diagramme, nommez chacun d'eux par le titre « Figure » et numérotez-les en chiffres arabes.

- Donnez au graphique un titre aussi clair que concis, un titre qui précise la variable illustrée.

- L'axe vertical devrait correspondre approximativement à 60 % ou 75 % de la longueur totale de l'axe horizontal. Cette proportion confère une certaine uniformité aux graphiques et facilite par le fait même leur comparaison. Pour des variables qui ont de nombreuses valeurs, tel l'âge, vous devrez parfois faire exception à cette règle.

- Si vous présentez deux diagrammes ou plus concernant des variables similaires (par exemple, l'instruction du répondant et l'instruction du conjoint du répondant), conservez la même échelle pour tous ces diagrammes. L'utilisation de la même échelle facilite la comparaison des diagrammes.

- Dans le cas de variables ordinales ou d'intervalles/ratio, faites la liste des valeurs de la plus basse à la plus élevée au fur et à mesure que vous vous déplacez de la gauche vers la droite de l'axe horizontal.

- Les bâtons doivent être habituellement d'égale largeur, de façon à ce que l'aire occupée par une bande soit proportionnelle à leur fréquence ou à leur pourcentage.

- Nous devrions retrouver des espaces entre les bâtons d'un diagramme illustrant une variable discrète (le niveau d'instruction tel que nous l'avons mesuré auparavant, par exemple). Ne conservez cependant pas d'espace entre les bâtons lorsqu'il s'agit de variables continues (comme l'instruction mesurée en années de scolarité terminées).

- Étiquetez l'axe vertical des noms « Fréquence » ou « Pourcentage » afin que le lecteur sache ce que représente cet axe.

- Afin d'éviter que la perception de la surface des bâtons ne soit faussée, l'axe vertical doit débuter à la valeur zéro. Autrement, les bandes plus grandes sembleront indûment grandes au regard des bâtons plus petits et la différence entre les hauteurs respectives des bâtons aura tendance à être exagérée. (Vous verrez souvent cette règle informelle violée dans les médias, et, à l'occasion, vous devrez vous-mêmes y faire exception. Soyez attentifs à cette façon de faire dans les médias, et soyez très prudents lorsque vous ferez entorse à cette règle.)

Ces normes concernent uniquement quelques-unes des qualités d'un graphique bien conçu. Heureusement il existe d'excellents bouquins qui décrivent comment créer de bons graphiques.

2.9   Les cas déviants

Les diagrammes en bâtons sont d'une grande aide pour déceler les *cas déviants* – les cas dont le score d'une variable d'intervalles/ratio (et de certaines variables ordinales qui ont beaucoup de valeurs) est isolé, et paraît anormalement haut ou anormalement bas. Ces scores ne sont pas simplement des scores élevés ou faibles, mais surtout ils se retrouvent éloignés aux extrémités d'une distribution, détachés de la plupart des autres scores. Plusieurs des méthodes statistiques que nous examinerons plus tard sont faussées par la présence de cas déviants. Ainsi, il nous sera nécessaire de les prendre en considération lors de l'analyse des données.

La figure 2.3 montre un diagramme en bâtons (plus précisément, un histogramme) illustrant la variable « Écoute quotidienne de la télévision » telle qu'on la trouve dans le General Social Survey. Voyez-vous des cas déviants ? Bien sûr, ces petites bandes à l'extrême droite, représentant des scores visiblement détachés du reste de la distribution. Ce sont des répondants qui affirment écouter la télévision 16, 20, 22 et même, ô prodige !, 24 heures à chaque jour. Peut-être, au moment même où vous lisez ce livre, ces types sont-ils collés à leur téléviseur, regardant le canal météo ou le réseau des sports. Plus probablement, ce sont des répondants qui exagèrent le temps qu'ils passent devant leur téléviseur. Nous pouvons aussi découvrir les cas déviants à l'aide de tableaux de fréquences et de pourcentages, bien qu'il soit généralement plus facile de le faire à l'aide d'un diagramme en bâtons. Ils ressortent aux extrémités gauche et droite.

Restez toujours sur le qui-vive car les cas déviants peuvent affecter, souvent négativement, une analyse. Nous verrons des exemples de ces effets dans les prochains chapitres. Lorsque vous rencontrez des cas déviants, tentez d'abord de comprendre la raison de leur existence. Découlent-ils d'erreurs dans la mesure ou dans la compilation des données ? Le cas échéant, nous devrons corriger ces erreurs. Ou ne témoignent-ils pas plutôt de quelque processus inhabituel ? En d'autres mots, constituent-ils des anomalies – des événements auxquels nos théories ne nous permettaient pas de songer ? Si tel est le cas, il nous faudra tenter de les comprendre, peut-être en révisant nos concepts théoriques. Ou encore ces cas déviants ne sont-ils pas simplement d'heureux hasards, des événements singuliers qui n'ont aucune implication théorique même s'ils brouillent nos analyses ? Dans le cas de l'écoute de la télévision, je soupçonne que nous ayons affaire à des télévores ou à des répondants qui exagèrent. Dans ce cas, il est possible d'exclure ces cas de notre analyse.

Figure 2.3.   Écoute quotidienne de la télévision

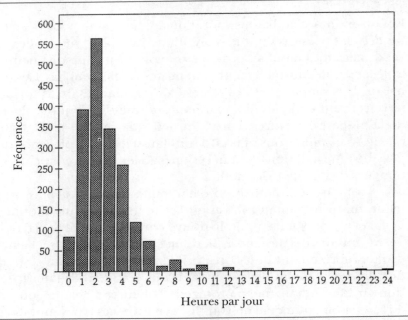

Souvent nous excluons les cas déviants des analyses de données. Nous examinerons, tout au long de ce livre, les raisons qui peuvent justifier ce choix. Mais nous ne devons jamais exclure les cas déviants de façon mécanique. Il est impératif d'abord de déterminer leur signification et ce qu'ils impliquent pour notre analyse, et ensuite de décider si leur exclusion aiderait ou nuirait à l'atteinte de nos objectifs de recherche. Nous pouvons produire deux analyses, une avec les cas déviants, l'autre sans, et ensuite choisir laquelle des deux répond le mieux à la question de recherche que nous nous sommes posée. Mon leitmotiv : réfléchir est la chose la plus importante en statistiques. Nous apprendrons à gérer les cas déviants au moment opportun.

2.10 La cartographie des variables écologiques

Les données écologiques proviennent souvent de variables continues d'intervalles/ratio, tels les moyennes, les taux et les pourcentages, qui peuvent prendre tellement de valeurs qu'il est difficile de les décrire à l'aide de diagrammes circulaires, de diagrammes en bâtons, de distributions de fréquences ou de distributions de pourcentages. Examinez, par exemple, le taux de fertilité des 50 pays les plus peuplés, c'est-à-dire le nombre moyen de naissances par femme. Les taux vont de 1,37 en Italie à 7,15 en Ouganda, peu de pays ayant des taux identiques. Par conséquent, un diagramme ou un tableau de distribution ne serait guère éloquent. Un diagramme en bâtons montrerait des bâtons sensiblement de même hauteur pour la plupart, chacun indiquant le seul pays auquel correspond ce score précis. Un tableau consisterait en une liste des scores des 50 pays avec un ou peut-être quelques cas par valeur. Bien sûr, nous pourrions fusionner des catégories et parfois cela s'avère très utile. La fusion de catégories, cependant, implique une perte d'information.

Il existe d'autres types de distributions que les distributions de fréquences et de pourcentages. On peut mieux illustrer les distributions spatiales d'aires géographiques à l'aide de cartes. Les cartes n'étaient-elles pas l'outil principal utilisé par les sociologues de la première heure, comme le Belge Adolphe Quetelet ou le Français André Guerry dans les années 1820-1830 ? Des variables comme le taux de fertilité peuvent être représentées à l'aide d'une carte muette sur laquelle les pays sont ombragés ou colorés en fonction de leur score. Nous pouvons ainsi observer comment se distribue géographiquement une variable.

La figure 2.4 présente une carte qui illustre le taux de fertilité des 50 pays les plus peuplés. Cette carte montre que les hauts taux de fertilité se concentrent en Afrique et au Moyen-Orient, et que l'on trouve des faibles taux en Europe et dans certains pays de l'Asie de l'Est. Ces structures peuvent être observées sans peine à l'aide d'une seule carte. Nous aurions bien des difficultés à tenter de les déceler à partir d'une simple liste des pays et des taux de fertilité. (Notez que les aires blanches sur la carte indiquent des pays qui ne font pas partie des 50 pays les plus peuplés ou pour lesquels aucune information n'est disponible.)

Figure 2.4   Taux de fertilité des 50 pays les plus peuplés

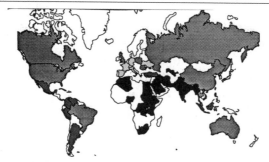

Comparez la carte illustrant les taux de fertilité avec celle qui montre, à la figure 2.5, le pourcentage de la population vivant dans des zones urbaines. Hum... étrange ! La distribution que nous observons ici ressemble passablement à celle du taux de fertilité. Bien sûr la coloration est inversée, les pays les plus sombres sur la carte du taux de fertilité tendent à avoir une coloration plus claire sur la carte de l'urbanisation. Mais les distributions sont semblables. L'Europe et certains pays d'Asie de l'Est sont parmi les plus urbanisés et ont les taux de fertilité les plus faibles. L'Afrique et une partie de l'Asie sont moins urbanisées tout en ayant les taux de fertilité les plus élevés. À n'en pas douter, ces schémas, s'ils ne sont pas identiques, sont néanmoins similaires.

Figure 2.5   Taux d'urbanisation des 50 pays les plus peuplés

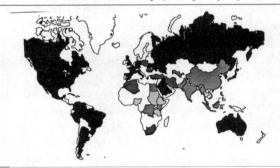

Les représentations cartographiques comme les figures 2.4 et 2.5 peuvent parfois être trompeuses parce que les unités les plus grandes occupent plus d'espace que les plus petites. Nos yeux (et notre cerveau) accordent naturellement plus d'attention à de grands pays comme les États-Unis ou la Russie qu'à des petits pays comme le Japon ou l'Allemagne. Nous obtenons parfois une meilleure représentation visuelle de la distribution spatiale d'une variable à l'aide d'une carte à tache comme celle de la figure 2.6 qui montre le niveau d'urbanisation. Cette carte présente la même information que la carte de la figure 2.5 mais représente le niveau d'urbanisation de chaque pays par une tache circulaire. La dimension de la tache est proportionnelle au taux d'urbanisation du pays. Plus la tache est grande, plus le taux d'urbanisation est élevé. Remarquez que la dimension de la tache ne dépend pas de la superficie du pays. Bien qu'ils soient minuscules sur la carte, le Japon et les pays d'Europe sont représentés par une grande tache, car ils sont très urbanisés.

Figure 2.6   Taux d'urbanisation des 50 pays les plus peuplés

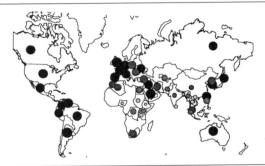

Nous verrons, au chapitre 10, comment analyser plus efficacement les liens entre ces variables. Mais observer ces cartes nous donne déjà une bonne idée des similarités qui existent entre ces schémas. La projection cartographique est un outil important pour décrire une variable écologique et pour comparer sa distribution géographique avec celle d'autres variables écologiques.

2.11 Résumé du chapitre 2

Voici ce qui a été examiné dans ce chapitre :

- Les distributions de fréquences et de pourcentages résument les scores d'une variable.
- Les pourcentages standardisent les fréquences en base 100, rendant ainsi les données plus faciles à interpréter et à comparer.
- Les pourcentages doivent être employés avec prudence lorsque le nombre total de scores est faible (inférieur à 30).
- Les distributions cumulatives nous renseignent sur le nombre ou le pourcentage de tous les scores égaux ou inférieurs à une valeur donnée.
- Les distributions cumulatives ne sont pertinentes que pour des variables ordinales ou d'intervalles/ratio.
- Les tableaux que l'on présente à d'autres doivent être lisibles et doivent respecter un modèle conventionnel.
- Quand on fusionne des catégories, il faut réfléchir à la façon la plus utile de combiner les valeurs d'une variable, eu égard à la question de recherche et à la façon dont on veut mener l'analyse.
- Les valeurs comme « Non applicable », « Ne sait pas », « Sans d'opinion », « Incapable de choisir », « Pas de réponse », « Refus de répondre », « Incertain » devraient habituellement être

considérées comme des données manquantes et être exclues de l'analyse. Parfois on traite la valeur « Autre » comme une donnée manquante.

- Quand des valeurs comme « Ne sait pas » ou « Sans opinion » ont une signification conceptuelle ou théorique, on ne devrait pas les exclure de l'analyse.

- Il arrive parfois que l'on doive sélectionner un sous-ensemble de cas sur la base de leur score dans certaines variables.

- Les distributions de fréquences et de pourcentages peuvent être illustrées visuellement par des diagrammes circulaires ou en bâtons.

- Lorsque nous avons affaire à des variables ordinales, d'intervalles/ratio, ou encore à des variables nominales qui ont de nombreuses valeurs, les diagrammes en bâtons sont généralement préférables aux diagrammes circulaires.

- Il faut être attentif aux cas déviants, ceux dont les scores extrêmes peuvent biaiser l'analyse statistique.

- La distribution d'une variable écologique peut être illustrée visuellement à l'aide d'une projection cartographique.

Principaux concepts et procédures

Termes et idées

distribution de fréquences
données brutes
fréquence
tableau de fréquences
pourcentage
proportion
tableau de pourcentages
pourcentages cumulatifs
décimales significatives
tableaux bien présentés
fusion de catégories
données manquantes
sous-ensemble
diagramme circulaire
diagramme en bâtons
histogramme
cas déviant
cartographie

Symboles

f

N

F

Formules

$$\text{Pourcentage} = \frac{f}{N} \, (100)$$

$$\text{Pourcentage cumulatif} = \frac{F}{N} \, (100)$$

RAPPORT D'ANALYSE Nº 1

POURCENTAGES, DISTRIBUTIONS, GRAPHIQUES ET CARTES

Vous trouverez sans doute utile d'avoir des exemples de rapports d'analyse statistique et des tableaux appropriés pour vous aider à rédiger vos propres analyses. C'est pourquoi je vais vous offrir quelques exemples de rapport à la fin de la plupart des chapitres. Ces modèles ne sont sûrement pas l'unique façon de décrire des analyses. Les conventions relatives au style et à la forme sont assez variées dans les sciences sociales et il se peut que votre instructeur ait ses propres exigences en ce qui concerne les règles que vous devez suivre. On trouve aussi sur le marché plusieurs guides de présentation des résultats statistiques.

Les exemples de rapports présentés dans ce livre sont simples. Ni dentelle ni fioritures. La simplicité est une vertu dans la présentation des résultats de recherche. Gardez à l'esprit que les exemples qui vous sont fournis dans ce livre sont nécessairement hors contexte. S'il était inséré dans un vrai rapport, chacun de ces exemples serait sans doute précédé d'une description de la banque de données, incluant les sources, l'échantillon ou la population et le processus de mesure des variables. Ces considérations méthodologiques seraient normalement précédées d'un exposé de la problématique et du contexte théorique, des hypothèses à vérifier et d'une recension des écrits pertinents. En plus, chaque résultat devrait être suivi d'une discussion des implications théoriques ou appliquées de l'analyse et probablement d'une courte conclusion à la fin. J'ai passé outre à toutes ces parties importantes d'un rapport pour concentrer notre attention sur le sujet à l'ordre du jour : les résultats statistiques.

Vous verrez dans mes exemples que les chercheurs ont coutume d'indiquer l'endroit où un tableau devrait être inséré par la mention « Tableau X ici » ajoutée après le premier paragraphe se rapportant à ce tableau. Les tableaux eux-mêmes sont ajoutés à la fin du texte.

Ah oui ! Mes commentaires concernant les exemples de rapport sont écrits en italiques, comme cette phrase, et ne font pas partie de l'exemple.

A. *Voici un exemple de rapport décrivant la distribution de pourcentages d'une seule variable.*

Le General Social Survey de 1996 demandait aux répondants de décrire leur classe sociale dans les termes suivants :

inférieure, ouvrière, moyenne ou supérieure. Le tableau 1 présente la distribution de l'identification subjective de la classe sociale. La grande majorité des Américains considèrent qu'ils appartiennent ou bien à la classe moyenne ou bien à la classe ouvrière. Environ 45 % des répondants se disent de la classe moyenne et le même pourcentage de la classe ouvrière. Moins de 6 % des répondants se considèrent comme des gens de la classe inférieure et environ 4 % de la classe supérieure.

TABLEAU 1 ICI

Inclure ce tableau à la fin de votre texte.

Tableau 1.   Identification subjective
de la classe sociale
(en pourcentages)

Classe sociale	Pourcentage
Supérieure	4,2
Moyenne	44,9
Ouvrière	45,3
Inférieure	5,7
Total	100,0
(N)	(1829)

B. *Un tableau unique peut souvent décrire la variation de plusieurs variables semblables. Cet exemple met en évidence certains aspects de certaines distributions univariées sans les discuter toutes. Remarquez que le tableau 2 ci-dessous présente les distributions horizontalement. C'est la meilleure façon de procéder quand plusieurs variables sont rapportées dans un seul tableau. À mesure que vous vous familiariserez avec les statistiques, vous varierez vos tableaux pour les rendre aussi clairs et aussi efficaces que possible.*

On a demandé aux répondants du General Social Survey s'ils faisaient pleinement confiance, partiellement confiance ou peu confiance à un certain nombre d'institutions sociales, publiques et privées. Le tableau 2 donne le niveau de confiance dans ces institutions. Les répondants font beaucoup moins confiance au gouvernement et aux médias qu'aux institutions financières, à la religion ou à l'éducation. En effet un peu plus d'un répondant sur dix manifeste une grande confiance dans le gouvernement ou les médias, alors que le quart des répondants disent faire confiance aux institutions financières, religieuses et éducatives. De même, la proportion des répondants qui disent faire peu confiance au gouvernement, à la télévision ou à la presse est substantiellement plus importante.

TABLEAU 2 ICI

Inclure ce tableau à la fin de votre texte.

Tableau 2.   Niveau de confiance dans diverses institutions sociales (en pourcentages)

Institutions	Pleinement	Partiellement	Peu	Total	(N)
Institutions financières	25,4	57,7	25,4	100,0	(1873)
Religion	26,3	53,7	19,1	100,0	(1831)
Éducation	23,2	58,4	18,4	100,0	(1900)
Gouvernement	10,5	46,4	43,1	100,0	(1856)
Presse	11,0	49,2	39,9	100,0	(1867)
Télévision	10,4	47,2	42,5	100,0	(1881)

C. *Les graphiques sont un bon moyen de présenter des distributions univariées. Considérez toutes les possibilités : tableau ou graphique, diagramme circulaire ou en bâtons, projection cartographique. Choisissez la méthode qui vous permettra de transmettre l'information et de toucher votre lecteur. Ici j'ai choisi le diagramme en bâtons.*

La famille de deux enfants est la norme aux États-Unis. Pour une majorité des 1882 répondants du General Social Survey, la famille idéale compte deux enfants. Presque trois fois moins de répondants considèrent que le nombre idéal d'enfants dans une famille est de trois, et ceux qui considèrent que la famille idéale compte quatre enfants ou plus sont encore moins nombreux. Très peu d'Américains favorisent les familles sans enfant ou les familles n'en comptant qu'un seul. Ces résultats sont illustrés dans la figure 1.

FIGURE 1 ICI

Inclure cette figure à la fin de votre texte :

Incidemment j'ai préparé cette figure avec un logiciel de graphiques. Remarquez que les valeurs allant de 0 à 7+ forment une variable continue. C'est pourquoi les bandes sont contiguës.

Figure 1.   Nombre idéal d'enfants dans une famille

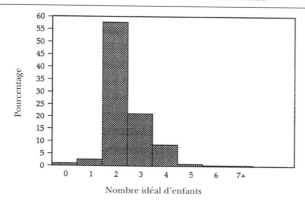

D. Les cartes sont utiles pour décrire la distribution spatiale d'une variable.

Les spécialistes des sciences sociales définissent le ratio homme-femme comme étant égal au nombre d'hommes par 100 femmes dans la population. La figure 2 illustre la variation du ratio homme-femme aux États-Unis. Les hommes sont sous-représentés dans un groupe d'États le long d'une diagonale allant de la Nouvelle-Angleterre et de New York jusqu'au Mississippi et à la Louisiane de même que dans les États du Midwest. Par contre, il y a une pénurie de femmes dans les Rocheuses, les États de l'ouest, l'Alaska et Hawaii.

FIGURE 2 ICI

Inclure cette figure à la fin de votre texte :

Figure 2.   Ratio homme-femme dans les 50 États américains

Nombre d'hommes par 100 femmes

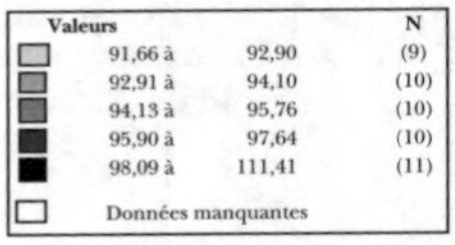

Valeurs		N
91,66 à	92,90	(9)
92,91 à	94,10	(10)
94,13 à	95,76	(10)
95,90 à	97,64	(10)
98,09 à	111,41	(11)
Données manquantes		

CHAPITRE 3
Les mesures de tendance centrale

Les distributions de pourcentages et les méthodes d'analyse visuelle, tels les diagrammes et les cartes, sont certes d'une grande aide lorsque vient le temps de résumer des informations portant sur une variable. Ces techniques statistiques rendent plus aisée la manipulation de l'information. Toutefois nous pouvons résumer d'une manière bien plus concise des informations univariées en calculant des *mesures de tendance centrale*. Une mesure de tendance centrale est une valeur typique ou représentative d'un ensemble de scores. À l'instar des pourcentages, vous avez appris à calculer certaines de ces mesures à la petite école. Cependant, au cas où vous seriez un peu rouillés, nous y jetterons un rapide coup d'œil.

À la suite de ce chapitre, vous pourrez :

1. Définir ce que sont des modes, des médianes et des moyennes, et être capable de les calculer.

2. Expliquer les caractéristiques importantes du mode, de la médiane et de la moyenne.

3. Expliquer et reconnaître les conditions dans lesquelles chaque type de mesure de tendance centrale est approprié.

4. Expliquer les effets que produisent les scores extrêmes sur les moyennes.

5. Expliquer pourquoi ces scores extrêmes n'influent guère sur les modes et les médianes.

6. Expliquer en quoi consiste une somme de carrés et la calculer.

7. Reconnaître des distributions unimodales et bimodales.

8. Reconnaître l'asymétrie négative et positive dans la distribution d'une variable et expliquer son effet sur la médiane et la moyenne.

3.1   Le mode

Il existe de nombreux types de mesures de tendance centrale, certains étant d'ailleurs assez ésotériques. (N'avez-vous jamais entendu parler de moyenne géométrique ou de moyenne harmonique ?) Trois types de mesure de tendance centrale néanmoins s'avèrent particulièrement utiles : le mode, la médiane et la moyenne. Considérons tour à tour chacune d'elles.

Un *mode* (parfois abrégé *Mo*) est le score qui apparaît le plus fréquemment pour une variable donnée. Aux États-Unis (comme dans plusieurs autres pays), le sexe modal est le féminin car il y a plus de femmes que d'hommes. Le mode des années de scolarité est 12 parce qu'il y a plus de gens qui ont terminé exactement douze années de scolarité que toute autre valeur. En jetant un coup d'œil furtif sur le diagramme illustrant l'écoute de la télévision que l'on retrouve à la figure 2.3 de la section 2.9, nous remarquons que le mode de cette variable est 2 – plus de répondants affirment regarder la télévision deux heures par jour que toute autre valeur.

Lorsqu'un seul des scores apparaît clairement comme le plus commun, nous disons de la variable qu'elle est *unimodale*. Un diagramme en bâtons décrivant une variable unimodale ne laissera voir qu'une seule bosse prononcée. La variable mesurant les heures d'écoute quotidienne de la télévision des répondants du General Social Survey (voir la figure 2.3) est bel et bien unimodale – le nombre de scores de 2 est beaucoup plus élevé que n'importe quel autre score. La conception que les répondants de la même enquête se font de la famille idéale est, elle aussi, fortement unimodale. Plus de la moitié (55 %) des répondants considèrent que deux enfants est le nombre idéal, et la barre qui y correspond domine toutes les autres. Reflétant les tendances démographiques, la variable « Âge », quant à elle, n'a pas un score unique qui domine tous les autres, mais sa distribution montre une croissance graduelle jusqu'à la fin de la trentaine pour ensuite décroître graduellement vers les âges avancés. L'âge aussi est distribué de façon unimodale.

Il arrive parfois qu'un diagramme en bâtons illustrant une variable ordinale ou d'intervalles/ratio présente une distribution à deux bosses, un peu à la manière du dos d'un chameau. Il conviendra alors de décrire cette variable comme une variable *bimodale*. Les deux bosses n'ont nullement besoin d'être de la même hauteur. Il suffit qu'elles soient sensiblement égales entre elles et plus grandes que les bâtons des autres valeurs pour qu'on puisse dire que la variable est bimodale. La figure 3.1 montre un graphique qui décrit une variable bimodale du General Social Survey rapportant le nombre d'enfants de chaque répondant. De façon assez nette, les modes se situent aux valeurs 0 et 2, chacune d'elles comprenant à peu près 25 % de tous les cas. Les bandes se rapportant à ces valeurs dominent visiblement les autres.

Figure 3.1. Nombre d'enfants

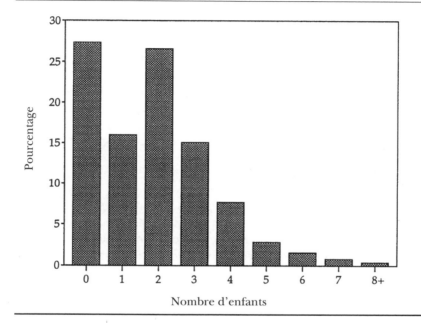

Parfois la distribution d'une variable sera plutôt plate, sans score particulier concentrant une forte proportions des cas. La variable du General Social Survey mesurant le fondamentalisme ou le libéralisme de la religion du répondant présente ce genre de distribution aplatie. Les scores se répartissent à peu près également d'une catégorie à l'autre de l'échelle de libéralisme et aucune des catégories n'attire un nombre particulièrement élevé de cas. Dans un cas comme celui-là, on dit que la variable n'a pas de mode. Si on veut caractériser un mode qui n'est pas très prononcé, on parle alors d'une distribution faiblement modale.

Il n'existe aucune formule qui permette de calculer le mode. Nous trouvons le mode uniquement en discernant la valeur qui apparaît le plus souvent parmi l'ensemble des cas. Nous pouvons faire cela sans grande peine à l'aide d'un tableau de pourcentages ou de fréquences ou encore à l'aide d'un diagramme en bâtons.

Le mode dépend des différences de fréquences des scores. Il n'implique ni l'ordre des valeurs ni les unités de mesure. Ainsi nous pouvons obtenir un mode pour toutes les variables, peu importe leur niveau de mesure – nominal, ordinal ou d'intervalles/ratio. Le mode est la seule mesure de tendance centrale qui convient aux variables nominales.

Néanmoins le mode est de peu d'utilité dans le cas de variables qui ont de nombreuses valeurs car souvent aucune valeur ne peut seule se démarquer des autres par une fréquence plus élevée. Tel est souvent le cas de variables d'intervalles et de ratio. Par exemple, les variables continues d'intervalles/ratio (le taux de meurtres par 100 000 habitants, par exemple), que l'on retrouve dans des banques de données écologiques, ont peu de cas avec des scores identiques et, ainsi, n'ont pas de mode qui puisse nous intéresser. Pour de telles variables, le mode que l'on peut obtenir nous renseigne bien piètrement sur le score typique de la distribution.

3.2   La médiane

La *médiane* (que l'on abrège parfois *Md*) est la valeur qui divise en deux parties égales un ensemble ordonné de scores. L'expression « un ensemble ordonné de scores » implique que les scores puissent être disposés en ordre du plus petit au plus grand. La médiane est le point en dessous duquel se trouve une moitié des scores et au-dessus duquel se situe l'autre moitié des scores. C'est en quelque sorte le milieu ou le point central des scores ordonnés. Soyez vigilants : la médiane est le point milieu de l'ensemble des scores – c'est-à-dire des mesures réelles – et non des valeurs possibles.

Dénicher la médiane est particulièrement facile lorsque que nous avons affaire à un nombre impair de cas :

1.   Disposez les scores en ordre, du plus petit au plus grand.

2.   Trouvez le score qui se trouve au milieu.

La valeur du score situé exactement au milieu est la médiane. Nous pouvons obtenir le score médian, celui qui se trouve au centre, grâce à cette formule $\frac{N+1}{2}$, dans laquelle N représente le nombre de cas.

Voici un exemple :

Scores originaux	Scores ordonnés	
6	1	
2	2	
5	4	
9	5	<= Médiane
1	6	
6	6	
4	9	

La médiane est 5. Ce nombre est le quatrième score $\frac{N+1}{2} = \frac{7+1}{2} = 4$ de l'ensemble ordonné des scores. Il y a autant de scores inférieurs à 5 que de scores supérieurs à 5 (3 dans les deux cas).

Dans le cas où il y aurait un nombre pair de scores, trouver la médiane est un peu plus difficile... mais pas vraiment. Voici ce qu'il faut faire :

1. Disposez les scores en ordre, du plus petit au plus grand.
2. Trouvez les deux scores qui se trouvent au milieu.
3. Faites la moyenne de ces deux scores en les additionnant et en divisant la somme par deux.

Il en résulte la médiane. Voici un exemple à partir d'un ensemble de six scores (déjà ordonnés du plus petit au plus grand) :

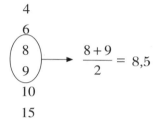

La médiane est 8,5. La moitié des scores sont inférieurs à 8,5, la moitié lui sont supérieurs.

Il importe peu que les deux scores qui se trouvent au milieu de la distribution aient la même valeur. Lorsque cette situation se présente et que les deux scores centraux ont la même valeur, cette valeur est la médiane. Si, par exemple, il y avait trois scores 8 additionnels dans la dernière distribution que nous avons examinée (auquel cas les scores seraient 4, 6, 8, 8, 8, 8, 9, 10, 15), la médiane serait 8.

Qu'une variable ordinale ait des valeurs « alphabétiques » plutôt que numériques n'importe guère plus. Ces scores peuvent s'ordonner et nous pouvons trouver la médiane. Voilà, en guise d'exemple, comment on trouve la médiane pour la variable « classe sociale », mesurée par les valeurs « inférieure », « ouvrière », « moyenne » et « supérieure ».

Scores originaux	Scores ordonnés
Moyenne	Inférieure
Ouvrière	Ouvrière
Inférieure	Ouvrière
Supérieure	Moyenne <= Médiane
Moyenne	Moyenne
Moyenne	Moyenne
Ouvrière	Supérieure

Certes trouver la médiane est très facile. Seulement je compliquerai maintenant cette tâche en traitant d'un problème que l'on a souvent à affronter étant donné le type de données avec lesquelles nous travaillons. Les spécialistes des sciences sociales se servent souvent de variables qui sont conceptuellement continues, dans la mesure où elles peuvent théoriquement prendre n'importe quelle valeur, mais qui sont mesurées par des scores discrets, entiers (comme des nombres entiers). Tel est le cas de plusieurs des variables décrivant des attitudes – des variables que l'on voit fréquemment dans les sondages de sciences sociales. Prenez par exemple la variable du General Social Survey qui mesure l'attitude des répondants envers les immigrants. On a demandé aux répondants de l'enquête dans quelle mesure ils étaient d'accord avec l'affirmation suivante : « Les immigrants volent les emplois de ceux qui sont nés ici ». Les choix de réponses qu'on leur a donnés étaient les suivants :

1   Fortement d'accord

2   D'accord

3   Ni d'accord, ni en désaccord

4   En désaccord

5   Fortement en désaccord

Les répondants doivent en fait « arrondir » leur score au nombre entier le plus près. Même si un répondant soutenait l'affirmation légèrement plus (ou légèrement moins) que ne le suggère la valeur « D'accord », on lui attribuait le score 2. D'un point de vue conceptuel, les scores de cette variable vont de 0,5 à 5,5. La « véritable » réponse d'un répondant peut se situer n'importe où à l'intérieur de ce continuum. Théoriquement, un répondant pourrait avoir un score de 3,2, de 4,8, ou encore de n'importe quelle valeur comprise entre 0,5 et 5,5. Les concepteurs de l'enquête ont créé les questions de telle façon que, dans les faits, les répondants doivent « arrondir » leur « véritable » réponse au nombre entier le plus près. Aussi les « véritables » scores des répondants qui ont répondu 2, par exemple, peuvent se trouver n'importe où entre 1,5 et 2,5, l'intervalle à l'intérieur duquel les réponses sont arrondies à 2.

Règle générale, nous calculons la médiane en assumant, pour simplifier, que les scores à l'intérieur de la catégorie contenant la médiane sont disposés de façon à ce qu'un espace de même grandeur se trouve entre chacun d'eux, et cela pour tout l'intervalle de cette catégorie. À l'intérieur de cet intervalle, nous trouverons le score qui divise en moitiés la distribution. Cette procédure permet d'obtenir une médiane plus raffinée, plus précise que celle que nous obtiendrions en prenant bêtement la valeur entière de la catégorie qui contient la médiane.

À titre d'exemple, voici la distribution de fréquences et de fréquences cumulatives d'une variable mesurant l'attitude des répondants envers les immigrants et les emplois :

Valeur	f	F	
1	170	170	
2	446	616	
3	299	915	<= La médiane est la valeur du 641e score,
4	301	1 216	c'est-à-dire quelque part parmi les 299
5	65	1 281	scores 3
(N)	(1 281)		

Rappelez-vous, comme nous le disions à la section 2.3, que F est le symbole signifiant « fréquences cumulatives ». La distribution des fréquences cumulatives aide à déceler où se trouve la médiane. Parce qu'il y a 1281 scores au total, la médiane est la valeur du 641e score. (Il y a 640 scores qui lui sont inférieurs et 640 qui lui sont supérieurs.) Nous pouvons donc dire, grâce à cette distribution cumulative, que le 641e score se situe quelque part parmi les 299 scores 3.

Afin de calculer la médiane, nous assumons qu'il y a la même distance entre chacun des 299 scores compris dans l'intervalle allant de 2,5 à 3,5, c'est-à-dire l'intervalle de la valeur 3. Nous interpolons pour découvrir à quel endroit se situe la médiane dans cet intervalle. « Interpoler » signifie trouver le point, à l'intérieur de l'intervalle allant de 2,5 à 3,5, qui correspond au 641e score.

L'endroit où se situe la médiane est représenté graphiquement par la figure 3.2. Imaginez que les cas soient distribués sur l'ensemble du continuum et qu'ils y soient espacés également l'un de l'autre. Les 299 cas dont le score est 3 seraient distribués également entre les scores 2.5 et 3.5. L'ovale montre un agrandissement de la portion de cet intervalle qui contient la médiane. Voyez ?… La médiane est là ! Le 641e score.

Figure 3.2.   Interpolation de la médiane

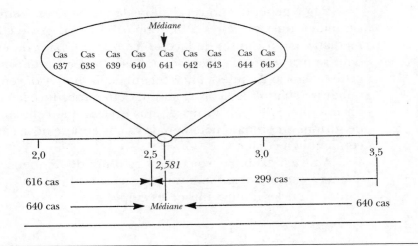

C'est bien joli, me direz-vous, mais comment interpole-t-on ? Simplement en employant la formule ci-dessous :

$$Md = L + \left(\frac{\frac{N}{2} - F}{f} \right) (i)$$

lorsque Md = la médiane

      L = la limite inférieure de l'intervalle contenant la médiane

      N = le nombre total de scores

      F = la fréquence cumulative des scores inférieurs à l'intervalle contenant la médiane

      f = le nombre de scores que comprend l'intervalle contenant la médiane

      i = la largeur de l'intervalle contenant la médiane (c'est-à-dire la limite supérieure de l'intervalle moins sa limite inférieure)

Concernant l'attitude envers les immigrants et les emplois :

$$Md = L + \left(\frac{\frac{N}{2} - F}{f} \right) \text{(i)}$$

$$= 2,5 + \left(\frac{\frac{1281}{2} - 616}{299} \right) \text{(1)}$$

$$= 2,5 + \frac{24,5}{299}$$

$$= 2,5 + 0,081$$

$$= 2,581$$

$$= 2,6$$

En d'autres termes, si les 299 scores 3 étaient disposés à distance égale les uns des autres dans l'intervalle 2,5 à 3,5, la médiane serait 2,581 ou, une fois arrondie, 2,6. La médiane se situe donc près de l'extrémité inférieure de l'intervalle de la valeur 3 (Ni d'accord, ni en désaccord). Vous conviendrez avec moi qu'il s'agit là d'une estimation bien plus précise de la médiane que le serait la simple valeur 3.

Puisque le calcul de la médiane exige que les scores soient ordonnés, on ne peut trouver une médiane que pour des variables ordinales ou d'intervalles/ratio. Il n'y a pas de médiane pour les variables nominales parce qu'il n'y a pas d'ordre entre les scores d'une variable nominale. Une médiane pour des variables nominales comme le sexe, la race ou la religion n'aurait pas de sens. Alors je répète : une variable nominale n'a pas de médiane !

Remarquez que les scores extrêmes n'affectent pas la médiane parce que celle-ci décrit seulement le score qui se situe au centre d'une distribution ordonnée. Par exemple, les ensembles suivants de scores ont la même médiane, 55 :

Ensemble A	Ensemble B	Ensemble C	
51	1	51	
52	52	52	
54	54	54	
55	55	55	<= *Médiane*
56	56	56	
56	56	56	
59	59	590	

Nous verrons dans la prochaine section que cette indépendance par rapport aux valeurs extrêmes est un avantage important de la médiane.

Pour des variables comme celles du General Social Survey, il peut sembler sage d'arrondir la médiane à la première décimale. Il n'y a cependant aucune règle proprement dite à cet effet. Vous devrez donc bien réfléchir, pour chacune des médianes, à la décimale à laquelle il est approprié d'arrondir.

Assurez-vous d'avoir exclu les données manquantes (« Ne sait pas », « Pas de réponse », etc.) avant de calculer une médiane. De telles valeurs fournissent peu d'information. C'est pourquoi il vaut mieux les exclure. D'ailleurs, l'inclusion de ces données transformerait une variable ordinale ou d'intervalles/ratio en variable nominale puisqu'il n'y a pas d'ordre entre les valeurs des données manquantes.

Vous aurez probablement remarqué qu'il importe peu que la médiane n'indique pas un score réel ou même un score possible. La médiane reste tout de même le point milieu d'un ensemble ordonné de scores. Les profanes des statistiques sont amusés de voir une médiane « impossible ». Ils se bidonnent lorsqu'on leur dit que le nombre médian de personnes par ménage aux États-Unis est de 2,7. « Comment est-ce possible ? » s'esclaffent-ils. « Une personne est enceinte ? » Mais maintenant que vous savez ce qu'est une médiane et qu'il n'est nul besoin qu'elle corresponde à une valeur réelle, vous ne vous prêterez plus à cet humour gras.

3.3   La moyenne

Enfin définissons ce qu'est une moyenne. La *moyenne* est la mesure de tendance centrale que l'on obtient en additionnant tous les scores et en divisant ensuite cette somme par le nombre de scores. C'est vraiment simple :

1.   Additionnez tous les scores.

2.   Divisez la somme par le nombre de scores.

Voici un exemple à partir de cet ensemble de six scores : 4, 8, 10, 11, 9, 6. Pour obtenir la moyenne, additionnez tous les scores : 4 + 8 + 10 + 11 + 9 + 6 = 48. Ensuite, divisez cette somme par le nombre de scores : 48 ÷ 6 = 8. La moyenne est 8.

Oui, je sais que vous calculez déjà des moyennes depuis des années. Examinez quand même la formule de la moyenne pour comprendre comment elle se calcule :

$$\overline{X} = \frac{\Sigma X_i}{N}$$

lorsque $\overline{X}$ = la moyenne

X_i = le score du i^e cas

N = le nombre de scores

Quelques mots sur la notation. $\overline{X}$ est prononcé « X-barre ». Les statisticiens utilisent la notation $\overline{X}$ pour indiquer la moyenne d'un *échantillon*. Pour signifier la moyenne d'une *population*, ils emploient le symbole μ (prononcé « mu »). En général, les lettres romaines renvoient aux statistiques portant sur un échantillon et les caractères grecs aux paramètres d'une population. (Rappelons que nous disions, à la section 1.3 qu'une information qui concerne seulement un échantillon est appelée une statistique, qu'une information portant sur l'ensemble d'une population est un paramètre.) Donc, pour des données de population, la formule de la moyenne devient : $\mu = \dfrac{\Sigma X_i}{N}$.

L'indice i dans la notation X_i désigne les scores individuels. C'est en quelque sorte un score générique. X_1 est le premier score, X_2 le second, etc. Ainsi, X_i est le score d'un éventuel i^e cas. Cela n'implique pas que les scores doivent être disposés dans un ordre particulier. Σ est la lettre majuscule grecque sigma. Nous la verrons souvent tout au long de ce livre. Les statisticiens utilisent Σ pour indiquer la somme de tout ce qui suit ce caractère. Ainsi, ΣX_i signifie la somme de tous les scores individuels.

Dans l'exemple bien simple qui précède, la moyenne – 8 – se trouvait parmi notre ensemble de valeurs. Mais à l'instar de la médiane, il n'est pas nécessaire que la moyenne soit une valeur « réelle » ou même possible. La moyenne d'un groupe à un test « vrai ou faux », par exemple, peut très bien se chiffrer à 77,8, même si personne ne peut obtenir un tel score.

Il est habituellement de bon ton, pour la plupart des données dont nous nous servons en sciences sociales, d'arrondir la moyenne à la première décimale. Mais peu importe les données avec lesquelles vous travaillez, *réfléchissez* à ce que signifient les décimales dans vos calculs. Ne présentez pas de décimales superflues qui suggéreraient que la moyenne a un degré de précision que ne lui confèrent pas les données sur lesquelles elle repose. Et pendant qu'on y est, n'oubliez pas d'exclure les données manquantes (« Ne sait pas », « Pas de réponse », etc.) avant de calculer une moyenne. L'information que confèrent ces données n'est pas utilisable dans le calcul de la moyenne.

Attention à l'interprétation des moyennes de variables écologiques. De telles moyennes traitent chaque unité écologique comme un cas unique et décrit la tendance centrale des unités et non de la population totale des individus qui forment ces unités. Par exemple, dans le calcul du nombre moyen d'années d'instruction pour les 50 États américains, on traite sur un pied d'égalité les États de la Californie et du Wyoming en dépit de la grande différence dans la taille de leurs populations. Le nombre moyen d'années d'instruction réfère à la tendance centrale pour les 50 États et non pour l'ensemble de la population américaine. Cela est vrai aussi pour les médianes, mais les problèmes d'interprétation des moyennes de variables écologiques sont plus fréquents. Alors faites en sorte de les éviter.

3.4   Les propriétés de la moyenne

Lorsque vous calculez une moyenne, faites attention aux scores qui sont particulièrement bas ou élevés, et tout spécialement aux cas déviants. Un ou deux scores extrêmes peuvent rendre une moyenne bien peu représentative de la plupart des scores, surtout quand le nombre de cas est petit. Imaginez que l'on remplace le score 6, dans l'exemple précédent, par 600. Ce serait sans aucun doute un cas déviant. Avec les scores 4, 8, 10, 11, 9 et 600, la moyenne grimperait à 107, ce qui n'est guère typique ou représentatif de ce que sont « réellement » ces six scores. Dans ce cas, la médiane, 10,5, serait une meilleure mesure de la tendance centrale.

Ou considérez le revenu moyen dans l'île de Gilligan. Le revenu de M. Howell, le millionnaire, gonflerait exagérément le revenu moyen des habitants de l'île. La médiane serait beaucoup plus représentative des revenus de Gilligan et de ses compères. Dans le calcul de la moyenne, le revenu de un million de dollars de M. Howell a le même poids que le revenu de 100 Gilligan qui gagneraient chacun 10 000 $ par année. Et c'est la même chose sur le continent. Il faudrait 100 000 programmeurs gagnant chacun 50 000 $ par an pour égaler le revenu de 5 milliards de dollars du président de Microsoft, Bill Gates. Il n'est pas surprenant que les organismes nationaux de recensement rapportent le revenu médian plutôt que le revenu moyen !

Un autre exemple, véritable celui-ci. Parmi les 50 États américains, le pourcentage de la population se disant de souche asiatique présente un cas déviant bien visible : Hawaii avec 61,8 %. Le score le plus élevé suivant est celui de la Californie, 9,6 %. La moyenne de la variable est 2,8 %, Hawaii comprise ; elle chute à 1,6 % dès que l'on exclut ce cas déviant. Cette dernière moyenne est beaucoup plus représentative du score typique parmi les 50 États américains.

J'ai signalé à la section 2.9 que, lorsque vous rencontrez un cas déviant, il faut commencer par en chercher l'origine. Ensuite observez-en l'effet sur votre analyse – ici, sur la moyenne. Si l'effet est important (comme c'est le cas de nos exemples), songez soit à exclure le cas déviant, soit à vous servir de la médiane plutôt que de la moyenne, cette première n'étant pas affectée par la présence de cas déviants.

Alors attention aux cas déviants quand vous travaillez avec des moyennes. Plus précisément, surveillez les distributions qui ont des queues prononcées vers les valeurs élevées ou les valeurs faibles, même s'il n'y a pas de cas déviant comme tel. Comme la moyenne tient compte de tous les scores, ces queues peuvent en faire un représentant bien douteux du score typique. Mieux vaut utiliser la médiane dans une telle situation.

J'en ai assez dit des problèmes liés à l'utilisation de la moyenne. Passons à ses nombreux avantages. La moyenne a une propriété à la fois intéressante et importante : lorsque nous la soustrayons de chacun des scores et que nous additionnons toutes ces différences, le résultat est invariablement zéro. De façon plus succincte, la somme des écarts entre les scores et la moyenne est nulle. Algébriquement : $\Sigma(X_i - \mu) = 0$ pour des données de population et $\Sigma(X_i - \overline{X}) = 0$ pour des données d'échantillon. Certaines différences seront positives, d'autres négatives. Additionnées, elles s'annuleront exactement

Cette propriété de la moyenne présente un grand intérêt tant théorique que pratique. La moyenne « équilibre » pour ainsi dire une distribution. Si les cas étaient des poids (des barres d'un gramme, disons) disposés à des points correspondant à leur score, la moyenne serait le point où les cas se trouveraient en parfait équilibre. La balance du haut dans la figure 3.3 montre graphiquement l'équilibre des six scores que nous avons utilisés précédemment comme exemples. Les trois poids de droite sont équilibrés par les deux poids plus loin à gauche. Essayez d'équilibrer la distribution au point médian et vous la verrez basculer, comme nous le voyons dans la balance du bas. Les scores les moins élevés sont alors trop éloignés et déséquilibrent la balance vers la gauche.

Figure 3.3.   La moyenne équilibre un ensemble de scores

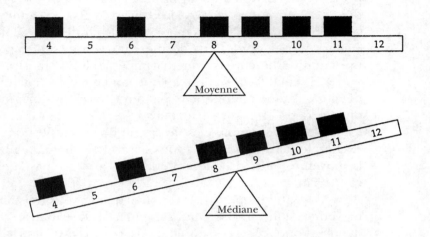

Voici une caractéristique encore plus importante de la moyenne, caractéristique qui est reliée à la précédente : la moyenne minimise la somme des déviations au carré de chaque score par rapport à la moyenne. Le mot *déviation* renvoie à la différence entre un score et la moyenne. Donc si nous soustrayons la moyenne de chaque score, élevons chaque différence au carré et additionnons ces carrés, nous obtenons une somme qui est plus petite que celle que nous obtiendrions en utilisant tout autre nombre que la moyenne. Algébriquement, cela revient à dire que, pour des données d'échantillon, $\Sigma(X_i - \overline{X})^2$ est un minimum ; et que, pour des données de population, $\Sigma(X_i - \mu^2)$ est un minimum. Aucun autre nombre que la moyenne ne peut produire une somme plus petite.

Ces deux expressions – $\Sigma(X_i - \overline{X})^2$ et $\Sigma(X_i - \mu)^2$ – sont tellement importantes en statistiques qu'elles ont un nom qui leur est propre : *somme des carrés*. Et ce concept est tellement utile que je veux vous répéter ce qu'il signifie : la somme des carrés est la somme des déviations par rapport à la moyenne, élevées au carré.

Prenons, par exemple, les six cas que nous avons utilisés dans la section précédente, et dont la moyenne est égale à $\overline{X} = 8$:

X	$X_i - \overline{X}$	$(X_i - \overline{X})^2$
4	$4 - 8 = -4$	16
8	$8 - 8 = 0$	0
10	$10 - 8 = 2$	4
11	$11 - 8 = 3$	9
9	$9 - 8 = 1$	1
6	$6 - 6 = -2$	4
Somme	0	34

La somme des carrés est 34. Tout autre nombre qu'on pourrait substituer à la moyenne (8) donnerait une somme plus élevée.

Plus tard nous utiliserons ce concept de la somme des carrés quand nous traiterons de l'analyse de la variance et des techniques de régression et de corrélation. Rappelez-vous-en !

3.5   La moyenne d'une variable dichotomique

Notez que, strictement parlant, la moyenne ne peut être calculée que pour des variables mesurées au niveau d'intervalles/ratio. Strictement parlant, il est insensé de calculer, par exemple, la religion moyenne ou la classe sociale moyenne. La religion est une variable nominale ; elle n'est pas mesurée par une unité de mesure standard. Ses valeurs – protestant, catholique, juif – ne peuvent pas être additionnées. De la même façon, si on mesure la classe au niveau ordinal (inférieure, ouvrière, moyenne et supérieure), il ne convient pas, strictement parlant, de calculer une moyenne. La raison est que (strictement parlant) les valeurs d'une variable ordinale, parce qu'il n'existe pas nécessairement entre elles d'intervalles de même grandeur, ne peuvent s'additionner de façon raisonnable. Nous ne pouvons faire la somme des valeurs « classe inférieure », « classe ouvrière », « classe moyenne » et « classe supérieure ».

J'ai employé à plusieurs reprises l'expression « strictement parlant » parce qu'il peut parfois s'avérer utile d'agir comme si les nombres représentant les valeurs d'une variable ordinale avaient une signification arithmétique, et ainsi de calculer une moyenne à partir de ces nombres. Dans la section précédente, nous avons vu que c'était le cas pour la médiane, et cela est vrai aussi pour la moyenne. En ce qui concerne les classes sociales, par exemple, nous pourrions décider d'assigner le nombre 1 à la classe inférieure, 2 à la classe ouvrière, 3 à la classe moyenne et 4 à la classe supérieure, un peu comme nous l'avons fait lorsque que nous avons calculé, à la section 3.2, une médiane interpolée. Nous pourrions alors calculer une moyenne en nous basant sur ces nombres, en les utilisant comme s'il s'agissait là de scores. Il serait donc possible de parler de la classe sociale moyenne. Après tout, il n'est guère difficile d'interpréter intelligemment cette moyenne. Par exemple, une moyenne de la classe sociale se situant à 2,7 indiquerait que la classe typique des répondants se situe entre la classe ouvrière et la classe moyenne, un peu plus près de la seconde que de la première.

Cette façon de traiter les variables ordinales comme s'il s'agissait de variables d'intervalles/ratio est condamnable aux yeux de statisticiens puristes. Mais, de la même manière qu'on ne fait pas d'omelette sans casser les œufs, vous ne pourrez vous livrer à certaines analyses sans violer quelques règles... *pourvu que vous soyez conscient de ce que vous êtes en train de faire.* Nous pouvons parfois faire meilleur usage des données si nous nous donnons la peine de calculer la moyenne d'une variable ordinale. Nous devrons cependant toujours observer la plus grande prudence lorsque viendra le temps d'interpréter ces moyennes. En qualité de novice des statistiques, ne sachant donc pas toujours très bien ce que vous faites, vous ne devriez pas calculer la moyenne de variables ordinales. Vous devriez vous en tenir plutôt à la médiane. Sachez toutefois que plusieurs sociologues utilisent la moyenne lorsqu'ils ont affaire à des données ordinales. Au fur et mesure que vous deviendrez plus familiers avec les statistiques et l'analyse de données, vous pourrez trouver utile d'agir de cette façon vous aussi.

Que dire des variables nominales ? Voit-on parfois des chercheurs assigner des nombres aux valeurs d'une variable nominale comme la religion pour ensuite en calculer la moyenne ? La réponse est « *parfois* » si la variable est dichotomique ; elle est un inébranlable « *NON* » lorsque la variable a trois valeurs ou plus. Même les statisticiens les plus iconoclastes respectent cette règle. Mais lorsque les valeurs d'une variable *dichotomique,* même si elle est nominale, sont codées 0 et 1, la moyenne de la variable est égale à la proportion des cas codés 1. Supposons, par exemple, que les hommes sont codés 0 et les femmes 1 pour la variable « Sexe » et que nous avons les cinq cas suivants :

Sexe	Code
Femme	1
Homme	0
Femme	1
Femme	1
Homme	0
	$\Sigma X_i = 3$

Remarquez que la proportion de femmes est 0,60 (trois sur cinq). Remarquez aussi que $\overline{X} = \dfrac{\Sigma X_i}{N} = \dfrac{3}{5} = 0,60$. Eh oui ! La moyenne est égale à la proportion de femmes. Cela fonctionne chaque fois que les scores d'une variable dichotomique sont codés 0 et 1. En fait, bien que certains correctifs arithmétiques soient nécessaires, le même principe s'applique si les valeurs d'une variable dichotomique sont codées à l'aide de n'importe quels nombres consécutifs. Si la variable est codée 1 et 2, par exemple, la moyenne moins 1 sera égale à la proportion des cas codés 2. Plus généralement, la moyenne moins le code le plus petit est égale à la proportion des cas désignés par le code le plus élevé.

Cette utilisation des variables dichotomiques, même si elles sont nominales, sert de toile de fond aux statistiques. Au chapitre 10, nous nous pencherons sur les relations entre les variables nominales dichotomiques dans les techniques de régression et de corrélation. Au chapitre 12, nous apprendrons à transformer des variables nominales en variables « factices » codées 0 et 1 de manière à pouvoir les utiliser. Mais pour l'instant, ne calculons pas les moyennes des variables nominales autres que dichotomiques, et même avec ces dernières, nous serons très prudents.

3.6   Lequel employer – le mode, la médiane ou la moyenne ?

Nous avons vu trois mesures de tendance centrale. Mais quelle mesure utiliser : le mode, la médiane ou la moyenne ? La réponse à cette question dépend du niveau de mesure de la variable, de sa distribution ainsi que de ce que l'on tente de découvrir à l'aide de cette variable. Je vous donnerai ici quelques conseils généraux afin de vous guider dans le choix de la mesure de tendance centrale appropriée.

Comme nous l'avons mentionné dans la section précédente, nous ne pouvons (strictement parlant) calculer une moyenne que pour des variables d'intervalles ou de ratio. Bien sûr nous pouvons aussi calculer le mode et la médiane pour ce type de variable. Néanmoins, en écartant certaines considérations (sur lesquelles je reviendrai dans quelques instants), nous devons employer la moyenne lorsque nous travaillons avec des variables d'intervalles/ratio. Tout compte fait, la moyenne est la seule mesure dont le calcul incorpore la totalité des scores. Ainsi la moyenne comporte plus d'informations que le mode et la médiane. Comme il est préférable de faire usage de la totalité de l'information dont nous disposons, la moyenne, en oubliant pour le moment certaines autres considérations, est habituellement la mesure la plus indiquée pour les variables d'intervalles/ratio.

La médiane est la mesure à choisir lorsque que nous avons affaire à des variables ordinales pour la simple raison que nous ne pouvons, règle générale, calculer la moyenne pour de telles variables (bien que cela soit parfois possible comme nous l'avons vu à la section précédente). La médiane incorpore au moins des informations concernant le ou les scores centraux de la distribution, ce qui est déjà plus que ne le fait le mode. Donc, toutes choses égales par ailleurs, servez-vous de la médiane lorsque vous travaillez avec des variables ordinales.

Cela ne laisse que le mode comme mesure privilégiée pour des variables nominales. En effet, pour des variables nominales, nous n'avons guère le choix puisque leur faible niveau de mesure ne nous permet pas de nous servir de la médiane ni de la moyenne. Bien sûr, comme nous venons de le voir, il est possible de calculer la moyenne des variables nominales dichotomiques codées 0 et 1 en considérant la proportion de cas codés 1. Néanmoins, cela n'est d'aucune utilité dans le cas des variables nominales non dichotomiques. On est généralement limité au mode pour les variables nominales.

Il ne faut toutefois pas dénigrer le mode. Le mode s'avère parfois utile, particulièrement lorsqu'il est nécessaire de connaître le score qui apparaît le plus souvent. Par définition, il y a plus de scores identiques au mode que de scores identiques à toute autre valeur, ce qui n'est pas nécessairement vrai dans le cas de la médiane ou de la moyenne. Son utilité est donc grande lorsqu'il s'agit de prédire un score réel. Si vous avez à deviner précisément le score d'un cas inconnu, le mode est ce que vous pouvez tenter raisonnablement de mieux. Cette qualité du mode sera particulièrement utile lorsque nous examinerons, au chapitre 7, les mesures d'association. De plus, le mode fournit parfois, dans le cas de variables ordinales et d'intervalles/ratio, des informations concernant la forme que prend la distribution des scores, des informations qui s'ajoutent à celles que l'on obtient de la médiane et de la moyenne.

Puisque nous parlons de la forme de la distribution, mentionnons que, dans une distribution symétrique et unimodale, le mode, la médiane et la moyenne affichent tous la même valeur. La valeur qui apparaît le plus souvent dans la distribution est également à la fois la valeur qui la divise en deux parties égales et la moyenne arithmétique. Vous pouvez observer cela dans la distribution symétrique de la figure 3.4.

Figure 3.4.   Distribution symétrique

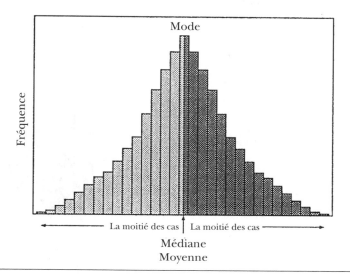

À l'inverse, lorsque la forme de la distribution n'est pas symétrique, les trois mesures de tendance centrale ont des valeurs différentes. La médiane et la moyenne sont affectées à des degrés différents par *l'asymétrie* d'une variable – c'est-à-dire la mesure dans laquelle la distribution d'une variable présente une longue queue s'étendant dans une direction ou dans l'autre. Une distribution peut être asymétrique à gauche à cause de la présence de valeurs anormalement faibles. Les scores faibles « tirent », pour ainsi dire, la moyenne vers eux. La moyenne est donc plus petite que la médiane lorsque l'asymétrie de la distribution se trouve à gauche. Inversement, une distribution dans laquelle l'asymétrie est à droite verra sa moyenne plus grande que sa médiane parce que les scores élevés « tireront » la moyenne dans leur direction. La figure 3.5 montre graphiquement l'effet de l'asymétrie sur la moyenne et sur la médiane. Vous pouvez remarquer que, dans une distribution unimodale asymétrique, la médiane se situe toujours entre le mode et la moyenne.

Il faut donc redoubler de prudence lorsqu'une distribution est fortement asymétrique. Comme je l'ai mentionné précédemment, la moyenne ne fournit guère, dans de telles situations, une valeur typique ou représentative. Lorsque que nous avons affaire à des distributions fortement asymétriques, il est généralement préférable d'employer la médiane plutôt que la moyenne, même pour des variables d'intervalles/ratio, et cela parce que la médiane « résiste » beaucoup mieux aux scores extrêmes. Si vous découvrez des cas déviants, vous avez deux choix : ou bien vous les excluez et utilisez la moyenne, ou bien vous les conservez et utilisez la médiane.

Figure 3.5.   Effet de l'asymétrie (à gauche et à droite) sur la moyenne et la médiane

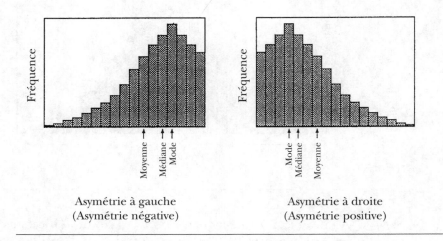

Asymétrie à gauche
(Asymétrie négative)

Asymétrie à droite
(Asymétrie positive)

3.7   Résumé du chapitre 3

Voici ce que nous avons appris dans ce chapitre :

- Il existe trois types de mesures de tendance centrale : le mode, la médiane et la moyenne.
- Le mode est la valeur qui apparaît le plus fréquemment. Il peut être calculé pour des variables de tous les niveaux. Il est, de fait, la seule mesure de tendance centrale qui convient à des variables nominales.
- Il est possible de distinguer une distribution selon le nombre de modes qu'elle possède – unimodale ou bimodale.
- La médiane est le point milieu d'un ensemble ordonné de scores. La moitié des scores lui sont inférieurs, l'autre moitié supérieurs. La médiane peut être calculée pour des variables ordinales et d'intervalles/ratio.
- La moyenne est une mesure de tendance centrale arithmétique. Il convient de la calculer pour des variables d'intervalles/ratio et parfois pour des variables ordinales et des variables nominales dichotomiques.

- La somme des écarts par rapport à la moyenne $(X_i - \overline{X})$ est 0.
- La moyenne minimise la somme du carré des écarts $\Sigma(X_i - \overline{X})^2$.
- La moyenne d'une variable dichotomique codée 0 et 1 correspond à la proportion de cas codés 1.
- La médiane et la moyenne ont la même valeur lorsque les distributions sont symétriques.
- Le mode, la médiane et la moyenne ont la même valeur dans les distributions unimodales symétriques.
- Les scores extrêmes (y compris les cas déviants) affectent la moyenne, mais non la médiane ou le mode.
- L'asymétrie d'une distribution affecte la moyenne, et n'affecte pas la médiane. La médiane est donc préférable à la moyenne dans le cas de distributions hautement asymétriques.

Les rapports de recherche décrivant les mesures de tendance centrale sont d'habitude accompagnés de descriptions des mesures de variance, le sujet du prochain chapitre. J'attendrai donc la fin du chapitre 4 avant de vous présenter des exemples de rapport pour les mesures de tendance centrale.

Principaux concepts et procédures

Termes et idées

mesure de tendance centrale
mode
distribution unimodale
distribution bimodale
médiane
moyenne
déviation (écart)
somme des carrés
asymétrie
asymétrie négative (à gauche)
asymétrie positive (à droite)

Symboles

Mo
Md
$\overline{X}$
μ
X_i

ΣX_i

$\Sigma(X_i - \overline{X})$ et $\Sigma(X_i - \mu)$

$\Sigma(X_i - \overline{X})^2$ et $\Sigma(X_i - \mu)^2$

Formules

$$Md \quad = \quad L + \left(\dfrac{\dfrac{N}{2} - F}{f} \right) (i)$$

$$\overline{X} \quad = \quad \dfrac{\Sigma X_i}{N}$$

CHAPITRE 4

Les mesures de variation

On raconte l'histoire d'un homme qui se noya dans un ruisseau qui avait en moyenne 10 centimètres de profondeur. Ce vieux conte devrait nous rappeler qu'il faut considérer bien plus que la tendance centrale dans la description des variables. Les distributions peuvent être caractérisées par leur variation en plus de leur tendance centrale, et quelquefois cette variation est plus importante que la tendance centrale. Nous allons maintenant présenter la variance et l'écart-type qui permettent de mesurer la variation d'une distribution. Nous apprendrons à évaluer le degré de dispersion ou de concentration de la distribution d'une variable, c'est-à-dire dans quelle mesure les scores sont semblables ou différents l'un de l'autre. Nous verrons également les différentes formes de distribution et les courbes normales. Nous utiliserons ce que nous savons des mesures de tendance centrale et des écarts-types pour transformer les scores en ce que l'on nomme les scores standardisés ou scores-Z, qui permettent de comparer la position des scores dans une distribution. Finalement, nous apprendrons comment utiliser l'information se rapportant à la tendance centrale et à l'écart-type d'un échantillon pour estimer la tendance centrale d'une population.

Après avoir lu ce chapitre vous pourrez :

1. Définir et calculer l'écart-type et la variance pour un échantillon et une population.

2. Reconnaître les conditions d'utilisation de l'écart-type et de la variance.

3. Mesurer l'asymétrie d'une variable.

4. Expliquer dans des termes généraux ce qu'est une courbe normale et comment on peut l'utiliser.

5. Calculer et interpréter les scores standardisés.

6. Expliquer ce qu'est une distribution d'échantillonnage.

7. Calculer et interpréter les intervalles de confiance autour de la moyenne.

8. Faire preuve de prudence dans l'interprétation des mesures de tendance centrale et des mesures de variation dans le cas des données agrégées.

4.1   Les mesures de variations : la variance et l'écart-type

Maintenant que nous savons ce que sont les mesures de tendance centrale, jetons un coup d'œil aux *mesures de variation*[1], des mesures qui résument comment les scores sont agglomérés ou dispersés. Il est souvent utile de savoir dans quelle mesure les scores sont similaires ou différents les uns des autres. Les scores sont-ils si similaires qu'ils se massent tous autour de quelques valeurs ? Ou sont-ils plutôt étalés sur une grande surface ? Si les scores tendent à s'agglomérer, nous disons qu'ils sont homogènes. S'ils ont tendance à être dispersés, nous disons qu'ils sont hétérogènes.

Voici trois groupes de scores, les premiers étant relativement homogènes, les derniers relativement hétérogènes :

	Groupe A Relativement homogènes	*Groupe B* Entre les deux	*Groupe C* Relativement hétérogènes
	64	44	34
	68	63	58
	70	80	90
	71	91	101
	69	74	79
	66	56	46
Moyenne	*68*	*68*	*68*

Les trois groupes ont la même moyenne : 68. Mais les scores du groupe A sont relativement similaires, tournant autour de la moyenne de 68. En revanche les scores du groupe B sont beaucoup plus dispersés et ceux du groupe C le sont encore plus.

---

1. Les mesures de variation sont parfois nommées mesures de variabilité ou mesures de dispersion. Si la terminologie varie, l'idée, elle, demeure la même.

Décrire la variation consiste à mesurer la divergence des scores par rapport à un score typique, le score moyen. Si les scores divergent beaucoup, la distribution se présentera de façon assez étendue, le gros des scores se situant loin du score typique. Si les scores ne divergent pas beaucoup, ils se masseront beaucoup plus près du score typique et s'aggloméreront ensemble. Nous utilisons habituellement la moyenne (plutôt que le mode ou la médiane) comme point de référence à partir duquel on mesure les écarts. La moyenne d'un ensemble de scores est un point de référence utile pour décrire la variation car elle tient directement compte de tous les scores. De plus, la moyenne possède la propriété de minimiser la somme des écarts entre elle-même et chacun des scores. Rappelez-vous de ce que nous disions de la moyenne à la section précédente : la somme des écarts des scores par rapport à la moyenne est zéro. Voilà qui est drôlement minimisé ! Rappelez-vous également que la somme du carré des écarts par rapport à la moyenne est un minimum. C'est-à-dire que la somme du carré des différences entre chaque score et la moyenne est moindre que la somme du carré des différences entre chaque score et n'importe quelle autre mesure.

La variance et l'écart-type sont deux mesures de variation très apparentées qui résument dans quelle mesure les scores sont concentrés autour de la moyenne. Considérons-les à tour de rôle.

En premier lieu, *la variance*. Je présenterai deux façons légèrement différentes d'obtenir une variance. La première concerne les données de population, l'autre les données d'échantillon. La variance d'un ensemble de scores décrivant une *population* entière se calcule comme suit :

1. Calculez la moyenne.
2. Soustrayez la moyenne de chacun des scores. (Certaines de ces différences seront négatives. C'est normal.)
3. Mettez au carré chacune de ces différences. (C'est-à-dire multipliez chaque différence par elle-même. Rappelez-vous que la multiplication de deux nombres négatifs donne un nombre positif.)
4. Additionnez toutes ces différences élevées au carré.
5. Divisez cette somme par le nombre total de scores.

La réponse sera la variance des scores.

J'ai signalé dans la section 3.4 que la somme des écarts entre les scores et la moyenne est toujours zéro. En d'autres termes, $\Sigma(X_i - \mu) = 0$. C'est pour cette raison qu'à l'étape 3 du calcul nous devons élever au carré les différences entre les scores et la moyenne.

Autrement, nous aboutirions invariablement à une somme nulle, ce qui ne nous renseignerait guère sur la variation[2].

Le calcul est exprimé de façon plus concise par la formule suivante :   *population*

$$\sigma^2 = \frac{\Sigma(X_i - \mu)^2}{N} \qquad \sigma^2 = \left[\sum_1^N (x_1 - u)^2 \right] / N$$

lorsque σ^2 =   la variance de données de <u>population</u>

X_i =   le score du i^e cas

μ =   la moyenne de la population

N =   le nombre total de cas dans la population

σ est la lettre grecque sigma ; σ^2 se prononce « sigma carré ». Dans quelques paragraphes, j'aurai l'occasion d'expliquer pourquoi nous employons σ^2 comme symbole de la variance. Pour le moment, je mentionnerai uniquement que nous utilisons un caractère grec parce qu'il s'agit de données qui décrivent une population (et non un échantillon). Rappelez-vous que μ est le symbole de la moyenne d'une population (et non celle d'un échantillon). Nous avons déjà appris que Σ signifie que nous devons additionner tout ce qui suit. Dans cette formule Σ signifie donc qu'il faut additionner toutes les différences élevées au carré entre chaque score et la moyenne. Nous avons déjà vu ce total (section 3.4) : c'est la somme des déviations au carré ou, plus couramment, la somme des carrés.

Vous ne pouvez trouver un meilleur point de référence que la moyenne si vous souhaitez minimiser la somme des écarts au carré. Cette propriété ne devrait pas vous surprendre car nous avons dit plus haut (section 3.4) que la moyenne minimise la somme des déviations « simples » (entendre non élevées au carré). Cette somme est toujours nulle. Notez que nous obtenons la variance en divisant la somme des carrés par N. Autrement dit, la variance est la moyenne des écarts au carré des scores par rapport à la moyenne. C'est si important que je veux que vous le répétiez : *la variance est la moyenne des écarts au carré des scores par rapport à la moyenne.*

Vous pouvez donc sans peine comprendre en quoi la variance s'avère une mesure utile de la variation d'une distribution. Si les scores se distribuent de façon étendue et lâche autour de la moyenne, les écarts seront grands et, ainsi, la somme des carrés et la variance seront élevées. Si au contraire les scores s'agglomèrent près de la

---

2.   Il est également possible de mesurer la variation en faisant la somme des valeurs absolues des écarts. Toutefois, cette mesure, appelée déviation moyenne, a une utilité statistique moindre que la variance basée sur la somme des carrés et, par conséquent, elle est peu utilisée.

moyenne, les écarts, la somme des carrés et la variance seront faibles. Aussi, une forte variance témoigne d'une grande variation, une faible variance d'une variation plus faible.

Toutefois, un problème subtil apparaît lorsque nous travaillons avec des données *d'échantillon*. Bien que cette $\sigma^2 = \dfrac{\Sigma(X_i - \mu)^2}{N}$ définisse la variance des scores, cela ne convient pas aux données d'échantillon. Pour des données d'échantillon, la formule donne une estimation biaisée de la variance de la population. Par « biaisée » il faut entendre que, si nous calculions la variance de tous les échantillons de taille N possibles choisis aléatoirement parmi une population, et qu'ensuite nous calculions la moyenne de ces variances d'échantillon, cette variance moyenne des échantillons serait différente de la variance de la population. En fait, avec cette formule, la moyenne des variances de tous les échantillons sous-estime toujours la variance de la population. Cela pose un problème car nous n'aimons pas les biais en statistique.

Heureusement, les statisticiens ont imaginé une manière de corriger ce biais dans le calcul de la variance de données d'échantillon. Il suffit de diviser la somme des carrés par N – 1 plutôt que par N. Ainsi, la variance d'une population estimée à partir de données d'échantillon se calcule de cette façon :

$$s^2 = \frac{\Sigma(X_i - \overline{X})^2}{N-1}$$

lorsque s^2 = la variance de l'échantillon

X_i = le score du i^e cas

$\overline{X}$ = la moyenne de l'échantillon

N = le nombre total de cas dans l'échantillon

Parce qu'en sciences sociales nous travaillons très souvent avec des données d'échantillon, comme celles du General Social Survey, ce sera cette formule que j'utiliserai tout au long du livre quand je calculerai la variance. En pratique, l'emploi de N ou N – 1 comme dénominateur importe seulement lorsque N est très faible. Pour de grands échantillons, à l'instar ceux du General Social Survey, diviser par 2 903 ou par 2 904 fait bien peu de différence. Néanmoins, nous emploierons en général N – 1 lorsque nous aurons affaire à des données d'échantillon.

Les quelques éléments de terminologie que nous verrons maintenant s'avéreront par la suite d'une grande utilité. Le dénominateur N – 1 se nomme degrés de liberté de la variance. La raison de cette dénomination est liée à cette propriété de la moyenne que nous examinions tout à l'heure : la somme des écarts par rapport à la moyenne est toujours 0. Ainsi, si nous connaissons tous les écarts excepté un seul, il est aisé de calculer ce dernier écart. Il s'agit du nombre qui annulera la somme des déviations. Par exemple, si, sur trois scores, nous en connaissons deux, soit 4 et 5, et que la moyenne des trois scores est de 5, alors le score inconnu (appelons-le X) ne pourra être que 6. En effet :

$$(4 - 5) + (5 - 5) + (X - 5) = 0$$

$$-1 + 0 + X - 5 = 0$$

$$X = 1 + 5$$

$$X = 6$$

En d'autres termes, les écarts par rapport à la moyenne sont quelque peu limités. Pour une variance donnée, seuls $N - 1$ écarts peuvent librement varier ; une fois qu'ils sont connus, le dernier est fatalement déterminé. Nous disons donc qu'il existe $N - 1$ degrés de liberté. Cette notion de degrés de liberté reviendra souvent dans ce livre en référence à plusieurs statistiques.

Bien que les logiciels de statistiques puissent trouver pour nous les variances, en calculer quelques-unes nous-mêmes nous aidera à mieux comprendre en quoi elles consistent. Voici un exemple simple de calcul de la variance. Soit les scores 64, 66, 68, 69, 70, 71 d'un échantillon de taille $N = 6$. Le score moyen est 68. Calculons la variance en dressant d'abord un tableau comme celui-ci :

X	$X_i - \overline{X}$	$(X_i - \overline{X})^2$
64	$64 - 68 = -4$	16
68	$68 - 68 = 0$	0
70	$70 - 68 = 2$	4
71	$71 - 68 = 3$	9
69	$69 - 68 = 1$	1
66	$66 - 68 = -2$	4
Somme	0	34

$$s^2 = \frac{\Sigma(X_i - \overline{X})^2}{N - 1}$$

$$= \frac{34}{6 - 1}$$

$$= \frac{34}{5}$$

$$= 6{,}80$$

La variance de cet ensemble de scores est 6,80. (Remarquez, une fois de plus, que si vous faites la somme de la colonne des différences $X_i - \overline{X}$ le résultat sera toujours 0. Si cela n'est pas le cas, vous avez commis une erreur de calcul quelque part.)

À propos, voici les variances pour les trois groupes que nous avons vus précédemment.

	Groupe A Relativement homogènes	Groupe B Entre les deux	Groupe C Relativement hétérogènes
	64	44	34
	68	63	58
	70	80	90
	71	91	101
	69	74	79
	66	56	46
Moyenne	68	68	68
s^2	6,80	290,80	686,80

Comme on peut s'en apercevoir du premier coup d'œil, les scores du groupe A sont plus semblables entre eux que les scores du groupe B qui à leur tour sont plus semblables que ceux du groupe C. Cependant, nous avons maintenant une mesure quantitative de ces variations – les variances sont de 6,80, 290,80 et 686,80. Ces variances mesurent la dispersion des scores autour de la moyenne.

Avant de continuer, je tiens à souligner que dans le cas des variables dichotomiques telles que le sexe, codé 0 pour les hommes et 1 pour les femmes, la variance est $P(1 - P)$, lorsque P est la proportion de cas codés 1. En d'autres mots, la variance est la proportion de cas codés 1 multipliée par la proportion de cas codés 0. Nous avons vu dans le chapitre 3 que la moyenne d'un variable dichotomique codée 0 et 1 est la proportion de cas codés 1. Ainsi, bien que nous utilisions habituellement les moyennes et les variances pour les variables d'intervalles ou de proportions, elles sont également utiles pour les variables dichotomiques, même nominales. Je ne m'étendrai pas sur les raisons pour lesquelles la variance d'une variable dichotomique est $P(1 - P)$. *positive*

L'écart-type, pour sa part, est la racine carrée de la variance. (Cela signifie évidemment que la variance équivaut au carré de l'écart-type.) Pour obtenir l'écart-type d'un ensemble de scores :

1.   Calculez la variance.

2.   Trouvez la racine carrée de cette variance.

Cette racine carrée sera l'écart-type.

Voici deux formules équivalentes pour calculer l'écart-type de données de population :

$$\sigma = \sqrt{\text{Variance}} \quad \text{et } \sigma = \sqrt{\frac{\Sigma(X_i - \mu)^2}{N}}$$

Et voici les formules pour des données d'échantillon :

$$s = \sqrt{\text{Variance}} \quad \text{et } s = \sqrt{\frac{\Sigma(X_i - \overline{X})^2}{N-1}}$$

Pour les scores susmentionnés, l'écart-type du groupe A est $\sqrt{6,80} = 2,61$, les écarts-types des groupes B et C sont respectivement de $\sqrt{290,80} = 17,05$ et $\sqrt{686,80} = 26,21$.

L'écart-type (*standard deviation* en anglais) est représenté par la lettre s. Voilà pourquoi la variance, qui est le carré de l'écart-type, est notée s^2. De plus, de la même façon que les statisticiens se servent du $\overline{X}$ romain pour la moyenne d'un échantillon et du μ grec pour la moyenne d'une population, ils emploient s pour indiquer l'écart-type de données d'échantillon et σ pour l'écart-type de données de population. Par conséquent, la variance d'une population est notée σ^2.

Pour des données exprimées en entiers, on a coutume d'arrondir l'écart-type et la variance à la seconde décimale. C'est de cette façon que je procéderai tout au long du livre. Cette règle générale peut bien sûr souffrir des exceptions. Il est néanmoins impératif que vous *réfléchissiez* à ce que signifient les décimales, et cela pour chaque situation particulière.

L'interprétation d'une variance ou d'un écart-type est facile. Les formules que nous avons examinées plus haut nous ont bien montré que moins il y a de variation entre les scores, plus petite sera la somme des carrés, donc, par le fait même, la variance et l'écart-type. S'il n'y a aucune variation parmi les scores, la variance et l'écart-type seront nuls. Dans un pareil cas, tous les scores seront identiques (tous les scores seront égaux à la moyenne) et, en fait, cette « variable » sera une constante. Plus il y a de variation dans les scores, plus l'écart-type et la variance sont grands. Bien que la variance ou l'écart-type le plus faible possible soit 0, il n'existe théoriquement pas de limite supérieure à ces mesures de variation.

Étant donné que la variance n'est en réalité que le carré de l'écart-type, pourquoi avoir deux mesures différentes ? Pourquoi ne pas se limiter soit à la variance, soit à l'écart-type ? La raison est que la variance et l'écart-type ont chacun des propriétés particulières. La variance possède plusieurs propriétés mathématiques qui sont très importantes pour certaines méthodes statistiques plus avancées. Les statisticiens peuvent faire bien des choses à l'aide du concept de variance. Nous en verrons des exemples lorsque nous traiterons de l'analyse de variance et des techniques de régression aux chapitres 8 à 12.

La variance a néanmoins un inconvénient. Parce qu'elle met à la puissance 2 les écarts par rapport à la moyenne sans ensuite les remettre en base 1, elle s'exprime dans une échelle différente de celle des scores. Règle générale, à cause de cette différence d'échelle, la variance ne semble pas « correcte ». En guise de mesure de la variation entre les scores, l'écart-type, au contraire, paraît « correct ». Bien sûr, il se doit d'être « correct » étant donné qu'il se calcule en trouvant la racine carrée de l'écart au carré moyen. Il remet en base 1 un nombre préalablement élevé à la puissance 2. Cette opération fait en sorte que la mesure de variation est ramenée sur la même échelle que les scores originaux.

Considérons les trois groupes de scores que nous avons vus précédemment. Nous avons déterminé que leurs variances sont respectivement de 6,80, 290,80 et 686,80. Ces variances sont beaucoup plus importantes que les groupes de scores qu'elles décrivent. Même la plus petite, 6,80, semble trop grande pour exprimer la variation de scores qui vont de 64 à 71. En revanche, les écarts-types des groupes A, B et C (2,61, 17,05 et 26,21) sont du même ordre de grandeur que les scores à partir desquels ils ont été calculés.

Prenons un exemple : l'âge des répondants au General Social Survey. Les scores s'étendent de 18 à 89, avec une moyenne de 44,8 (en excluant bien sûr les données manquantes). La variance de l'âge est un colossal 284,5. Cependant, l'écart-type semble plus raisonnable avec 16,9, car il est exprimé dans la même échelle d'années que l'âge des répondants. Par conséquent, lorsque que nous faisons rapport des résultats d'analyses statistiques, nous employons le plus souvent l'écart-type, et non la variance, la première étant davantage à la mesure de nos intelligences bien humaines que la seconde. La plupart du temps donc, servez-vous de la variance lorsque vous avez à faire des raisonnements statistiques plus avancés et choisissez l'écart-type lorsque vient le temps de présenter vos résultats.

Puisque la variance et l'écart-type reposent sur les écarts par rapport à la moyenne, et parce que (strictement parlant) la moyenne ne peut être calculée que pour des variables d'intervalles/ratio, la variance et l'écart-type ne sont appropriés que pour des variables mesurées au niveau d'intervalles/ratio. Strictement parlant donc, ne calculez pas de variance ou d'écart-type pour des variables de niveau nominal ou ordinal. Mais, comme nous l'avons indiqué dans le cas des moyennes, il est parfois bénéfique de violer cette règle et de calculer des variances ainsi que des écarts-types lorsque nous avons affaire à des variables ordinales, à condition que cela puisse nous fournir des informations utiles à propos de la variable en question.

Faites attention aux scores extrêmes, qui peuvent affecter indûment la variance et l'écart-type, et tout spécialement aux cas déviants. Nous avons déjà vu que des scores anormalement bas ou anormalement hauts peuvent rendre la moyenne bien peu représentative de la distribution. L'effet de ces scores extrêmes est encore plus grand en ce qui a trait aux mesures de variation. La variance et l'écart-type ne font pas que reposer sur les écarts par rapport à la moyenne, ils élèvent au carré ces écarts, accroissant ainsi leur effet. La mise au carré de tout nombre supérieur à 1 l'augmente de façon exponentielle – c'est-à-dire l'augmente énormément. L'écart d'un score de 4 par rapport à une moyenne de 8 n'est que de 4. Seulement, le *carré* de cet écart est de 16.

Dans certaines situations extrêmes, une variance ou un écart-type peut se voir littéralement « gonflé » par l'action d'un seul cas déviant. Voici un exemple : le pourcentage de la population de chaque État américain qui se déclare de souche asiatique a un écart-type de 8,65 lorsque Hawaii est compris, et de seulement 1,54 lorsque que l'on exclut Hawaii. (J'ai mentionné dans la section 3.4. que Hawaii, avec ses 61,8 %, constituait la quintessence du cas déviant.) En de telles situations, vous devez d'abord chercher d'où provient le score extrême. Ensuite, songez à l'exclure de votre analyse, du moins lorsque vous calculerez la moyenne, la variance ainsi que l'écart-type. Rappelez-vous également d'exclure les données manquantes lorsque vous calculez les variances et les écarts-types.

4.2   De la forme des distributions

À l'instar des gens, les distributions ont des silhouettes. Nous avons déjà remarqué que certaines distributions étaient unimodales, d'autres bimodales, et d'autres trop plates pour être décrites en termes de modes. Certaines distributions sont grandes et étroites, certaines sont petites et larges, d'autres encore sont entre les deux. Certaines distributions présentent une longue « queue » à gauche, d'autres à droite, d'autres dans les deux directions et certaines n'en laissent voir aucune. Jetons un bref coup d'œil aux formes des distributions.

Les statisticiens emploient le terme ***kurtose*** lorsqu'ils décrivent l'escarpement des distributions de variables d'intervalles/ratio. Les distributions ***leptokurtiques*** sont hautes et minces ; les distributions ***platykurtiques*** sont basses et aplaties ; et les distributions ***mésokurtiques*** se situent quelque part au milieu. La figure 4.1 présente des exemples de ces trois formes générales que peuvent prendre les distributions.

Figure 4.1.   Les formes générales des distributions

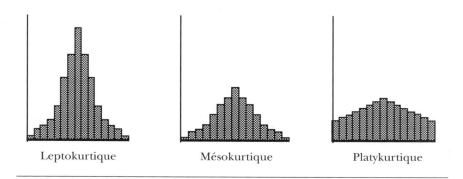

Leptokurtique   Mésokurtique   Platykurtique

L'asymétrie constitue également une caractéristique importante des distributions. Comme nous l'avons observé dans la section 3.6, certaines variables sont distribuées de façon symétrique alors que d'autres présentent, à gauche ou à droite, une forme asymétrique. Les statisticiens ont mis au point une mesure décrivant l'asymétrie, mesure qui repose sur les effets de l'asymétrie sur la moyenne et la médiane. Rappelons que, à la section 3.5, nous disions que les scores extrêmes « tirent » littéralement vers eux la moyenne, alors que la médiane ne dépend que du score se trouvant au milieu de la distribution. Ainsi, la moyenne est toujours davantage rapproché du lieu de l'asymétrie que peut l'être la médiane. La formule suivante mesure l'asymétrie :

$$\text{Asymétrie} \ = \ \frac{3(\overline{X} - \text{Md})}{s}$$

Il faut que l'on divise la formule par l'écart-type pour la mettre à l'échelle de la variable. (La raison pour laquelle on multiplie ($\overline{X}$ – Md) par 3 est plus complexe et il n'est pas nécessaire d'en parler pour le moment.)

Remarquez que dans la formule la différence entre la moyenne et la médiane permet d'évaluer l'importance de l'asymétrie. Plus une distribution est asymétrique, plus la différence entre la moyenne et la médiane est importante et plus le numérateur est important. L'asymétrie est positive lorsqu'elle se situe à droite, et négative lorsqu'elle se situe à gauche. Vous comprendrez pourquoi en comparant les positions relatives des moyennes et des médianes dans les diagrammes des distributions que l'on retrouve à la section 3.5. Une asymétrie nulle signifie que la distribution est symétrique, puisque dans ce cas la moyenne équivaut à la médiane, et le numérateur est nul.

Par exemple, voici les moyennes, médianes et écarts-types du nombre d'années d'instruction des femmes et des hommes dans le General Social Survey :

Statistiques	Hommes	Femmes
Moyenne	13,56	13,21
Médiane	13,12	12,66
Écart-type	2,95	2,91

Et voici les coefficients d'asymétrie pour ces deux distributions :

Hommes

$$\text{Asymétrie} = \frac{3(\overline{X} - Md)}{s}$$

$$= \frac{3(13,56 - 13,12)}{2,95}$$

$$= \frac{3(0,44)}{2,95}$$

$$= \frac{1,32}{2,95}$$

$$= 0,45$$

Femmes

$$\text{Asymétrie} = \frac{3(\overline{X} - Md)}{s}$$

$$= \frac{3(13,21 - 12,66)}{2,91}$$

$$= \frac{3(0,55)}{2,91}$$

$$= \frac{1,65}{2,91}$$

$$= 0,57$$

Le coefficient d'asymétrie indique que les distributions du niveau d'instruction des femmes et des hommes ont une asymétrie positive, avec cependant une asymétrie beaucoup plus marquée chez les femmes que chez les hommes (0,57 chez les femmes et 0,45 chez les hommes).

Mise en garde : Il ne faut pas évaluer l'asymétrie en comparant seulement les moyennes et les médianes ou en calculant les coefficients d'asymétrie. Les comparaisons moyennes-médianes et les coefficients d'asymétrie peuvent être trompeurs dans le cas des distributions bizarres. Il faut toujours vérifier visuellement la distribution à l'aide d'un graphique. Dans l'exemple précédent, on considérerais ordinairement à la fois les graphiques des distributions et les coefficients d'asymétrie dans le niveau d'instruction.

4.3   Les scores standardisés ou scores-Z

Un score standardisé – appelé aussi *score-Z*[3] – mesure à combien d'écarts-types de la moyenne se situe un score donné. Les scores-Z sont particulièrement utiles lorsque l'on compare des scores provenant de distributions dont les moyennes et les écarts-types sont différents. Par exemple, qui de ces deux étudiants de l'Université Yale a la meilleure note par rapport à sa classe : Bill avec une note de 87 dans une classe avec une moyenne de 81 et un écart-type de 6 ; ou Hillary avec une note de 83 dans une classe avec une moyenne de 76 et un écart-type de 4 ? Nous pouvons répondre à cette question en standardisant les notes et en comparent les scores-Z.

Pour convertir un score en un score-Z :

1.   Soustrayez la moyenne du score.

2.   Divisez cette différence par l'écart-type.

Le résultat obtenu est le score standardisé.

En voici la formule :

$$Z_i = \frac{X_i - \overline{X}}{s}$$

lorsque Z_i = le score standardisé du i^e cas

X_i = le score du i^e cas

$\overline{X}$ = la moyenne

s = l'écart-type

Évidemment, parce que les scores peuvent être plus grands ou moins grands que la moyenne, les scores-Z peuvent être soit positifs, soit négatifs. Une valeur positive signifie que le score est supérieur à la moyenne ; à l'inverse, une valeur négative signifie que le score est

3.   Pour être plus précis, il faudrait mentionner qu'en fait les scores-Z concernent les scores des seules variables distribuées normalement, alors que les scores standardisés réfèrent aux scores de n'importe quelle variable. Toutefois, les termes score-Z et score standardisé sont souvent utilisés indistinctivement, comme nous le ferons dans ce livre (N.D.T.).

inférieur à la moyenne. Voici les scores-Z correspondant aux résultats de Bill et d'Hillary, respectivement 87 et 83 :

Note de Bill	Note d'Hillary

$$Z_i = \frac{X_i - \overline{X}}{s} \qquad\qquad Z_i = \frac{X_i - \overline{X}}{s}$$

$$= \frac{87 - 81}{6} \qquad\qquad = \frac{83 - 76}{4}$$

$$= \frac{6}{6} \qquad\qquad = \frac{7}{4}$$

$$= 1{,}00 \qquad\qquad = 1{,}75$$

La note de Bill est respectable, car elle se situe 1,00 écart-type au-dessus de la moyenne de sa classe. Cependant la note de 83 d'Hillary est plus impressionnante puisqu'elle se trouve 1,75 écart-type au-dessus de la moyenne de sa classe. La note de 83 d'Hillary est meilleure que la note de 87 de Bill car elle est plus éloignée de la moyenne lorsque cette distance est mesurée en écart-type.

Une variable standardisée est une variable dont les scores ont tous été convertis en scores standardisés. C'est-à-dire que chaque score a été transformé pour correspondre au nombre précis d'écarts-types qui le séparent de la moyenne. Toutes les variables standardisées ont donc la même échelle, avec une moyenne de 0 et un écart-type de 1,00. C'est-à-dire que toutes les distributions de scores-Z ont une moyenne de 0 et un écart-type de 1,00. Les scores-Z ne changent pas la position relative des scores. Les scores élevés restent relativement élevés et les scores faibles restent relativement faibles.

Voici le calcul des scores-Z pour six cas ($\overline{X} = 68$ et $s = 2{,}61$) que nous avons vus plus tôt dans ce chapitre :

X_i	$X_i - \overline{X}$	$(X_i - \overline{X})/s$	$= Z_i$
64	$64 - 68 = -4$	$-4/2{,}61$	$= -1{,}532$
68	$68 - 68 = 0$	$0/2{,}61$	$= 0{,}000$
70	$70 - 68 = 2$	$2/2{,}61$	$= 0{,}766$
71	$71 - 68 = 3$	$3/2{,}61$	$= 1{,}149$
69	$69 - 68 = 1$	$1/2{,}61$	$= 0{,}383$
66	$66 - 68 = -2$	$-2/2{,}61$	$= -0{,}766$
Total	0,000		

Notez que la somme de ces scores standardisés est de 0. Notez également que, puisque $\frac{\Sigma Z_i}{N} = \frac{0}{6} = 0$, la moyenne de ces scores standardisés est aussi de 0. Si vous le désirez, je vous laisse calculer l'écart-type de ces scores-Z mais je peux vous assurer que l'écart-type est de 1,00. Toutes les distributions de scores-Z ont une moyenne de 0 et un écart-type de 1,00.

Les scores-Z possèdent une autre caractéristique intéressante. La somme du carré des scores-Z est égale à N-1 ou N_1, les degrés de liberté de la variance, selon la formule utilisée pour calculer l'écart-type. Dans notre exemple, $\Sigma Z^2 = N\text{-}1$. Nous utiliserons cette propriété lorsque, dans le chapitre 10, nous étudierons les coefficients de corrélation.

Un avertissement (assez évident) concernant les scores-Z : dans la mesure où les scores-Z reposent sur la moyenne et l'écart-type, ils n'ont de sens que pour des variables d'intervalles/ratio. Ne calculez ni n'employez de scores-Z pour des variables nominales ou ordinales.

Un dernier avertissement : rappelez-vous que convertir des scores en scores standardisés *ne transforme pas* pour autant une distribution « non normale » en une distribution normale. Si une variable n'est pas distribuée normalement, la distribution de ses scores standardisés ne sera pas plus « normale ».

4.4 La distribution normale

Il existe un type particulier de distribution qui est à ce point important que nous lui devons une attention toute spéciale : la distribution normale. Sans doute savez-vous déjà qu'une distribution normale est symétrique et qu'elle se présente sous la forme d'une cloche. Il est possible toutefois que vous ignoriez qu'il existe plusieurs distributions normales et que ce ne sont pas toutes les distributions en forme de cloche, symétriques, qui peuvent être appelées normales – mais seulement celles qui respectent la formule compliquée qui suit :

$$Y = \frac{e^{-(x-\mu)^2/2\sigma^2}}{\sigma\sqrt{2\pi}}$$

Heureusement nous ne sommes pas obligés d'utiliser cette formule pour comprendre ce que sont les distributions normales. Nous n'aurons donc pas à en connaître beaucoup sur cette formule. (Vous étudierez plus en profondeur cette formule dans un cours ou dans un manuel portant sur les statistiques avancées.) Je veux cependant que nous observions cette formule afin que vous puissiez constater que les distributions normales ne dépendent que de la moyenne μ et de l'écart-type σ. (Notez que j'use ici des notations se rapportant aux populations plutôt qu'aux échantillons.) Les autres termes, e (la base des logarithmes naturels, ou 2,71828...) et π (pi, ou 3,14159...), sont des constantes. En fait, il existe un nombre infini de distributions normales, une pour chaque combinaison possible d'une moyenne et d'un écart-type.

Une distribution normale avec une moyenne de μ et un écart-type de σ est notée N(μ, σ). Si l'ensemble des scores à un examen a une distribution N(85,12), ces scores formeront une distribution normale avec une moyenne de 85 et un écart-type de 12. Pour une moyenne donnée (μ), une distribution normale peut être haute et étroite (lorsque σ est petit) ou basse et large (si σ est grand).

La figure 4.2 donne l'exemple de deux distributions, chacune normale mais avec des écarts-types différents. La distribution normale de gauche affiche, bien sûr, un écart-type plus grand que la distribution de droite. La valeur de la moyenne μ déplace ces distributions vers la gauche (pour une μ plus faible) ou vers la droite (pour une μ plus grande). Dans la mesure où toutes les distributions normales sont symétriques, la moyenne se trouve en tout temps au centre de la distribution et équivaut toujours à la médiane et au mode. Peu importe la moyenne et l'écart-type, les points d'inflexion où la courbe normale passe d'une forme convexe à une forme concave se situent toujours à un écart-type de la moyenne.

Figure 4.2.   Distributions normales avec des écarts-types différents

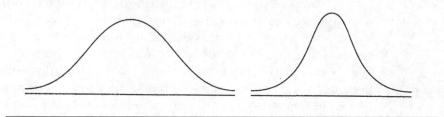

Bien que les distributions normales ne soient pas identiques, elles partagent toutes une importante caractéristique : à un nombre d'écarts-types donné se trouve toujours associée une proportion égale de scores. Ainsi, par exemple, l'intervalle d'un écart-type de part et d'autre de la moyenne comprend 68 % des cas ; à l'intérieur de 2 écarts-types on trouve un peu plus que 95 % des cas ; et à l'intérieur de 3 écarts-types on trouve 99,7 % des cas. La figure 4.3 présente ces proportions. Vous les utiliserez assez fréquemment pour vouloir les mémoriser : 68–95–99,7.

Figure 4.3.   Aires sous une courbe normale

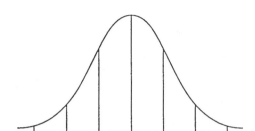

Il est quelquefois plus utile de commencer avec un pourcentage donné puis de décrire plus précisément le nombre d'écarts-types qui délimitent l'intervalle comprenant ce pourcentage. Ainsi par exemple, dans une distribution normale, 95 % des cas se trouvent à l'intérieur de 1,96 écart-type de la moyenne et 99 % des cas se trouvent à l'intérieur de 2,58 écarts-types de la moyenne. Nous reverrons ces distances particulières de la moyenne – 1,96 et 2,58 – lorsque nous parlerons des intervalles de confiance à la section 4.6.

Malgré son nom, une distribution normale n'est pas plus « juste » ou « convenable » que n'importe quelle autre distribution. Un nombre étonnant de variables que l'on peut mesurer dans le monde « naturel » suivent des distributions qui sont à peu près normales : le nombre de grains dans les épis de maïs, le nombre de cheveux sur la tête d'hommes et de femmes, le nombre de fourmis dans les fourmilières, le nombre d'étoiles dans les galaxies... et ainsi de suite. Les distributions des résultats à plusieurs examens normalisés sont également « normaux », bien que cela ne soit guère surprenant étant donné que les notes sont attribuées de façon à obtenir une distribution normale. Hélas, les distributions normales sont plus rares dans le domaine social qu'elles peuvent l'être dans les domaines de la biologie et de la physique. Plusieurs des variables dont nous usons tels le revenu et l'instruction ont une forme plutôt asymétrique.

Néanmoins, la distribution normale joue, comme nous aurons l'occasion de le voir à plusieurs reprises dans ce livre, un rôle central dans le raisonnement statistique en sciences sociales. Même les variables qui n'ont pas une distribution normale peuvent produire des statistiques qui sont distribuées presque normalement. Nous utiliserons cette importante particularité dans la section suivante lorsque nous aborderons les méthodes permettant de généraliser des données d'échantillon à la population dont elles sont tirées.

4.5   Les distributions d'échantillonnage

Il est possible d'utiliser des distributions de données d'échantillon afin de décrire la population de laquelle fut tiré l'échantillon. Mais, dans un premier temps, il nous faut savoir ce qu'est une distribution d'échantillonnage. Pour cela, un exemple sera d'un grand secours. Considérez la variable QI mesurée par les scores à un test normalisé de quotient intellectuel. J'ai choisi comme exemple le quotient intellectuel, pas tant parce que je « crois » au test de QI, mais seulement parce qu'il convient particulièrement à mon explication. Contrairement à la plupart des variables avec lesquelles nous travaillons lorsque nous disposons de données d'échantillon, nous savons comment se distribuent les scores de QI dans la population. Les tests de QI sont notés de façon à ce que, si nous les administrons à une vaste population, tel l'ensemble des Américains adultes, la distribution des scores prendra la forme d'une distribution normale semblable à celles que nous avons observées dans la section précédente. De plus, le score moyen pour une population de cette taille sera 100. En notation mathématique : $\mu = 100$.

Livrons-nous à ce que les Allemands nomment une expérience *gedanken* – une expérience en pensée, une expérience imaginaire. Supposez que nous administrions un test de QI aux 200 millions d'Américains adultes. Bien sûr, cela serait guère pratique. En fait ce serait virtuellement impossible. Mais supposons qu'il s'agisse là d'une étude gigantesque. Comme je l'ai mentionné au paragraphe précédent, nous découvrirons alors que ces 200 millions de scores forment une distribution normale avec une moyenne de 100.

Supposons maintenant que nous fassions quelque chose de possible. Supposons que nous choisissions au hasard un échantillon de, disons, 1 500 Américains adultes et que nous mesurions le QI de chacun d'eux. Comment seraient distribués ces 1 500 scores ? Quelle serait la moyenne de l'échantillon $\overline{X}$? Réponse : nous ne pouvons en être certains tant que nous n'examinons pas la véritable distribution des 1 500 scores qui composent l'échantillon.

Il serait tentant – mais fallacieux – de penser qu'un tel échantillon de 1 500 cas, à la manière de la population de laquelle il aurait été extrait, se distribuerait de façon normale et afficherait une moyenne de 100. Bien qu'il soit possible de trouver une distribution normale où $\overline{X} = 100$, cela est peu probable, du moins exactement. Après tout, puisque l'échantillon est sélectionné aléatoirement, il se peut que – uniquement par l'effet du hasard – cet échantillon soit composé de 1 500 adultes dont les QI se situeraient légèrement au-dessus de la moyenne de la population (100). Ou peut-être pourrions-nous, par le simple hasard, obtenir un échantillon dont la moyenne des QI se situe quelque peu en deçà de la moyenne de la population. Il est même possible de retrouver dans un même échantillon les 1 500 QI les plus élevés des États-Unis (et ainsi $\overline{X}$ très fort). C'est extraordinairement peu probable, mais cela pourrait survenir. Et, de la même façon, l'échantillon pourrait être composé des 1 500 adultes les moins intelligents (ce qui nous donnerait un $\overline{X}$ très faible). Cela aussi serait extraordinairement improbable, mais cela aussi pourrait arriver. Il existe des trillions et des trillions d'autres échantillons qui seraient également possibles, chacun présentant sa propre distribution des QI et sa propre moyenne. Bien que la plupart des échantillons seront assez semblables à la population d'où ils proviennent, certains seront cependant fort peu représentatifs de cette population. Un échantillon pourrait, par exemple, ne contenir que des nonnes, ou que des gauchers, ou que des nonnes gauchères. Oui, il existe des légions d'échantillons possibles.

Étant donné que l'échantillonnage se fait de façon aléatoire, nous ne pouvons savoir comment se présentera la distribution d'un échantillon avant d'avoir analysé les scores de cet échantillon. Certes la plupart des échantillons possibles auront des formes plutôt normales et des moyennes se situant quelque part aux alentours de 100, la moyenne de la population. Certains échantillons cependant nous laisseront voir des moyennes élevées, d'autres des moyennes basses. Certains seront même assez différents de la population.

Supposez maintenant que nous fassions quelque chose de totalement impossible (rappelez-vous : ceci est une expérience imaginaire). Supposez que nous choisissions tous les échantillons de 1 500 personnes qu'il soit possible de tirer. Il y a des trillions et des trillions d'échantillons différents. Vous-même seriez dans certains de ces échantillons si vous êtes Américains (pas dans la plupart cependant). Je serais moi-même dans certains échantillons (mais, ici aussi, pas dans la plupart). Nous pourrions même nous retrouver ensemble dans quelques échantillons. (Il est effrayant de penser que, dans certains échantillons, je pourrais me retrouver aux côtés de Madonna et de Michael Jackson.)

Supposez, de plus, que nous calculions la moyenne de chacun de ces trillions d'échantillons et qu'alors nous dressions la distribution de ces trillions de moyennes d'échantillon. Ce que nous obtiendrions serait *une distribution d'échantillonnage*. D'un point de vue plus général, une distribution d'échantillonnage est une distribution de statistiques (dans notre exemple, de moyennes) provenant de tous les échantillons possibles d'une taille donnée (ici, 1 500 cas) que l'on peut tirer d'une population précise (ici, les 200 millions d'Américains adultes). Une distribution d'échantillonnage de la moyenne comprend les moyennes de tous les échantillons possibles de taille N.

Remarquez qu'il existe trois sortes de distributions qu'il faut distinguer :

La distribution d'une population : La distribution des scores dans une population.

La distribution d'un échantillon : La distribution des scores à l'intérieur d'un échantillon d'une taille donnée.

La distribution d'échantillonnage : La distribution d'une statistique quelconque (par exemple, la moyenne) de tous les échantillons possibles d'une taille donnée.

Bien que les deux dernières aient des noms qui peuvent se ressembler, elles sont bien différentes. La figure 4.4 montre un schéma expliquant ces trois distributions.

Figure 4.4.   Distribution d'une population, distributions d'échantillons et distribution d'échantillonnage

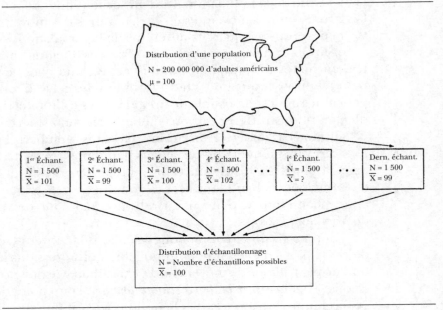

Même si, en réalité, nous ne pouvons tirer d'une population aussi importante que 200 millions tous les échantillons possibles d'une taille donnée (il y a beaucoup trop d'échantillons possibles), les

statisticiens se sont servis des mathématiques pour projeter ce que serait la distribution d'échantillonnage de certaines statistiques importantes. Si nous tenons pour acquis quelques postulats à propos de la population et si nous tirons aléatoirement de celle-ci un échantillon, nous serons en mesure de connaître la distribution, pour tous les échantillons qu'il est possible de tirer, de certaines statistiques comme la moyenne. Exprimé autrement, nous connaîtrons leur distribution d'échantillonnage.

La distribution d'échantillonnage de la moyenne d'échantillons aléatoires possède des caractéristiques extrêmement importantes. À mesure qu'augmente la taille N de l'échantillon, la distribution d'échantillonnage de la moyenne s'apparente de plus en plus à une distribution normale, dont la moyenne est semblable à celle de la population et dont l'écart-type est de $\dfrac{\sigma}{\sqrt{N}}$. On peut décrire cette distribution symbolique par $N(\mu, \dfrac{\sigma}{\sqrt{N}})$. Les statisticiens nomment cette tendance le théorème de la limite centrale, un des concepts les plus importants des statistiques.

En fait la distribution d'échantillonnage de la moyenne est assez semblable, dans les cas où la taille des échantillons est de 30 cas ou plus, à une distribution normale. Cela est vrai peu importe la forme que prend, à l'intérieur de la population, la distribution de la variable. Aussi, même si une variable n'est pas distribuée normalement à l'intérieur de la population, la moyenne de toutes les moyennes d'échantillons possibles sera identique à celle de la population, et l'écart-type de la distribution des moyennes de tous les échantillons possibles équivaudra à $\dfrac{\sigma}{\sqrt{N}}$.

Rappelez-vous que dans la section précédente nous avons vu que, dans une distribution normale, une proportion donnée de cas sont inclus dans un intervalle délimité par un nombre précis d'écarts-types par rapport à la moyenne. Mettons maintenant cela en perspective avec le théorème de la limite centrale. Le théorème de la limite centrale nous permet de connaître le nombre de « cas » (ici, le nombre de moyennes d'échantillons) se retrouvant dans un intervalle délimité par un nombre donné d'écarts-types par rapport à la moyenne de la distribution d'échantillonnage. C'est précisément ce que nous ferons dans la prochaine section.

Mais avant, voyons quelques termes et formules. L'écart-type d'une distribution d'échantillonnage revêt une importance si grande que nous lui donnons un nom particulier – *l'erreur-type* désignée par le symbole $\sigma_{\bar{x}}$. Comme nous venons précisément de le voir il y a quelques lignes, l'erreur-type de la moyenne – c'est-à-dire l'écart-type de la distribution d'échantillonnage des moyennes de tous les échantillons d'une taille précise qu'il est possible d'extraire aléatoirement d'une population – nous est donnée par cette formule :

$$\sigma_{\bar{x}} = \frac{\sigma}{\sqrt{N}}$$

Par exemple, la variable mesurant le temps passé quotidiennement devant la télévision a un écart-type de 2,14, basé sur les 1940 cas du General Social Survey. En utilisant s pour estimer σ, nous trouvons son erreur-type :

$$\sigma_{\bar{x}} = \frac{\sigma}{\sqrt{N}}$$

$$= \frac{2,14}{\sqrt{1940}}$$

$$= \frac{2,14}{44,045}$$

$$= 0,049$$

L'erreur-type – l'écart-type de la distribution d'échantillonnage – est donc de 0,049. Nous userons abondamment de l'erreur-type dans la section suivante. En terminant, sachez que j'ai conservé trois décimales à l'erreur-type étant donné que, dans la prochaine section, nous nous en servirons pour calculer d'autres statistiques.

4.6   Les intervalles de confiance

La meilleure estimation que nous puissions avoir de la moyenne de la population est la moyenne d'un échantillon. Cependant, parce que le hasard préside au choix de l'échantillon et que des échantillons choisis de cette façon varient entre eux, nous savons fort bien que cette estimation a bien peu de chances d'être rigoureusement exacte. La moyenne de la population peut, en fait, se trouver en dessous ou au-dessus de la moyenne de notre échantillon. Il paraît donc extrêmement utile de connaître l'intervalle, de part et d'autre de la moyenne, à l'intérieur duquel il est probable, croyons-nous, de trouver la moyenne de la population. Cet intervalle est appelé un intervalle de confiance.

C'est l'erreur-type qui nous permet de trouver l'intervalle de confiance. Dans le cas de notre expérience « imaginaire » sur les QI, nous savions quelle était la moyenne de la population : $\mu = 100$. Cela est inhabituel toutefois. En recherche, nous ne connaissons pas, la plupart du temps, où se trouve la moyenne de la population. Pour l'estimer, nous utilisons la moyenne de l'échantillon. Règle générale donc, nous nous servons d'une statistique d'échantillon afin d'apprécier le paramètre d'une population. Après tout, si nous savions d'avance la moyenne de la population, il ne serait d'aucun intérêt de manipuler comme nous le faisons des données d'échantillons.

Le théorème de la limite centrale démontre que plus N est grand, plus la distribution d'échantillonnage de la moyenne ressemble à une distribution normale avec une moyenne égale à la moyenne de la population μ et un écart-type $\dfrac{\sigma}{\sqrt{N}}$ (c'est-à-dire $\sigma_{\bar{x}}$).

Rappelez-vous notre discussion de la section 4.4 à propos des distributions normales. Nous avions alors mentionné que 95 % des scores sont compris à l'intérieur de 1,96 écart-type de part et d'autre de la moyenne. Afin d'obtenir cet *intervalle de confiance à 95 %*, il suffit simplement de soustraire 1,96 écart-type de la moyenne de l'échantillon (pour connaître la limite inférieure de l'intervalle) et d'additionner 1,96 écart-type à la moyenne de l'échantillon (pour connaître sa limite supérieure). La formule serait la suivante :

L'intervalle de confiance à 95 % = $\overline{X} \pm 1{,}96\sigma_{\bar{x}}$

Nous pouvons alors affirmer avec une certitude de 95 % que la moyenne de la population se retrouve dans cet intervalle.

Les chercheurs préfèrent parfois travailler avec un intervalle de confiance plus large, avec *un intervalle de confiance à 99 %*. Souvenez-vous que nous avons dit, à la section 4.7, que 99 % des scores se situent à l'intérieur de 2,58 écarts-types de chaque côté de la moyenne. Aussi nous est-il possible, grâce à la formule qui suit, d'obtenir l'intervalle de confiance à 99 %.

L'intervalle de confiance à 99 % = $\overline{X} \pm 2{,}58\sigma_{\bar{x}}$

Nous sommes certains à 99 % que la moyenne de la population se situera à l'intérieur de cet intervalle.

Pour un exemple d'intervalles de confiance, prenez une variable comme le nombre d'heures quotidiennes passées à regarder la télévision. Dans le General Social Survey, cette variable affichait une moyenne de 2,90 et un écart-type de 2,14. Dans la section précédente, nous avons déterminé l'erreur-type de la moyenne : $\sigma_{\bar{x}} = 0{,}049$.

Trouvons maintenant l'intervalle de confiance de 95 % :

$$\text{L'intervalle de confiance de 95 \%} = \overline{X} \pm 1,96\sigma_{\overline{x}}$$

$$= 2,90 \pm 1,96(0,049)$$

$$= 2,90 \pm 0,096$$

$$= 2,80 \text{ à } 3,00$$

Ainsi, l'intervalle de confiance de 95 % est celui qui se situe entre 2,80 et 3,00. Quatre-vingt-quinze pour cent de toutes les moyennes d'échantillons possibles seront donc comprises dans cet intervalle.

De la même façon il est possible de trouver l'intervalle de confiance de 99 % :

$$\text{L'intervalle de confiance de 99 \%} = \overline{X} \pm 2,58\sigma_{\overline{x}}$$

$$= 2,90 \pm 2,58(0,049)$$

$$= 2,90 \pm 0,126$$

$$= 2,77 \text{ à } 3,03$$

Nous pouvons être sûrs à 99 % de retrouver la moyenne de la population entre 2,77 et 3,03.

Sans même vous en rendre compte, vous voilà en train de travailler avec des statistiques inférentielles. Vous inférez, à l'aide de données d'échantillons, des caractéristiques de la population de laquelle proviennent ces échantillons.

4.7   Avertissement concernant les statistiques univariées

Calculer des mesures de tendance centrale, des variances, des écarts-types, des scores-Z et des intervalles de confiance est, en fait, très simple. Toutefois trois problèmes peuvent survenir : 1. les niveaux de mesure impropres ; 2. les catégories de grandeur inégale (cela comprend les catégories dites « ouvertes ») ; 3. les données manquantes. Cette section traite, tour à tour, de chacun de ces trois cas problématiques.

En premier lieu, il faut savoir que les logiciels de statistiques ne tiennent généralement pas compte, dans leurs analyses, des niveaux de mesure. La moyenne, l'écart-type et la variance ne conviennent pas, règle générale, à des variables nominales ou ordinales. De la même façon, la médiane n'est guère appropriée pour des variables nominales. De plus, parce que la moyenne est habituellement inadéquate lorsque nous travaillons avec des variables nominales ou ordinales, les intervalles de confiance par rapport à la moyenne ne sont pas appropriés pour ces types de variables. L'ordinateur calculera allègrement tout ce qui lui sera demandé même si cela est insensé – comme des moyennes, des écarts-types et des variances pour des variables ordinales, ou encore des médianes pour des variables nominales.

Vous devez donc faire preuve d'une grande vigilance lorsque vient le temps d'interpréter les statistiques fournies par un logiciel. Vous devez porter une attention particulière pour ne vous servir que des mesures de tendance centrale, des écarts-types, des variances et des intervalles de confiance qui sont appropriées au niveau de mesure de vos variables. Règle générale, ces statistiques réclament des niveaux de mesure d'intervalles ou de ratio. Comme toujours le moment le plus important dans l'analyse statistique est celui de la réflexion. Ne laissez donc pas l'ordinateur réfléchir pour vous.

Un second problème survient lorsque nous tentons d'obtenir la moyenne, l'écart-type ou la variance pour des variables dotées de catégories de grandeur inégale. Regardez, par exemple, le tableau 4.1 décrivant la distribution de fréquences du nombre d'enfants des répondants au sondage. Vous remarquerez que l'encodage de la variable met dans une même catégorie, portant le score 8, les 25 cas qui ont répondu avoir plus de 7 enfants. Cette catégorie « composite » peut très bien contenir des répondants ayant 9, 10, 11 enfants, et peut-être même plus. Comme des scores aussi élevés sont tous réduits à 8, les mettre dans la même catégorie a pour effet de diminuer la moyenne et de réduire l'écart-type et la variance. Par bonheur, étant donné que le nombre de répondants ayant 8 enfants ou plus est plutôt bas (seulement 25 cas, donc 0,9 % du nombre total de cas), cet effet est, ici, probablement bien faible. Nous devons néanmoins être attentifs à de tels effets, aussi petits soient-ils. Lorsque la proportion des cas se retrouvant dans une catégorie ouverte ou composite est très grande, nous devons user de la plus grande prudence.

Tableau 4.1. Nombre d'enfants
(en fréquences)

Nombre d'enfants	f
0	882
1	461
2	770
3	420
4	222
5	94
6	48
7	27
8 et plus	25
(N)	(2 889)

Un tel problème se pose dès que les catégories d'une variable sont de grandeur inégale. Typiquement, cela survient lorsque nous avons affaire à des catégories composites ou encore (comme c'était le cas pour le nombre d'enfants, notre exemple précédent) à des catégories ouvertes. Bien qu'il n'y ait pas de solution simple à ce problème, il doit scrupuleusement être pris en considération lors de l'interprétation d'une moyenne ou d'une mesure de variation. Encore une fois, la réflexion (la vôtre, pas celle de votre ordinateur) est essentielle lors d'analyses statistiques. Réfléchissez aux variables que vous analysez ainsi qu'à ce qu'impliquent pour les résultats de votre analyse leur niveau de mesure et leurs valeurs.

Un dernier problème : les données manquantes. Règle générale, de la même façon que vous procédiez lors du calcul des pourcentages, excluez les valeurs manquantes lorsque vous calculez des mesures de tendance centrale et des mesures de variation. L'existence de valeurs telles que « Ne sait pas » et « Pas de réponse » brouille toutes les statistiques univariées. Habituellement codées avec des nombres élevés (7, 8 ou 9 pour les codes sans décimales et 97, 98 ou 99 pour les codes décimaux), la présence de ces valeurs gonflerait indûment la moyenne, l'écart-type et la variance.

4.8   Résumé du chapitre 4

Voici ce que nous avons appris dans ce chapitre :

- La variance d'une variable dichotomique codée 0 et 1 correspond à la proportion de cas codés 0 multipliée par la proportion de cas codés 1.
- La variance et l'écart-type mesurent la dispersion des scores par rapport à la moyenne. Il convient de les calculer seulement pour des variables d'intervalles/ratio.
- Les scores extrêmes produisent des effets considérables sur la variance et sur l'écart-type.
- Les scores de variables d'intervalles/ratio peuvent être convertis en scores-Z (ou scores standardisés). Il suffit pour ce faire de les soustraire de la moyenne et de diviser cette différence par l'écart-type. Les scores standardisés nous permettent de comparer l'emplacement relatif des scores à l'intérieur des distributions.
- Une variable standardisée est une variable dont les scores ont été transformés en scores standardisés.
- Les variables standardisées affichent invariablement une moyenne de 0 et un écart-type de 1,00.

- La somme des carrés d'une variable standardisée est égale à N.
- Une distribution normale est symétrique et se présente sous la forme d'une cloche. Toutes les distributions symétriques et en forme de cloche ne sont cependant pas des distributions normales.
- Pour toutes les distributions normales, on trouve toujours la même proportion de scores à l'intérieur d'un intervalle délimité par un nombre donné d'écarts-types par rapport à la moyenne.
- Une distribution d'échantillonnage est la distribution d'une statistique d'échantillon (par exemple, la moyenne) pour tous les échantillons d'une taille donnée qu'il est possible de tirer d'une population précise.
- L'erreur-type est l'écart-type d'une distribution d'échantillonnage.
- Un intervalle de confiance indique les chances qu'un paramètre de la population, comme la moyenne, se situe à l'intérieur d'un espace précis.
- Les données manquantes doivent être exclues de l'analyse
- Nous devons être prudents lorsque nous interprétons des mesures de tendance centrale, des mesures de variation et des intervalles de confiance que nous fournit un ordinateur. Il faut se garder d'employer des statistiques qui ne conviennent pas au niveau de mesure des variables analysées. Nous devons également déceler les effets que peuvent causer des catégories composites ou ouvertes. Enfin, il est important d'exclure les données manquantes.

Principaux concepts et procédures

Termes et idées

mesure de variation	score standardisé
variance	score-Z
écart par rapport à la moyenne	variable standardisée
degré de liberté	distribution normale
écart-type	distribution d'échantillonnage
kurtose	théorème de la limite centrale
leptokurtique	erreur-type
platykurtique	intervalle de confiance
mésokurtique	
asymétrie	

Symboles

σ et σ^2
s et s^2
P et $(1 - P)$
Z
$\sigma_{\overline{x}}$

Formules

$$\sigma^2 = \frac{\Sigma(X_i - \mu)^2}{N}$$

$$\text{Asymétrie} = \frac{3(\overline{X} - Md)}{s}$$

$$s^2 = \frac{\Sigma(X_i - \overline{X})^2}{N - 1}$$

$$Z_i = \frac{X_i - \overline{X}}{s}$$

$$\sigma = \sqrt{\text{Variance}}$$

$$\sigma_{\overline{x}} = \frac{\sigma}{\sqrt{N}}$$

et

intervalle de confiance
de 95 % $= \overline{X} \pm 1,96\sigma_{\overline{x}}$

$$\sigma = \sqrt{\frac{\Sigma(X_i - \mu)^2}{N}}$$

intervalle de confiance
de 99 % $= \overline{X} \pm 2,58\sigma_{\overline{x}}$

$$s = \sqrt{\text{Variance}}$$

et

$$s = \sqrt{\frac{\Sigma(X_i - \overline{X})^2}{N - 1}}$$

Rapport d'analyse n°2

Mesures de tendance centrale et de variation

La plupart du temps on peut indiquer les médianes, moyennes et écarts-types des variables directement dans le texte du rapport sans recourir à un tableau. Toutefois les tableaux sont plus efficaces lorsqu'il s'agit de présenter les moyennes et les écarts-types d'un grand nombre de variables.

Le tableau 1 présente les mesures de tendance centrale et les écarts-types des variables « niveaux d'instruction » et « prestige de l'emploi » pour les hommes et pour leurs parents. Les données proviennent du General Social Survey. La moyenne et la médiane du niveau d'instruction montrent toutes deux une augmentation substantielle dans le niveau d'instruction moyen. Les hommes ont un niveau d'instruction médian d'un an de plus que leurs parents, et le niveau d'instruction moyen est plus élevé de deux ans. Toutefois, la variation du niveau d'instruction, mesurée par l'écart-type, a considérablement décru, surtout quand elle est comparée avec celle des pères. Les répondants indiquent en moyenne que le prestige lié à leur emploi est légèrement plus bas que celui de leurs pères, bien que la variation des scores des répondants soit beaucoup plus grande. Les scores de prestige d'emploi légèrement plus bas des répondants du GSS comparés à ceux de leurs pères s'expliquent peut être par les différences d'âge et de situation dans le cycle de vie.

TABLEAU 1 ICI

Mettre le tableau à la fin du rapport :

Tableau 1.   Médianes, moyennes et écarts-types pour le niveau
d'instruction et le prestige lié à l'emploi
(hommes uniquement)

Variable	Médiane	Moyenne	Écart-type	(N)
Niveau d'instruction				
Répondant	13,1	13,6	2,95	(1 283)
Père	12,0	11,7	3,99	(964)
Mère	12,0	11,6	3,28	(1 109)
Prestige lié à l'emploi				
Répondant	41,7	43,4	13,87	(1 267)
Père	42,4	44,3	12,50	(1 069)
Mère	40,2	41,0	13,37	(761)

Dans cet exemple, j'ai sélectionné un sous-groupe, les hommes. Des analyses plus raffinées incorporeraient la variable « âge », une variable extrêmement importante quand on compare le prestige lié à l'emploi entre les répondants et leurs parents. Les répondants sont plus jeunes et sont donc moins avancés dans leur carrière que leurs parents. On pourrait également diviser les écarts-types par les moyennes. Ces mesures permettent de compenser la tendance qu'ont les variables ayant des moyennes plus fortes d'avoir des écarts-types plus importants. Toutefois, dans ce cas, les moyennes sont assez similaires et la division des écarts-types aurait peu d'effet sur la comparaison de la variabilité des variables.

DEUXIÈME PARTIE
Les analyses bivariées

CHAPITRE 5
L'analyse des tableaux bivariés

CHAPITRE 6
Le test du chi-carré

CHAPITRE 7
Mesures d'association pour des données de tableau croisé (nominales ou ordinales)

CHAPITRE 8
Comparaison de moyennes et test *t*

CHAPITRE 9
L'analyse de variance

CHAPITRE 10
La régression et la corrélation

CHAPITRE 5
L'analyse des tableaux bivariés

L'analyse de tableaux bivariés[1] examine l'association entre deux variables en comparant des distributions de pourcentages. Parfois on veut savoir si deux variables sont associées l'une à l'autre sans se soucier de la causalité. Par exemple, nous pouvons chercher à découvrir si les compétences en lecture sont liées aux compétences en mathématiques, en évitant cependant de désigner les unes comme la cause des autres.

Cependant, dans la majorité des cas, ce qui nous intéresse, ce sont des relations causales dans lesquelles nous faisons l'hypothèse qu'une variable indépendante affecte une variable dépendante. Nous pourrions, par exemple, faire l'hypothèse que le niveau d'instruction (la variable indépendante) influence la perception de la vie quotidienne (la variable dépendante), ou que le revenu affecte les préférences politiques, ou encore que le statut marital influe sur le bonheur. Dans ce chapitre, nous apprendrons à construire, à interpréter et à présenter correctement des tableaux bivariés qui ont pour fonction d'examiner des relations de ce type. Bien sûr les logiciels statistiques vous seront d'une grande aide pour chacun des aspects de l'analyse de tableaux à deux variables, hormis pour celui que les ordinateurs maîtrisent bien mal : l'interprétation des résultats.

L'analyse de tableaux bivariés est une des nombreuses méthodes d'analyse des relations bivariées. Nous examinerons, aux chapitres 8, 9 et 10, quelques autres méthodes importantes – les différences de moyennes, l'analyse de variance et les techniques de régression et de corrélation. Dans la troisième partie du livre, nous approfondirons davantage ces procédures statistiques en introduisant des variables additionnelles – il s'agira donc d'analyses multivariées.

---

1. L'analyse de tableaux bivariés est parfois appelée « analyse interclasse » ou « analyse de tableaux croisés ». Différents termes pour des idées semblables.

Toutes ces méthodes statistiques – l'analyse de tableaux, l'analyse de variance, l'analyse de régression et de corrélation – tentent de répondre à six questions clés à propos de la relation entre deux variables :

1. Y a-t-il une relation entre les deux variables pour les données que nous analysons ?

2. Quelle est l'intensité de cette relation ?

3. Quelles sont la direction et la forme de la relation ?

4. Si une relation existe et si nous travaillons avec des données d'échantillon, pouvons-nous généraliser la relation à la population de laquelle est tiré l'échantillon ?

5. La relation est-elle véritablement causale ? Ou n'est-elle pas plutôt une relation fallacieuse engendrée par une quelconque tierce variable ?

6. Quelles sont les variables intermédiaires qui relient les variables indépendante et dépendante ?

Ces questions, nous nous les poserons constamment tout au long des parties II et III de ce livre. Dans le présent chapitre, nous verrons quelques façons de répondre aux trois premières questions. Nous en verrons d'autres aux chapitres 8, 9 et 10. La question 4 porte sur les statistiques inférentielles ; nous aborderons ce point au chapitre 6 et de nouveau aux chapitres 8 à 11. Les questions 5 et 6 amènent le sujet de l'analyse multivariée ; nous en traiterons dans les chapitres 11 et 12. Une fois tout cela examiné, nous aurons acquis une bonne connaissance de l'analyse des relations bivariées et multivariées. Débutons donc par l'analyse des tableaux bivariés.

Après ce chapitre, vous pourrez :

1. Transformer des ensembles de données brutes en tableaux bivariés de fréquences.

2. Transformer des distributions bivariées de fréquences en tableaux de pourcentages.

3. Interpréter des tableaux bivariés de pourcentages.

4. Présenter de façon convenable des tableaux bivariés.

5. Reconnaître des relations positives, négatives et curvilinéaires à l'aide de tableaux bivariés de pourcentages.

6. Produire et interpréter des diagrammes en bâtons divisés.

7. Comprendre les problèmes que posent de faibles N dans les tableaux à deux variables et savoir remédier à ce problème en fusionnant des variables ou encore en excluant des valeurs.

8. Comprendre que l'association n'implique pas la causalité.

5.1   Les tableaux bivariés de fréquences

Le croisement de deux variables nécessite la création d'un tableau statistique composé d'un certain nombre de colonnes et de rangées. Les valeurs de l'une des variables sont présentées en colonne, celle de l'autre en rangée. La construction d'un tableau bivarié est analogue à la construction d'un tableau univarié telle que nous l'avons décrite dans les sections 2.1 et 2.2. À titre d'exemple, songez à la relation entre l'instruction et la désobéissance civile, deux variables que nous avons examinées au chapitre 2 à l'aide des tableaux univariés. On peut s'attendre à ce que l'instruction promeuve le respect des valeurs auxquelles on souscrit plutôt que le respect de l'autorité, encourageant ainsi les individus à suivre leur conscience lorsque celle-ci est en conflit avec la loi. On peut donc émettre l'hypothèse selon laquelle le niveau d'instruction d'un individu influence son opinion quant à savoir si l'on devrait toujours obéir aux lois ou suivre sa conscience même lorsque cela va à l'encontre des lois.

Dans cet exemple le niveau d'instruction est la *variable indépendante* et l'attitude envers la désobéissance civile est la *variable dépendante.* Une variable indépendante est la cause présumée ou hypothétique d'une variable dépendante. Autrement dit, la variable dépendante est l'effet présumé ou hypothétique de la variable indépendante. Nous représentons souvent une relation causale par une flèche allant de la variable indépendante à la variable dépendante, comme ceci :

Instruction   →   Désobéissance civile

Bien sûr, nous n'avons pas la certitude que l'attitude face à la désobéissance civile et le niveau d'instruction soient associés. Il s'agit d'une hypothèse de recherche – c'est-à-dire que nous croyons que ces deux variables sont reliées. Il nous est possible de vérifier cette hypothèse Instruction → Désobéissance civile en analysant des données à l'aide de tableaux.

Prenez les 50 cas dont le niveau d'instruction et l'attitude par rapport à la désobéissance civile sont connus. Le tableau 5.1 nous montre les scores d'instruction et de désobéissance civile de ce sous-échantillon du General Social Survey. Nous avons déjà vu ces 50 cas dans la section 2.1, bien qu'ici j'aie regroupé les niveaux collège, premier cycle universitaire et cycle supérieur universitaire dans une catégorie unique untitulée études postsecondaires. Nous verrons, lorsque nous serons plus versés dans les techniques bivariées et multivariées, que nous pouvons parfois apprendre plus de choses sur les relations entre variables en regroupant les catégories, même si en procédant ainsi nous perdons de l'information. De plus avec trois catégories plutôt que cinq, nos exemples d'analyse tabulaire seront plus simples.

Si vous refaites le compte des distributions univariées de l'instruction et de la désobéissance civile, vous trouverez qu'elles sont identiques aux exemples univariés de la section 2.1 (en tenant compte bien sûr des catégories regroupées de la variable Instruction). Ce qui nous intéresse maintenant, c'est de savoir si ces variables sont associées l'une à l'autre. Les personnes plus instruites sont-elles plus susceptibles de suivre leur conscience même si cela contrevient aux lois ? Un tableau bivarié permet de répondre à cette question.

Le tableau 5.2 présente une *distribution de fréquence bivariée*. Les catégories de niveau d'instruction se trouvent de gauche à droite en haut du tableau alors que celles portant sur l'attitude quant à la désobéissance civile sont placées de bas en haut sur le côté gauche du tableau. Pour construire semblable tableau bivarié de fréquences, il suffit de compter le nombre de cas correspondant à chacune des

Tableau 5.1. Niveau d'instruction et attitude face à la désobéissance civile (50 cas)

Cas	Instruction	Désobéissance civile	Cas	Instruction	Désobéissance civile
01	Secondaire	Conscience	26	Postsecondaire	Conscience
02	Postsecondaire	Conscience	27	<Secondaire	Conscience
03	<Secondaire	Obéir aux lois	28	Postsecondaire	Conscience
04	Secondaire	Obéir aux lois	29	<Secondaire	Obéir aux lois
05	Secondaire	Conscience	30	Secondaire	Obéir aux lois
06	Secondaire	Obéir aux lois	31	<Secondaire	Obéir aux lois
07	Postsecondaire	Obéir aux lois	32	Secondaire	Conscience
08	Secondaire	Conscience	33	Secondaire	Obéir aux lois
09	Secondaire	Conscience	34	Postsecondaire	Obéir aux lois
10	Secondaire	Conscience	35	Secondaire	Conscience
11	Postsecondaire	Conscience	36	Postsecondaire	Conscience
12	Secondaire	Obéir aux lois	37	Postsecondaire	Conscience
13	Secondaire	Obéir aux lois	38	Secondaire	Obéir aux lois
14	Secondaire	Obéir aux lois	39	<Secondaire	Obéir aux lois
15	<Secondaire	Obéir aux lois	40	Secondaire	Conscience
16	Secondaire	Conscience	41	Postsecondaire	Conscience
17	Secondaire	Conscience	42	Secondaire	Conscience
18	Postsecondaire	Conscience	43	Secondaire	Conscience
19	Postsecondaire	Obéir aux lois	44	<Secondaire	Conscience
20	<Secondaire	Obéir aux lois	45	Secondaire	Obéir aux lois
21	Secondaire	Obéir aux lois	46	<Secondaire	Conscience
22	Postsecondaire	Conscience	47	Postsecondaire	Obéir aux lois
23	Postsecondaire	Conscience	48	Postsecondaire	Conscience
24	Secondaire	Conscience	49	Secondaire	Obéir aux lois
25	Postsecondaire	Conscience	50	<Secondaire	Conscience

combinaisons des scores des deux variables et de noter ce total à l'endroit approprié dans le tableau. Comme nous l'avons mentionné quelques lignes auparavant, nous procédons de la même façon que lorsque nous construisons des tableaux de fréquences décrivant une seule variable. Dans le présent exemple toutefois, nous n'avons pas illustré l'étape intermédiaire du dénombrement des fréquences.

Les nombres qui se trouvent à l'intérieur du tableau sont appelés des *fréquences de cellule* ou *fréquences combinées*. Chacune de ces fréquences indique le nombre de cas correspondant à la combinaison de la valeur en rangée et de la valeur en colonne. Par exemple, 4 répondants (les cas 27, 44, 46 et 50) n'ayant pas fini leur secondaire sont en accord avec le fait de suivre sa conscience plutôt que les lois, 6 répondants (les cas 3, 15, 20, 29, 31 et 39) n'ayant pas fini leur secondaire croient qu'il faut toujours respecter les lois, et ainsi de suite.

Tableau 5.2.   Attitude face à la désobéissance civile selon le niveau d'instruction (en fréquences)

Désobéissance civile	Niveau d'instruction			
	Moins que le secondaire	Secondaire	Postsecondaire	Total
Conscience	4	13	12	29
Obéir aux lois	6	11	4	21
Total	10	24	16	50

Vous remarquerez que chacune des colonnes correspond en fait à la distribution univariée de l'attitude face à la désobéissance civile des répondants qui affichent une valeur donnée pour la variable indépendante. La première colonne, par exemple, est la distribution univariée de l'attitude face à la désobéissance civile des répondants qui ont un niveau d'instruction moindre que le secondaire.

La rangée « Total » et la colonne « Total » sont ce qu'il convient d'appeler des *distributions marginales*. On nomme fréquences marginales les fréquences qui les composent. Les distributions marginales correspondent à la distribution univariée de chacune des variables. Les distributions marginales de ce tableau sont semblables, je vous l'ai fait remarquer précédemment, aux distributions univariées de fréquences des variables « attitude face à la désobéissance civile » et « niveau d'instruction » qui se trouvent à la section 2.1, les données étant bien sûr les mêmes. La somme des fréquences de la colonne « Total » et de la rangée « Total » est 50, le nombre total de cas. Ce nombre est parfois appelé le *grand total*.

Je réserverai toujours les colonnes à la variable indépendante et les rangées à la variable dépendante. Je vous exhorte à faire de même tout au long du semestre. Certes les tableaux peuvent être construits de plusieurs autres façons. Ce qui importe cependant lorsque nous apprenons les fondements de l'analyse de tableau, c'est de les construire toujours de la même façon. Plus tard, lorsque vous serez plus familier avec les tableaux de pourcentages, vous pourrez mettre la variable indépendante en rangée et la variable dépendante en colonne. En attendant, faites-le donc comme moi.

5.2   Les tableaux bivariés de pourcentages

Les tableaux de fréquences conviennent lorsqu'il s'agit de résumer des informations. Leur usage est cependant limité lorsque nous tentons de déterminer si deux variables sont associées ou non. Apprécier l'effet d'une variable indépendante sur une variable dépendante à l'aide de tableaux de fréquences est malaisé parce que les valeurs de la variable indépendante ont, sauf de rares exceptions, des nombres totaux de cas différents. Nous avons dit dans la section précédente que 6 personnes ayant un niveau d'instruction moindre que le secondaire disent qu'il faut obéir aux lois comparativement à 11 diplômés du secondaire. Mais il faut considérer bien sûr qu'il y a au total 24 répondants diplômés du secondaire contre seulement 10 répondants ayant un niveau d'instruction moindre. Qui est donc plus susceptible d'obéir aux lois ? Difficile à dire (ou du moins cela le serait si notre tableau comprenait un plus grand nombre de cas). Ce dont nous avons alors besoin, c'est d'une méthode permettant de comparer les fréquences de cellule et tenant compte des nombres totaux des catégories de la variable indépendante.

Peut-être cette méthode vous paraît-elle évidente : les pourcentages. Comme nous l'avons appris lorsque nous examinions les tableaux univariés, la mise en pourcentage est une façon de « standardiser » une distribution, peu importe le nombre de cas qu'elle contient. Dans le cas d'un tableau bivarié, les pourcentages standardisent les distributions en attribuant à chacune des valeurs de la variable indépendante un total identique de 100 %. Les pourcentages nous indiquent combien de cas se retrouveraient dans une cellule particulière s'il y avait, au total, 100 cas pour chaque valeur de la variable indépendante. Puisque chaque colonne du tableau est la distribution univariée de la variable dépendante pour la valeur de la variable indépendante correspondant à cette colonne, les pourcentages nous fournissent une base standard à l'aune de laquelle il est possible de comparer entre elles ces colonnes. À l'aide des pourcentages, nous pouvons comparer la distribution de l'attitude face à la désobéissance civile des répondants qui ont un niveau d'instruction moindre que le secondaire avec celle des diplômés du secondaire et avec celle des répondants qui ont fait des études postsecondaires. Cela nous est permis puisque toutes ces distributions ont été normalisées en base 100.

Ainsi, la règle fondamentale régissant le calcul des pourcentages d'un tableau bivarié est la suivante : ***calculez les pourcentages à l'intérieur des catégories de la variable indépendante.*** Cette règle est extrêmement importante. Sachez-la. Répétez-la à voix haute dix fois chaque matin avant de déjeuner pendant les deux prochaines semaines.

Cette règle nous assure que la somme des pourcentages à l'intérieur de chaque catégorie de la variable indépendante sera 100 %. Pour des tableaux dans lesquels les valeurs de la variable indépendante forment les colonnes (des tableaux comme nous avons appris à les construire), cette règle du pourcentage commande que nous calculions chacun des pourcentages en utilisant comme base le total de la colonne. En d'autres termes, divisez simplement chaque fréquence de cellule par le nombre « Total » de la colonne appropriée et, ensuite, multipliez ce résultat par 100.

Voici un exemple tiré du tableau 5.2. Les 4 cas qui n'ont pas d'instruction postsecondaire et qui ont répondu qu'ils suivraient leur conscience équivaudront à $\dfrac{4}{10}(100) = 40$ %.

Donc, 40 % des personnes les moins instruites croient que l'on devrait toujours suivre sa conscience. Les 13 cas ayant une éducation secondaire qui ont répondu de la même façon constitueront, $\dfrac{13}{24}(100) = 54$ % et ainsi de suite.

Converti en tableau de pourcentages et présenté de façon plus convenable, le tableau de fréquences de la section 5.2 correspond au tableau 5.3 que l'on peut voir ci-dessous. Vous observez que – eh oui ! – l'attitude face à la désobéissance civile est à coup sûr liée au niveau d'instruction. Seulement 40 % des répondants les moins instruits approuvent la désobéissance civile, en regard de 54 % des diplômés du secondaire et de 75 % de ceux qui ont fait des études postsecondaires. De façon assez nette donc, les gens plus instruits tendent à être plus enclins à la désobéissance civile.

Vous constaterez également que chaque colonne reproduit purement et simplement la distribution univariée de pourcentages de la variable dépendante pour les cas qui ont comme score de la variable indépendante la valeur de cette colonne. Par exemple, la première colonne du tableau 5.3 est la distribution univariée de l'attitude face à la désobéissance civile des gens qui ont un niveau d'instruction inférieur au secondaire. Comme pour toutes les distributions univariées, la somme des pourcentages à l'intérieur de chacune des colonnes sera invariablement 100 (en étant cependant indulgent envers les erreurs dues à l'arrondissement). Cela vous permet de vérifier l'exactitude de vos pourcentages. Soit dit en passant, je n'ai pas conservé de colonne pour les fréquences marginales des rangées. Cette colonne ne serait d'aucun intérêt dans la mesure où les pourcentages des cellules reposent sur les fréquences marginales des colonnes, et non sur celles des rangées.

Tableau 5.3. Attitude face à la désobéissance civile selon le niveau d'instruction (en pourcentages)

Désobéissance civile	Niveau d'instruction		
	Moins que le secondaire	Secondaire	Post-secondaire
Conscience	40	54	75
Obéir aux lois	60	46	25
Total	100	100	100
(N)	(10)	(24)	(16)

Je n'ai pas inclus de colonne pour indiquer les pourcentages des rangées. On n'a d'habitude pas besoin d'une telle colonne car les pourcentages de cellules sont basés sur le total des colonnes et non des rangées.

Il existe d'autres méthodes par lesquelles des tableaux de fréquences peuvent être convertis en pourcentages. Leur usage, lorsque l'on tente d'examiner des relations bivariées, n'est pas très fréquent. Il est possible de calculer les pourcentages à l'intérieur des catégories de la variable *dépendante* de telle façon que les pourcentages totaux de 100 soient les sommes des *rangées* plutôt que celles des colonnes. Il est également possible de baser les pourcentages sur le *grand total*, auquel cas le pourcentage total de 100 sera la *somme* de tous les pourcentages du tableau. La plupart des logiciels de statistiques permettent de travailler à partir de ces tableaux de pourcentages que nous jugeons moins utiles. Il faut donc savoir que de tels tableaux existent et qu'ils ont certains usages pointus[2]. Règle générale

---

2.   Par exemple, calculer les pourcentages à partir du nombre total de cas est utile lorsque nous travaillons avec des tableaux dits « de mobilité » illustrant, supposons, l'occupation des parents et celle de leurs enfants. Dans un tel tableau de mobilité, les occupations des parents seraient disposées en colonnes et les occupations des enfants en rangées. Lorsque

cependant, ce que nous voulons c'est comparer les distributions de la variable dépendante entre les différentes catégories de la variable indépendante et la seule façon de faire cela est de calculer les pourcentages à l'intérieur des catégories de la variable indépendante afin d'éliminer les distorsions dues à des totaux différents de cas entre ces catégories.

On dit du tableau 5.3 qu'il est un tableau de 2 par 3 parce qu'il est constitué de 2 rangées et de 3 colonnes. En principe, un tableau peut avoir n'importe quel nombre de colonnes et n'importe quel nombre de rangées. Un tableau peut être de 2 par 2, un autre de 3 par 2, un troisième de 3 par 3, etc. Règle générale, nous décrivons un tableau en disant qu'il est de r par c, où r représente le nombre de rangées et c le nombre de colonnes (en excluant évidemment la colonne « Total » et la rangée « Total »).

Bien qu'un tableau puisse être théoriquement de n'importe quelle taille, notons que les grands tableaux sont souvent difficiles à interpréter. Il est habituellement malaisé de lire des tableaux constitués de, disons, 12 ou 16 cellules. Aussi devrez-vous garder vos tableaux les plus petits possibles, sans perdre pour autant trop d'informations ni éclipser les structures importantes de la relation. Lorsque vous construisez un tableau, fusionnez les catégories avec intelligence. Les conseils que j'ai donnés concernant le regroupement des valeurs des variables à la section 2.5 valent également ici. Regrouper des valeurs adjacentes est particulièrement utile – et parfois nécessaire – lorsque des catégories ont un nombre très faible de cas. C'est une des raisons qui m'a motivé à fusionner les catégories des variables « niveau d'instruction » et « attitude face à la désobéissance civile » dans le présent exemple.

Un rappel : bien qu'il n'y avait pas de données manquantes dans notre exemple, gardez à l'esprit que, lorsqu'il y en a, il faut les exclure du calcul des pourcentages.

5.3   La lecture des tableaux de pourcentages

Je voudrais maintenant décrire en des termes généraux comment il convient d'interpréter un tableau. Lorsque l'on interprète un tableau bivarié de pourcentages, nous comparons les éléments dans le sens

---

les pourcentages reposent tous sur le grand total, les pourcentages à l'intérieur de la diagonale peuvent être additionnés afin de connaître le pourcentage des répondants qui sont « non mobiles ». Les pourcentages se trouvant de part et d'autre de la diagonale peuvent également être additionnés afin de connaître les pourcentages de ceux qui ont « grimpé » et de ceux qui ont « descendu ».

contraire de celui dans lequel nous avions auparavant calculé les pourcentages. La règle générale – et extrêmement importante – lorsque l'on interprète un tableau est donc de **comparer les pourcentages entre les catégories de la variable indépendante.** Cette règle est essentielle. Chantez-la à tue-tête pendant la prochaine pause jusqu'à ce que vous l'ayez bien mémorisée.

Nous comparons les pourcentages en examinant les différences qui existent entre eux. De grandes différences en points de pourcentage témoignent d'une forte relation entre les variables. Des différences moyennes indiquent une relation modérée. Aucune différence signifie donc qu'il n'y a pas de relation du tout. Cette dernière situation est cependant un cas extrême et peu fréquent. C'est pourquoi nous nous contenterons de différences très faibles pour conclure à l'absence de relation.

Seulement, qu'entendons-nous par une grande différence en points de pourcentage ? Quelle sorte de différence peut-on qualifier de modérée ? À quel degré une différence est-elle jugée faible ? Voilà des questions auxquelles il est difficile de répondre puisqu'il n'existe aucune mesure absolue et fiable à l'aune de laquelle nous puissions interpréter une différence. En règle générale, considérez que les différences inférieures à 10 points de pourcentage sont généralement faibles, que les différences de 10 à 30 points de pourcentage sont moyennes, et que les différences plus grandes que 30 points de pourcentage sont grandes.

Dans le tableau 5.3, il y a une différence de 35 points entre ceux qui ont fait des études postsecondaires et ceux qui n'ont pas de diplôme secondaire (60 – 25 = 35). Ceci indique une forte relation[3].

Ainsi, plus les différences entre les pourcentages de chacune des catégories de la variable indépendante sont petites, plus la relation est faible. Plus ces différences sont grandes, plus la relation est forte.

Bien sûr, il serait peu sage de juger des différences en points de pourcentage en appliquant mécaniquement la règle informelle que nous venons de voir. Il est essentiel de réfléchir à l'importance de ces différences. Nous devons tenir compte des distributions marginales des variables, du problème de recherche qui nous préoccupe et des résultats qu'ont obtenus avant nous des chercheurs qui travaillaient avec les mêmes variables ou avec des variables comparables. De plus,

---

3.   Faites bien attention, il faut parler de différence de points de pourcentage, pas de différence de pourcentage, lorsque vous décrivez la force d'une relation entre deux variables. Nous sommes intéressés par la différence entre les pourcentages, et cette différence est mesurée à l'aide des points de pourcentage. Il y a une différence de 35 points entre 25 % et 60 %. C'est un point important, car la différence de pourcentage entre 25 et 60 est de 140 % (60 est 140 % de 25). Exprimez correctement ce que vous voulez dire.

les théories et le travail conceptuel, qui ont imprimé dès le début une direction à notre recherche, nous renseigneront peut-être sur l'ampleur des différences auxquelles il faudra s'attendre. Nous pouvons donc apprécier les différences que nous observons en les comparant à ce que nous avions prévu. Toutefois, en dernière analyse, des hommes et des femmes, même raisonnables, pourront être en désaccord sur la signification d'une différence particulière entre des pourcentages. Je ne veux pas affirmer par là que l'appréciation des différences est de l'ordre de l'arbitraire, mais seulement que des interprétations différentes peuvent être également défendables.

Les tableaux 5.4, 5.5 et 5.6, basés sur les données du General Social Survey, montrent des relations d'intensité différente dans lesquelles le sexe est la variable indépendante. Le tableau 5.4 laisse voir bien peu de différence entre le pourcentage des hommes et des femmes qui croient en une vie après la mort. Il n'y a donc aucune relation. En observant le tableau 5.5, nous remarquons une différence de 13 points entre les hommes et les femmes qui disent posséder une arme à feu – une relation modérée donc. Le tableau 5.6 montre une différence de près de 30 points de pourcentage entre les hommes et les femmes qui ont peur de se promener dans leur quartier – une relation que nous pouvons dire forte.

Tableau 5.4. Croyance en une vie après la mort selon le sexe (en pourcentages)

Y a-t-il une vie après la mort ?	Sexe	
	Homme	Femme
Oui	82	83
Non	18	17
Total	100	100
(N)	(759)	(978)

PAS DE RELATION

Tableau 5.5. Possession d'une arme à feu selon le sexe (en pourcentages)

Possédez-vous une arme à feu ?	Sexe	
	Homme	Femme
Oui	48	35
Non	52	65
Total	100	100
(N)	(848)	(1 066)

RELATION MODÉRÉE

Tableau 5.6. Peur de se promener dans son quartier selon le sexe (en pourcentages)

Peur de se promener ?	Sexe	
	Homme	Femme
Oui	26	55
Non	74	45
Total	100	100
(N)	(846)	(1 057)

RELATION FORTE

Soit dit en passant, sachez qu'il est parfaitement normal de conclure à une absence d'association. Ne soyez donc pas découragés si vos analyses aboutissent à cette conclusion pour des variables que vous croyiez liées. Une découverte « négative » qui vient contredire nos prévisions est autant digne d'importance qu'une découverte « positive ». Des découvertes « négatives » contribuent à écarter certaines relations qui semblaient de prime abord possibles. Elles nous indiquent que certaines idées que nous jugions plausibles ne sont pas vérifiées dans le réel. La science a besoin de ces falsifications. S'il est compréhensible que nous puissions parfois être déçus lorsque nos données contredisent nos théories, il faut se souvenir que nous apprenons beaucoup de ces découvertes « négatives ». Certes il est vrai que la plupart des études scientifiques publiées font état d'associations modérées ou fortes. C'est une distorsion qui est due à la publication proprement dite et qui n'a guère de justification logique du point de vue épistémologique.

Dans le cas de tableaux de 2 par 2 comme ceux que nous trouvons ci-dessus, les comparaisons qu'il est possible de faire sont peu nombreuses et assez évidentes. En fait, les seuls éléments qui se prêtent à la comparaison sont les pourcentages d'hommes et les pourcentages de femmes qui ont répondu « Oui » (ou, à l'inverse, les pourcentages de ceux et de celles qui ont répondu « Non »). Lorsque l'on a affaire à des tableaux plus grands, de nombreuses comparaisons de pourcentages sont possibles. Même un tableau de 2 par 3 comme le tableau 5.2 croisant la désobéissance civile et l'instruction permet de faire 3 comparaisons : les moins instruits avec ceux qui ont un diplôme secondaire, les moins instruits avec ceux qui ont un diplôme postsecondaire, et ceux qui ont un diplôme secondaire avec ceux qui ont un diplôme postsecondaire. Pour de tels tableaux, ne tentez pas de décrire chacune des comparaisons de pourcentages. Soyez sélectifs, ne traitez que de celles qui décrivent ou qui reflètent le mieux la relation. Autrement dit, vous devez repérer les aspects significatifs et intéressants de la relation entre la variable indépendante et la variable dépendante. Ensuite vous devez indiquer laquelle des différences dans les points de pourcentage illustre le mieux ces aspects. Votre tâche, lorsque vous décrivez un tableau, est d'aider le lecteur à interpréter les données.

5.4   Les relations positives, négatives et curvilinéaires

Le fait qu'il existe un ordre entre les valeurs des variables ordinales et d'intervalles/ratio nous permet de décrire une relation comme positive, négative ou curvilinéaire. Une *relation positive* est une relation dans laquelle les scores les plus élevés d'une variable sont associés aux scores les plus élevés de l'autre variable. Par exemple, la grandeur et le poids sont associés de façon positive parce que les personnes plus grandes ont tendance à être plus lourdes et que les plus petites tendent à être plus légères. Il ne faut bien sûr pas s'attendre à ce que les relations suivent parfaitement ce modèle. Après tout, il existe plusieurs individus qui sont à la fois petits et lourds, comme Laurel, et d'autres qui sont grands et minces, comme Hardy. Ce qui nous importe, c'est la forme générale de la relation.

Nous avons déjà eu l'occasion d'observer une relation positive – celle qui existe entre le niveau d'instruction et l'attitude face à la désobéissance civile. Les personnes plus instruites tendent à suivre leur conscience ; les gens moins instruits tendent à obéir aux lois. Le tableau 5.7 présente un autre exemple de relation positive – celle-ci entre le niveau d'instruction et la description que font les répondants de leur situation financière qui s'améliore, reste la même ou se dégrade. Plus un répondant est instruit meilleur est sa perception de sa situation financière. Notez combien les pourcentages augmentent de façon régulière quand on regarde la première rangée du tableau et baissent de façon inverse quand on regarde la dernière rangée. On utilise le terme savant *monotonique* pour qualifier une telle relation. On ne s'attend pas à toujours obtenir des relations aussi parfaitement monotoniques que dans le tableau 5.7, cependant les relations positives montrent ce type de caractéristique.

Tableau 5.7. Changement de situation financière selon le niveau d'instruction du répondant (en pourcentages)

Situation financière	Niveau d'instruction du répondant				
	Pas de secondaire	Secondaire	Collège	Universitaire premier cycle	Universitaire avancé
Meilleure	23	39	43	47	49
La même	52	39	38	35	34
Pire	25	22	19	18	17
Total	100	100	100	100	100
(N)	(445)	(1562)	(186)	(470)	(223)

Dans une *relation négative* les scores les plus élevés d'une variable sont liés aux scores les plus faibles de l'autre. Les heures d'écoute quotidienne de la télévision sont, par exemple, associées de façon négative au niveau d'instruction. Dans l'enquête du GSS américain, on demandait aux répondants le nombre d'heures par jour qu'ils passaient devant le téléviseur. Le tableau 5.8 montre la relation entre l'écoute de la télévision (que j'ai choisi de regrouper en quatre catégories) et le niveau d'instruction.

Les répondants les plus instruits tendent à moins regarder la télévision, alors que les répondants les moins instruits tendent à la regarder davantage. Ainsi, par exemple, 29 % des répondants ayant un niveau d'instruction moindre que le secondaire consacrent au moins 5 heures par jour à l'écoute de la télévision. Moins de 17 % des diplômés du secondaire et environ 11 % de ceux qui ont un niveau d'instruction postsecondaire regardent autant la télévision. Ce pourcentage décroît à seulement 7 % et 4 % respectivement pour les répondants avec un diplôme universitaire de premier cycle et ceux avec un diplôme universitaire supérieur. De la même façon, le pourcentage de ceux qui écoutent la télévision moins d'une heure par jour passe de moins de 14 % pour les moins instruits à près de 42 % pour les plus instruits. Bref, à un niveau d'instruction moindre, plus d'heures d'écoute de la télévision. Une relation nettement négative.

Tableau 5.8. Écoute quotidienne de la télévision selon le niveau d'instruction (en pourcentages)

Écoute quotidienne de la T.V.	Niveau d'instruction du répondant				
	Pas de secondaire	Secondaire	Collège	Universitaire premier cycle	Universitaire avancé
5 h ou plus	29	17	11	7	4
de 3 à 4 h	35	34	28	25	20
2 h	22	29	37	30	34
de 0 à 1 h	14	20	24	38	42
Total	100	100	100	100	100
(N)	(293)	(1068)	(117)	(314)	(154)

Comme dans le cas des relations positives, on ne s'attend pas à toujours obtenir des relations aussi parfaitement monotoniques. Cependant les relations négatives montrent ce type de caractéristique. En passant, les relations négatives sont parfois appelées relations inverses. Ne confondez pas les relations négatives et positives avec les découvertes « négatives » et « positives » décrites à la section 5.3. Ces dernières se rapportent à la correspondance ou à la divergence entre nos prévisions à propos d'une relation et le résultat de nos analyses.

Une *relation curvilinéaire* peut prendre différentes formes, mais les plus simples sont les relations dans lesquelles les cas avec des valeurs fortes et faibles pour la variable indépendante ont des valeurs similaires pour la variable dépendante. Les relations qui sont d'abord positives deviennent en cours de route négatives et les relations initialement négatives deviennent positives. Les relations de ce type ont tendance à dessiner un V, parfois à l'endroit, parfois à l'envers.

Le niveau d'instruction et l'attachement à son quartier sont liés de façon curvilinéaire car les niveaux d'instruction les plus faibles et les plus forts sont associés à un sentiment d'attachement à son quartier. Cette relation est décrite dans le tableau 5.9. (J'ai transformé la variable de l'attitude concernant son quartier en une variable dichotomique pour rendre la relation plus évidente.) Les répondants qui n'ont pas de secondaire et ceux qui ont fait des études universitaires sont plus nombreux à se dire attachés à leur quartier. Les diplômés du secondaire et du collège se disent peu attachés à leur quartier. Aucun doute possible ! Il s'agit bien là d'une relation curvilinéaire.

Tableau 5.9. Sentiment d'attachement à son quartier selon le niveau d'instruction (en pourcentages)

Sentiment d'attachement à son quartier	Niveau d'instruction du répondant				
	Pas de secondaire	Secondaire	Collège	Universitaire premier cycle	Universitaire avancé
Attaché	62	55	49	60	59
Peu attaché	38	45	51	40	41
Total	100	100	100	100	100
(N)	(183)	(740)	(81)	(220)	(101)

Dans tous les tableaux qui contiendront des variables ordinales ou d'intervalles/ratio que j'aurai l'occasion de vous présenter tout au long de ce livre, j'ai ordonné les valeurs de la variable indépendante (la variable qui se lit en colonnes) de la plus faible à gauche à la plus élevée à droite. De la même façon j'ai ordonné les valeurs de la variable dépendante (la variable qui se lit en rangées) de la plus élevée en haut à la plus faible en bas. En suivant cette convention, les cas ont tendance à suivre, dans une relation positive, *la diagonale « principale »* du tableau, celle qui part du coin inférieur gauche pour finir au coin supérieur droit (/). Lorsque nous avons affaire à une relation négative, les cas tendent à se situer sur *la diagonale « secondaire »*, donc celle qui débute au coin supérieur gauche et qui se termine au coin inférieur droit (\). Dans leur forme la plus commune, les relations curvilinéaires se présentent sous la forme de la lettre V, à l'endroit ou à l'envers.

La figure 5.1 nous présente les archétypes des relations positives, négatives et curvilinéaires. Les X illustrent les points où se concentrent les cas, c'est-à-dire les pourcentages les plus élevés par rapport aux autres pourcentages de leur colonne. Ce sont des modèles « idéalisés » : il ne faut pas s'attendre à voir souvent des tableaux s'y conformer avec exactitude. Nous devons accorder aux tableaux une certaine latitude. Nous devons également être généreux lorsque nous travaillons avec des tableaux qui ne sont pas parfaitement carrés puisque, dans ce cas, il est impossible d'obtenir des diagonales rigoureusement droites ou des V parfaits. Les modèles généraux des relations positives, négatives et curvilinéaires s'apparentent tout de même à ceux que nous montre la figure 5.1. Nous rencontrerons au chapitre 10, lorsque nous discuterons des nuages de points pour des variables d'intervalles et de ratio, des graphiques semblables à ces modèles.

Figure 5.1. Modèles de relations positive, négative et curvilinéaire

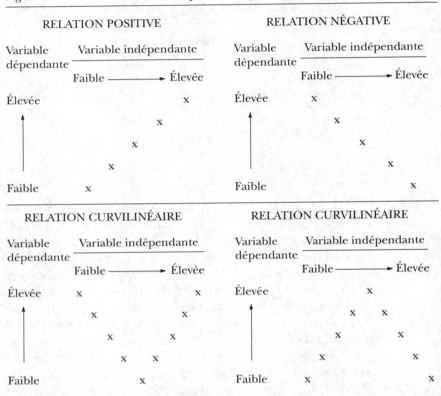

Soit dit en passant, les modèles généraux que nous montre la figure 5.1 permettent de comprendre graphiquement pourquoi nous ne pouvons parler d'une relation positive ou d'une relation négative lorsque nous avons affaire à une ou à deux variables nominales. Imaginez ce qu'il adviendrait de ces modèles si nous intervertissions les catégories de la variable dépendante ou de la variable indépendante, comme il est possible de le faire avec des variables nominales. Nos belles lignes de X se brouilleraient et perdraient leur forme. Le concept de direction de la relation ne convient pas à une variable nominale dans la mesure où l'ordre entre les valeurs est arbitraire. Nous ne pouvons dire « plus faibles » ou « plus élevées » pour des valeurs des variables « sexe », « religion » et « origine ethnique ».

5.5   Comment présenter des tableaux bivariés

Comme dans le cas de tableaux univariés, il n'y a pas de format unique et universel sur lequel tout le monde s'entend. Les préférences quant à la présentation des tableaux varient d'une discipline à l'autre. Elles varient également à l'intérieur même d'une discipline. Les tableaux présentés dans cet ouvrage respectent les conventions de l'American Sociological Association. Vous pourrez les utiliser en guise de modèles pour vos propres tableaux.

Voici quelques suggestions qui vous aideront à construire des tableaux lisibles et convenablement présentés, en observant ce qui est d'usage chez la plupart des sociologues.

- Si vous présentez plus d'un tableau, numérotez-les au moyen de chiffres arabes.

- Choisissez un titre clair et direct qui décrit le contenu du tableau. Vous pouvez l'exprimer sous la forme suivante : (nom de la variable dépendante) selon (nom de la variable indépendante). Par exemple, « l'attitude face à la désobéissance civile selon le niveau d'instruction ». Si le sous-ensemble, l'échantillon ou la population, n'est pas clairement mentionné dans le texte qui accompagne le tableau, vous pouvez également indiquer dans le titre l'ensemble duquel proviennent les données (par exemple, « uniquement pour les répondants qui consomment de l'alcool »).

- Intitulez la colonne la plus à gauche du nom de la variable dépendante (par ex. désobéissance civile) ou de sa description. Intitulez les autres colonnes du nom de chacune des valeurs de la variable indépendante (par ex. Pas de sec., Secondaire, etc.). Au-dessus de ces valeurs, inscrivez le nom de la variable indépendante et, sous celui-ci, tracez une ligne.

- Ajoutez, afin de guider le lecteur, une rangée « Total » qui indique la somme des pourcentages à l'intérieur de chacune des colonnes. Décalez légèrement le mot « Total ». Parfois, à cause de l'arrondissement, les pourcentages totaux ne seront pas nécessairement égaux à 100 %. Le cas échéant, inscrivez soit le total exact (99,9 ou 100,1), soit le total 100,0 % accompagné d'une note de bas de page expliquant que les pourcentages ne totalisent pas parfaitement 100 à cause de l'arrondissement.

- Ajoutez une rangée (N) indiquant les nombres de cas sur lesquels sont basés les pourcentages. Ceci permettra au lecteur de calculer les fréquences de cellule et de regrouper différemment, s'il le souhaite, les catégories. Inscrivez ces totaux entre parenthèses, au bas des colonnes de la variable indépendante. Il n'est pas courant d'indiquer les totaux marginaux des catégories de la variable dépendante. Sauf si vous avez une bonne raison de le faire, ne les inscrivez pas dans votre tableau.

- Pour les pourcentages, ne conservez que les décimales qui ont une signification. Habituellement, vous devriez arrondir les pourcentages à l'entier ou à la première décimale. Les exceptions sont permises, bien qu'elles soient peu fréquentes en sciences sociales.

- Conservez le même nombre de décimales pour tous les pourcentages d'un tableau.

- N'inscrivez pas dans le tableau les fréquences des cellules individuelles – les pourcentages suffisent. Comme nous le disions lorsque nous traitions des tableaux univariés, un lecteur intéressé pourra recalculer les fréquences en multipliant le pourcentage par le N de la colonne, et en divisant ensuite ce résultat par 100.

- Disposez les colonnes des pourcentages à égale distance les unes des autres et justifiez à gauche les pourcentages. (Mieux encore, alignez les virgules les unes sur les autres, si bien sûr votre traitement de texte vous le permet.)

- N'inscrivez pas le signe % après chaque cellule. Comme dans le cas d'un tableau univarié, les signes % dans un tableau bivarié sont superflus, encombrants et fastidieux. Évitez d'en mettre.

- Ne tracez pas de ligne verticale dans un tableau. Les lignes verticales sont elles aussi encombrantes. Comme unique guide pour l'œil du lecteur, tracez simplement une double ligne horizontale entre le titre du tableau et les titres des colonnes, une ligne horizontale sous les titres des colonnes et une autre au bas du tableau. Pour des exemples, voyez les tableaux de ce chapitre.

- Comme toujours lorsque vous présentez des analyses statistiques à d'autres, soyez soigneux, très soigneux. Assurez-vous que les nombres dans les cellules sont alignés, que les lignes horizontales sont toutes de même longueur, etc. Vous devez à vos lecteurs, je l'ai mentionné précédemment, forme et substance.

Tous les tableaux de ce chapitre sont des exemples de tableaux bivariés présentés en bonne et due forme. Notez que, lorsque la variable indépendante est une variable ordinale ou une variable d'intervalles/ratio (comme le niveau d'instruction mesuré en trois catégories), les valeurs de cette variable indépendante sont habituellement disposées en ordre croissant de gauche à droite. En ce qui concerne la variable dépendante (telle l'écoute de la télévision), il est pratique de disposer les valeurs en ordre décroissant de haut en bas. De cette façon, nous pouvons reconnaître les relations positives et les relations négatives à partir des archétypes que nous avons examinés à la section précédente. Ces conventions régissant l'ordonnancement des valeurs dans un tableau ne sont évidemment d'aucune importance pour des variables nominales puisqu'il n'existe pas d'ordre entre les valeurs de telles variables. Vous devrez donc arranger les valeurs des variables nominales d'une manière raisonnable, conventionnelle. Souvent, ce qui sied le mieux est d'ordonner les catégories de la plus fréquente à la moins fréquente.

J'ai mentionné que, tout au long de ce livre, j'ai construit mes tableaux bivariés en plaçant en colonnes la variable indépendante et en rangées la variable dépendante. Suivre un seul modèle limite la confusion. Cette convention est cependant loin d'être universelle. Aussi devrez-vous être en mesure de lire des tableaux construits d'autres façons. Par exemple, les tableaux 5.10 et 5.11 décrivant la relation entre l'opinion quant aux dépenses visant à améliorer la condition des Noirs et l'affiliation à un parti politique sont identiques, excepté en ce qui concerne l'endroit où se trouve la variable indépendante et la variable dépendante. (En décrivant la forme des tableaux, je ne veux pas en ignorer le fond. Les tableaux 5.10 et 5.11, basés sur des données du General Social Survey, montrent que les démocrates sont plus favorables et les républicains moins favorables aux dépenses visant les Afro-Américains.)

Tableau 5.10. Dépenses visant à améliorer la situation des Noirs selon le parti politique (en pourcentages)

Dépenses pour les Noirs	Parti politique		
	Dém.	Ind.	Rép.
Trop faibles	48,2	38,5	18,7
Suffisantes	38,6	34,4	52,3
Trop élevées	13,2	27,1	29,0
Total	100,0	100,0	100,0
(N)	(581)	(192)	(493)

Tableau 5.11. Dépenses visant à améliorer la situation des Noirs selon le parti politique (en pourcentages)

Parti politique	Dépenses pour les Noirs				
	Trop faibles	Suffisantes	Trop élevées	Total	(N)
Dém.	48,2	38,6	13,2	100,0	(581)
Ind.	38,5	34,4	27,1	100,0	(192)
Rép.	18,7	52,3	29,0	100,0	(493)

5.6 Les diagrammes en bâtons divisés pour les relations bivariées

Une variante des diagramme en bâtons appelée **diagramme en bâtons divisés** offre un moyen très efficace d'illustrer des relations bivariées. La figure 5.2 présente la relation entre l'opinion quant aux dépenses visant à améliorer la condition des Noirs et l'affiliation

à un parti politique. Nous avons présenté cette relation dans les tableaux 5.10 et 5.11, mais le diagramme en bâtons divisés montre de
façon beaucoup efficace les informations sur cette relation. Chaque
barre est divisée selon les catégories de la variable dépendante pour
montrer le pourcentage de répondants appartenant à un parti politique qui croient que les dépenses pour les Noirs sont trop faibles,
suffisantes ou trop élevées. Certains logiciels ne permettent pas d'inscrire les pourcentages dans les barres du diagramme. Vous perdez
alors de l'information par rapport aux tableaux, mais vous pouvez
visualiser beaucoup plus rapidement la relation entre les variables.
Le graphique présenté à la figure 5.2 permet de voir au premier coup
d'œil la diminution de la section inférieure des barres, montrant ainsi
que les démocrates sont plus favorables aux dépenses pour les Noirs
que les indépendants, qui à leur tour y sont plus favorables que les
républicains. On voit également tout de suite que les indépendants
et les républicains diffèrent très peu quant au pourcentage de répondants qui pensent que l'on dépense trop pour aider les Noirs.

Il n'y a pas de doute : la forme est importante. C'est la raison
pour laquelle vous soignez votre apparence pour aller passer une
entrevue, ou que vous vous mettez sur votre 31 pour sortir, et c'est
pourquoi vous devez considérer les diagrammes en bâtons si cela
permet de mieux faire passer l'information que vous analysez ou que
vous voulez présenter. Soyez toutefois prudents car souvent les graphiques impressionnent plus qu'ils n'informent (ouvrez les nouvelles télévisées ou achetez des journaux pour trouver des exemples).
Vous devez donc décider si ce sont des tableaux ou des graphiques
(parfois les deux) qui présentent le mieux l'information que vous
voulez faire passer.

Figure 5.2.   Opinion quant aux dépenses pour les Noirs selon le parti politique

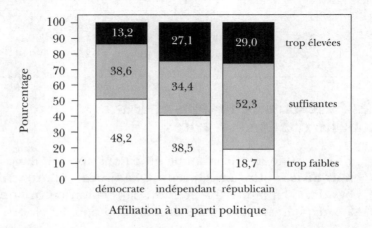

5.7   Un mot d'avertissement à propos de tableaux bivariés basés sur des N faibles

Faites attention lorsque que vous travaillez avec des tableaux dont le N d'une ou de plusieurs colonnes est faible. Règle générale, plus les fréquences des différentes catégories de la variable indépendante sont grandes, plus les pourcentages sont stables, et donc plus on peut s'y fier. En d'autres termes, le passage de quelques cas d'une catégorie à l'autre n'affectera pas de façon trop importante les pourcentages. Lorsque les pourcentages sont basés sur des totaux de colonne très faibles, le passage d'un nombre de cas, même petit, d'une valeur de la variable dépendante à une autre peut modifier radicalement la distribution de pourcentages. Les totaux des colonnes (c'est-à-dire les totaux des catégories de la variable indépendante) importent beaucoup plus que le grand total de la distribution dans la mesure où c'est sur eux que reposent les pourcentages des cellules.

Nous avons déjà traité à la section 2.3 de l'importance d'avoir un N adéquat dans une distribution univariée. Il n'est pas surprenant que ce même principe vaille pour les colonnes des tableaux bivariés puisque chacune de celles-ci est en fait la distribution univariée pour une valeur donnée de la variable indépendante. Tenons pour une règle informelle très lâche – et souvent violée, admettons-le – le fait que les pourcentages doivent reposer sur au moins 30 cas. Autrement, la police du pourcentage vous arrêtera et vous irez directement en prison. En réalité, certains statisticiens affirment qu'au moins 50 et parfois même 100 cas sont nécessaires. (Oui, je sais que la relation hypothétique Niveau d'instruction → Attitude envers la désobéissance civile qui nous a servi d'exemple dans ce chapitre ne respectait pas cette règle. Mais voyez-vous, nous, les professeurs de statistiques, sommes autorisés à violer quelques lois de temps à autre.)

Si certaines des catégories d'une variable indépendante ont des N trop faibles pour assurer des pourcentages stables, songez à fusionner des valeurs. Faites-le d'une façon qui soit raisonnable. Les variables d'intervalles et de ratio, tels l'âge en nombre d'années ou le revenu en dollars, ont souvent un grand nombre de valeurs et ainsi se prêtent particulièrement bien à ce genre d'exercice. Si la variable est nominale vous pouvez régler le problème des faibles N en excluant la ou les valeurs problématiques. Par exemple, dans le General Social Survey, il n'y a que 14 répondants (sur un total de 2 210) qui déclarent vivre à l'hôtel, alors que 218 déclarent habiter dans des maisons mobiles et 1 700 dans des résidences unifamiliales. Une analyse employant la variable « résidence » pourrait très bien exclure ces 14 cas ou les combiner avec la catégorie « autres » (cela permettrait de la faire passer de 30 à 44).

Bien que seuls les totaux des catégories de la variable indépendante affectent la stabilité des pourcentages, il peut vous sembler parfois utile de fusionner (en respectant bien sûr un minimum de bon sens) certaines valeurs de la variable dépendante. Si un bon nombre de cellules ont de faibles pourcentages qui nous renseignent bien peu sur la relation entre les variables, fusionner des valeurs peut nous aider à définir et à interpréter cette relation. Nous apprendrons dans le prochain chapitre que certaines procédures d'analyse rigoureuses réclament que nous ayons au moins un certain nombre de cas dans chaque cellule. Regrouper des valeurs peut être une bonne façon de satisfaire à ces exigences.

5.8   L'association n'implique pas la causalité

Cette section est beaucoup plus importante qu'elle ne le paraît. Lisez-la donc avec une attention soutenue.

Une relation entre des variables ne signifie pas nécessairement qu'une variable soit la cause de l'autre. Deux variables peuvent très bien être associées l'une à l'autre même si elles ne sont pas liées de façon causale. De nombreuses associations non causales sont liées à des mouvements concurrents mais indépendants. L'univers est en expansion et vous prenez de l'âge, mais le fait que vous vieillissez ne cause pas l'expansion de l'univers...pas plus que l'expansion de l'univers ne cause votre vieillissement. Votre âge et la taille de l'univers varient ensemble mais indépendamment l'un de l'autre. De même, vous accumulez des diplômes et la population mondiale croît, mais il n'y a aucune relation entre ces deux phénomènes.

Beaucoup de relations non causales sont dues à d'autres facteurs que le passage du temps. Voici quelques exemples classiques que les livres de statistiques ou de méthodologie citent fréquemment :

- Le nombre de cigognes dans certaines régions d'Europe est associé au taux de natalité de ces régions. (Les régions qui ont plus de cigognes connaissent un taux plus élevé de natalité.)
- Les crues du Gange en Inde sont associées au taux de criminalité de la ville de New York. (Lorsque que le Gange déborde de son lit, la criminalité new-yorkaise augmente.)
- Le salaire moyen des membres du clergé est associé à la consommation d'alcool. (Les villes et les villages qui paient mieux leurs prêtres, leurs rabbins et leurs ministres du culte ont tendance à avoir une consommation d'alcool plus élevée.)
- Le nombre de pompiers engagés dans la lutte contre un incendie est associé aux dommages matériels que cause cet incendie.

(Plus il y a de pompiers pour combattre un incendie, plus les dégâts matériels sont importants.)

- La grandeur des pieds d'un enfant est liée à ses résultats aux tests d'orthographe. (Plus les enfants ont de grands pieds, meilleurs sont leurs résultats aux tests.)

Peut-on conclure que ce sont les cigognes qui apportent les bébés ? Que la crue du Gange est la cause du brigandage qui sévit à New York ? Que les membres du clergé qui sont bien payés dépensent leur salaire en prenant une cuite ? Que les pompiers causent des dommages matériels ? Qu'avoir de grands pieds augmente sa performance aux examens ? Toutes ces conclusions sont bien douteuses. N'ayons pas peur des mots, elles sont franchement ridicules. Ce qui se produit réellement c'est que des variables additionnelles sont à l'origine de chacune de ces relations, faisant en sorte que les deux variables semblent liées de façon causale même si elles ne le sont pas.

Prenez l'exemple des cigognes et des bébés. Il semble que les régions rurales tendent à avoir plus de cigognes que les zones urbaines, et que les régions rurales ont aussi des taux de natalité plus élevés que les zones urbaines (pour des raisons qui n'ont guère de lien avec la présence ou l'absence de cigognes). La campagne serait donc la cause à la fois du nombre élevé de cigognes et des hauts taux de natalité, créant ainsi entre ces deux variables une association qui n'est pas véritablement causale. Les variables sont associées statistiquement, mais cette relation n'est pas causale. Je vous laisse imaginer ce qui se produit « réellement » pour qu'il y ait une relation entre les crues du Gange et la criminalité urbaine, entre le salaire des prêtres et la consommation d'alcool, entre le nombre de pompiers et les dégâts matériels, entre la pointure et les résultats à un examen.

L'association est bien sûr nécessaire pour que l'on puisse parler de causalité. Les variables ayant une relation causale doivent être associées. Mais l'inverse n'est pas vrai. Les variables qui sont associées ne sont pas nécessairement liées causalement. À l'instar des gens rationnels, les chercheurs en sciences sociales se basent sur des théories pour établir les relations de causalité entre des variables. C'est là que la théorie – la *bonne* théorie – entre en jeu. Il doit y avoir une bonne raison qui explique pourquoi une variable en cause une autre avant que l'on puisse dire qu'il existe une relation de causalité. Émile Durkheim, par exemple, ne s'est pas contenté d'associer le suicide et la religion – il a expliqué *pourquoi* ils sont liés. En l'absence de bonnes raisons expliquant pourquoi une variable en cause une autre, une association peut être intéressante, ou même provocante. Nous devrions certainement étudier pourquoi les variables sont associées pour découvrir quels sont les liens qui existent entre elles. Mais tant que l'on n'a pas découvert une bonne raison, ne considérons pas qu'une association démontre un lien de causalité.

Dans son ouvrage *La mal-mesure de l'homme*, Stephen Jay Gould suggère que faire équivaloir l'association à la causalité « est probablement une des deux ou trois erreurs les plus communes et les plus sérieuses du raisonnement humain ».

Soyez donc attentifs à ne pas commettre l'erreur de croire que deux variables qui sont associées sont nécessairement liées de manière causale. Peut-être le sont-elles... mais peut-être ne le sont-elles pas. Au chapitre 11, nous verrons que des associations statistiques, qui ne sont pas causales, sont appelées des relations fallacieuses. En attendant, rappelez-vous bien : l'association n'implique pas la causalité.

5.9   Résumé du chapitre 5

Voici ce que nous avons appris dans ce chapitre :

- L'analyse de tableaux bivariés est une des techniques permettant de déterminer si deux variables sont associées.
- Les pourcentages doivent être calculés à l'intérieur des catégories de la variable indépendante.
- Les pourcentages doivent être comparés entre les catégories de la variable indépendante.
- Les données manquantes sont habituellement exclues d'un tableau bivarié de pourcentages.
- Les tableaux bivariés de pourcentages de variables ordinales ou d'intervalles/ratio nous renseignent sur la direction de la relation – positive, négative ou curvilinéaire.
- Les tableaux bivariés de pourcentages doivent être présentés selon un format conventionnel qui en facilite la lecture.
- Les diagrammes en bâtons divisés permettent d'illustrer des relations bivariées.
- Les pourcentages ne doivent pas reposer sur des N faibles – c'est-à-dire des N inférieurs à 30.
- L'existence d'une association statistique entre deux variables ne signifie pas pour autant que celles-ci soient liées de façon causale. L'association n'implique pas la causalité.

Avant de continuer notre présentation des relations bivariées, prenons le temps d'évaluer où nous en sommes dans notre apprentissage des statistiques. Dans les quatre premiers chapitres, nous avons appris comment décrire des variables individuelles – l'analyse univariée. Nous avons maintenant commencé à voir quelles sont les façons de décrire les relations entre deux variables – l'analyse bivariée.

En particulier, nous avons appris comment répondre aux trois premières questions que nous avions posées au début de ce chapitre :

1. Existe-t-il une relation entre deux variables dans les données que nous analysons ?

    Comment répondre : Comparer les pourcentages entre les catégories de la variable indépendante. Des différences entre les pourcentages indiquent que la variable est associée avec une autre.

2. Quelle est l'intensité de cette relation ?

    Comment répondre : Estimer l'importance de la différence des pourcentages entre les catégories de la variable indépendante. Plus la différence est importante plus la relation est forte.

3. Quelles sont la direction et la forme de la relation ?

    Comment répondre : Examiner l'organisation des pourcentages pour déterminer si une relation est positive, négative ou curvilinéaire.

Plus tard nous verrons d'autres façons de répondre à ces trois questions portant sur les relations entre les variables. Néanmoins l'analyse de tableau bivarié restera un outil important dans notre boîte à outils statistique. Dans le prochain chapitre, nous verrons comment généraliser les relations bivariées d'un échantillon à une population plus large.

En passant, les résultats des méthodes statistiques décrites dans les deux chapitres suivants font habituellement partie de l'analyse des tableaux de pourcentages bivariés. J'attendrai donc la fin du chapitre 7 pour offrir des exemples de rapport pour l'analyse de tableau bivarié.

Principaux concepts et procédures

Termes et idées

analyse de tableaux bivariés	grand total
hypothèse de recherche	découverte négative
variable indépendante	monotonique
variable dépendante	relation positive
distribution de fréquence bivariée	relation négative
fréquence de cellule	relation curvilinéaire
distribution marginale	diagonale principale et secondaire
	diagramme en bâtons divisés

Symboles

r

c

r par c

CHAPITRE 6
Le test du chi-carré

Dans ce chapitre, nous traiterons des tests de signification statistique – c'est-à-dire ce sur quoi l'on se base pour décider si la relation que nous avons découverte à partir de données d'échantillon est susceptible de se retrouver aussi dans la population de laquelle provient l'échantillon. Nous porterons un intérêt tout spécial au test de signification du chi-carré pour des relations décrites par un tableau bivarié. Par moments, ce chapitre demandera de votre part un certain effort d'abstraction. Aussi devrez-vous peut-être le relire sérieusement plusieurs fois.

Après ce chapitre vous pourrez :

1. Expliquer la logique des tests de signification statistique.

2. Expliquer et donner des exemples d'hypothèses « nulles ».

3. Expliquer la différence entre les erreurs de type I et les erreurs de type II et donner des exemples de ces deux types d'erreurs.

4. Accomplir et interpréter des tests du chi-carré à l'aide de tableaux de données.

5. Lire un tableau de chi-carré et interpréter les valeurs du chi-carré en termes de signification statistique.

6. Connaître les difficultés qui peuvent survenir lorsque l'on se sert du test du chi-carré à partir de fréquences anticipées inférieures à 5. Résoudre ce problème en excluant ou en regroupant des valeurs.

7. Expliquer la différence entre la signification statistique et la signification « réelle » ; expliquer la relation qui existe entre la signification statistique et la taille de l'échantillon et l'intensité de la relation ; et être prudent dans l'interprétation des résultats de test de chi-carré quand les N sont très élevés.

8. Savoir, ici aussi, que l'association n'implique pas la causalité.

6.1   La logique des tests de signification statistique

Les méthodes d'analyse de tableau dont nous avons traité au chapitre précédent répondent à cette question : Y a-t-il une relation entre les deux variables pour les données que nous examinons ? Or si nous découvrons qu'une relation existe et si les données proviennent d'un échantillon plutôt que d'une population entière, nous devons poser une seconde question : Y a-t-il une relation dans cette population plus vaste de laquelle fut extrait l'échantillon ?

Après tout, il se peut bien que soit dû au hasard le fait qu'un ensemble particulier de cas montre une relation entre deux variables alors que, en réalité, il n'y a pas de telle relation à l'intérieur de la population prise comme un tout. Peut-être, par exemple, n'y a-t-il pas réellement de relation entre le niveau d'instruction et l'attitude face à la désobéissance civile à l'intérieur de la population de tous les Américains adultes. En effet, il est possible que l'échantillon du General Social Survey ou que les 50 cas du sous-échantillon que nous avons selectionné soient par hasard des répondants parmi lesquels les plus instruits tendent à suivre leur propre conscience et les moins instruits à obéir aux lois. Comme nous l'avons constaté avec l'exemple du QI dans la section 4.5, si les sondeurs du GSS avaient choisi 1606 répondants différents, peut-être n'aurions-nous pas trouvé de relation entre le niveau d'instruction et l'attitude face à la désobéissance civile.

(À partir d'ici, le raisonnement devient un peu plus complexe. Concentrez-vous donc sérieusement en lisant le reste de cette section, spécialement les deux prochains paragraphes. Aussi, lisez-les plus d'une fois.)

Ce qu'il nous faut, c'est une façon de déterminer la probabilité (c'est-à-dire les chances) de découvrir une relation dans notre échantillon quand il n'y en a pas dans notre population. Si cette probabilité est petite (disons une probabilité de 1 sur 20), et si nous découvrons une relation dans notre échantillon, nous pourrons conclure qu'il existe probablement une relation dans la population. En effet, on a peu de chance de trouver une relation dans notre échantillon s'il n'en existe pas dans la population. Si nous en avons trouvé une, il est donc probable qu'il y ait également une relation dans notre population. Les statisticiens usent du terme *hypothèse nulle* (que l'on note souvent H_0) pour indiquer la supposition voulant qu'il n'y ait pas de relation dans notre population. Pour employer le jargon statistique, nous *rejetons l'hypothèse nulle* affirmant l'absence de relation dans notre population. Il existe probablement une relation dans la population, et nous disons de cette relation qu'elle est *statistiquement significative*.

À l'inverse, si les chances de trouver une relation dans l'échantillon alors qu'il n'y en a pas dans la population sont élevées (supérieures à 1 sur 20), nous ne pouvons croire en toute confiance à l'existence d'une relation dans la population plus vaste. La relation que nous avons découverte à l'intérieur de l'échantillon ne devait peut-être son existence qu'au hasard seul. Dans un tel cas, nous *ne rejetons pas l'hypothèse nulle* affirmant l'absence de relation dans la population. Il pourrait très bien n'y avoir aucune relation dans la population, et nous disons de la relation qu'elle n'est *pas* significative statistiquement.

La probabilité que l'on retrouve grâce au seul hasard une relation à l'intérieur d'un échantillon, donc en dépit de l'absence de relation dans la population d'où provient l'échantillon, est nommée le *niveau de signification* de la relation. Le niveau de signification est exprimé par un nombre de 0 à 1,00. Il s'agit là de la façon conventionnelle d'exprimer les probabilités. Une *probabilité* indique les chances que quelque chose survienne – dans le cas présent, les chances que nous découvrions une relation à l'intérieur d'un échantillon sans qu'il y ait semblable relation dans la population.

Plus précisément, une probabilité que l'on multiplie par 100 (afin de se débarrasser des décimales) indique le nombre de fois qu'un événement est susceptible de survenir à la suite de 100 « essais ». Une probabilité de 0 signifie que les chances que se produise un événement quelconque sont inexistantes – c'est donc impossible ; cela ne surviendra jamais (comme la semaine des quatre jeudis). Quelque chose qui survient 1 fois sur 100 a une probabilité de 0,01. Quelque chose qui survient 1 fois sur 20 a une probabilité de 0,05. Une probabilité de 0,5 signifie qu'un événement est susceptible de se produire 50 fois sur 100 – comme obtenir « face » en tirant à pile ou face. Une probabilité de 1,00 signifie que quelque chose est absolument certain – un coup sûr, un événement qui surviendra 100 fois sur 100 (il y a bien peu d'événements de ce genre dans la vie, n'est-ce pas ?). Donc plus la probabilité de quelque chose est faible, moins ce quelque chose est susceptible de se produire. Plus la probabilité est élevée, plus il est susceptible de se produire.

J'ai mentionné que nous concluons à la signification statistique lorsque les chances de trouver par hasard la relation observée sont inférieures à 1 sur 20. Il y a une raison qui justifie mon choix de 1 sur 20 comme point limite pour décider de la signification statistique. Par convention, les chercheurs considèrent qu'une probabilité égale ou inférieure à 0,05 (à 1 sur 20) est raisonnable pour conclure à la signification statistique. Ils expriment cette signification statistique par l'expression $p < 0,05$ (p indiquant « probabilité »). Évidemment les chercheurs expriment de plus faibles niveaux de signification statistique, donc des probabilités plus faibles, lorsqu'ils en découvrent. (Des niveaux de signification aussi faibles sont communément arrondis à 0,01 ou à 0,001 et, par conséquent, exprimés p < 0,01 ou p < 0,001.) Toutefois, c'est la plupart du temps le niveau 0,05 que nous utilisons comme limite de la signification statistique. Si la probabilité de trouver la relation que nous avons découverte est égale ou inférieure à 0,05, nous pouvons croire avec une confiance raisonnable que la relation existe « réellement » et qu'elle n'est pas simplement l'effet du hasard. Tout compte fait, une probabilité égale ou inférieure à 0,05 laisse peu de chances de découvrir une relation dans un échantillon alors qu'il n'y en a pas dans la population. Aussi pouvons-nous, dans ce cas, rejeter l'hypothèse nulle qui affirme l'absence de relation.

Gardez cependant à l'esprit qu'il n'y a rien d'absolu ou d'éternel dans ce seuil de 0,05. C'est un niveau de signification dont l'usage n'est justifié que par la convention. Ce ne sont pas tous les chercheurs ni tous les statisticiens qui acceptent cette convention. En fait, certains le nomment avec sarcasme le seuil « sacro-saint » de 0,05. Ce seuil n'est qu'une création de la culture ; il n'a pas été révélé par une quelconque divinité des statistiques. Si l'on en croit l'Ancien Testament, Dieu est probablement, Lui-même, plus exigeant. En vérité, le seuil de 0,05 a été « révélé » (pour parler de la sorte) par Sir Ronald Fisher en 1925 dans son fameux livre *Statistical Methods for Research Workers*. Beaucoup de disciplines emploient un niveau de signification beaucoup plus élevé que 0,05. Par exemple, les physiciens qui étudient les particules subatomiques appliquent une probabilité beaucoup plus exigeante de 0,0001 ou moins avant de reconnaître la détection d'une nouvelle particule. Mais, nous, les chercheurs en sciences sociales, nous nous contentons d'un niveau de 0,05.

Le fait que la signification statistique repose sur une probabilité implique que nous ne pouvons jamais être absolument certains de faire le bon choix lorsque nous rejetons ou conservons H_0. Après tout, nous ne pouvons jamais savoir avec certitude si, à partir d'informations provenant d'un échantillon, deux variables sont reliées dans la population. Seules des données de population pourraient nous donner cette certitude. Les erreurs sont toujours possibles lorsque nous travaillons avec des données d'échantillon parce qu'il se peut que notre échantillon ne soit pas représentatif. Même avec des techniques d'échantillonnage aléatoire on peut obtenir un échantillon non représentatif (même si en général, cela ne se produit pas).

Lorsque que nous rejetons l'hypothèse nulle alors qu'elle est vraie, nous commettons ce que les statisticiens appellent une *erreur de type I* ou *erreur alpha*. Le niveau de signification constitue la probabilité que nous commettions une erreur de type I en rejetant l'hypothèse nulle. Le niveau de signification est parfois appelé le *niveau alpha* et est représenté par le symbole α. Au seuil de 0,05, nous serons dans l'erreur environ 1 fois sur 20.

Mais nous commettons également une erreur lorsque nous ne rejetons pas l'hypothèse nulle et que celle-ci est, en réalité, fausse. Démontrant aux yeux de tous leur habilité à compter, même en chiffres romains, les statisticiens ont nommé cela une *erreur de type II* ou *erreur bêta*. Le tableau 6.1 résume ces deux types d'erreurs. (H_0 indique l'hypothèse nulle.)

Tableau 6.1. Erreurs de type I et de type II

Décision concernant H_0	Si H_0 est vraie	Si H_0 est fausse
Rejeter H_0	Erreur de type I	Pas d'erreur
Conserver H_0	Pas d'erreur	Erreur de type II

Puisque la probabilité d'une erreur de type I est α, il est tentant de conclure que la probabilité d'une erreur de type II soit $1 - \alpha$. Eh bien, c'est faux : un α de 0,05 ne veut pas dire que la probabilité d'une erreur bêta soit 0,95. Les erreurs bêta sont un peu plus compliquées que cela, et vont au-delà de ce que nous pouvons discuter dans cet ouvrage. Il est toutefois vrai que les erreurs de type I et de type II sont inversement liées et qu'en réduisant les chances d'une erreur de type I on augmente les chances d'une erreur de type II, et vice-versa.

Que nous décidions de rejeter ou de ne pas rejeter l'hypothèse nulle, il n'existe aucune manière d'éliminer complètement la possibilité de commettre une erreur. Nous pouvons cependant déterminer la probabilité de commettre une erreur de type I lorsque nous rejetons l'hypothèse nulle puisque cette probabilité est égale au niveau de signification statistique.

C'est à ce moment que le concept de distribution d'échantillonnage, dont nous avons pris connaissance à la section 4.5, s'avère particulièrement utile. La distribution d'échantillonnage nous permet de connaître le niveau de signification – c'est-à-dire la probabilité de trouver une relation dans notre échantillon alors que, dans la population, il n'y a pas de relation entre les variables. Par conséquent, la distribution d'échantillonnage permet de décider rationnellement de la signification statistique de la relation. La distribution d'échantillonnage et la méthode pour déterminer la signification statistique qui sont les plus appropriées dépendent de la nature des données que nous analysons. Pour des données disposées en tableau, les statisticiens ont conçu un test de signification largement répandu, appelé test du chi-carré, qui repose sur la distribution d'échantillonnage du chi-carré. Voyons comment fonctionne ce test.

6.2   Le test du chi-carré

Le *chi-carré*, représenté par la lettre grecque χ^2 et que l'on prononce « ki-carré », est un nombre qui compare les fréquences observées dans un tableau bivarié aux fréquences auxquelles on devrait s'attendre s'il n'y avait pas du tout de relation entre les deux variables dans la population (les fréquences « anticipées »). La distribution du chi-carré est une distribution d'échantillonnage très utile. En supposant que, dans la population, les deux variables ne soient pas reliées, on peut déterminer la probabilité d'obtenir un chi-carré de telle ou telle taille.

Voici la logique du *test du chi-carré*. Si les *fréquences observées* dans un tableau bivarié construit à partir de données d'échantillon sont similaires aux fréquences auxquelles on s'attendrait si, dans la population, il n'y avait pas de relation entre les deux variables (les fréquences anticipées), on peut alors croire qu'il n'y a vraiment pas de relation dans la population (et courir le risque de commettre une erreur de type II). Par contre, si les fréquences observées dans un tableau sont très différentes de celles auxquelles on s'attendrait si, dans la population, les variables n'étaient pas reliées, on rejette alors la supposition selon laquelle il n'y a pas de relation entre les variables. Par conséquent, on conclut qu'il y a probablement une relation entre les variables (et on court le risque de commettre une erreur de type I).

Mais comment trouve-t-on les *fréquences anticipées* ? Prenons un exemple hypothétique pour faciliter les calculs. Considérons de nouveau les 50 cas portant sur la relation Niveau d'instruction → Attitude face à la désobéissance civile que l'on a présentée à la section 5.1. La distribution bivariée de fréquences de cette relation est présentée au tableau 6.2.

Tableau 6.2.   Attitude face à la désobéissance civile selon le niveau d'instruction (en fréquences)

| Désobéissance civile | Niveau d'instruction | | | |
	Moins que le secondaire	Secondaire	Postsecondaire	Total
Conscience	4	13	12	29
Obéir aux lois	6	11	4	21
Total	10	24	16	50

S'il n'y avait pas de relation entre l'instruction et l'attitude face à la désobéissance civile, on devrait trouver dans chaque catégorie de la variable « niveau d'instruction » la même proportion de répondants qui suivent leur conscience. De même on devrait trouver pour chaque niveau d'instruction la même proportion de gens qui obéissent aux lois. C'est ce qu'on veut dire quand on dit qu'il n'y a pas de relation entre les variables : la proportion de gens moins instruits qui suivent leur conscience est la même que la proportion de diplômés de l'école secondaire qui suivent leur conscience, et ces deux proportions sont égales à la proportion des personnes qui ont un niveau d'instruction postsecondaire qui suivent leur conscience. Si ces proportions sont les mêmes, les pourcentages seront les mêmes et une comparaison des pourcentages d'une catégorie de la variable indépendante à l'autre montrera qu'il n'existe aucune différence. En fait chacune des distributions de la variable « Désobéissance civile » à l'intérieur des catégories du niveau d'instruction serait proportionnelle à la distribution totale de la variable « Désobéissance civile » qui se trouve être la distribution marginale de la colonne de droite du tableau 6.2. (S'il vous plaît, relisez ce paragraphe !)

Il est facile de trouver les fréquences anticipées, c'est-à-dire les fréquences auxquelles on s'attendrait s'il n'y avait pas de relation entre les variables. Considérons d'abord les fréquences anticipées auxquelles on devrait s'attendre dans la première rangée. Puisque 29/50 de tous les répondants suivent leur conscience, nous nous attendons à ce que 29/50 des 10 répondants ayant un niveau d'instruction inférieur au secondaire suivent leur conscience. C'est-à-dire :

$\left(\dfrac{29}{50}\right)10 = 5,80$ répondants. De même, puisque 29/50 de tous les répondants suivent leur conscience, nous nous attendons à ce que 29/50 des 24 répondants qui sont titulaires d'un diplôme d'études secondaires suivent leur conscience. C'est-à-dire $\left(\dfrac{29}{50}\right)24 = 13,92$ répondants. En appliquant le même raisonnement pour les répondants qui ont une éducation postsecondaire, on obtient $\left(\dfrac{29}{50}\right)16 = 9,28$ répondants.

Ainsi, pour chaque cellule, tout ce que nous avons à faire est :

1. de diviser le total de la rangée par le grand total N ;
2. de multiplier ce quotient par le total de la colonne.

En formule mathématique, cela s'exprime comme suit :

$$f_a = \left(\frac{\text{Total de la rangée}}{N}\right)\text{Total de la colonne}$$

lorsque f_a = fréquence anticipée d'une cellule

N = le nombre total de cas

C'est ainsi que nous trouvons les fréquences que l'on devrait observer dans chaque cellule s'il n'y avait pas de relation entre les variables.

Appliquons la formule afin de trouver le nombre de personnes les moins instruites qui suivraient leur conscience s'il n'y avait pas de relation entre les variables :

$$f_a = \left(\frac{\text{Total de la rangée}}{N}\right)\text{Total de la colonne}$$

$$= \left(\frac{29}{50}\right)10$$

$$= (0{,}58)\ (10)$$

$$= 5{,}80$$

Donc, il y aurait 5,80 cas (plutôt que les 4 cas que nous avons observés) dans la cellule du bas la plus à gauche s'il n'existait pas de relation entre le niveau d'instruction et l'attitude face à la désobéissance civile.

On peut aussi trouver le nombre anticipé de diplômés du secondaire qui suivent leur conscience :

$$f_a = \left(\frac{29}{50}\right)24$$

$$= (0{,}58)\ (24)$$

$$= 13{,}92$$

S'il n'y avait pas de relation entre les variables, nous aurions 13,92 cas (plutôt que les 13 cas observés) dans la cellule « Secondaire-Conscience ».

Je vous laisse le soin de calculer la fréquence anticipée des répondants ayant une éducation postsecondaire qui disent qu'il faut suivre sa conscience. (Je compte sur vous pour faire en sorte d'obtenir une fréquence anticipée de 9,28.)

Le tableau 6.3 présente les fréquences pour cette relation, avec les fréquences anticipées entre parenthèses :

Tableau 6.3. Attitude face à la désobéissance civile selon le niveau d'instruction (en fréquences et fréquences anticipées)

Désobéissance civile	Niveau d'instruction			
	Moins que le secondaire	Secondaire	Postsecondaire	Total
Conscience	4	13	12	29
	(5,80)	(13,92)	(9,28)	
Obéir aux lois	6	11	4	21
	(4,20)	(10,08)	(6,72)	
Total	10	24	16	50

Additionnez les fréquences anticipées et vous verrez que les totaux correspondent aux distributions marginales. Par exemple, 5,80 + 13,92 + 9,28 = 29, et 5,80 + 4,20 = 10. Autrement dit, les fréquences anticipées reproduisent les distributions marginales originales. De plus – vous n'en serez pas surpris si vous avez suivi la logique de ce que nous avons fait –, si nous calculons les fréquences anticipées en pourcentages, nous observons qu'il n'y a pas de relation entre les variables.

Tableau 6.4. Attitude face à la désobéissance civile selon le niveau d'instruction basé sur les fréquences anticipées (en pourcentages)

Désobéissance civile	Niveau d'instruction			
	Moins que le secondaire	Secondaire	Postsecondaire	Total
Conscience	58	58	58	58
Obéir aux lois	42	42	42	42
Total	100	100	100	100
(N)	(10)	(24)	(16)	(50)

C'est ainsi que cela doit être puisque, pour calculer les fréquences anticipées, nous supposons justement qu'il n'y a pas de relation entre les variables.

Nous sommes maintenant prêts à calculer le chi-carré. Voici la formule que nous utiliserons :

$$\chi^2 \;=\; \Sigma \frac{(f_o - f_a)^2}{f_a}$$

lorsque χ^2 = chi-carré

f_o = fréquence observée de chaque cellule

f_a = fréquence anticipée de chaque cellule

Vous vous souvenez que le signe Σ (sigma) veut dire « additionner tout ce qui suit ». Ainsi pour trouver le chi-carré calculez d'abord la fréquence anticipée de chacune des cellules et servez-vous ensuite de la formule :

1. soustrayez la fréquence anticipée de la fréquence observée pour chaque cellule ;
2. élevez au carré chacune de ces différences ;
3. divisez chaque différence au carré par la fréquence anticipée de la cellule ;
4. additionnez tous ces chiffres pour toutes les cellules.

Le résultat est le χ^2. N'oubliez pas d'élever au carré la différence dans chaque cellule (étape 2) avant de diviser par la fréquence anticipée de cette cellule.

En examinant le numérateur (c'est-à-dire la partie supérieure) de la formule, vous pourrez constater que plus la différence entre la fréquence observée et la fréquence anticipée est grande, plus le χ^2 est grand. Puisque le calcul des fréquences anticipées repose sur la supposition voulant qu'il n'y ait pas de relation, des différences plus grandes entre les fréquences observées et les fréquences anticipées indiquent une relation plus forte (c'est-à-dire une relation qui s'éloigne d'une relation nulle). Ainsi plus la relation est forte (pour un nombre de cas donné), plus le chi-carré est élevé.

En appliquant la formule du chi-carré aux fréquences observées et anticipées de la relation Instruction → Désobéissance civile, on obtient le résultat suivant :

$$\chi^2 \;=\; \Sigma \frac{(f_o - f_a)^2}{f_a}$$

$$= \; \frac{(4 - 5,80)^2}{5,80} + \frac{(6 - 4,20)^2}{4,20} + \frac{(13 - 13,92)^2}{13,92} + \frac{(11 - 10,08)^2}{10,08} +$$

$$\frac{(12 - 9,28)^2}{9,28} + \frac{(4 - 6,72)^2}{6,72}$$

$$= \frac{3,2400}{5,80} + \frac{3,2400}{4,20} + \frac{0,8464}{13,92} + \frac{,8464}{10.08} + \frac{7,3984}{9,28} + \frac{7,3984}{6,72}$$

$$= 0,5586 + 0,7714 + 0,0608 + 0,0840 + 0,7972 + 1,1010$$

$$= 3,373$$

Vous trouverez peut-être qu'il est plus simple de calculer le χ^2 à l'aide d'un tableau de calcul tel que le tableau 6.5.

Tableau 6.5. Calcul du chi-carré pour l'attitude face à la désobéissance civile selon le niveau instruction

f_o	f_a	$f_o - f_a$	$(f_o - f_a)^2$	$(f_o - f_a)^2 / f_a$
4	5,80	−1,80	3,2400	0,5586
6	4,20	1,80	3,2400	0,7714
13	13,92	−0,92	0,8464	0,0608
11	10,08	0,92	0,8464	0,0840
12	9,28	2,72	7,3984	0,7972
4	6,72	-2,72	7,3984	1,1010
Total				$\chi^2 = 3,3730$

Ici les statisticiens ont fait une chose merveilleuse pour nous. Ils ont estimé la distribution d'échantillonnage du chi-carré. C'est-à-dire qu'ils ont calculé la probabilité d'obtenir un chi-carré au moins aussi grand qu'une certaine valeur si, dans la population de laquelle fut tiré l'échantillon, il n'y a pas de relation entre les deux variables. Ce calcul implique que les données que nous analysons proviennent d'un échantillon aléatoire, postulat qui est respecté dans les sondages rigoureux, tel le General Social Survey.

Cette probabilité dépend en partie des **degrés de liberté (dl)** du chi-carré. Rappelez-vous que nous avons traité des degrés de liberté lorsque nous avons examiné la variance et l'écart-type pour des données d'échantillon à la section 4.1. Pour le chi-carré le nombre de degrés de liberté équivaut à (r − 1) (c − 1), lorsque r et c sont le nombre de rangées et de colonnes dans le tableau (en omettant la rangée et la colonne « Total »). Donc, dl = 1 pour un tableau 2 x 2, dl = 2 pour un tableau 2 x 3, dl = 3 pour un tableau 2 x 4, ainsi de suite. Pour le tableau 2 x 3 présenté plus haut :

$$dl = (r-1)(c-1)$$
$$= (2-1)(3-1)$$
$$= (1)(2)$$
$$= 2$$

La distribution du chi-carré est donnée au tableau 1 de l'appendice. Le tableau donne la valeur minimale du chi-carré nécessaire pour obtenir un résultat statistiquement significatif aux seuils 0,05, 0,02, 0,01 et 0,001. Pour utiliser le tableau trouvez d'abord les degrés de liberté dans la colonne de gauche puis, en allant vers la droite, voyez quelle valeur minimale de chi-carré vous devez obtenir pour rejeter l'hypothèse nulle à un niveau donné de signification. Voici les rangées du tableau de chi-carré pour 2 degrés de liberté :

	Probabilité			
dl	0,05	0,02	0,01	0,001
.	.	.	.	.
2	5,991	7,824	9,210	13,815
.	.	.	.	.
.	.	.	.	.
.	.	.	.	.

Ainsi, avec 2 degrés de liberté, il nous faut un chi-carré d'au moins 5,991 pour obtenir un résultat qui soit statistiquement significatif au seuil de signification 0,05, un chi-carré d'au moins 7,824 pour que le résultat soit statistiquement significatif au seuil 0,02, un chi-carré d'au moins 9,210 au seuil 0,01, et un chi-carré d'au moins 13,815 au seuil 0,001.

Notre chi-carré est de seulement 3,373, moins que le chi-carré correspondant au seuil 0,05. Nous ne pouvons donc pas rejeter l'hypothèse nulle selon laquelle il n'y a pas de relation entre l'instruction et l'attitude face à la désobéissance civile dans la population d'où provient notre échantillon hypothétique de 50 cas. Nous aurions pu trouver les fréquences que nous observons dans nos données d'échantillon simplement par hasard, donc malgré l'absence de relation entre les deux variables dans la population. Comme la relation que nous avons mesurée dans notre échantillon aurait pu être due au hasard, nous sommes peu enclins à rejeter l'hypothèse nulle voulant qu'il n'y ait pas de relation dans la population. Dans le jargon statistique, « nous échouons dans notre tentative de rejeter l'hypothèse nulle ». Prenez note qu'il ne nous arrive jamais d'« accepter » l'hypothèse nulle. Le raisonnement statistique procède plutôt par falsification, c'est-à-dire en rejetant l'opposé d'une idée plutôt que d'accepter l'idée elle-même. C'est de cette façon que fonctionne la science et ce n'est pas par hasard que cette méthode donne de si bons résultats.

Bien sûr, nous pourrions faire une erreur (une erreur de type II) en ne rejetant pas l'hypothèse nulle si elle était vraiment fausse. Mais la probabilité de découvrir la relation que nous observons dans nos données d'échantillon sans qu'il y ait de relation dans la population est tout de même supérieure à 1 sur 20.

Avec l'habitude, il est facile de tenir pour acquises des statistiques telles que le chi-carré et d'oublier leur sens. J'espère que vous vous souviendrez que le chi-carré est une statistique au sens technique du terme. C'est-à-dire que c'est une caractéristique d'un échantillon, comme une moyenne, un écart-type ou un pourcentage peuvent être les caractéristiques d'un échantillon. Rappelez-vous également que les tableaux de chi-carré en annexe décrivent une distribution d'échantillonnage. Ils décrivent la distribution d'une statistique (le chi-carré) en indiquant la probabilité associée avec tous les résultats d'échantillon possibles (c'est-à-dire tous les chi-carrés possibles). Pour les deux variables que nous analysons, imaginez tous les tableaux bivariés possibles pour un N donné, chacun ayant un chi-carré associé. Le tableau de chi-carré en annexe montre la distribution de ces chi-carrés en établissant la probabilité d'obtenir chacun d'eux s'il n'y a pas de relation dans la population. Nous déterminons alors où se trouve le chi-carré de notre relation dans cette distribution. Ainsi nous découvrons la possibilité d'obtenir notre chi-carré s'il n'y avait pas de relation dans la population. Cette probabilité constitue le niveau de signification statistique de la relation de notre échantillon.

Incidemment, les chercheurs indiquent souvent le chi-carré et la probabilité qui y est associée juste au-dessous du tableau, comme cela est fait dans le tableau 6.6. Ici cette probabilité est supérieure à 0,05, ce qui indique que la relation n'est pas statistiquement significative. L'abréviation « n.s. » signifie « non significatif ». L'abréviation « p » signifie « probabilité ». Elle est suivie de la probabilité correspondant à la valeur du chi-carré. Quand la relation est statistiquement significative, on indique les probabilités de la façon suivante : $p < 0,05$, $p < 0,01$, $p < 0,02$ ou $p < 0,001$, selon le niveau de signification du χ^2. Il arrive souvent aussi qu'une mesure d'association comme celles que nous allons voir au chapitre suivant soit rapportée à la suite des résultats du test du chi-carré.

Tableau 6.6. Attitude face à la désobéissance civile selon
le niveau d'instruction (en pourcentages)

Désobéissance civile	Niveau d'instruction		
	Moins que le secondaire	Secondaire	Postsecondaire
Conscience	40	54	75
Obéir aux lois	60	46	25
Total	100	100	100
(N)	(10)	(24)	(16)

$\chi^2 = 2,00$; n.s.

Les tests de signification statistique comme le test du chi-carré sont des outils très utiles dans l'analyse des données. Ils nous disent jusqu'à quel point nous pouvons croire que nos résultats reflètent la réalité plutôt que seulement l'effet du hasard du processus d'échantillonnage. Mais tous les outils doivent être utilisés avec précaution. (Vous êtes-vous déjà donné un coup de marteau sur le pouce ?) Les trois sections qui suivent décrivent les principales précautions qu'il faut prendre lorsque l'on se sert du test du chi-carré.

6.3   Les problèmes causés par des fréquences anticipées inférieures à 5

J'ai volontairement choisi de petits nombres dans l'exemple qui précède pour que nous puissions concentrer notre attention sur la logique et le fonctionnement du test du chi-carré. Mais je dois admettre que ces petits nombres posent un sérieux problème. En effet, il faut toujours être très prudents lorsque l'on emploie le test du chi-carré alors que la fréquence anticipée d'une des cellules est inférieure à 5. Cela est particulièrement vrai quand les fréquences anticipées de plus de 20 % des cellules sont aussi faibles. (L'exemple Instruction → Désobéissance civile s'approche dangereusement de cette limite, avec une fréquence anticipée inférieure à 5 dans une des six cellules, c'est-à-dire 16,7 % du total des cellules.) Nous pouvons indiquer la probabilité correspondant au chi-carré, mais nous ne pouvons guère nous y fier. La raison de cela est que la distribution du chi-carré est supposée être continue, le chi-carré pouvant prendre n'importe quelle valeur. Mais, lorsque les fréquences anticipées sont petites, les valeurs possibles du chi-carré sont mathématiquement limitées, ce qui viole le postulat de continuité sur lequel repose le test. Par conséquent, quand les fréquences anticipées sont inférieures à 5 nous inscrivons, en guise de niveau de signification, la mention « ne s'applique pas » (en abrégé « n.a. »). D'autres tests (comme le test exact de Fisher) peuvent être utilisés lorsque les fréquences anticipées sont petites. Ces autres tests sont décrits dans des manuels de statistiques plus avancées cités en bibliographie.

Comme les fréquences anticipées dépendent des fréquences marginales, c'est seulement lorsque les valeurs de l'une des variables (ou des deux) ont très peu de cas que se pose ce problème des faibles fréquences anticipées. Voilà qui devrait nous suggérer quelques solutions. Songez à fusionner les valeurs moins fréquentes de façon à ce que les fréquences anticipées atteignent au moins 5. Ou bien si la variable est nominale vous pouvez simplement exclure les catégories à l'origine des petites fréquences anticipées. Ces solutions au problème des faibles fréquences anticipées sont les mêmes que celles qui ont été présentées à la section 5.7 pour remédier aux problèmes causés par des pourcentages reposant sur de faibles N. Comme toujours, n'excluez ou ne fusionnez des fréquences que si cela a un sens et vous aide à atteindre les objectifs de votre recherche.

6.4   Signification statistique et signification « réelle »

Une autre mise en garde à propos du test du chi-carré (ou de n'importe quel autre test de signification statistique) : un résultat *statistiquement* significatif n'est pas nécessairement un résultat « *réellement* » significatif à l'aune de la question étudiée. Nous qualifions une relation de « réellement » significative seulement lorsqu'elle est passablement forte. Qui se préoccupe d'une relation basée sur une différence de quelques points de pourcentage seulement, même si elle est généralisable à la population (c'est-à-dire statistiquement significative) ? Or la signification statistique ne dépend pas seulement de l'intensité de la relation mais aussi du nombre de cas dans l'échantillon. Cela est logique puisque nous avons plus confiance en des généralisations reposant sur un grand échantillon que sur un petit échantillon. Mais cela veut dire que, si nous avons un nombre suffisant de cas, une relation très faible au point d'être triviale sera statistiquement significative. De même une grande différence entre les pourcentages ne sera pas significative si elle est basée sur un nombre très faible de cas.

Examinons, en guise d'exemple, les trois tableaux hypothétiques 6.7a, b et c qui décrivent la relation entre la démarche et le caquetage de canard, d'une part, et le fait d'être un canard, d'autre part. L'hypothèse que nous testons correspond au vieux cliché qui veut que seul un canard ait une démarche de canard et caquette comme un canard, une hypothèse qui contredit le fameux proverbe « L'habit ne fait pas le moine ». Évidemment nous nous intéressons aux nombres et non à cette hypothèse farfelue bien qu'une telle hypothèse puisse nous rappeler que parfois la signification statistique n'est pas aussi « significative » qu'on le voudrait. Dans chaque tableau on observe la même différence de 20 points de pourcentage mais des niveaux de signification passablement différents en fonction du nombre de cas. Pour seulement 50 cas (tableau 6.7a), la différence de 20 points de pourcentage n'est pas significative statistiquement. Pour 100 cas (6.7b), la même différence de 20 points est statistiquement significative au seuil 0,05. Et pour 500 cas (6.7c), la même différence est significative au seuil 0,001. Cela est normal car nous sommes plus confiants qu'une relation existe « vraiment » lorsqu'elle est basée sur un plus grand nombre de cas. Même une grande différence, si elle repose sur un faible nombre de cas, ne peut pas être généralisée avec confiance. Et même une très petite différence sans importance peut être généralisée à la population si elle est découverte dans un échantillon suffisamment grand.

Tableau 6.7a.
Fait d'être un canard selon la démarche et le caquetage pour 50 cas (en pourcentages)

Est un canard	Marche et caquette comme un canard ?	
	Oui	Non
Oui	60	40
Non	40	60
Total	100	100
(N)	(25)	(25)

$\chi^2 = 2,00$; n.s.

Tableau 6.7b.
Fait d'être un canard selon la démarche et le caquetage pour 100 cas (en pourcentages)

Est un canard	Marche et caquette comme un canard ?	
	Oui	Non
Oui	60	40
Non	40	60
Total	100	100
(N)	(50)	(50)

$\chi^2 = 4,00$; $p < 0,05$

Tableau 6.7c.
Fait d'être un canard selon la démarche et le caquetage pour 500 cas (en pourcentages)

Est un canard	Marche et caquette comme un canard ?	
	Oui	Non
Oui	60	40
Non	40	60
Total	100	100
(N)	(250)	(250)

$\chi^2 = 20,00$; $p < 0,001$

Attention donc aux prétentions de certains chercheurs selon lesquelles telle ou telle relation est « statistiquement significative » lorsque le N est très grand. Cette prétention peut être justifiée mais la relation peut être faible au point d'être triviale. Il faut garder à l'esprit que la signification statistique signifie simplement qu'une relation mise à jour dans des données d'échantillon peut être généralisée avec confiance à la population entière. C'est une information très utile à propos de la relation, mais elle n'est pas suffisante pour dire de la relation qu'elle est importante ou intéressante.

6.5   Les tests de signification sur des données de population

Dans ce chapitre nous avons appliqué le test du chi-carré à des données d'échantillon en vue de déterminer si nous pouvions généraliser avec confiance à la population une relation découverte dans un échantillon. C'est la principale application des statistiques inférentielles comme le test du chi-carré. Nous faisons des tests de signification statistique pour décider si nous pouvons généraliser des relations mises au jour dans des données d'échantillon comme le General Social Survey américain à la population entière. Les tests de signification nous permettent d'éliminer, avec un certain niveau de confiance, la possibilité que nos résultats d'échantillon soient dus au hasard des procédures d'échantillonnage.

Néanmoins, vous verrez souvent des recherches où l'on utilise des tests de signification statistique même pour des données de population telles que les 50 nations les plus peuplées, les 50 États américains ou bien encore les 13 provinces et territoires canadiens. Nous n'avons pas besoin de faire des tests de signification pour généraliser des données de population. En effet, si nous avons des données pour toute la population, on connaît donc notre population et il n'est nul besoin de généraliser. Avec des données de population nous sommes certains à 100 % (c'est-à-dire p = 100) que la relation discernée dans les données est valable pour l'ensemble de la population. On fait toutefois des tests de signification pour vérifier la probabilité qu'une relation trouvée dans les données de population soit due au hasard.

Par exemple, si le test de chi-carré d'une relation bivariée retracée dans des données de population indique que la relation est statistiquement significative au seuil 0,05, on peut considérer que l'association entre les variables n'est pas due au hasard. Il est peu probable d'obtenir une relation bivariée lorsque les cas sont distribués aléatoirement dans les cellules. La relation n'est donc probablement pas uniquement due au hasard. Il y a vraisemblablement une raison expliquant la relation et en tant que chercheurs scientifiques nous devons expliquer pourquoi ces variables sont associées.

Vous devez toutefois savoir que votre instructeur peut avoir une autre opinion sur l'utilité des tests de signification pour des données de population et voudra peut-être en discuter en classe.

6.6   Résumé du chapitre 6

Voici ce que nous avons vu dans ce chapitre :

- Les tests de signification statistique nous renseignent sur la probabilité de trouver une relation aussi forte que celle que l'on a découverte dans l'échantillon quand il n'y a pas de relation dans la population de laquelle est tiré cet échantillon.

- Dans les tests de signification statistique, l'hypothèse nulle affirme généralement que, dans la population, il n'y a pas de relation entre les deux variables.

- Le seuil de signification 0,05 est celui qui est généralement utilisé dans les tests de signification statistique. Autrement dit, si la probabilité de trouver une relation dans un échantillon quand il n'y a pas de relation entre les deux variables dans la population est inférieure à 0,05, on rejette l'hypothèse nulle voulant qu'il n'y ait pas de relation.

- Rejeter une hypothèse nulle vraie est une erreur de type I. Ne pas rejeter une hypothèse nulle fausse est une erreur de type II.

- Le niveau de signification est la probabilité de commettre une erreur de type I.

- Le test de signification du chi-carré est pertinent pour l'analyse de tableau bivarié.

- Le test du chi-carré compare les fréquences observées avec les fréquences auxquelles on s'attendrait s'il n'y avait pas de relation entre les variables (les fréquences anticipées).

- Le test du chi-carré n'est pas approprié lorsque les fréquences anticipées sont inférieures à 5. Dans une telle situation, envisagez d'exclure ou de regrouper les valeurs ayant de faibles fréquences pour en augmenter les fréquences anticipées.

- La signification statistique dépend à la fois de l'intensité de la relation et de la taille de l'échantillon (le nombre de cas dans l'échantillon).

- Qu'une relation soit statistiquement significative ne signifie pas qu'elle soit importante ou intéressante. Même une relation faible peut être statistiquement significative si elle est basée sur un nombre suffisant de cas.

- Les tests de signification sont souvent utilisés pour les données de population en vue de mesurer la possibilité que la relation soit due au hasard ou à un processus aléatoire.

Principaux concepts et mesures

Termes et idées

test de signification statistique
hypothèse nulle
rejet de l'hypothèse nulle
échec du rejet de l'hypothèse nulle
seuil de signification statistique
probabilité
erreur de type I (erreur alpha)

seuil alpha
erreur de type II (erreur bêta)
chi-carré
test du chi-carré
fréquence observée
fréquence anticipée
degré de liberté (dl)

Symboles

H_0

χ^2

f_a

f_o

dl

$p < 0{,}05$; $p < 0{,}01$; et $p < 0{,}001$

Prob. = n.a.

n.s.

Formules

$$f_a = \left(\frac{\text{Total de la rangée}}{N} \right) \text{Total de la colonne}$$

$$\chi^2 = \Sigma \frac{(f_o - f_a)^2}{f_a}$$

$$dl = (r-1)(c-1)$$

CHAPITRE 7
Mesures d'association pour des données de tableau croisé (nominales ou ordinales)

Nous nous sommes déjà initiés à une mesure de l'intensité d'une relation : les différences en points de pourcentage entre les catégories de la variable indépendante. Plus les différences sont grandes, plus la relation est forte. Mais les différences de points de pourcentage ne constituent pas une mesure très concise, particulièrement pour les grands tableaux dans lesquels il faut apprécier de nombreuses différences de pourcentage. Il serait bien pratique d'avoir un nombre unique qui donnerait une évaluation complète de l'intensité de la relation entre deux variables. Une telle mesure d'association pourrait à la fois décrire l'intensité d'une relation telle que Instruction → Désobéissance civile et permettre des comparaisons avec des mesures semblables pour d'autres relations.

Nous allons examiner plusieurs mesures d'association dans ce chapitre, des mesures qui ont des noms comme V, lambda et tau-c. Ce ne sont pas les seules. Chacune de ces mesures permet de répondre à la deuxième question que nous nous sommes posée au début du chapitre 5 : quelle est l'intensité de la relation entre les deux variables ? De telles mesures nous disent aussi, de façon implicite, s'il y a une relation entre les deux variables. En plus, certaines mesures d'association indiquent la direction de la relation, à la condition que les variables soient ordinales ou d'intervalle/ratio.

À la fin de ce chapitre vous pourrez :

1. Expliquer le but des mesures d'association et les conventions qui y sont liées.

2. Calculer et interpréter certaines mesures usuelles d'association.

3. Distinguer, à l'aide des mesures d'association, les relations faibles des relations moyennes et fortes.

4. Interpréter le lambda et les autres mesures ordinales d'association en termes de réduction proportionnelle de l'erreur (RPE) et comprendre ce qu'implique une telle interprétation.

5. Expliquer les principaux avantages et désavantages du C, du V, et du φ, et les conditions nécessaires à leur utilisation.

6. Calculer des paires de valeurs (dans la même direction ou dans la direction opposée) et expliquer leur signification.

7. Reconnaître les principaux avantages et désavantages du gamma, du D de Somers, du tau-b et du tau-c et les conditions de leur utilisation.

8. Expliquer la différence entre des mesures symétriques et asymétriques d'association.

7.1   Un survol des mesures d'association

Par convention, les mesures d'association s'étendent généralement de 0 à 1,00 pour des variables nominales, et de −1,00 à +1,00 (en passant par 0) pour des variables ordinales ou d'intervalle/ratio. Une valeur de 0 indique qu'il n'y a aucune relation entre les variables alors qu'une valeur de −1,00 ou +1,00 indique une relation parfaite. La valeur absolue (c'est-à-dire la valeur sans tenir compte des signes + ou −) entre 0 et 1,00 reflète l'intensité d'une relation imparfaite, de telle façon que plus la valeur d'une mesure d'association est élevée, plus la relation est forte ou intense. Le signe + ou − d'une mesure d'association, pour des variables ordinales ou d'intervalle/ratio, indique la direction de la relation – positive ou négative. D'habitude on omet le signe lorsque la relation est positive à moins que cette omission ne cause des ambiguïtés.

Les statisticiens ont conçu des douzaines de mesures d'association, chacune ayant sa propre interprétation, son champ particulier d'application, ses avantages et ses inconvénients. Dans ce chapitre nous examinerons les mesures d'association les plus couramment utilisées dans les analyses de tableaux bivariés de fréquences et de pourcentages. Le principal critère du choix d'une mesure d'association plutôt qu'une autre est le niveau de mesure des variables du tableau. On utilise certaines mesures d'association quand au moins une des deux variables est nominale. Nous verrons d'abord ces mesures. Lorsque les deux variables d'un tableau sont ordinales ou d'intervalle/ratio, on se sert d'autres mesures que nous verrons par la suite.

7.2   Les mesures basées sur le chi-carré pour variables nominales : le C, le V et le ϕ

On utilise le C, le V, et trois autres mesures étroitement apparentées qu'on appelle lambda, lorsque l'une des variables est nominale. Je vais d'abord vous présenter le C, le V ainsi qu'un cas particulier de V qu'on appelle le ϕ – toutes des mesures basées sur le chi-carré. Je décrirai le lambda à la prochaine section.

En discutant du test de signification statistique du chi-carré à la section 6.4, j'ai fait remarquer que la valeur du chi-carré dépend de deux facteurs : (1) l'intensité de la relation et (2) le nombre de cas. On obtient un chi-carré de 0 si deux variables ne sont pas associées. Cela nous procure une bonne base à partir de laquelle construire une mesure d'association puisque, par convention, nous voulons que 0 soit la valeur indiquant l'absence d'association entre deux variables. Le chi-carré a une valeur maximale possible qui est égale à N fois la valeur de la plus faible de ces deux quantités, r – 1 ou c – 1. Cela veut dire que le chi-carré a un maximum de N pour un tableau de 2 x 2, un maximum de 2N pour un tableau de 3 x 3, et ainsi de suite. S'il était possible d'ajuster le chi-carré de manière à éliminer l'effet du nombre de cas et de prendre en considération la taille du tableau pour tenir compte de la valeur maximale, on obtiendrait une bonne mesure de l'intensité de la relation. Le C et le V sont précisément des mesures de ce genre.

Le statisticien britannique Karl Pearson a découvert une façon d'ajuster le chi-carré pour qu'il tienne compte de l'effet du nombre de cas. Voici la formule du *coefficient de contingence de Pearson*, qu'on appelle communément le C :

$$C = \sqrt{\frac{\chi^2}{\chi^2 + N}}$$

lorsque C = coefficient de contingence

χ^2 = chi-carré

N = nombre de cas.

La division de χ^2 par (χ^2 + N) permet d'éliminer l'effet du nombre de cas.

Voici un exemple de l'usage de C pour mesurer l'intensité de la relation entre la race et l'opinion sur la question de la discrimination raciale. Considérant que les Noirs sont moins avantagés que les Blancs du point de vue de l'emploi, du revenu et du logement, le

General Social Survey a demandé si ces différences étaient dues principalement à la discrimination. Le tableau 7.1 présente les pourcentages selon la race.

Tableau 7.1. Opinion sur la raison de la situation défavorable des Noirs selon la race (en pourcentages)

Y a-t-il discrimination ?	Race		
	Blancs	Noirs	Autres
Oui	34,6	64,2	53,1
Non	65,4	35,8	46,9
Total	100,0	100,0	100,0
(N)	(1 493)	(260)	(98)

$\chi^2 = 89,127$; dl = 2 ; p > 0,001
C = 0,21

Il n'est pas surprenant de constater que presque les deux tiers des Noirs, mais seulement un peu plus d'un tiers des Blancs ont répondu : « Oui, la situation des Noirs est due à la discrimination ». Avec un chi-carré de 89,127 et 2 degrés de liberté, cette relation est statistiquement significative au seuil 0,001. Voici comment on calcule le coefficient de contingence C :

$$C = \sqrt{\frac{\chi^2}{\chi^2 + N}}$$

$$= \sqrt{\frac{89,127}{89,127 + 1851}}$$

$$= \sqrt{\frac{89,127}{1940,127}}$$

$$= \sqrt{0,0459}$$

$$= 0,21$$

Pour un N donné, plus la relation est forte, plus la valeur du chi-carré est élevée et plus la valeur du C est élevée. Un C de 0,21 indique une relation modérément forte entre la race et l'opinion sur la raison de la situation défavorable des Noirs.

C a une limite inférieure de 0 et, plus la relation est forte, plus le C est élevé. C'est parfait. Cependant le C pose un problème sérieux : sa limite supérieure dépend du nombre de rangées et de colonnes du tableau. En effet, le C ne peut jamais être plus grand que $\sqrt{\dfrac{\text{Min}(r-1,c-1)}{\text{Min}(r,c)}}$ lorsque r est le nombre de rangées, c le nombre de colonnes et Min(r − 1, c − 1) le plus faible de r − 1 ou de c − 1 (« Min » signifie « minimum »). Par exemple, la limite supérieure du C pour un tableau à deux rangées ou à deux colonnes (comme le tableau 7.1) est de seulement 0,71, soit $\sqrt{\dfrac{1}{2}} = 0,71$. La limite supérieure du C pour un tableau avec trois colonnes et trois rangées est seulement de 0,82, soit $\sqrt{\dfrac{2}{3}} = 0,82$.

La limite supérieure du C augmente à mesure que le nombre de lignes et de colonnes d'un tableau augmente (faisant du C une mesure d'association plus appropriée pour les grands tableaux). Cette limite reste cependant toujours inférieure à 1,00. Le plafond abaissé du C rend cette mesure quelque peu malaisée à interpréter. Ce n'est pas la mesure idéale ! Le **V de Cramer**, souvent appelé le **V**, est semblable au C, excepté qu'il s'ajuste au nombre de lignes et de colonnes de telle façon qu'il peut atteindre 1,00 et que sa limite supérieure n'est pas tributaire des dimensions du tableau. Voici la formule pour calculer le V :

$$V = \sqrt{\frac{\chi^2}{(N)\text{Min}(r-1,c-1)}}$$

lorsque V = le V de Cramer

χ^2 = chi-carré

N = nombre total de cas

r = nombre de lignes

c = nombre de colonnes

Ici encore, Min(r − 1, c − 1) est le plus faible de r − 1 ou de c − 1. (N)Min(r − 1, c − 1) est la borne supérieure du χ^2 (permettez-moi de ne pas exposer ici la preuve mathématique de ce que j'avance). En divisant le χ^2 par cette expression, on limite la valeur du V de Cramer à 1,00.

Voici le calcul du V pour la relation Race → Discrimination telle qu'elle est présentée dans le tableau 7.1 :

$$V = \sqrt{\frac{\chi^2}{(N)\,\text{Min}(r-1,\ c-1)}}$$

$$= \sqrt{\frac{89,127}{(1851)\,\text{Min}(2-1,\ 3-1)}}$$

$$= \sqrt{\frac{89,127}{1851}}$$

$$= \sqrt{0,0482}$$

$$= 0,22$$

Pour un tableau comme le tableau 7.1, ayant deux rangées ou deux colonnes, $\text{Min}(r-1,\ c-1) = 1$. Ainsi, $V = \sqrt{\dfrac{\chi^2}{N}}$. Dans le cas très précis d'un tableau de 2 par c ou d'un tableau de r par 2, V correspond à une autre mesure d'association que l'on nomme ϕ (prononcer « fi »). Autrement dit, $\phi = \sqrt{\dfrac{\chi^2}{N}}$. On utilise ϕ lorsque l'on a affaire à un tableau de deux rangées ou de deux colonnes. Malheureusement, ϕ a la fâcheuse propriété d'avoir une limite supérieure qui dépasse 1,00 pour des tableaux ayant plus de deux rangées et de deux colonnes. Il fonctionne toutefois très bien pour un tableau de dimension appropriée (c'est-à-dire un tableau de 2 par c ou un tableau de r par 2). Souvent les chercheurs élèveront ϕ au carré et feront rapport du résultat en utilisant le symbole ϕ^2 qu'on appelle *contingence moyenne au carré*. Puisqu'il y a deux rangées dans le tableau 7.1, nous utiliserons le ϕ plutôt que le V de Cramer pour mesurer l'intensité de la relation. Nous rapporterons alors que $\phi = 0,22$ ou $\phi^2 = 0,05$.

Comme c'est le cas pour d'autres mesures d'association, V (ou φ) = 0 indique une relation nulle entre les variables et V (ou φ) = 1,00 indique une relation parfaite. Les valeurs entre 0 et 1,00 reflètent l'intensité de la relation. Un φ de 0,22 indique une relation modérée entre l'opinion sur la discrimination et la race. Puisque le φ est basé sur le chi-carré, il ne peut pas être négatif, ce qui est bon dans le cas des relations entre les variables nominales, car elles n'ont pas de direction.

C et V (et φ) sont des *mesures symétriques d'association*. C'est-à-dire que leurs valeurs restent les mêmes quelles que soient les variables que nous choisissons de considérer comme dépendantes ou indépendantes. C et φ resteraient inchangés si nous décidions (bien stupidement) de considérer l'opinion sur la discrimination comme la variable indépendante et la race comme la variable dépendante.

Puisque C et V (et φ) sont basés sur le chi-carré, le test de signification statistique du chi-carré pour un tableau de fréquences s'applique aussi à ces mesures d'association. Si le chi-carré, pour un tableau, est statistiquement significatif, les mesures d'association reposant sur le chi-carré le sont aussi. Si le chi-carré n'est pas significatif, les mesures d'association ne le sont pas. Le postulat de l'échantillonnage aléatoire, qui est nécessaire pour le test du chi-carré, l'est tout autant pour le test de signification statistique de C ou de V (ou φ).

7.3   Le lambda

Le *coefficient de prédiction de Guttman*, qu'heureusement on appelle lambda et qu'on note par la lettre grecque λ, est une autre mesure d'association pour des variables nominales. Le lambda mesure l'intensité d'une relation en calculant dans quelle proportion on peut réduire les erreurs que l'on commet en prédisant le score de la variable dépendante d'un cas aussitôt que l'on connaît la valeur de la variable indépendante de ce cas. À l'encontre du C et du V, le lambda ne repose pas sur le chi-carré et constitue une mesure asymétrique. Le fait d'être asymétrique veut dire que la valeur du lambda changera selon que l'on tient une variable pour dépendante ou indépendante.

Le lambda est calculé à partir des fréquences bivariées. Prenons par exemple les fréquences suivantes qui décrivent la relation entre la race et l'opinion sur la discrimination que nous avons vue dans la section précédente :

Y a-t-il discrimination ?	Race			
	Blancs	Noirs	Autres	Total
Oui	516	☞ 167	☞ 52	735
Non	☞ 977	93	46	☞ 1 116

J'ai éliminé la ligne Total (N) au bas du tableau car nous n'avons pas besoin de cette information pour calculer le lambda. Nous avons toutefois besoin de la distribution marginale de la variable dépendante, c'est pourquoi j'ai conservé la colonne Total pour l'opinion sur la discrimination. Étant donné que le lambda se calcule uniquement à partir des fréquences modales, j'ai pointé le mode de chaque colonne – Oui, dans le cas des Noirs et des Autres, et Non pour les Blancs et le Total de l'échantillon.

Lors du calcul du lambda, nous prédisons le score de chaque cas pour la variable dépendante – ici l'opinion sur la discrimination. Nous assumons tout d'abord que nous ne connaissons pas les scores de la variable indépendante (Race) ; concentrons-nous donc sur la distribution totale indiquée dans la colonne de droite.

Oui   735

Non   ☞ 1 116

Étant donné que Non est la catégorie modale pour l'ensemble des 1851 répondants, on minimise nos erreurs de prédiction si nous plaçons tous les 1 851 cas dans la catégorie des Non. Chaque répondant est plus susceptible de répondre Non que Oui. En prédisant Non pour tous les cas, nous aurons 1 116 fois raison (le nombre de répondants ayant répondu Non). Nous ferons donc 735 erreurs, c'est-à-dire le nombre de personne qui n'ont pas répondu Non. On ne peut pas faire mieux pour prédire dans quelle catégorie de la variable dépendante placer chaque cas si nous n'en savons pas plus (comme par exemple leurs scores pour la variable indépendante).

Maintenant supposons que pour chaque répondant nous connaissions le score de la variable indépendante, la race. Si nous savons qu'un répondant est Blanc, nous minimisons nos erreurs en plaçant cette personne (et tous les autres Blancs) dans la catégorie Non, la catégorie modale pour les répondants Blancs. Nous ne commettrons que 516 erreurs car c'est le nombre de répondant Blancs ayant répondu Oui. De même, si nous savons qu'un répondant est Noir, nous minimiserons nos erreurs en plaçant cette personne (et tous les autres répondants Noirs) dans la catégorie Oui, car c'est la catégorie modale pour ces répondants. Dans ce cas, nous ferons 93 erreurs – mais nous ne pouvons faire mieux. Enfin, nous placerons les 98 répondants de la catégorie Autres dans leur catégorie modale, la catégorie Oui, et nous commettrons ainsi 46 erreurs. Je ne doute pas que vous aurez trouvé comment nous sommes arrivés à ces 655 erreurs (516 + 93 +46 = 655)

Maintenant voyons où nous en sommes dans le décompte de nos erreurs. En prédisant les scores de la variable dépendante à l'aide des modes dans les catégories de la variable indépendante, on fait 655 erreurs. Nous aurons ainsi réduit nos erreurs de 735 à 655 si nous connaissons le score de chaque cas pour la variable indépendante. Cette information permet de réduire les erreurs de 80 (c'est-à-dire 735 − 655 = 80).

Comme nous l'avons mentionné plus haut, le lambda est la proportion dans laquelle nous réduisons nos erreurs de prédiction des scores de la variable dépendante lorsque nous connaissons les scores de la variable indépendante pour chaque cas. En voici la formule :

$$\text{Lambda} = \frac{\text{Erreurs si VI est inconnue} - \text{Erreurs si VI est connue}}{\text{Erreurs si VI est inconnue}}$$

lorsque VI = variable indépendante.

Appliquée à notre exemple, la relation Race → Opinion sur la discrimination, cette formule donne :

$$\text{Lambda} = \frac{\text{Erreurs si VI est inconnue} - \text{Erreurs si VI est connue}}{\text{Erreurs si VI est inconnue}}$$

$$= \frac{(735 - 655)}{735}$$

$$= \frac{80}{735}$$

$$= 0,11$$

Le numérateur indique de combien nous réduisons nos erreurs si nous connaissons les scores de la variable indépendante. Le dénominateur est le nombre total d'erreurs. Ainsi le lambda indique la proportion dans laquelle nous réduisons les erreurs si nous connaissons les scores de la variable indépendante. Nous réduisons nos erreurs sur la prédiction de l'opinion sur la discrimination de 11 % si nous connaissons la race des répondants. Ce lambda indique que la relation entre les deux variables est modérée.

Le lambda que nous venons de calculer tient pour acquis que la variable en colonnes est la variable indépendante et que la variable en rangées est la variable dépendante. C'est comme cela que nous avons convenu de construire nos tableaux bivariés dans ce cours. Mais nous pouvons aussi calculer le lambda en traitant la variable en rangées comme variable indépendante et la variable en colonnes comme variable dépendante. Généralement les deux valeurs du lambda ainsi calculées seront différentes, parfois très différentes. (Dans l'exemple précédent si l'on considère la race comme variable dépendante, le lambda sera égal à 0,00, et cela pour des raisons dont nous parlerons plus bas.)

Il y a aussi une forme symétrique du lambda, qui est une sorte de moyenne des deux lambdas asymétriques. Ce lambda symétrique est statistiquement limité et peu utilisé. Donc il existe trois lambdas pour un tableau bivarié, l'un mesurant l'effet de la variable en colonnes sur la variable en rangées, un autre mesurant l'effet de la variable en rangées sur la variable en colonnes et le troisième qui est la forme symétrique du lambda. En temps normal, nous utilisons le premier lambda car nous construisons généralement nos tableaux en disposant la variable indépendante en colonnes et la variable dépendante en rangées.

Contrairement au C et au V, le lambda est une mesure d'association dite de *réduction proportionnelle de l'erreur (RPE)*[1]. Les mesures d'association RPE ont un avantage important : elles sont faciles à interpréter. Elles nous disent dans quelle proportion on réduit les erreurs de prédiction des scores de la variable dépendante lorsque l'on connaît les scores de la variable indépendante. Comme nous l'avons vu, le lambda, dans l'exemple de la relation Race → Opinion sur la discrimination, indique qu'en connaissant la race de chacun des répondants nous pouvons réduire de 11 % les erreurs que nous commettrions autrement en prédisant leur opinion sur la discrimination.

L'interprétation RPE du lambda est très utile. Le lambda a également un autre avantage : il varie de 0,00 à 1,00 pour tous les tableaux, peu importe leur taille. Le lambda ne peut jamais dépasser 1,00. Par contre, le lambda a un sérieux inconvénient : il peut afficher un résultat de zéro même dans des situations où il existe « vraiment » une relation entre les variables. Cela se produit lorsque l'une des catégories de la variable dépendante a une fréquence beaucoup plus élevée que les autres. Dans ce cas, notre jeu de prédiction nous amène à placer tous les cas dans cette catégorie quelle que soit la valeur de la variable indépendante. (Semblable situation surviendrait si l'on considérait l'opinion sur la discrimination comme une variable

---

1.   Nous verrons au chapitre 11 que ϕ^2 est aussi une mesure d'association RPE.

indépendante dans l'exemple précédent. La catégorie Blancs serait alors la catégorie modale pour toutes les prédictions et le lambda serait de 0,00.) De plus, même si une catégorie de la variable dépendante ne domine pas complètement les autres, il est probable que les catégories dont les fréquences sont plus faibles ne seront pas incorporées dans le calcul du lambda.

Ce désavantage implique que le lambda n'est pas une bonne mesure d'association lorsque la variable dépendante est fortement asymétrique. Malheureusement, beaucoup de variables utilisées en sciences sociales sont suffisamment asymétriques pour que le lambda ne permette pas de repérer la relation entre celles-ci. Le lambda n'est donc pas une mesure aussi utile que nous pouvons l'espérer en considérant son interprétation de la RPE. Il n'en reste pas moins que la facilité d'interprétation du lambda en fait une mesure d'association très recherchée pour les relations où la variable dépendante est symétrique ou très faiblement asymétrique.

7.4 Le choix d'une mesure d'association pour les variables nominales

Résumons-nous. Si l'une des variables (ou les deux) d'un tableau bivarié est nominale, nous pouvons choisir l'une des quatre mesures suivantes : le C de Pearson, le V de Cramer, le φ (si c'est un tableau de 2 par c ou r par 2) et le lambda. Le C de Pearson présente un sérieux problème : sa borne supérieure est inférieure à 1,00. Cela rend difficile son interprétation. C'est pourquoi on préfère généralement le V de Cramer (ou le φ), spécialement pour les petits tableaux. Bien sûr, le φ est utilisé seulement pour des tableaux ayant deux rangées ou deux colonnes. Le lambda se comporte correctement (c'est-à-dire qu'il varie entre 0,00 et 1,00) et il a une interprétation RPE, ce qui est très bien. Par contre, le lambda sous-estime l'intensité d'une relation lorsque la variable dépendante est fortement asymétrique. Dans ce cas, il vaut mieux utiliser le V ou le C. Dans les cas où la variable dépendante n'est pas trop asymétrique, le lambda est tout indiqué.

Mais, comme toujours, il faut réfléchir à ce que l'on fait lorsque vient le temps de choisir une mesure d'association. Le choix d'une mesure d'association doit être basé sur le problème de recherche que nous essayons de résoudre, la nature de nos données et les caractéristiques des diverses mesures d'association. Une scie, un marteau et un tournevis sont des outils utiles. Le charpentier choisira l'un ou l'autre selon ce qu'il veut construire et les matériaux avec lesquels il travaille. Le charpentier n'use pas d'un tournevis pour planter un clou, ni d'un marteau pour scier une planche. On peut dire la même chose des mesures d'association. Chacune a son utilité et un bon chercheur fera son choix avec précaution. Il y a beaucoup de ressemblance entre la conception d'un tableau statistique élégant et la construction d'une belle table en bois. Dans les deux cas, cela demande de la dextérité.

Bien que l'on n'indique généralement qu'une seule mesure d'association par tableau, c'est dans un but de comparaison que, dans les tableaux 7.2, 7.3 et 7.4, je présente des exemples du C, du φ et du lambda à chacun des trois tableaux que nous avons examinés à la section 5.3. Je donne ces trois mesures pour vous montrer comment elles varient selon l'intensité de la relation.

Tableau 7.2.
Croyance en une vie après la mort
selon le sexe (en pourcentages)

Y a-t-il une vie après la mort ?	Sexe	
	Hommes	Femmes
Oui	82	83
Non	18	17
Total	100	100
(N)	(759)	(978)

$\chi^2 = 0,471$; dl = 1 ; n.s.
C = 0,02
φ = 0,02
Lambda = 0,00

Tableau 7.3.
Possession d'une arme à feu
selon le sexe (en pourcentages)

Possédez-vous une arme à feu ?	Sexe	
	Hommes	Femmes
Oui	48	35
Non	52	65
Total	100	100
(N)	(848)	(1 066)

$\chi^2 = 32,7$; dl = 1 ; p < 0,001
C = 0,13
φ = 0,13
Lambda = 0,00

Tableau 7.4.
Peur de se promener dans son
quartier selon le sexe
(en pourcentages)

Avez-vous peur ?	Sexe	
	Hommes	Femmes
Oui	26	55
Non	74	45
Total	100	100
(N)	(846)	(1 057)

$\chi^2 = 169,6$; dl = 1 ; p < 0,001
C = 0,29
φ = 0,30
Lambda = 0,14

Vous pouvez voir aussi, dans le tableau 7.3, que le lambda s'avère incapable de capter la relation modérée entre la possession d'une arme à feu et le sexe. La raison en est que la possession d'une arme est une variable passablement asymétrique, si bien que la catégorie modale est « Non » à la fois pour les hommes et les femmes. Dans le tableau 7.4, le lambda repère la relation entre le sexe et la peur de se promener dans son quartier car les réponses des hommes et des femmes ont un mode différent.

7.5 Les mesures d'association pour des variables ordinales : le gamma

Attardons-nous maintenant à quatre autres mesures d'association : le gamma, le D_{yx}, le tau-b et le tau-c. Ces statistiques qui sont intimement apparentées conviennent à des tableaux dont les deux variables sont ordinales ou d'intervalle/ratio[2]. Toutes, mis à part le tau-c, sont des mesures d'association de réduction proportionnelle de l'erreur (RPE), bien que le jeu de prédiction ne soit pas aussi intuitif pour ces mesures qu'il l'était pour le lambda.

Commençons par le *gamma* de Goodman et Kruskal (symbolisé par la lettre G pour des données d'échantillon, et la lettre grecque γ pour des données de population). Comme le lambda, le gamma repose sur la prédiction des scores de la variable dépendante à partir de la connaissance de la variable indépendante. Mais les prédictions ne se font pas de la même façon pour le gamma et tiennent compte de l'ordre entre les valeurs des variables.

Voici comment fonctionne le gamma. Pour chaque paire de cas dans une relation bivariée, nous prédisons que l'ordre des valeurs pour la variable dépendante correspondra à l'ordre des valeurs pour la variable indépendante. Si la relation entre les variables est positive, nous nous attendrons à ce que les scores les plus élevés de la variable indépendante soient associés aux scores les plus élevés de la variable dépendante. Après tout, c'est ce que signifie une relation positive : les scores élevés d'une variable sont associés avec les scores élevés de l'autre variable. Bien sûr, à moins que les variables soient parfaitement associées, les prédictions seront fausses pour certaines paires (on fera donc des erreurs). Nos prédictions seront toutefois

2. Une exception: pour les tableaux 2 par 2, le gamma est l'équivalent du Q de Yule, une mesure d'association calculée seulement pour des tableaux 2 par 2. Si on laisse tomber le signe, le Q de Yule peut être utilisé pour des données nominales. Ainsi, même si votre logiciel statistique ne calcule pas le Q de Yule comme tel, vous pouvez utiliser le gamma en ignorant le signe et en l'interprétant comme le Q, pour un tableau 2 par 2 mettant en relation des variables nominales.

plus souvent vraies que fausses. Ainsi plus la relation entre les variables sera forte, plus la proportion de prédictions vraies sera forte.

Considérons une fois encore la relation Instruction → Désobéissance civile. Nous avons déjà vu cette relation dans le chapitre 5, puis dans le chapitre 6 où nous avons fait des tests de chi-carré en utilisant les fréquences qui sont à la base des pourcentages. Les deux variables sont ordinales. C'est évident pour l'instruction avec des catégories qui ont un ordre : moins que le secondaire, secondaire et postsecondaire. Il en est toutefois de même pour l'attitude concernant la désobéissance civile. Ses valeurs – suivre sa conscience, obéir aux lois – sont ordonnées sur une dimension qui va de l'opinion extrême de toujours suivre sa conscience à l'opinion extrême opposée de toujours obéir aux lois. Il est vrai que considérer que « suivre sa conscience » est supérieur à « obéir aux lois » est arbitraire, mais cela ne pose pas de problèmes si on est cohérent et si l'on garde toujours le même ordre dans les valeurs tout au long de l'analyse (considérer un score comme « inférieur » ou « supérieur » n'implique aucun jugement de valeur, ces adjectifs sont purement techniques).

En traitant le score de « Suivre sa conscience » comme supérieur au score « Obéir aux lois », nous avons trouvé dans le chapitre 5 que l'attitude concernant la désobéissance civile est associée positivement avec le niveau d'instruction. Nous nous attendons alors – on pourrait même dire que nous prédisons – qu'un répondant ayant un niveau d'instruction élevé considérera également qu'il faut plutôt suivre sa conscience même si cela va à l'encontre des lois. Cela veut donc dire que, si le répondant Pierre Post-secondaire a un niveau d'instruction plus élevé que Paul Moins-que-le-secondaire, nous prédisons que Pierre Post-secondaire aura également un score plus élevé que Paul Moins-que-le-secondaire quant à l'attitude concernant la désobéissance civile. Ainsi, plus l'association entre les variables sera forte, plus nos prédictions seront vraies. Le gamma est la proportion des comparaisons qui correspondent à ce modèle.

Le gamma semble compliqué mais son calcul n'est vraiment pas difficile, seulement un peu fastidieux. Voici de nouveau les fréquences bivariées des 50 répondants de notre étude sur la relation Niveau d'instruction → Désobéissance civile :

Désobéissance civile	Niveau d'instruction		
	Moins que le secondaire	Secondaire	Postsecondaire
Suivre sa conscience	4	13	12
Obéir aux lois	6	11	4

Nous avons déjà vu ces fréquences dans le chapitre 5. J'ai omis d'indiquer les totaux des rangées et des colonnes car nous n'en avons pas besoin pour calculer le gamma.

Débutons par le coin inférieur gauche. Remarquez que les 6 répondants ayant une scolarité moindre que le secondaire et qui « obéissent aux lois » sont dans le « bon » ordre par rapport à chacun des 13 répondants ayant un niveau d'instruction secondaire qui « suivent leur conscience ». Puisque chacun de ces 6 répondants de la cellule du coin inférieur gauche peut être couplé avec chacun des 13 répondants du secondaire qui suivent leur conscience, il y a un total de (6)(13) = 78 paires impliquant ces cas.

De même chacun des 6 cas du coin inférieur gauche peut être couplé dans la direction désirée avec les 12 répondants diplômés d'études postsecondaires qui « suivent leur conscience ». Cela fait (6)(12) = 72 paires additionnelles avec le niveau d'instruction et l'attitude concernant la désobéissance civile ordonnées dans la direction prédite.

De la même façon, les 11 répondants ayant un niveau secondaire qui « obéissent aux lois » peuvent être couplés avec les 12 cas Postsecondaire/Suivre sa conscience, donnant un nouveau total de (11)(12) = 132 paires ordonnées dans la même direction quant aux scores sur le niveau d'instruction et l'attitude concernant la désobéissance civile. On peut maintenant arrêter de rechercher les paires ordonnées dans la direction attendue ou prédite car il n'y a plus de cas qui puissent être couplés avec d'autres cas qui ont un score plus élevé à la fois quant au niveau d'instruction et quant à l'attitude concernant la désobéissance civile. Si le tableau était plus grand, il nous faudrait alors coupler les cas de chaque cellule avec ceux des cellules au-dessus et à droite.

Ainsi, un total de 78 + 72 + 132 = 282 paires sont ordonnées dans la même direction pour les deux variables. Pour chacune de ces 282 paires, le cas ayant un niveau d'instruction supérieur a aussi un score supérieur quant à l'attitude concernant la désobéissance civile.

Donc, pour calculer le gamma, nous devons d'abord trouver le nombre de paires ayant « le même ordre » pour les deux variables – le niveau d'instruction et l'attitude concernant la désobéissance civile. Formalisons ce que j'ai dit auparavant. Nous multiplions la fréquence de chaque cellule par les fréquences des cellules qui se trouvent plus haut à droite, et nous additionnons tous ces produits. Schématiquement, dans le diagramme qui suit, il s'agira de multiplier la fréquence de chaque cellule noire par la fréquence de chaque cellule ombragée, puis d'additionner ces produits :

	< Sec.	Sec.	Post.
Consc.	4	13	12
Lois	6	11	4

$$(6)\,(13) + (6)\,(12) = 150$$

	< Sec.	Sec.	Post.
Consc.	4	13	12
Lois	6	11	4

$$(11)\,(12) = 132$$

Vous avez déjà compris la logique de cette procédure dans les deux paragraphes qui précèdent. En termes arithmétiques :

$$\text{Paires semblables} = [(6)\,(13) + (6)\,(12)] + (11)\,(12)$$

$$= [78 + 72] + 132$$

$$= 282$$

Il y a 282 paires de cas dont les scores sont disposés dans « le même ordre » pour les deux variables.

    De la même façon, il faut compter le nombre de paires dont les valeurs ont « un ordre opposé », c'est-à-dire faire la somme de tous les produits de la fréquence de chacune des cellules par la fréquence des cellules se trouvant en bas et à droite. Schématiquement, multipliez la fréquence de la cellule noire par la fréquence de chacune des cellules ombragées, puis additionnez ces produits :

	< Sec.	Sec.	Post.
Consc.	4	13	12
Lois	6	11	4

$$(4)\,(11) + (4)\,(4) = 60$$

	< Sec.	Sec.	Post.
Consc.	4	13	12
Lois	6	11	4

$$(13)\,(4) = 52$$

En termes arithmétiques :

$$\text{Paires opposées} = [(4)\,(11) + (4)\,(4)] + (13)\,(4)$$

$$= [44 + 16] + 52$$

$$= 60 + 52$$

$$= 112$$

Donc, dans 112 paires de cas, les répondants qui ont un niveau d'instruction *plus* élevé ont un score *moins* élevé sur l'échelle de la désobéissance civile.

    Une fois que nous connaissons le nombre de paires ordonnées dans la même direction et le nombre de paires ordonnées dans la direction opposée, nous calculons le gamma avec cette formule :

$$G = \frac{\text{Semblables} - \text{Opposées}}{\text{Semblables} + \text{Opposées}}$$

$$= \frac{282 - 112}{282 + 112}$$

$$= \frac{170}{394}$$

$$= 0,43$$

Ainsi, le gamma est de 0,43, ce qui témoigne d'une relation relativement forte entre l'instruction et l'attitude face à la désobéissance civile. Remarquez que le numérateur nous indique de combien le nombre de paires semblables est supérieur au nombre de paires différentes. Le dénominateur quant à lui correspond au nombre total de paires considérées. Ainsi un gamma positif nous donne dans quelle proportion nous améliorons nos prédictions en supposant que les cas avec un score supérieur sur la variable indépendante auront également un score supérieur sur la variable dépendante. Un gamma négatif peut être interprété de la même façon, sauf que la règle de prédiction est inverse : un cas avec un score supérieur sur la variable indépendante aura un score inférieur sur la variable dépendante. C'est ainsi qu'on interprète le gamma, une mesure d'association de type RPE.

Un peu fastidieux mais facile à calculer... et votre ordinateur se chargera même du côté fastidieux !

Les valeurs possibles du gamma s'échelonnent de –1,00 à +1,00. S'il n'y a pas de relation entre les variables, le nombre de paires dans la même direction sera égal au nombre de paires dans la direction opposée. Dans ce cas, le gamma sera de 0,00.

Un signe positif ou négatif indique la direction de la relation. Une relation positive aura toujours un plus grand nombre de paires dans la même direction que de paires dans la direction opposée. Par conséquent le gamma sera positif. Si tous les cas se trouvent le long de la diagonale principale (celle qui va de la cellule inférieure gauche à la cellule supérieure droite), toutes les paires sont dans la même direction. Le gamma sera alors égal à 1,00, ce qui indique une relation positive parfaite. Bien sûr le gamma sera négatif s'il y a plus de paires dans la direction opposée que de paires dans la même direction. Et dans un tableau parfaitement carré, si tous les cas se trouvent le long de la diagonale secondaire (celle allant de la cellule supérieure gauche à la cellule inférieure droite), le gamma sera égal à –1,00, donc ce sera une relation négative parfaite.

Un point important : la « mécanique » et l'interprétation des calculs du gamma décrits ci-dessus fonctionnent bien tant que le tableau bivarié présente la variable indépendante de gauche à droite dans les colonnes et la variable dépendante de bas en haut dans les rangées. Si la variable indépendante ou la variable dépendante étaient présentées de façon différente, il serait nécessaire de modifier la procédure de calcul ou l'interprétation du signe du gamma. Cette remarque vaut également pour les calculs du gamma produit par des logiciels statistiques. La direction d'un gamma calculé par ordinateur dépend du codage des variables. Nous pourrions, bien sûr, manipuler le codage des variables pour qu'elles aillent dans la « bonne » direction et que le gamma ait le « bon » signe. Toutefois je trouve habituellement qu'il est plus simple de laisser l'ordinateur calculer le gamma et de lui assigner moi-même le signe – positif ou négatif – en me basant sur la lecture du tableau de pourcentage. (Ces avertissements quant aux façons d'interpréter et de manipuler le signe du gamma s'appliquent à toutes les mesures d'association reliées au gamma dont nous parlerons dans le reste de ce chapitre.)

Le gamma a tendance à être plus élevé que les autres mesures ordinales que nous allons voir dans ce chapitre, en particulier dans le cas de petits tableaux. Cela se produit parce que le gamma ne tient pas compte des cas d'égalité pour la variable dépendante, c'est-à-dire des paires de cas qui ont le même score pour la variable dépendante mais des scores différents pour la variable indépendante. Notez que, lors du calcul du gamma, nous ne tenons compte que des paires de cas avec des scores différents à la fois sur la variable dépendante et la variable indépendante. Les égalités ne sont pas prises en compte.

Il semble raisonnable cependant de prédire l'ordre des scores de la variable dépendante pour ces paires, même si ces prédictions se révéleront fausses puisque les cas de ces paires sont « égaux » – c'est-à-dire qu'ils ont le même score – pour la variable dépendante. Songez, par exemple, aux paires dans lesquelles les deux cas suivent leur conscience mais ont un niveau d'instruction différent. Ces différences dans les niveaux d'instruction devraient nous faire prédire lequel des cas de chaque paire suit sa conscience. Ces prédictions seraient bien sûr fausses puisque, dans ces paires, les deux cas ont un score « égal » pour la variable « attitude concernant la désobéissance civile ». Il semble néanmoins raisonnable de tenir compte de ces cas d'égalité. Si l'on trouve plusieurs de ces cas d'égalité (comme cela survient souvent dans des données en tableau), le gamma sera basé sur un faible nombre de cas, puisqu'il ne tient pas compte des cas d'égalité. Voilà une limite sérieuse du gamma en tant que mesure d'association car cela fait en sorte qu'il exagère l'intensité « réelle » de la relation. C'est pour cette raison que les statisticiens nous mettent en garde contre l'usage du gamma pour des tableaux qui comprennent de nombreux cas d'égalité et qu'ils nous proposent plutôt d'autres mesures d'association qui tiennent compte des cas d'égalité. Nous allons traiter ces autres mesures dans le reste du chapitre.

7.6 Le D_{yx} de Somers

Il existe d'autres mesures d'association RPE pour des variables ordinales. Ces mesures ont été conçues afin de surmonter ce problème des égalités en incorporant celles-ci dans le calcul. Le D_{yx} de Somers, nommé d'après Robert H. Somers[3], est une de ces mesures. Comme vous l'avez peut-être deviné à la vue du symbole, c'est une mesure asymétrique d'association qui inverse les variables dépendante et indépendante, comme le font les deux lambdas asymétriques pour les variables nominales. Le D_{yx} traite la variable en rangées (appelée la variable Y) comme dépendante et la variable en colonnes (appelée la variable X) comme indépendante. Par convention, les statisticiens utilisent la lettre X pour symboliser la variable indépendante et la lettre Y pour la variable dépendante et mettent le symbole de la variable dépendante en premier dans l'indice des mesures d'association. Nous verrons ce type de notation tout au long du reste de cet ouvrage.

À l'instar du gamma, le D_{yx} repose sur le nombre de paires disposées dans la même direction et le nombre de paires disposées dans la direction opposée. Mais, contrairement au gamma, il incorpore aussi dans son calcul le nombre de paires qui présentent une égalité pour l'une des variables. Le D_{yx} tient compte du nombre de paires présentant une égalité dans la variable en rangées (Y) mais non dans la variable en colonnes (X).

Je sais, on dirait que c'est l'œuvre du Chapelier fou tant ça semble compliqué, mais concentrez-vous et tenez bon[4]. C'est en fait assez simple. Reprenons l'exemple de la relation Niveau d'instruction → Attitude concernant la désobéissance civile et respectons la convention qui consiste à représenter la variable en rangées (Attitude concernant la désobéissance civile) par Y et la variable en colonnes (Instruction) par X. Utilisons aussi l'expression E_y pour indiquer le nombre de paires présentant une égalité dans la variable Y mais non dans la variable X.

---

3.   Quelquefois le D de Somers est symbolisé par un d minuscule, dans cet ouvrage nous utiliserons toutefois le D majuscule.

4.   Pour en savoir plus sur ce Chapelier fou (qui n'était pas un statisticien, soit dit en passant) vous devrez (re)lire *Alice au pays des merveilles* de Lewis Carroll (qui était, lui, un mathématicien) (N.D.T.).

Nous trouvons E_y en multipliant la fréquence de la cellule noire par chacune des fréquences des cellules ombragées, et en additionnant ensuite les produits ainsi obtenus :

	< Sec.	Sec.	Post.
Consc.	4	13	12
Lois	6	11	4

$$(4)(13) + (4)(12) = 100$$

	< Sec.	Sec.	Post.
Consc.	4	13	12
Lois	6	11	4

$$(13)(12) = 156$$

	< Sec.	Sec.	Post.
Consc.	4	13	12
Lois	6	11	4

$$(6)(11) + (6)(4) = 90$$

	< Sec.	Sec.	Post.
Consc.	4	13	12
Lois	6	11	4

$$(11)(4) = 44$$

Ainsi,

$$E_y = [(4)(13) + (4)(12)] + (13)(12) + [(6)(11) + (6)(4)] + (11)(4)$$

$$= [52 + 48] + 156 + [66 + 24] + 44$$

$$= 100 + 156 + 90 + 44$$

$$= 390$$

Regardez attentivement ces tableaux. Je veux que vous notiez que tous les cas dans les cellules noires et les cellules ombragées d'un tableau sont égaux en ce qui concerne la variable dépendante. Par exemple, tous les cas de la cellule en noir et les cas des deux cellules ombrées en gris du tableau du coin supérieur gauche ont « Suivre sa conscience » comme score. Tous les cas dans les cellules ombragées du tableau du coin inférieur gauche ont « Obéir aux lois » comme score. Et ainsi de suite.

Une fois que nous avons trouvé E_y, nous pouvons calculer D_{yx}. En voici les formules :

$$D_{yx} = \frac{\text{Semblables} - \text{Opposées}}{\text{Semblables} + \text{Opposées} + E_y}$$

Pour l'exemple plus haut :

$$D_{yx} = \frac{\text{Semblables} - \text{Opposées}}{\text{Semblables} + \text{Opposées} + E_y}$$

$$= \frac{282 - 112}{282 + 112 + 390}$$

$$= \frac{170}{784}$$

$$= 0{,}22$$

Que veut donc dire un D_{yx} de 0,22 ? Comment l'interpréter ? Le signe positif implicite du D_{yx} indique que l'instruction et l'attitude concernant la désobéissance civile ont une relation positive – plus on est instruit plus on suit sa conscience. Le D_{yx} de 0,22 indique une relation modérément forte. Le D_{yx} peut varier en magnitude de 0 à 1,00, et 0,22 est dans la classe des relations modérées. Le D_{yx} est une mesure d'association RPE ; un D_{yx} de 0,22 veut donc dire que, dans la relation entre instruction et désobéissance civile, les paires qui sont ordonnées dans la même direction sont plus nombreuses de 22 % que celles qui sont ordonnées dans la direction opposée.

Notez que, pour le même tableau, le D_{yx} (0,22) est beaucoup plus petit que le gamma (0,43). Cela s'explique par le fait que le D_{yx} prend en compte les égalités (E_y) de la variable dépendante alors que le gamma ne le fait pas. Les formules pour le D_{yx} et le gamma ont le même numérateur (semblables – opposées). Cependant, le dénominateur de la formule du D_{yx} inclut les égalités (E_y) ; il est donc plus élevé que le dénominateur du gamma (sauf dans les situations exceptionnelles où il n'y a pas d'égalité). Par conséquent le D_{yx} est presque toujours plus petit que le gamma. Ainsi, pour un tableau donné, le D_{yx} ne peut pas être plus élevé que le gamma, et est presque toujours moins élevé – quelquefois beaucoup moins élevé lorsqu'il y a une grande proportion de paires avec des scores différents dans la variable indépendante qui ont un score identique dans la variable dépendante.

Il faut que vous sachiez qu'il y a en fait deux versions du D de Somers. Nous venons de voir une des versions, le D_{yx}. Une mesure analogue d'association, le D_{xy}, prend en compte les égalités dans la variable en colonnes (ou X) plutôt que dans la variable en rangées (Y). La formule du D_{xy} est similaire à la formule du D_{yx} si ce n'est qu'elle incorpore les égalités de la variable en colonnes (E_x) :

$$D_{yx} = \frac{\text{Semblables} - \text{Opposées}}{\text{Semblables} + \text{Opposées} + E_x}$$

E_x est trouvé de façon analogue à E_y. Dans notre exemple :

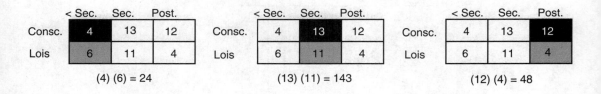

	< Sec.	Sec.	Post.
Consc.	4	13	12
Lois	6	11	4

(4)(6) = 24

	< Sec.	Sec.	Post.
Consc.	4	13	12
Lois	6	11	4

(13)(11) = 143

	< Sec.	Sec.	Post.
Consc.	4	13	12
Lois	6	11	4

(12)(4) = 48

$$\text{Ainsi,} \quad E_x = (4)(6) + (13)(11) + (12)(4)$$

$$= 24 + 143 + 48$$

$$= 215$$

$$D_{yx} = \frac{\text{Semblables} - \text{Opposées}}{\text{Semblables} + \text{Opposées} + E_x}$$

$$= \frac{282 - 112}{282 + 112 + 215}$$

$$= \frac{170}{609}$$

$$= 0,28$$

On utilise le D_{xy} plutôt que le D_{yx} lorsque l'on construit des tableaux avec la variable indépendante en rangées et la variable dépendante en colonnes. Toutefois si, comme dans cet ouvrage, nous mettons la variable indépendante en colonnes et la variable dépendante en rangées, c'est le D_{yx} qui est la mesure appropriée du D de Somers.

Il est important de noter que ce qui a été dit dans les paragraphes précédents implique que le D de Somers est une mesure d'association asymétrique. Dans notre exemple, le $D_{yx} = 0,22$ et le $D_{xy} = 0,28$. Comme avec le lambda, il faut savoir quelle est la variable indépendante et quelle est la variable dépendante. Lequel doit-on alors utiliser : D_{yx} ou D_{xy} ? La réponse est facile. Si la variable dépendante est en rangées (comme nous l'avons suggéré dans ce texte) on utilise alors le D_{yx}, puisque c'est la mesure qui traite la variable en rangées comme dépendante. En revanche, si la variable dépendante est en colonnes, on utilise le D_{xy}.

Une dernière remarque à propos du D : toutes les précautions se rapportant à l'interprétation du signe du gamma doivent être prises en considération pour le D_{yx} et le D_{xy}. Le signe dépend de la façon dont le tableau est construit, qui dépend à son tour de la façon dont les variables ont été codées. Dans les faits, il vaut mieux laisser l'ordinateur calculer le D et lui assigner par la suite le signe positif ou négatif en se basant sur notre propre lecture du tableau de pourcentage. N'acceptez jamais le signe qui vous est donné par l'ordinateur pour la mesure du D sans avoir vérifié auparavant que le codage des variables reflète votre définition des valeurs élevées et basses de chaque variable.

7.7 Le tau-b et le tau-c

Considérons enfin le tau-b et le tau-c, deux cousins du gamma et du D_{yx}.

Le tau-b de Kendall (souvent représenté par le symbole t_b pour des données d'échantillon et par le symbole τ_b pour les données de population)[5] a les mêmes caractéristiques que le gamma et le D_{yx}. Comme le gamma, le tau-b est symétrique et a une interprétation de RPE. Mais, comme le D_{yx}, le tau-b tient compte des égalités lors de la prédiction de l'ordre des cas dans chaque paire. En effet le tau-b est une sorte de moyenne du D_{yx} et du D_{xy} qui peut être calculée en extrayant la racine carrée du produit du D_{yx} et du D_{xy}. Voici deux formules équivalentes pour le tau-b.

$$\text{tau-b} = \sqrt{D_{yx}D_{xy}}$$

ou

$$\text{tau-b} = \frac{\text{Semblables} - \text{Opposées}}{\sqrt{(\text{Semblables} + \text{Opposées} + E_y)(\text{Semblables} + \text{Opposées} + E_x)}}$$

Pour le même exemple, Instruction → Désobéissance civile, utilisé pour le gamma et le D de Somers (D_{yx} et D_{xy}), nous obtenons :

---

5. Le tau-b de Kendall, qui porte le nom de Maurice G. Kendall, ne doit pas être confondu avec le τ_b de Goodman et Kruskal, une mesure appropriée pour des données nominales. Vous n'aurez pas ce problème dans ce manuel car on ne calcule pas le τ_b de Goodman et Kruskal. Cette statistique figure cependant dans les écrits statistiques et de recherche.

$$\text{tau-b} = \sqrt{D_{yx}D_{xy}}$$

$$= \sqrt{(0,22)(0,28)}$$

$$= \sqrt{0,0616}$$

$$= 0,25$$

ou

$$\text{tau-b} = \frac{\text{Semblables} - \text{Opposées}}{\sqrt{(\text{Semblables} + \text{Opposées} + E_y)(\text{Semblables} + \text{Opposées} + }}$$

$$= \frac{282 - 112}{\sqrt{(282 + 112 + 390)(282 + 112 + 215)}}$$

$$= \frac{170}{\sqrt{(784)(609)}}$$

$$= \frac{170}{\sqrt{477\ 456}}$$

$$= \frac{170}{690,98}$$

$$= 0,25$$

Le tau-b sera de 1,00 ou −1,00 seulement si le numérateur et le dénominateur sont les mêmes. Regardez attentivement la formule du tau-b et vous verrez que le dénominateur ne sera égal au numérateur que s'il n'y a pas d'égalité. Ainsi le tau-b ne peut pas atteindre 1,00 pour des tableaux (comme celui de notre exemple) qui ne sont pas carrés parce que, à ce moment, il y a plus de paires présentant une égalité dans une variable que dans l'autre. C'est un désavantage sérieux du tau-b. De plus, son interprétation RPE est complexe.

Le tau-c (symbolisé parfois par t_c ou τ_c pour les données d'échantillons ou de populations) résout ce problème que posent les tableaux qui ne sont pas carrés. L'interprétation du tau-c est très semblable à celle du tau-b, mais le tau-c peut, lui, atteindre la valeur maximale de 1,00, peu importe la forme du tableau. La formule pour le tau-c est la suivante :

$$\text{tau-c} = \frac{2\text{Min}(r,c)(\text{Semblables} - \text{Opposées})}{N^2\text{Min}(r - 1, c - 1)}$$

lorsque   N = nombre total de cas

r = nombre de rangées

c = nombre de colonnes

Le nombre de paires semblables et le nombre de paires opposées sont calculés de la même façon que pour le gamma et le D de Somers. Dans notre exemple portant sur la relation Niveau d'instruction → Attitude concernant la désobéissance civile :

$$\text{tau-c} = \frac{2\text{Min}(r,c)(\text{Semblables} - \text{Opposées})}{N^2 \text{Min}(r-1, c-1)}$$

$$= \frac{2(2)(282 - 112)}{(50)^2(1)}$$

$$= \frac{680}{2500}$$

$$= 0,27$$

Encore une fois, toutes les précautions se rapportant à l'interprétation du signe du gamma et du D de Somers s'appliquent au tau-b et au tau-c. Le signe dépend de la façon dont le tableau est construit, qui dépend à son tour de la façon dont les variables ont été codées. Vérifiez donc que le signe d'une mesure d'association ordinale reflète bien votre définition des valeurs élevées et basses de chaque variable.

7.8   Les mesures d'association : un résumé

Dans ce chapitre, nous avons examiné plusieurs mesures d'association, chacune d'elles ayant ses avantages, ses inconvénients et ses particularités propres. Le tableau suivant fait un survol des caractéristiques importantes de ces mesures.

Tableau 7.5. Résumé des mesures d'association nominales et ordinales

Mesure d'association	Niveau de mesure approprié	Étendue	Symétrique ?	Mesure RPE ?	Informations supplémentaires
C	Au moins une variable nominale	De 0 à < 1,00	Oui	Non	La limite supérieure augmente en fonction de la taille du tableau. Elle ne peut atteindre 1,00 cependant.
V de Cramer	Au moins une variable nominale	De 0 à 1,00	Oui	Non	Peut atteindre 1,00 peu importe la taille du tableau. ϕ = V pour des tableaux de 2 par c ou r par 2.
ϕ	Au moins une variable nominale	De 0 à 1,00	Oui	Oui (ϕ^2)	À employer seulement pour des tableaux de 2 par c ou de r par 2. $\phi^2 = r^2$ pour des tableaux de 2 par 2.
Lambda	Au moins une variable nominale	De 0 à 1,00	Non	Oui	Peut sous-estimer l'intensité lorsque la variable dépendante est asymétrique. Il existe aussi un lambda symétrique.
Gamma	Les deux variables doivent être ordinales	De –1,00 à 1,00	Oui	Oui	A tendance à être élevé. Ne tient pas compte des « égalités ».
D_{yx} et D_{xy} de Somers	Les deux variables doivent être ordinales	De –1,00 à 1,00	Non	Oui	Employez D_{yx} si la variable dépendante est en rangées.
Tau-b	Les deux variables doivent être ordinales	De –1,00 à 1,00 (pour des tableaux carrés)	Oui	Oui	À employer seulement pour des tableaux carrés (peut atteindre ± 1,00 seulement pour de tels tableaux).
Tau-c	Les deux variables doivent être ordinales	De –1,00 à 1,00	Oui	Non	Peut atteindre ± 1,00, peu importe la taille du tableau.

Nous verrons plus loin deux mesures d'association convenant à des variables d'intervalles et de proportion. Au chapitre 9, nous examinerons le êta-carré (E^2), une mesure dont on peut se servir lorsque l'on a affaire à une variable indépendante soit nominale, soit ordinale, et une variable dépendante d'intervalles/ratio. Au chapitre 10, nous étudierons le coefficient de corrélation de Pearson, le r, qui mesure l'intensité d'une relation entre deux variables d'intervalles/ratio. Comme il est indiqué dans le tableau 7.5, le ϕ^2 est équivalent au r^2. Nous parlerons plus en détail de cette équivalence trois chapitres plus loin.

Comment interpréter la valeur des mesures d'association nominales et ordinales que nous venons de voir ? À quelle valeur doit être le V, le lambda ou n'importe quelle autre mesure pour pouvoir dire de la relation qu'elle est forte ? J'aimerais pouvoir vous donner des règles solides, Hélas ! Il n'en existe pas. L'interprétation des mesures d'association dépend des caractéristiques de la mesure utilisée. Les mesures basées sur le chi-carré, telles que le C et le V, ont tendance à avoir des valeurs basses. On ne sera donc pas surpris que la relation entre la race et l'opinion quant à la discrimination du tableau 7.1 ait un C de « seulement » 0,21 et un V de « seulement » 0,22 (même s'il existe une différence de 30 points de pourcentage entre les catégories de la variable indépendante). Au contraire, le gamma a tendance à être élevé. Par conséquent, nous exigerons un gamma plus élevé qu'un tau-b ou qu'un tau-c pour conclure que la relation est forte. L'appréciation des mesures d'association dépend également des distributions des deux variables. Nous avons constaté, par exemple, que le lambda d'une relation dont la variable dépendante est fortement asymétrique est souvent zéro. Ainsi, le lambda est incapable de déceler une relation dans une pareille situation. Enfin, l'interprétation des mesures doit aussi tenir compte du contexte de l'analyse, ce qui inclut les résultats des recherches précédentes ainsi que le degré d'intensité des relations auxquelles on s'attend traditionnellement dans le domaine de recherche dans lequel on travaille.

En qualité de débutants vous aurez à composer avec cette ambiguïté, tout en sachant que votre habileté à interpréter des mesures d'association augmentera avec votre expérience.

7.9   Résumé du chapitre 7

Voici ce que nous avons vu dans ce chapitre :

- Une mesure d'association est un nombre qui résume l'intensité d'une relation.

- Les mesures d'association varient généralement de 0 (aucune relation) à ± 1,00 (une relation parfaite). Le signe + ou – indique la direction de la relation lorsque les variables sont ordinales ou d'intervalles/ratio.

- Le choix d'une mesure d'association est en partie tributaire du niveau de mesure des variables.

- Les mesures d'association de réduction proportionnelle de l'erreur (RPE) sont aisées à interpréter : elles indiquent dans quelle proportion le fait de connaître les scores de la variable indépendante réduit les erreurs que l'on commet en prédisant les scores de la variable dépendante.

- Le C et le V sont des mesures symétriques qui conviennent à des variables nominales et qui reposent sur le chi-carré.

- La limite supérieure du C augmente à mesure que la taille du tableau augmente. Elle reste toutefois toujours inférieure à 1,00.

- Le V équivaut au ϕ pour des tableaux constitués de deux rangées ou de deux colonnes.

- Le lambda est une mesure d'association RPE qui convient à des variables nominales. Il repose sur les valeurs modales de la variable dépendante.

- Le lambda sous-estime l'intensité des relations entre des variables qui sont fortement asymétriques.

- Le gamma, les D de Somers, le tau-b et le tau-c de Kendall sont des mesures d'association RPE qui conviennent à des variables ordinales. Ces mesures reposent sur un jeu de prédictions à propos de l'ordre dans lequel seront disposés les cas d'une paire de cas pour chacune des deux variables d'un tableau bivarié.

- Le gamma est une mesure symétrique qui ne tient pas compte des « égalités » pour la variable dépendante et a, par conséquent, tendance à être plus élevé que les autres mesures ordinales.

- Le D_{yx} et le D_{xy} de Somers sont des mesures asymétriques qui tiennent compte respectivement des « égalités » pour la variable en rangées et des « égalités » pour la variable en colonnes.

- Le tau-b est une mesure symétrique qui tient compte des « égalités » tant pour les variables en colonnes que pour les variables en rangées. Il ne peut atteindre 1,00 que pour des tableaux carrés.

- Le tau-c est une mesure d'association symétrique non RPE pour les variables ordinales qui peut atteindre 1,00, peu importe la forme du tableau.

Principaux concepts et procédures

Termes et idées

mesure d'association

mesure d'association basée sur le chi-carré

C (coefficient de contingence de Pearson)

V (V de Cramer)

ϕ et ϕ^2

lambda

mesure d'association symétrique

mesure d'association asymétrique

mesure d'association RPE (réduction proportionnelle de l'erreur)

gamma

paires semblables, paires opposées et paires égales

D_{yx} et D_{xy} de Somers

tau-b

tau-c

Symboles

C

V

ϕ et ϕ^2

Min (r,c)

Min (r − 1, c − 1)

G

λ

γ

D_{yx} et D_{xy}

tau-b ou τ_b

tau-c ou τ_c

Formules

$$C = \sqrt{\frac{\chi^2}{\chi^2 + N}}$$

$$V = \sqrt{\frac{\chi^2}{(N)\text{Min}(r-1, c-1)}}$$

$$\phi = \sqrt{\frac{\chi^2}{N}}$$

$$\text{Lambda} = \frac{\text{Erreurs si VI est inconnue} - \text{Erreurs si VI est connue}}{\text{Erreurs si VI est inconnue}}$$

$$G = \frac{\text{Semblables} - \text{Opposées}}{\text{Semblables} + \text{Opposées}}$$

$$D_{yx} = \frac{\text{Semblables} - \text{Opposées}}{\text{Semblables} + \text{Opposées} + E_y}$$

$$\text{tau-b} = \sqrt{D_{yx} D_{xy}}$$

$$\text{tau-b} = \frac{\text{Semblables} - \text{Opposées}}{\sqrt{(\text{Semblables} + \text{Opposées} + E_y)(\text{Semblables} + \text{Opposées} + E_x)}}$$

$$\text{tau-c} = \frac{2\text{Min}(r,c)(\text{Semblables} - \text{Opposées})}{N^2 \text{Min}(r-1, c-1)}$$

Analyse de tableaux bivariés

A. Voici un exemple d'un rapport sur un tableau bivarié unique

Les répondants du General Social Survey se sont vus demander s'ils étaient en accord ou en désaccord avec le fait que les employeurs devraient faire des efforts spéciaux pour promouvoir l'engagement de femmes qualifiées. J'ai réduit les cinq niveaux de l'échelle de Likert à trois catégories : en accord, ni en désaccord ni en accord, en désaccord. La préférence quant au parti politique mesurée sur une échelle de sept niveaux allant de très démocrate à très républicain a été réduite aux catégories suivantes : démocrate, indépendant, républicain.

Le tableau 1 présente un tableau croisé sur le soutien pour la discrimination positive envers les femmes selon les préférences quant au parti politique. Les démocrates et les indépendants soutiennent la discrimination positive plus fortement que les républicains. Dans cette étude sur la discrimination positive, la similarité de distribution entre les démocrates et les indépendants est remarquable. Plus de 60 % des démocrates et indépendants et seulement 42 % des républicains affirment leur soutien à la discrimination positive envers les femmes. Cette relation modérée a un gamma de 0,32. Avec un chi-carré de 71,678 et 4 degrés de liberté, la relation est statistiquement significative au seuil de 0,001.

TABLEAU 1 ICI

Considérant que la préférence politique est une variable ordinale, j'ai choisi d'utiliser le gamma comme mesure d'association. Le gamma révèle de façon satisfaisante la relation présente dans le tableau. Le D_{yx} ou le tau-b seraient également des mesures d'association acceptables pour ce tableau.

Inclure le tableau suivant à la fin de votre texte :

Tableau 1.   Discrimination positive envers les femmes selon la
              préférence quant au parti politique (en pourcentages)

Discrimination positive envers les femmes	Préférence quant au parti politique		
	Démocrates	Indépendants	Républicains
En accord	64,2	61,4	42,0
Ni l'un ni l'autre	12,7	15,5	15,1
En désaccord	23,1	23,2	42,9
Total	100,0	100,1	100,0
(N)	(685)	(207)	(517)

$\chi^2 = 71,678$; dl = 4 ; p < 0,001 ; G = 0,32

On pourrait également substituer l'histogramme suivant au tableau 1 :

Figure 1.   Opinion sur la discrimination positive envers les femmes
             selon la préférence quant au parti politique

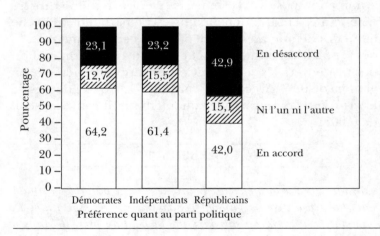

Puisque le tableau et l'histogramme présentent à peu près la même information, n'utilisez pas les deux, mais choisissez l'un ou l'autre. Si vous deviez utiliser l'histogramme, le test de chi-carré devrait être présenté dans le texte du rapport.

B. Si on a un groupe de plusieurs variables dépendantes inter-reliées, un tableau condensé offre un moyen plus efficace de présenter des relations bivariées. Le tableau 2 présente les différences selon le sexe pour cinq variables **dépendantes** *concernant le droit au suicide – et cela dans un seul tableau.*

Le General Social Survey a demandé aux répondants s'ils considéraient qu'une personne avait le droit de se suicider dans certaines situations. Le tableau 2 présente les pourcentages totaux ainsi que les pourcentages de femmes et d'hommes qui sont d'accord avec cette affirmation. Bien que presque les deux tiers des répondants soutiennent qu'une personne atteinte d'une maladie incurable a le droit de se suicider, bien peu sont d'accord dans le cas d'une personne en faillite, ayant déshonoré sa famille ou étant simplement fatiguée de la vie. Les comparaisons entre les sexes indiquent que les hommes ont plus de chance d'être d'accord avec le droit au suicide que les femmes bien que la différence entre les sexes soit faible. La plus grande différence entre les femmes et les hommes se trouve dans le cas d'une personne atteinte d'une maladie incurable – environ 70 % pour les hommes contre 60 % pour les femmes. Les différences entre les sexes sont néanmoins significatives statistiquement au seuil de 0,001.

TABLEAU 2 ICI

Inclure ce tableau à la fin de votre texte :

Tableau 2.   Opinion sur le suicide selon le sexe (en pourcentages)

A le droit de se suicider si...	Ensemble des cas	Sexe		χ^2	p<	V
		Hommes	Femmes			
Maladie incurable	64,4	69,5	60,4	16,709	0,001	0,10
(N)	(1 859)	(814)	(1 045)			
En faillite	9,6	12,2	7,7	10,973	0,001	0,08
(N)	(1 922)	(839)	(1 083)			
A déshonoré sa famille	10,1	12,6	8,2	10,181	0,001	0,07
(N)	(1 922)	(843)	(1 079)			
Fatigué de vivre	18,0	20,8	15,7	8,163	0,001	0,07
(N)	(1 061)	(836)	(1 061)			

CHAPITRE 8

Comparaison de moyennes et test *t*

Il y a deux sortes de personnes : celles qui classent les gens et celles qui ne le font pas et en général les dernières détestent les premières. Pour ma part, j'ai toujours pensé que le monde se divise en deux groupes : ceux qui trouvent cette histoire amusante et les autres. Des dichotomies comme celles-là, il y en a partout : homme/femme, Noir/ Blanc, autochtone/allochtone, marié/célibataire... Toutes des variables dichotomiques que les chercheurs (en sciences sociales/sciences non sociales) utilisent. On considère même qu'il y a deux types de variables : dichotomiques et non dichotomiques !

Souvent nous utilisons des variables indépendantes dichotomiques avec des variables dépendantes d'intervalles/ratio. On compare ainsi le revenu des hommes et des femmes, le nombre d'années de scolarité des Afro-Américains et des Blancs, la taille de la famille des autochtones et des allochtones, le nombre d'amis des personnes mariées et célibataires. En principe, nous pouvons analyser de telles relations avec des tableaux de pourcentages bivariés – mais seulement en principe, rarement en pratique. Les mesures d'intervalles/ ratio ont beaucoup trop de catégories pour permettre de construire des tableaux de pourcentages ou de fréquences. Bien entendu, on peut fusionner les catégories d'une variable pour en réduire le nombre. Cependant, fusionner les catégories d'une variable entraîne une perte d'information sur les différences entre les scores individuels. Par exemple, avec une variable telle que les années d'instruction, nous perdons la distinction entre les répondants qui ont 13, 14, 15 et 16 années de scolarité si on les fusionne dans la catégorie « Universitaire », pour abaisser le niveau de mesure d'intervalles/ratio à ordinal. De plus, les tableaux croisés ne permettent pas de profiter des unités de mesures standardisées des variables d'intervalles/ratio. Une unité de mesure standardisée permet d'effectuer des opérations mathématiques, telles que des additions et des divisions, qui à leur tour nous permettent de calculer des statistiques comme la moyenne et l'écart-type. Les tableaux croisés sont également peu efficaces car, pour obtenir des pourcentages stables, ils nécessitent un assez grand nombre de cas pour les catégories de la variable indépendante.

Pourquoi donc travailler avec les mesures ordinales qui sont plus floues alors que nous pouvons utiliser des mesures plus précises d'intervalles/ratio ? Pourquoi utiliser une technique statistique qui ne profite pas pleinement des propriétés mathématiques des variables dépendantes d'intervalles/ratio ? On aimerait éviter de perdre cette information et de fait nous le pouvons. Avec une variable indépendante dichotomique et une variable dépendante d'intervalles/ratio, on peut faire *un test de différence des moyennes* qui profite des avantages de la mesure d'intervalles/ratio de la variable dépendante. Ce test de différence de moyennes est souvent appelé un test *t*, et c'est le sujet de ce chapitre.

À la fin de ce chapitre vous pourrez :

1. Repérer les situations dans lesquelles vous pouvez comparer les moyennes et utiliser un test *t*.

2. Interpréter un diagramme en boîtes et moustaches pour une variable indépendante dichotomique.

3. Faire des tests *t* des différences entre les moyennes et en comprendre l'utilité.

4. Construire et interpréter les intervalles de confiance autour des différences entre les moyennes.

5. Prendre des précautions lors de l'interprétation des tests *t* lorsque les N sont grands.

6. Faire la distinction entre un test unilatéral et un test bilatéral de signification statistique et savoir quand utiliser l'un et l'autre.

8.1 Les diagrammes en boîtes et la différence entre les moyennes

Vous avez probablement passé plus d'heures à regarder la télévision qu'à étudier en classe. Je le sais, je l'ai moi-même fait... et sans pour autant m'en excuser ! La télévision imprègne la vie contemporaine. Elle nous informe et désinforme, amuse et ennuie et nous alarme tous. Mais, comme pour tous les autres faits culturels, le temps passé devant la télévision varie dans la structure sociale. Certaines personnes regardent plus la télévision que d'autres, et les variations dans le temps passé à regarder la télévision sont liées à la position dans la structure sociale. Prenons la différence entre les sexes. Le General Social Survey a demandé aux répondants combien de temps en moyenne ils regardaient la télévision chaque jour. On pourrait comparer au moyen d'un tableau bivarié le temps passé devant la télévision par les hommes et les femmes, mais il est certainement plus efficace de comparer les moyennes. C'est-à-dire que l'on peut comparer la moyenne des heures passées devant la télévision des hommes avec la moyenne des heures passées devant la télévision des femmes.

Voici les moyennes provenant des données du GSS : 2,75 heures pour les hommes et 3,1 pour les femmes. Donc en moyenne les femmes regardent la télévision un peu plus que les hommes. On peut trouver la différence entre les moyennes en soustrayant la moyenne pour les femmes de la moyenne pour les hommes : $2,75 - 3,01 = -0,26$. En moyenne les hommes regardent la télévision environ 0,26 heure de moins que les femmes. C'est une différence d'à peu près 15 minutes. (En passant, pour trouver les moyennes des hommes et des femmes, j'ai éliminé les valeurs aberrantes telles que les valeurs de ceux qui regardent la télévision plus de 16 heures par jour. Notez également qu'on peut indifféremment soustraire la moyenne des femmes de la moyenne des hommes ou faire l'inverse. C'est un choix arbitraire qui n'a pas d'importance au point de vue statistique.)

La figure 8.1 présente les données sur le temps passé devant la télévision pour les femmes et les hommes au moyen d'un graphique spécial appelé, avec humour, diagramme en boîtes et moustaches (ou plus couramment diagramme en boîtes). La ligne verticale de points montre la distribution des scores de la variable dépendante (temps passé à regarder la télévision) dans chaque catégorie de la variable indépendante (le sexe) présentée sur l'axe horizontal. Chaque point représente des données ; on devrait donc les appeler des points de données. La hauteur à laquelle se trouve chaque point correspond à sa valeur sur la variable dépendante présentée sur l'axe vertical. Bien sûr, de nombreux répondants du GSS regardent la télévision un nombre d'heures similaires, leurs points de données se chevauchent donc. Par exemple, 106 hommes ont répondu qu'ils regardaient la télévision 4 heures par jour. Le point placé au niveau de 4 heures représente donc 106 cas. Il y a en fait 106 points de données si bien empilés les uns sur les autres qu'ils ont l'air d'un seul point de donnée. Malgré cette ambiguïté, la distribution verticale des points de données donne une bonne idée de la distribution des scores dans les catégories de la variable dépendante.

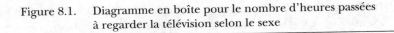

Figure 8.1.   Diagramme en boîte pour le nombre d'heures passées
à regarder la télévision selon le sexe

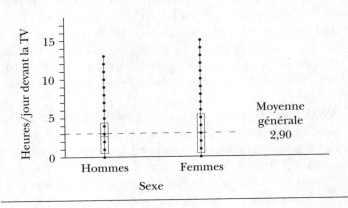

Les lignes horizontales à l'intérieur des boîtes indiquent la moyenne pour chaque catégorie : 2,75 pour les hommes et 3,01 pour les femmes. Dans la figure 8.1, chaque boîte allongée s'étend d'un écart-type au-dessus à un écart-type au-dessous du score moyen de la variable dépendante pour la valeur de la variable indépendante. L'écart-type est de 2,03 pour les hommes, donc la boîte s'étend de 2,03 heures au-dessous de la moyenne des hommes et à 2,03 heures au-dessus. La boîte pour les femmes s'étend de 2,2 heures – l'écart type pour les femmes – au-dessus et au-dessous de la moyenne pour les femmes. Ainsi, plus les boîtes sont longues, plus grande est la variance dans les scores de la variable dépendante pour cette catégorie de la variable indépendante.

Les points de données s'étendent au-delà des boîtes symbolisant l'écart-type. Ce sont les fameuses moustaches des graphiques en boîtes et moustaches. Les points de données de cet exemple s'étendent bien au-dessus et au-desous des boîtes pour les hommes et les femmes car la variable dépendante (le temps passé devant la télévision) a une distribution asymétrique allant du côté des grandes valeurs pour les deux sexes. Cela arrive souvent pour les variables qui ont un « plancher » ou un « plafond ». En effet, personne ne peut regarder la télévision moins que 0 heure par jour.

Pour les variables indépendantes nominales telles que le sexe, on ne peut pas interpréter la ligne continue reliant les points moyens des deux boîtes. En revanche, pour les variables ordinales et d'intervalles/ratio, la ligne continue reliant les boîtes indique la direction de la relation entre les deux variables – positive, négative ou curvilinéaire. Nous parlerons de l'interprétion de cette ligne dans le prochain chapitre où nous utiliserons les graphiques en boîtes et moustaches pour des variables indépendantes ayant plus de deux valeurs.

La figure 8.1 inclut également une ligne pointillée qui représente la moyenne générale pour le visionnement de la télévision – 2,90 – pour l'ensemble des répondants (c'est-à-dire les hommes et les femmes). Cette ligne nous offre une référence pour interpréter les moyennes des catégories de la variable indépendante. Nous voyons ici que la moyenne pour les hommes est légèrement au-dessous de la moyenne générale, et que la moyenne pour les femmes est légèrement au-dessus.

Un graphique en boîtes et moustaches nous offre une représentation visuelle des moyennes et de leurs différences. Voici une règle générale pour la comparaison des moyennes : si notre variable indépendante est dichotomique et notre variable dépendante est une mesure d'intervalles/ratio, on calcule et on compare les scores moyens pour les deux catégories de la variable indépendante. On travaille avec les moyennes de la même façon qu'avec les pourcentages dans les tableaux bivariées de pourcentages. Tout comme nous avons calculé les pourcentages à l'intérieur des catégories de la variable indépendante, nous calculons aussi les moyennes à l'intérieur des catégories de la variable indépendante. Et, de la même façon que nous avons comparé les pourcentages des catégories de la variable indépendante, nous comparons aussi les moyennes des catégories de la variable indépendante. Les procédures permettant de travailler avec les moyennes et les pourcentages s'appuient sur la même logique. Il n'y a vraiment pas de problème.

À bien y penser, il y a bien un problème et il faudra tout un chapitre pour le résoudre. Nous devons trouver une façon de généraliser en toute confiance la différence entre les moyennes d'échantillon à la population dont cet échantillon a été tiré. Nous ne nous intéressons pas à cet échantillon particulier d'Américains qui ont été choisis aléatoirement pour le General Social Survey. Non. Nous voulons dire quelque chose à propos de l'ensemble des 200 millions d'Américains adultes en ce qui concerne le temps passé à regarder la télévision selon le sexe.

Nous retrouvons une fois encore, et pas pour la dernière fois, je vous en avertis, la quatrième des six questions que nous avons soulevées à propos des relations statistiques dans le chapitre 5. (Allez-y ! Retournez voir ces six questions.) De la même façon que le test du chi-carré nous offre un moyen de décider si la relation trouvée dans un tableau bivarié de pourcentages peut être généralisée à l'ensemble de la population, nous avons aussi besoin d'un test pour décider si nous pouvons généraliser à l'ensemble de la population une différence de moyennes trouvée dans des données d'échantillon. Par exemple, est-ce que la différence entre les sexes quant aux heures passées devant la télévision que nous avons obtenue dans les données du GSS implique qu'il existe une telle différence dans l'ensemble de la population adulte américaine de laquelle est tiré l'échantillon ? Nous verrons comment répondre à cette question dans la prochaine section.

8.2   Le test *t* pour la différence entre les moyennes

Commençons par tracer le portrait de la généralisation à l'ensemble de la population d'une différence entre les moyennes d'un échantillon. Lorsque nous comparons les moyennes de la variable dépendante (les moyennes des heures passées devant la télévision) pour les catégories de la variable indépendante (hommes et femmes), nous utilisons les données d'un échantillon (l'échantillon du GSS). Toutefois, puisque l'échantillonnage est aléatoire, l'échantillon que nous utilisons n'est qu'un des multiples échantillons possibles que l'on aurait pu sélectionner. Pensez à tous les échantillons possibles... Notre échantillon est l'un d'eux. Imaginez que vous trouviez une différence entre les sexes dans le premier échantillon, puis la même différence pour le second échantillon, puis pour le troisième, le quatrième... et ainsi de suite. Nous finirions par avoir un nombre gigantesque de différences entre les moyennes – des trillions de différences entre les moyennes pour des trillions d'échantillons différents. On pourrait alors établir la distribution de ces trillions de différences. Cette distribution équivaudrait à la distribution d'échantillonage – c'est-à-dire que ce serait la distribution d'une statistique (ici, la moyenne des hommes moins la moyenne des femmes) pour l'ensemble des échantillons possibles.

Maintenant réfléchissons sérieusement à la question suivante concernant les différences entre les moyennes pour des millions d'échantillons. Que se passerait-il s'il n'y avait pas de différence entre les moyennes dans l'ensemble de la population ? À quoi ressemblerait la distribution d'échantillonnage de la différence entre les moyennes ? (Pensez-y bien, je vous attends au prochain paragraphe.)

Réponse : S'il n'y avait pas de différence entre les moyennes dans l'ensemble de la population, la plupart des échantillons auraient de faibles différences de moyennes – aux environs de 0. Bien sûr, on pourrait trouver des échantillons ayant une grande différence positive entre les moyennes (la moyenne pour les hommes serait beaucoup plus élevée que la moyenne pour les femmes). Nous aurions ici les échantillons avec une grande proportion d'hommes « accros » et de femmes peu intéressées par la télévision. Nous aurions également des échantillons qui ont une importante différence négative (des hommes peu intéréssés par la télévision et de nombreuses femmes « accros » à la télévision). Toutefois ces échantillons seraient rares. Pour la plupart des échantillons, la différence entre les moyennes des hommes et des femmes se tiendrait autour de 0 s'il n'y avait pas de différence pour les hommes et les femmes dans l'ensemble de la population.

En revanche, que se passerait-il s'il y avait une grande différence entre les moyennes des hommes et des femmes dans la population ? Que se passerait-il si les femmes regardaient beaucoup moins ou beaucoup plus la télévision que les hommes ? Nous trouverions alors que la plupart des différences entre les moyennes des échantillons seraient importantes (qu'elles soient négatives ou positives). S'il y avait une grande différence selon les sexes dans une population, nous nous attendrions alors à ce que la majorité des échantillons présentent une grande différence entre les moyennes et qu'un faible nombre d'échantillons présentent une différence hommes/femmes proche de 0.

Pour résumer : plus la différence entre les moyennes est faible dans la population, plus grande est la proportion des échantillons ayant une faible différence entre les moyennes. Plus la différence entre les moyennes est forte dans la population, plus grande sera la proportion des échantillons ayant une forte différence entre les moyennes. Cela semble logique.

Maintenant procédons de la même façon que dans le chapitre 6 pour le test du chi-carré. Prenons une hypothèse nulle qui postule qu'il n'y a pas de relation entre les deux variables dans la population. Dans notre exemple, l'hypothèse nulle postule qu'il n'y a pas de différence entre la moyenne pour les femmes et la moyenne pour les hommes dans la population. Symboliquement, l'hypothèse nulle est notée $H_0 : \mu_1 = \mu_2$, lorsque μ_1 est la moyenne du temps passé devant la télévision pour les hommes et μ_2 la moyenne du temps passé devant la télévision pour les femmes. On peut également noter l'hypothèse nulle de cette façon : $H_0 : \mu_1 - \mu_2 = 0$. Si on peut rejeter l'hypothèse nulle $\mu_1 - \mu_2 = 0$, on peut conclure que les variables sont vraiment en relation dans la population – en d'autres mots, il y a une différence entre les hommes et les femmes quant au temps passé devant la télévision.

Nous décidons de rejeter ou de ne pas rejeter l'hypothèse nulle en déterminant où se trouve la différence entre les moyennes de notre échantillon dans la distribution d'échantillonnage de toutes les différences possibles, assumant que $\mu_1 - \mu_2 = 0$. L'endroit où se trouve la différence de moyenne de notre échantillon dans cette distribution d'échantillonnage nous donne la probabilité qu'il n'y ait pas de différence dans la population. Si la différence des moyennes de notre échantillon correspond à une différence de moyennes que l'on peut rencontrer souvent, même lorsqu'il n'y a pas de différence entre les moyennes dans la population, on ne rejette pas l'hypothèse nulle et on conclut qu'il n'y a pas de relation entre les variables. Au contraire, si la différence de moyennes dans notre échantillon correspond à un événement rare lorsqu'il n'y a pas de différence entre les moyennes dans la population, on rejette l'hypothèse nulle et on conclut qu'il y a une relation entre les deux variables.

Ceci dit, même si nous pouvons imaginer d'innombrables échantillons (chacun avec sa propre différence entre les moyennes), il est impossible de les étudier tous. La vie est bien trop courte ! C'est pourquoi il nous faut une statistique basée sur les différences de moyennes dont nous connaissons la distribution d'échantillonnage, c'est-à-dire une statistique qui associe une probabilité à chaque résultat échantillonal. Nous pourrons alors compter sur la représentation mathématique de cette distribution d'échantillonnage pour décider si nous rejetons ou ne rejetons pas l'hypothèse nulle qui postule une absence de relation dans la population.

Il se trouve que la distribution d'échantillonnage pour la différence entre les moyennes s'approche de plus en plus d'une distribution normale au fur et à mesure que le nombre de cas augmente. En fait, elle s'approche fortement d'une distribution normale avec seulement 50 cas. On pourrait donc considérer la distribution d'échantillonnage comme normale lorsque la taille des échantillons est d'au moins 50 cas. On n'a toutefois pas besoin de le faire car les statiticiens ont conçu une statistique qui décrit la distribution d'échantillonnage de façon encore plus précise.

Cette statistique est appelée le *t de Student*[1] ou, de façon plus usuelle, le *t*. Voici sa formule complète (que je vais bientôt simplifier) :

$$t = \frac{(\overline{X}_1 - \overline{X}_2) - (\mu_1 - \mu_2)}{s_{\overline{X}_1 - \overline{X}_2}}$$

lorsque $\overline{X}_1 =$ la moyenne de la variable dépendante pour la catégorie 1 de la variable indépendante de l'échantillon.

---

1. Le *t* de Student tire son nom de « Student », le nom de plume utilisé par William S. Gossett pour son premier article sur les statistiques en 1908. L'employeur de monsieur Gossett, les brasseries Guinness de Dublin, ne permettait pas à ses employés de publier leurs recherches. Gossett cacha alors son identité derrière le pseudonyme de « Student ». Peut-on imaginer cause plus noble pour le développement des statistiques que le brassage de la Guinness.

$\overline{X}_2$ = la moyenne de la variable dépendante pour la catégorie 2 de la variable indépendante de l'échantillon.

μ_1 = la moyenne de la variable dépendante pour la catégorie 1 de la variable indépendante de la population.

μ_2 = la moyenne de la variable dépendante pour la catégorie 2 de la variable indépendante de la population.

$s_{\overline{X}_1 - \overline{X}_2}$ = erreur-type de la différence entre les moyennes.

Le numérateur de *t* est la différence entre d'une part la différence entre les moyennes de l'échantillon ($\overline{X}_1 - \overline{X}_2$) et d'autre part la différence entre les moyennes de la population ($\mu_1 - \mu_2$). Cependant, puisque notre hypothèse nulle postule généralement qu'il n'y a pas de différence entre les moyennes des deux catégories de la variable indépendante dans la population, $\mu_1 = \mu_2$, alors ($\mu_1 - \mu_2$) = 0, et ce membre peut être supprimé du numérateur, ce qui simplifie ainsi le calcul[2] du *t* :

$$t = \frac{(\overline{X}_1 - \overline{X}_2)}{s_{\overline{X}_1 - \overline{X}_2}}$$

Le numérateur de *t* est simplement la différence entre les moyennes de la variable dépendante pour les deux catégories de la variable indépendante dichotomique. Le dénominateur est l'erreur-type de la différence entre les moyennes. D'habitude, on ne connaît pas exactement cette erreur-type, mais on peut l'estimer à l'aide de cette formule :

$$s_{\overline{X}_1 - \overline{X}_2} = \sqrt{\left(\frac{N_1 s_1^2 + N_2 s_2^2}{N_1 + N_2 - 2}\right)\left(\frac{N_1 + N_2}{N_1 N_2}\right)}$$

lorsque s_1^2 = variance de la variable dépendante pour la catégorie 1 de la variable indépendante.

---

2. Dans les cas atypiques où nous faisons l'hypothèse nulle d'une différence spécifique autre que 0 entre les moyennes, nous devons alors retenir ($\mu_1 - \mu_2$) dans la formule du *t*. Toutefois, dans la plupart des cas, nous faisons l'hypothèse qu'il n'y a pas de différence et nous laissons tomber ($\mu_1 - \mu_2$).

s_2^2 =   variance de la variable dépendante pour la catégorie 2 de la variable indépendante.

N_1 =   le nombre de cas dans la catégorie 1 de la variable indépendante.

N_2 =   le nombre de cas dans la catégorie 2 de la variable indépendante.

Je suis d'accord avec vous : cette formule a l'air compliquée. Mais ne nous laissons pas intimider. La première expression entre parenthèses sous le signe de la racine carré est une moyenne pondérée des variances (s_1^2 et s_2^2) pour chaque catégorie de la variable indépendante dichotomique. La seconde expression entre parenthèses corrige le biais pour la moyenne pondérée. Le résultat de ces opérations mathématiques est une estimation non biaisée de l'erreur-type, c'est-à-dire de l'écart-type de la distribution d'échantillonnage des différences entre les moyennes. Notez que l'erreur-type est seulement fonction des N et des écarts-types, et ne dépend pas des moyennes.

Maintenant revenons à la formule du $t = \dfrac{(\overline{X}_1 - \overline{X}_2)}{s_{\overline{X}_1 - \overline{X}_2}}$. En divisant la différence entre les moyennes dans nos données d'échantillon par l'erreur-type, nous exprimons la différence en unités d'erreurs-types. La taille du t nous dit ainsi à combien d'erreurs-types notre différence se situe par rapport à 0. (Rappelez-vous que l'erreur-type est l'écart-type d'une distribution d'échantillonnage.) Remarquez que t peut être aussi bien positif que négatif, selon que $\overline{X}_1 - \overline{X}_2$ est positif ou négatif. Bien entendu, t peut également être égal à 0 si $\overline{X}_1 - \overline{X}_2 = 0$, mais dans ce cas il n'y a pas de différence entre les moyennes de notre échantillon et nous ne perdrions certainement pas notre temps à tester une hypothèse nulle dans ce cas. On ne peut pas rejeter une hypothèse nulle d'absence de différence entre les moyennes dans la population si nos données d'échantillon ne montrent aucune différence.

La statistique t est utile car les statisticiens ont trouvé la probabilité d'obtenir chacun des t possibles. Ces probabilités sont résumées dans un tableau des valeurs de t qui se trouve à l'appendice. Comme le chi-carré, la probabilité associée à un t donné dépend des degrés de liberté. Les degrés de liberté du t sont donnés par cette simple formule :

$$dl = N_1 + N_2 - 2$$

lorsque N_1 = le nombre de cas dans la catégorie 1 de la variable indépendante.

N_2 = le nombre de cas dans la catégorie 2 de la variable indépendante.

Nous trouverons bientôt le *t* et la probabilité qui y est associée pour la relation Sexe → Télévision. Je veux tout d'abord vous faire remarquer que la grandeur du *t* ne dépend pas seulement de l'importance de la différence entre les moyennes, mais aussi du nombre de cas et de la valeur des écarts-types de la variable dépendante dans les catégories de la variable indépendante. Pour un écart-type donné, des N plus grands produisent des erreurs-types plus petites. Pour un N donné, de plus petits écarts-types produisent des erreurs-types plus petites.

Et c'est ainsi que les choses doivent être. Plus les cas sont nombreux, plus nous pouvons généraliser avec confiance de l'échantillon à la population. C'est logique et un peu d'arithmétique démontre facilement l'effet du nombre de cas sur l'erreur-type. Pour plus de facilité, posons que $s_1 = s_2 = 1$. Calculons ensuite l'erreur-type d'abord pour $N_1 = N_2 = 10$ et puis pour $N_1 = N_2 = 40$. Pour cette fois, c'est vous qui allez faire le calcul. Si vous ne vous trompez pas, vous trouverez une erreur-type de 0,47 pour le plus petit N et de 0,23 pour le plus grand N. L'erreur-type rapetisse donc au fur et à mesure que le N augmente, reflétant ainsi la meilleur homogénéité des résultats de l'échantillon.

Il est un peu plus compliqué de voir pourquoi un écart-type plus petit diminue l'erreur-type. Comparez cependant les deux distributions présentées plus loin dans la figure 8.2. Les deux distributions ont les mêmes moyennes pour les hommes et les femmes. Toutefois, les distributions de gauche ont un écart-type plus important que les distributions de droite. La grande dispersion des scores des hommes dans l'échantillon A nous donne peu d'informations fiables sur la moyenne de la population pour les hommes. On peut penser qu'elle se trouve près de la moyenne des hommes de l'échantillon, mais on ne peut pas en être sûr – les scores de l'échantillon sont trop dispersés. De même, la distribution relativement dispersée des scores des femmes dans l'échantillon A ne nous donne aucune assurance que la moyenne de population des femmes est similaire à la moyenne de l'échantillon . Donc il est possible que l'échantillon A soit tiré d'une population où la moyenne pour les hommes est plus élevée que celle de l'échantillon et où la moyenne pour les femmes est plus basse que celle de l'échantillon. En fait, il est possible que la population de laquelle sont tirés les femmes et les hommes de l'échantillon A ait peu ou pas de différence entre la moyenne pour les hommes et les femmes. Dans l'échantillon B, avec un écart-type plus faible, il y a peu de chevauchement entre la distribution des hommes et celle des femmes. Puisque les scores des hommes sont peu dispersés, on devrait s'attendre à ce que la moyenne de la population des hommes soit proche de la moyenne des hommes de l'échantillon. De même, les scores très groupés des femmes nous permettent d'avancer avec une certaine confiance que la moyenne de la population pour les femmes est similaire à la moyenne des femmes de l'échantillon. Nous pourrions sûrement généraliser les différences de moyennes de l'échantillon B avec plus de confiance que celle de l'échantillon A.

Figure 8.2.   Paire d'échantillons de même moyenne
avec des écarts-types différents

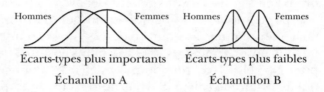

Ainsi, des écarts-types plus faibles nous permettent de généraliser à l'ensemble d'une population avec plus de confiance. Cette confiance est basée sur des erreurs-types plus petites résultant d'écarts-types plus petits.

Maintenant essayons de trouver le *t* et de décider si la différence entre les hommes et les femmes, quant au temps passé devant la télévision selon les données du GSS, peut être généralisée à la population. J'ai dit plus haut que les moyennes pour les hommes et les femmes sont respectivement de 2,75 et 3,01, donc une différence de –0,26. Voici maintenant les écarts-types et les N dont nous avons besoin pour calculer $s_{\overline{X}_1 - \overline{X}_2}$ et *t* :

Sexe	
Hommes (Catégorie 1)	Femmes (Catégorie 2)
$\overline{X}_1 = 2,75$	$\overline{X}_2 = 3,01$
$s_1 = 2,030$	$s_2 = 2,225$
$N_1 = 855$	$N_2 = 1085$

$$s_{\overline{X}_1 - \overline{X}_2} = \sqrt{\left(\frac{N_1 s_1^2 + N_2 s_2^2}{N_1 + N_2 - 2}\right)\left(\frac{N_1 + N_2}{N_1 N_2}\right)}$$

$$= \sqrt{\left(\frac{(855)(2{,}030)^2 + (1085)(2{,}225)^2}{885 + 1085 - 2}\right)\left(\frac{855 + 1085}{(855)(1085)}\right)}$$

$$= \sqrt{\left(\frac{3523{,}370 + 5371{,}428}{1938}\right)\left(\frac{1940}{927{,}675}\right)}$$

$$= \sqrt{(4{,}590)(0{,}0021)}$$

$$= \sqrt{0{,}0096}$$

$$= 0{,}098$$

$$\text{et } t = \frac{(\overline{X}_1 - \overline{X}_2)}{s_{\overline{X}_1 - \overline{X}_2}}$$

$$= \frac{2{,}75 - 3{,}01}{0{,}098}$$

$$= \frac{-0{,}26}{0{,}098}$$

$$= -2{,}653$$

   Puisque nous sommes intéressés seulement par la différence entre les hommes et les femmes et non par la direction de cette différence, on peut éliminer le signe négatif du *t* et noter *t* = 2,653. Le tableau 2 de l'appendice présente les valeurs du *t* associées à leurs probabilités. Ce tableau est présenté de la même façon que celui du chi-carré que nous avons utilisé dans le chapitre 6. Chaque rangée correspond aux degrés de liberté indiqués dans la colonne de gauche. Les niveaux de signification se trouvent en colonne. Remarquez que le tableau associe des niveaux de signification à un test unilatéral et un test bilatéral. J'expliquerai la différence entre deux types de tests à la section 8.4. En attendant j'utiliserai les tests bilatéraux, comme on le fait communément. Chaque entrée du tableau de t correspond à la valeur minimale du t qui est nécessaire, pour un degré de liberté donné, au rejet de l'hypothèse nulle à un niveau donné de signification.

Voici les sections du tableau de t dont nous avons besoin dans cet exemple : les valeurs du test bilatéral et les deux dernières rangées indiquant les valeurs du t.

	Seuil de signification pour le test bilatéral					
	0,20	0,10	0,05	0,02	0,01	0,001
.	.	.	.	.	.	.
.	.	.	.	.	.	.
.	.	.	.	.	.	.
120	1,289	1,658	1,980	2,358	☞ 2,617 ☜	3,373
	1,282	1,645	1,960	2,326	2,576	3,291

Nous avons $855 + 1085 - 2 = 1938$ degrés de liberté ; nous tombons donc entre la dernière rangée, celle des degrés de liberté infinis et l'avant-dernière rangée pour 120 degrés de liberté. Nous serons conservateur (nous prendrons donc la plus grande valeur du t) en utilisant la rangée pour 120 degrés de liberté. Le tableau nous dit (☞) que nous avons besoin d'un t d'au moins 3,373 pour obtenir le seuil de signification statistique de 0,001. Notre t de 2,653 n'atteint pas un tel seuil de signification. Cependant il suffit d'un t de 2,617 pour obtenir un seuil de 0,01 et notre t est légèrement plus élevé. À un seuil de 0,01, nous pouvons donc rejeter l'hypothèse nulle postulant qu'il n'y a pas de différence entre les sexes quant au temps passé devant la télévision. Nous concluons donc qu'il existe une relation entre le sexe et le temps passé à regarder la télévision dans la population de laquelle est tirée notre échantillon du GSS.

Rappelez-vous que le test t ne garantit pas que nos conclusions sur la relation entre la variable indépendante et la variable dépendante soient correctes. De même qu'avec le test du chi-carré, nous ferions une erreur de type I en rejetant l'hypothèse nulle si celle-ci était réellement vraie. Toutefois les risques d'une telle erreur sont de moins de 1 sur 100 (p < 0,01). Ce qu'un test de signification comme le test *t* nous procure, c'est une base rationnelle à partir de laquelle prendre notre décision quant à l'hypothèse nulle en donnant la probabilité de commettre une erreur de type I. De même qu'avec le test du chi-carré, les chercheurs considèrent 0,05 comme le seuil maximal acceptable de signification statistique. Cependant comme nous l'avons déjà noté avec le test du chi-carré, ce seuil de 0,05 n'a rien de sacré. Le choix du seuil 0,05 n'est qu'affaire de convention (qui est toutefois largement partagée). De plus, les chercheurs indiquent même des probabilités plus faibles telles que p < 0,02, p < 0,01 ou p < 0,001, lorsqu'elles sont atteintes.

8.3   Postulats et mises en garde à propos du test *t*

Je vous ai fait remarquer à plusieurs reprises que le test *t* implique que la variable dépendante est une mesure d'intervalles/ratio. Après tout, le test *t* estime la différence entre les moyennes, et les calculs de moyennes demandent une unité de mesure standardisée – donc une variable d'intervalles/ratio. Toutefois de nombreux chercheurs ne tiennent pas compte de cela et appliquent également le test *t* aux variables dépendantes ordinales. Un chercheur pourrait par exemple utiliser le test *t* pour comparer les attitudes des Blancs et des Afro-Américains mesurées sur une échelle allant de fortement en accord à fortement en désaccord. Le relâchement du postulat relatif aux unités de mesure n'est pas surprenant. J'ai en effet mentionné dans la section 3.5 que les moyennes des variables ordinales peuvent aussi nous fournir des informations utiles.

Le test *t* est toutefois basé sur d'autres postulats. Le test *t* postule que la variable dépendante est distribuée normalement dans la population. Même si nous ne connaissons généralement pas grand-chose des populations que nous étudions, nous savons que ce postulat peut être assoupli pour les échantillons plus grands. La plupart des chercheurs appliquent en toute confiance le test *t* à des échantillons de 50 ou plus, même si la variable dépendante n'est pas distribuée normalement.

Le test *t* suppose également que, à l'intérieur des deux catégories de la variable indépendante, les variances de la variable dépendante soient égales dans la population (c'est-à-dire $\sigma_1^2 = \sigma_2^2$). Cette condition est appelée ***homoscédasticité***. Heureusement, le test *t* n'est pas affecté lorsque l'hétéroscédasticité est faible. En revanche, si l'hétéroscédasticité est forte (ce qui est indiqué par des variances d'échantillon très différentes), il existe d'autres techniques que vous pouvez trouver dans des cours et des manuels de statistiques présentant des méthodes plus avancées.

Nous supposons également (souvent avec raison) que les moyennes d'échantillon que nous comparons sont indépendantes l'une de l'autre. La question de l'indépendance pose rarement de problèmes avec la plupart des enquêtes telles que le General Social Survey puisque la sélection des cas dans une des catégories de la variable indépendante est indépendante de la sélection dans l'autre catégorie. Tous les cas du GSS sont sélectionnés aléatoirement. Ainsi, dans notre exemple, la sélection des hommes n'est pas liée à la sélection des femmes et vice versa. Il y a toutefois beaucoup de devis de recherche dans lesquels les échantillons ne sont pas indépendants. Méfiez-vous spécialement des études en panel dans lesquelles un même répondant est questionné plusieurs fois. Faites également attention aux données d'expérience concernant un groupe expérimental et un groupe contrôle. Vous apprendrez les procédures permettant de faire face à ces situations de recherche plus complexes dans les manuels et les cours de statistiques plus avancés.

Une mise en garde concernant les tests t : lorsqu'il y a un grand nombre de cas, la différence entre les moyennes tendra à être statistiquement significative même si elle implique une relation triviale. La signification statistique n'implique pas la signification substantielle ou « réelle ». De même qu'avec le test du chi-carré, le résultat d'un test t sur la différence entre les moyennes dépend à la fois de l'ampleur de la différence et du nombre de cas. Avec suffisamment de cas, même une différence minime, ne voulant rien dire, entre les moyennes sera statistiquement significative. Nous avons raison d'avoir plus confiance en des résultats provenant d'un grand nombre de cas, mais cette confiance n'implique pas que la différence entre les moyennes vaille la peine d'être considérée. Il faut donc faire attention aux tests t, les siens propres et ceux qui sont calculés par d'autres chercheurs. Ne vous laissez pas impressionner par les significations statistiques lorsque les N sont importants, et ne vous leurrez pas vous-mêmes quand vos N sont importants. Il faut toujours considérer à la fois la signification statistique et la signification substantielle ou « réelle ».

Quelques mots sur les tests t et les données de population : nous avons pour l'instant parlé de l'utilité du test t pour généraliser les différences de moyennes des données d'échantillon à la population d'où l'échantillon est tiré. Cependant de nombreux chercheurs appliquent également le test de différence entre les moyennes aux données de population. Ils ne généralisent donc pas à partir d'un échantillon mais veulent plutôt éliminer les effets du hasard dans la différence qu'ils observent entre les catégories de la variable indépendante dans la population étudiée. (Une fois de plus votre instructeur peut avoir une opinion différente sur l'utilité des tests de signification pour des données de population et voudra peut-être en discuter en classe.)

8.4   Test unilatéral et test bilatéral

Jusqu'à présent nous nous sommes intéressés seulement à la différence entre les moyennes sans nous préoccuper de savoir quelle était la moyenne la plus grande. Nous n'avions pas d'attente et ne faisions pas de prédiction quant à la direction de la différence entre les moyennes. Nous voulions savoir, par exemple, s'il existait une différence entre les hommes et les femmes quant au temps passé à regarder la télévision. Bien entendu la comparaison des moyennes de l'échantillon nous indiquait de quel sexe étaient ceux qui regardaient le plus la télévision, mais nous n'avions fait aucune prédiction quant à la direction des différences hommes/femmes. Puisque nous étions intéressés seulement par les différences et non pas par la direction des différences, nous avons utilisé les deux côtés de la distribution d'échantillonage. C'est-à-dire qu'un grand *t* négatif ou un grand *t* positif nous permettait de rejeter l'hypothèse nulle d'une absence de différence. Les statisticiens et les chercheurs appellent ce test un ***test bilatéral*** car il utilise les deux côtés de la distribution d'échantillonnage[3].

Le test bilatéral est devenu usuel, l'option par défaut. Cependant les situations dans lesquelles un chercheur prédit la direction du résultat demande un ***test unilatéral*** qui n'utilise qu'un côté de la distribution d'échantillonnage. Supposons, par exemple, qu'un chercheur émette l'hypothèse que les étudiants qui étudient en groupe obtiendront de meilleurs résultats lors des examens de statistiques que les étudiants qui étudient seuls. Le chercheur compare la moyenne des notes aux examens des étudiants « qui étudient en groupe » et des étudiants « qui étudient seuls ». Lorsqu'il fait un test de signification statistique, le chercheur est intéressé uniquement à savoir si les étudiants qui étudient en groupe ont des notes significativement plus élevées que les étudiants qui étudient seuls. Il s'intéresse donc uniquement au côté positif de la distribution d'échantillonnage. Le chercheur ne cherche pas à savoir si la moyenne des scores d'examens des étudiants qui étudient en groupe est inférieure. Ce n'est donc pas n'importe quelle différence de moyennes qui

---

3.   En anglais, le test s'appelle un « two-tailed test » et fait donc explicitement référence aux deux queues de la distribution (N.D.T.).

compte mais plutôt la différence en faveur des étudiants qui étudient en groupe.

Dans un test bilatéral, une valeur t donnée est associée à une probabilité alpha deux fois plus élevée que dans un test unilatéral. Par exemple, un test bilatéral au seuil 0,05 exige le même t qu'un test unilatéral au seuil de 0,025, pour rejeter l'hypothèse nulle. Il n'y a pas de différence entre les tests bilatéraux et unilatéraux dans le calcul du t ou des degrés de liberté. Cela veut dire que, si la direction de la différence entre les moyennes va dans le sens prédit, il est plus facile de rejeter une hypothèse nulle avec un test unilatéral qu'avec un test bilatéral. Les tests bilatéraux sont donc plus conservateurs que les tests unilatéraux.

Supposons, par exemple, qu'un chercheur pose l'hypothèse que les étudiants qui étudient en groupe sont plus performants que les étudiants qui étudient seuls. Lors d'un examen de statistiques, le chercheur trouve une moyenne de 84,5 pour les 16 étudiants ayant étudié en groupe et de 81,3 pour les 16 étudiants ayant étudié seuls. La différence va dans la direction prédite, avec une moyenne plus importante à l'examen pour les étudiants qui ont étudié en groupe. Jusque là tout va bien pour l'hypothèse. Le chercheur calcule un t de 1,829 avec 30 degrés de liberté (nous laisserons tomber les calculs ici). Le chercheur utilise alors un test t unilatéral puisqu'il a prédit la direction. Si nous allons au tableau du t en utilisant la colonne des tests unilatéraux, nous voyons qu'avec $N_1 + N_2 - 2 = 30$ degrés de liberté, on trouve qu'il faut un t de 1,697 pour rejeter l'hypothèse nulle au seuil 0,05. On peut donc dire que la différence entre les moyennes est statistiquement significative au seuil 0,05 et le chercheur rejette l'hypothèse nulle d'une absence de différence entre les étudiants qui étudient en groupe et les étudiants qui étudient seuls. Remarquez toutefois que, si un test bilatéral avait été utilisé, il aurait fallut un t d'au moins 2,042 pour rejeter l'hypothèse nulle. Ainsi, avec le test bilatéral, le t de 1,829 n'est pas statistiquement significatif au seuil conventionnel de 0,05 et le chercheur n'aurait pas rejeté l'hypothèse nulle d'une absence de différence entre les moyennes.

En règle générale, toutefois, les chercheurs utilisent des tests bilatéraux à moins qu'ils n'aient une bonne raison de choisir un test unilatéral, et vous devriez faire de même.

8.5   Les intervalles de confiance pour les différences entre les moyennes

Vous vous êtes peut-être aperçu qu'il existe un lien entre le test de signification pour la différence entre les moyennes et le calcul d'intervalles de confiance pour la moyenne que nous avons vu à la section 4.6. Les deux procédures statistiques utilisent les moyennes et produisent des seuils de confiance ou de signification comme 0,05 ou 0,01. De plus, lorsque les N sont importants, la distribution du *t* utilisée pour la différence entre les moyennes ressemble à la distribution normale utilisée pour établir l'intervalle de confiance pour la moyenne. Pas de doute, les intervalles de confiance autour de la moyenne et le test *t* pour les différences entre les moyennes ont beaucoup de choses en commun.

On peut facilement calculer des ***intervalles de confiance pour une différence de moyenne*** en adaptant la formule pour les intervalles de confiance de la section 4.6 aux différences de moyennes :

Intervalle de confiance à 95 % = $(\overline{X}_1 - \overline{X}_2) \pm t_{0,05} s_{\overline{X}_1 - \overline{X}_2}$

Intervalle de confiance à 99 % = $(\overline{X}_1 - \overline{X}_2) \pm t_{0,01} s_{\overline{X}_1 - \overline{X}_2}$

De façon plus générale, l'intervalle de confiance pour la différence entre les moyennes est donné par

Intervalle de confiance à $(1 - \alpha) = (\overline{X}_1 - \overline{X}_2) \pm t_\alpha s_{\overline{X}_1 - \overline{X}_2}$

lorsque α =   le niveau alpha correspondant au seuil de confiance.

t_α =   la valeur du *t* associée avec le seuil α pour un degré de liberté donné $(N_1 + N_2 - 2)$.

$s_{\overline{X}_1 - \overline{X}_2}$ =   l'erreur-type de la différence entre les moyennes.

L'interprétation d'un intervalle de confiance pour la différence entre les moyennes est similaire à l'interprétation d'un intervalle de confiance pour la moyenne. Il y a 95 chances sur 100 que la différence des moyennes de la population se trouve à l'intérieur d'un intervalle de confiance de 95 %. Il y a 99 chances sur 100 que la différence des moyennes de la population se trouve à l'intérieur d'un intervalle de confiance de 99 %.

Les intervalles de confiance et les tests *t* pour les différences entre les moyennes nous donnent ainsi les mêmes résultats quant à la signification statistique. Par exemple, si un test *t* indique un résultat significatif au seuil 0,05, alors un intervalle de confiance de 95 % pour les différences entre les moyennes n'inclura pas 0. Après tout si le test *t* indique que moins de 5 % des échantillons possibles auront une différence de 0 entre les moyennes quand il n'y a pas de différence entre les moyennes dans la population, l'intervalle de confiance devrait aussi indiquer que 95 % des échantillons n'incluront pas une différence de moyennes égale à 0. De même, un intervalle de confiance de 99 % pour une différence de moyennes significative au seuil 0,01 n'inclura pas 0.

Prenez l'exemple Sexe → Télévision de la section 8.1, où nous avions trouvé une différence entre les moyennes de – 0,26 entre les hommes et les femmes et une erreur-type de 0,098. Le test *t* que nous avons effectué dans la section 8.2 indiquait que la différence de moyenne entre les hommes et les femmes était significative au seuil 0,01 ($t = 2,653$, avec dl = 1938). Voici maintenant l'intervalle de confiance à 99 % pour la différence entre les moyennes :

$$\text{Intervalle de confiance à 99 \%} = (\overline{X}_1 - \overline{X}_2) \pm t_{0,01} s_{\overline{X}_1 - \overline{X}_2}$$

$$= (2,75 - 3,01) \pm (2,576)(0,098)$$

$$= -0,26 \pm 0,25$$

$$= -0,51 \text{ à } -0,01$$

Ainsi il y a 99 chances sur 100 que la différence entre les moyennes dans la population se trouve entre –0,51 et –0,01. Notez que 0 ne se trouve pas dans cet intervalle. Toutefois l'intervalle de confiance à 99,9 % qui correspond à un seuil de signification de 0,001 inclut 0 :

$$\text{Intervalle de confiance à 99,9 \%} = (\overline{X}_1 - \overline{X}_2) \pm t_{0,001} s_{\overline{X}_1 - \overline{X}_2}$$

$$= (2,75 - 3,01) \pm (3,291)(0,098)$$

$$= -0,26 \pm 0,32$$

$$= -0,58 \text{ à } 0,06$$

Il y a 99,9 chances sur 100 que la différence entre les moyennes des hommes et des femmes dans la population se trouve entre –0,58 et 0,06. Notez que 0 se trouve dans cet intervalle.

Il est bon de savoir que, puisque la distribution du *t* ressemble de plus en plus à la distribution normale lorsque N augmente, pour de grands N, les intervalles de confiance les plus fréquents, 95 % et 99 %, deviennent :

$$\text{Intervalle de confiance à 95 \%} = (\overline{X}_1 - \overline{X}_2) \pm 1,96 s_{\overline{X}_1 - \overline{X}_2}$$

$$\text{Intervalle de confiance à 99 \%} = (\overline{X}_1 - \overline{X}_2) \pm 2,58 s_{\overline{X}_1 - \overline{X}_2}$$

Une fois de plus nous trouvons les valeurs de 1,96 et 2,58 que nous avons rencontrées au chapitre 4 quand nous avons abordé les courbes normales et les intervalles de confiance.

8.6   Résumé du chapitre 8

Voici ce que nous avons appris dans ce chapitre :

- Le test *t* est utilisé pour mesurer la signification statistique des différences entre deux moyennes.

- La distribution du *t* ressemble de plus en plus à la distribution normale à mesure que la taille de l'échantillon augmente.

- Le test *t* suppose l'indépendance des valeurs entre les groupes comparés, l'homoscédasticité (variance équivalente dans les groupes et dans la population), et la distribution normale dans la population.

- Ce postulat de normalité peut être ignoré lorsqu'on a un N de 50 ou plus.

- La signification statistique n'est la même chose que la signification « réelle » ; la signification statistique peut être causée par un grand N plutôt que par des différences importantes entre les moyennes.

- Les tests unilatéraux peuvent être utilisés lorsque la direction de la différence est prédite.

- Les tests bilatéraux sont plus conservateurs que les tests unilatéraux et sont généralement préférés.

- On peut calculer les intervalles de confiance pour les différences de moyennes. Ces intervalles constituant un test de signification statistique, ils donnent les mêmes résultats que le test *t*.

Principaux concepts et procédures

Termes et idées

test de la différence des moyennes
diagramme en boîtes et moustaches (diagrammes en boîtes)
test *t*
t (*t* de Student)
homoscédasticité
tests unilatéraux
tests bilatéraux
intervalle de confiance pour la différence entre les moyennes

Symboles

$\mu_1 - \mu_2$

$\overline{X}_1 - \overline{X}_2$

t

$s_{\overline{x}_1 - \overline{x}_2}$

Formules

$$t = \frac{(\overline{X}_1 - \overline{X}_2)}{s_{\overline{x}_1 - \overline{x}_2}}$$

$$s_{\overline{x}_1 - \overline{x}_2} = \sqrt{\left(\frac{N_1 s_1^2 + N_2 s_2^2}{N_1 + N_2 - 2}\right)\left(\frac{N_1 + N_2}{N_1 N_2}\right)}$$

$$dl = N_1 + N_2 - 2$$

Intervalle de confiance à 95 % $= (\overline{X}_1 - \overline{X}_2) \pm 1{,}96 s_{\overline{x}_1 - \overline{x}_2}$

Intervalle de confiance à 99 % $= (\overline{X}_1 - \overline{X}_2) \pm 2{,}58 s_{\overline{x}_1 - \overline{x}_2}$

Intervalle de confiance à $(1 - \alpha) = (\overline{X}_1 - \overline{X}_2) \pm t_\alpha s_{\overline{x}_1 - \overline{x}_2}$

EXEMPLE DE RAPPORT N°4
COMPARAISON DE MOYENNES ET TEST *t*

La comparaison de moyennes et le test t qui lui est associé dans le cadre d'une relation unique peuvent être entièrement décrits dans le texte d'un rapport. Pas besoin d'un tableau de comparaison. Toutefois les tableaux sont beaucoup plus efficaces pour présenter plusieurs comparaisons de moyennes, spécialement lorsque l'on a des variables dépendantes interreliées. Le rapport suivant compare les hommes et les femmes quant à leurs sentiments et leurs émotions.

Le General Social Survey a demandé aux répondants combien de jours, dans la dernière semaine, ils ont ressenti les sentiments et émotions suivants : calme, indignation, bonheur, etc. Le tableau 1 présente les moyennes selon le sexe avec un test *t* pour les différences entre les moyennes. Les femmes rapportent moins de jours où elles se sont senties calmes et plus de jours où elles se sont senties tristes, seules et inquiètes. Ces différences sont toutes statistiquement significatives mis à part les sentiments d'indignation, de bonheur et de honte.

TABLEAU 1 ICI

Inclure ce tableau à la fin de votre texte :

Tableau 1.   Moyenne des jours dans la dernière semaine avec des émotions diverses selon le sexe

Émotions	Sexe		*t*	p
	Hommes	Femmes		
Calme	4,80	4,39	3,299	0,001
	(632)	(817)		
Indignation	1,48	1,52	0,371	n.s.
	(633)	(815)		
Bonheur	5,34	5,21	1,162	n.s.
	(636)	(815)		
Tristesse	1,42	1,81	3,910	0,001
	(633)	(816)		
Honte	0,47	0,47	0,057	n.s.
	(634)	(816)		
Solitude	1,28	1,67	3,362	0,001
	(634)	(816)		
Inquiétude	2,43	3,12	4,848	0,001
	(634)	(816)		

CHAPITRE 9
L'analyse de variance

Dans le dernier chapitre nous avons appris à utiliser le test t pour établir la signification statistique des différences entre les moyennes. Cela fonctionne bien avec une variable indépendante dichotomique telle que le sexe. Mais comment fait-on lorsque la variable indépendante a trois, quatre, cinq et même plus de catégories ? Dans ce chapitre nous verrons comment procéder à l'analyse bivariée dans une situation où l'on a des variables indépendantes non dichotomiques qui sont cependant catégorisées et une variable dépendante d'intervalles/ratio.

Par exemple, imaginons que nous nous intéressons à l'effet de l'instruction sur le nombre d'heures que les gens passent devant leur téléviseur. Dans la section 5.4 nous avons regroupé en quatre catégories les valeurs de la variable du General Social Survey portant sur le nombre d'heures quotidiennes passées devant la télévision. Nous avons ensuite analysé la relation entre cette variable et le niveau d'instruction à l'aide de techniques tabulaires (voir le tableau 5.8). Cependant le regroupement des valeurs d'une variable d'intervalles/ratio en catégories entraîne une perte d'information sur les différences de scores entre individus. L'analyse de variance est une technique statistique qui permet d'utiliser pleinement une variable dépendante d'intervalles/ratio, comme le temps passé devant la télévision mesuré en nombre d'heures par jour. L'analyse de variance est si souvent utilisée qu'elle a son propre acronyme : ANOVA. Nous allons nous initier à l'ANOVA dans ce chapitre.

Après ce chapitre, vous pourrez :

1. Interpréter un diagramme en boîtes et moustaches pour des variables indépendantes non dichotomiques.
2. Comprendre l'utilité de l'analyse de variance.

3. Comprendre et reconnaître les conditions d'application de l'analyse de variance.

4. Expliquer et calculer la somme totale des carrés, la somme des carrés entre les groupes et la somme des carrés à l'intérieur des groupes.

5. Lire la table de *F* et interpréter les scores *F* d'un test de signification.

6. Construire et interpréter un tableau d'analyse de variance.

7. Interpréter l'êta carré (E^2) comme une mesure d'association basée sur la réduction proportionnelle de l'erreur (RPE).

8. Savoir que le résultat d'une ANOVA dépend en partie de la taille de l'échantillon et ne pas confondre la signification statistique avec la signification « réelle ».

9. Expliquer, encore une fois, que l'association n'implique pas la causalité.

9.1   Les diagrammes en boîtes et moustaches et les différences entre les moyennes

Le tableau 9.1 présente le niveau d'instruction et le nombre d'heures quotidiennes passées devant la télévision d'un échantillon hypothétique de 10 répondants. Pour simplifier les choses, je n'emploie que 10 cas et 3 niveaux d'instruction. Vous m'en remercierez dans quelques paragraphes ! De plus j'ai regroupé ces 10 cas selon leur niveau d'instruction respectif : moins que le secondaire, secondaire, postsecondaire.

Tableau 9.1. Niveau d'instruction et écoute quotidienne de la télévision (heures par jour) de 10 répondants hypothétiques

Numéro du cas	Niveau d'instruction	Écoute de la télévision (heures par jour)
1	Moins que le secondaire	3
2	Moins que le secondaire	4
3	Secondaire	2
4	Secondaire	2
5	Secondaire	3
6	Secondaire	4
7	Secondaire	4
8	Postsecondaire	1
9	Postsecondaire	2
10	Postsecondaire	3

Dans le chapitre 8, nous avons appris à utiliser les diagrammes en boîtes et moustaches pour les variables indépendantes dichotomiques. Il est facile d'utiliser ce type de diagramme pour les variables non dichotomiques. La figure 9.1 présente les données des 10 cas de la relation Instruction → Temps passé devant la télévision dans un diagramme en boîtes et moustaches. Comme dans le chapitre 8, la ligne de points verticale montre la distribution des scores de la variable dépendante (Temps passé devant la télévision) dans chaque catégorie de la variable indépendante (Instruction) indiquée sur l'axe horizontal. Même si nous avons un petit nombre de cas, les points de données représentent plusieurs cas qui se chevauchent. Les deux répondants ayant un diplôme secondaire qui regardent la télévision deux heures par jour sont représentés par un point. Il en va de même pour deux répondants ayant un secondaire et qui regardent la télévision quatre heures par jour.

Figure 9.1.   Diagramme en boîtes et moustaches pour le temps passé devant la télévision selon le niveau l'instruction

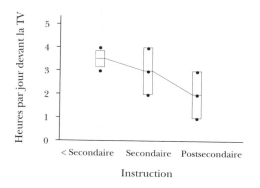

Comme dans le cas des variables indépendantes dichotomiques, les boîtes s'étendent d'un écart-type au-dessus et d'un écart-type en dessous de la moyenne des scores de la variable dépendante pour chaque catégorie de la variable indépendante. Nous voyons dans la figure 9.1, par exemple, que les répondants n'ayant pas fini leur secondaire ont un écart-type plus faible, donc une variance plus faible que les répondants ayant un secondaire ou un postsecondaire. En raison du faible nombre de cas et des scores particuliers à cet exemple, les boîtes représentant les écarts-types dans la figure 9.1 comprennent tous les cas dans deux catégories de la variable indépendante, mais ce n'est pas une situation courante. Dans notre exemple on utilise si peu de cas que les moustaches sont coupées au ras des boîtes.

La moyenne des scores du temps passé devant la télévision pour chaque catégorie de niveau d'instruction est représentée par la ligne au milieu de chaque boîte. La ligne reliant les boîtes joint la moyenne du temps passé devant la télévision pour chaque niveau d'instruction. Si la variable indépendante est nominale, l'ordre des groupes est arbitraire et on ne peut pas interpréter la direction de la ligne à part le fait que la moyenne varie entre les groupes. Toutefois si la variable indépendante est une mesure ordinale ou d'intervalles/ratio (comme dans notre exemple), la ligne reliant le milieu des boîtes indique la direction de la relation entre les deux variables – positive, négative ou curvilinéaire ou même un modèle plus complexe. Dans notre exemple, la ligne descend vers la droite, indiquant une baisse du temps passé à regarder la télévision au fur et à mesure que le niveau d'instruction augmente. Le temps passé devant la télévision est plus élevé pour les moins instruits et plus faible pour les plus instruits – une relation négative.

En principe nous pourrions nous servir de l'analyse tabulaire pour examiner la relation entre l'instruction et l'écoute de la télévision. Bien sûr, dans notre exemple, les pourcentages reposeraient sur un très petit nombre de cas. Mais pour des variables semblables, lorsqu'elles font partie de grands ensembles de données, comme dans le cas du General Social Survey, l'analyse tabulaire reste une possibilité. Par contre l'analyse tabulaire exige que les valeurs d'une variable dépendante d'intervalles/ratio (temps passé devant la TV) soient regroupées en quelques catégories. Et nous savons qu'un tel regroupement nous fait perdre de l'information car il nous force à ranger des scores différents dans une même catégorie plus vaste. Plutôt que d'utiliser l'analyse tabulaire, nous pouvons calculer le temps moyen passé devant la télévision pour chaque niveau d'instruction et ensuite comparer ces moyennes afin de déterminer si le temps passé devant la télévision est relié à l'instruction.

Nous avons déjà vu les moyennes représentées par le diagramme en boîtes et moustaches, mais essayons de les calculer vraiment. Le temps moyen passé devant la télévision pour nos deux cas imaginaires qui ont un niveau d'instruction inférieur au secondaire est de 3,5 heures par jour (c'est-à-dire $\frac{3+4}{2} = 3,5$). La moyenne de la catégorie « secondaire » est de 3,0 heures et les répondants de notre catégorie « postsecondaire » regardent en moyenne la télévision 2,0 heures par jour. Notons au passage que la moyenne totale (la moyenne des 10 cas) est de 2,8 heures par jour. Ces moyennes sont rapportées au tableau 9.2 avec les écarts-types qui y sont associés. Nous verrons plus loin qu'on rapporte souvent l'écart-type dans les tableaux de ce genre pour donner une idée de la distribution des scores à l'intérieur de chaque catégorie de la variable indépendante.

Tableau 9.2. Temps moyen passé devant la télévision (heures par jour) selon le niveau d'instruction

Temps passé devant la télévision	Niveau d'instruction			
	Moins que le secondaire	Secondaire	Postsecondaire	Total
Moyenne (heures par jour)	3,5	3,0	2,0	2,8
Écart-type	0,7	1,0	1,0	1,1

Nul besoin d'être neurochirurgien pour constater que les deux variables du tableau 9.2 sont reliées de façon négative. Les personnes qui ont un niveau d'instruction inférieur au secondaire regardent la télévision en moyenne 3,5 heures par jour, comparativement à 3,0 par jour pour les diplômés du secondaire et à seulement 2,0 par jour pour celles qui ont fait des études postsecondaires. Plus on est instruit, moins on regarde la télévision. Il y a une relation négative entre les deux variables.

Généralisons notre exemple : nous calculons les moyennes de la variable dépendante à l'intérieur des catégories de la variable indépendante et nous comparons ensuite les moyennes entre les catégories de la variable indépendante. Cela vous dit quelque chose ? Pourtant, cela devrait ! Cette façon de faire est très semblable à l'analyse de tableau. Dans les tableaux de fréquences, nous calculons les pourcentages à l'intérieur des catégories de la variable indépendante et nous comparons les pourcentages entre ces mêmes catégories. Ici, nous calculons les moyennes à l'intérieur des catégories de la variable indépendante et nous comparons les moyennes entre ces mêmes catégories. La logique est exactement la même. Les moyennes remplacent les pourcentages dont nous nous servions dans l'analyse tabulaire. La logique est également la même que dans le cas des comparaisons de moyennes que nous avons abordé dans le chapitre 8. La seule différence est que nous avons ici un plus grand nombre de moyennes.

9.2 Le but et les conditions d'application de l'analyse de variance

Tout cela est très facile. Ce qui l'est moins, c'est de décider si les différences de temps passé devant la télévision entre les catégories d'instruction sont significatives statistiquement. Peut-on généraliser de l'échantillon à la population ? Les différences que nous avons trouvées se sont-elles produites par hasard ? Ou bien pouvons-nous conclure avec une certaine confiance que les différences de moyennes que nous avons trouvées dans notre échantillon existent « réellement » dans la population ? Pour tester les différences de moyennes, nous avons besoin d'une méthode semblable au test du chi-carré que nous utilisions pour des données tabulaires. Les statisticiens ont élaboré une telle méthode : l'analyse de variance, ou, en abrégé, l'ANOVA.

L'analyse de variance implique un certain nombre de postulats.

1. *Variable dépendante d'intervalles/ratio :* nous postulons que la variable dépendante est mesurée sur une échelle d'intervalles ou de proportion. Le nombre d'heures passées devant la télévision satisfait à ce postulat. Toutefois de nombreux chercheurs en sciences sociales utilisent, en toute confiance, les ANOVA avec des variables dépendantes ordinales, de la même façon qu'ils utilisent les moyennes pour décrire ces variables dans l'analyse univariée.

2. *Échantillonnage aléatoire :* nous postulons que notre échantillon est un échantillon choisi de façon aléatoire. La plupart des enquêtes sérieuses, tel le General Social Survey, satisfont à ce critère.

3. *Indépendance :* nous postulons que les moyennes de chaque catégorie sont indépendantes les unes des autres. Appliqué à notre exemple, ce postulat signifie que les scores des trois niveaux d'instruction (moins que secondaire, secondaire, postsecondaire) sont échantillonnés indépendamment les uns des autres. Ce postulat est généralement respecté dans les sondages synchroniques (*cross-sectional*) comme le General Social Survey[1]. Après tout, l'échantillonnage d'un cas ou d'un ensemble de cas est indépendant de l'échantillonnage de tout autre cas. (Par exemple, la probabilité que votre tante Berthe soit sélectionnée pour un sondage sur les élections n'affecte pas la probabilité que votre professeur de statistique le soit.)

4. *Distributions normales :* nous postulons que la variable dépendante est distribuée normalement dans la population, bien que l'analyse de variance soit assez robuste pour supporter quelques écarts par rapport au caractère normal d'une distribution, particulièrement pour de grands échantillons.

---

1. Les données synchroniques sont colligées à un seul moment dans le temps. Le postulat d'indépendance des moyennes n'est cependant pas respecté lorsque l'on mesure les mêmes cas plus d'une fois à des moments différents (données en « panel »). Le score d'un cas à un moment n'est pas indépendant du score du même cas à un autre moment. Pour gérer de telles situations, voir les manuels de statistiques avancées où on trouvera les procédures ANOVA appropriées.

5. *Homoscédasticité* : nous postulons que les distributions de la variable dépendante à l'intérieur des catégories de la variable indépendante ont la même variance, condition que les statisticiens appellent l'homoscédasticité.

Ces cinq conditions sous-tendent le modèle sur lequel repose l'analyse de variance. Bien sûr les chercheurs violent parfois, de façon légère, certains de ces postulats. Mais une violation importante peut mener à des résultats trompeurs dans un test d'hypothèse ANOVA de différences entre les moyennes.

9.3   La logique de l'analyse de variance

Nous allons maintenant faire un voyage intellectuel, alors mettez votre chapeau d'intellectuel.

L'analyse de variance décompose la variation totale des scores de la variable dépendante en deux parties : la variation qu'on observe à l'intérieur de chaque groupe créé par la variable indépendante et la variation qu'on observe entre les groupes de la variable indépendante. Par exemple, nous décomposons la variation totale des scores du temps passé devant la télévision en deux parties : la variation des scores à l'intérieur de chaque niveau d'instruction et la variation entre les niveaux d'instruction. S'il y a une relation entre les variables, nous nous attendons à ce que les groupes se distinguent de façon importante les uns des autres. Par conséquent nous nous attendons à ce que la variation entre les groupes soit plus grande que la variation à l'intérieur des groupes.

À bien y penser, cette approche est une généralisation de la relation entre les scores individuels de la variable dépendante et la moyenne totale. Dans ce chapitre, j'utilise le terme « moyenne totale » pour désigner la moyenne générale de tous les scores (dans notre exemple, 2,8 heures par jour). Le premier de nos 10 cas est une personne qui n'a pas de diplôme d'études secondaires et qui regarde la télévision 3 heures par jour. Ce cas dévie de 0,2 heure par rapport à la moyenne totale (c'est-à-dire $3,0 - 2,8 = 0,2$) et de $-0,5$ heure par rapport à la moyenne du groupe « moins que secondaire » (c'est-à-dire $3,0 - 3,5 = -0,5$). La moyenne du groupe « moins que le secondaire » dévie, quant à elle, de 0,7 heure par rapport à la moyenne totale (c'est-à-dire $3,5 - 2,8 = 0,7$). Remarquez que $0,2 = 0,7 + (-0,5)$. Ce modèle vaut pour tous les cas.

Par conséquent, généralement on trouve pour chaque cas :

| Déviation du score de la V.D. par rapport à la moyenne totale | = | Déviation du score de la V.D. par rapport à la moyenne du groupe | + | Déviation de la moyenne du groupe par rapport à la moyenne totale |

L'équation est un peu longue à écrire. Permettez-moi de l'abréger :

$$\left(X_i - \overline{X}_T\right) = \left(X_i - \overline{X}_G\right) + \left(\overline{X}_G - \overline{X}_T\right)$$

lorsque X_i = le score du i^e cas de la variable dépendante

$\overline{X}_T$ = la moyenne totale (c'est-à-dire la moyenne de tous les cas)

$\overline{X}_G$ = la moyenne du groupe de la variable indépendante auquel appartient le i^e cas.

Chacune des expressions entre parenthèses dans cette équation a une signification précise. $\left(X_i - \overline{X}_T\right)$ mesure la déviation d'un score par rapport à la moyenne totale. $\left(X_i - \overline{X}_G\right)$ mesure la déviation d'un score par rapport à la moyenne de son groupe (par exemple, la moyenne des cas qui ont un niveau d'instruction inférieur au secondaire). C'est la distance entre chaque point de donnée et le milieu de sa boîte dans la figure 9.1. Et $\left(\overline{X}_G - \overline{X}_T\right)$ mesure la déviation de la moyenne du groupe par rapport à la moyenne totale. On peut voir aisément que l'équation ci-dessus est vraie en enlevant les parenthèses :

$$X_i - \overline{X}_T = X_i - \overline{X}_G + \overline{X}_G - \overline{X}_T$$

car $-\overline{X}_G$ et $+\overline{X}_G$ s'annulant, il ne reste que

$$X_i - \overline{X}_T = X_i - \overline{X}_T.$$

Bien sûr nous nous intéressons à tous les scores et non pas à un seul. Alors tenons compte de tous les scores en mesurant la variation pour chacune de ces trois déviations. À la section 4.1, nous avons appris à mesurer la variation à l'aide de la somme des carrés, c'est-à-dire la somme des déviations (ou des écarts) au carré par rapport à la moyenne. (Attention ! Dans cette expression c'est chacune des déviations par rapport à la moyenne, et non pas la somme de ces déviations, qui est élevée au carré.) Étant donné que chacune des trois expressions décrites plus haut correspond à une déviation par rapport à une moyenne, mettons-les au carré et additionnons-les. (Remarquez que nous nous intéressons ici à la variation, et non à la variance. Par conséquent, nous travaillons seulement avec les sommes des carrés.)

En mettant au carré et en additionnant l'expression $(X_i - \overline{X}_T)$ nous trouvons $\sum(X_i - \overline{X}_T)^2$, la somme des carrés qui mesure la variation des scores individuels par rapport à la moyenne totale. Nous l'appelons *la somme totale des carrés*. Dans notre exemple de 10 cas :

$$\sum(X_i - \overline{X}_T)^2 = (3 - 2,8)^2 + (4 - 2,8)^2 + (2 - 2,8)^2 + (2 - 2,8)^2 + (3 - 2,8)^2$$

$$+ (4 - 2,8)^2 + (4 - 2,8)^2 + (1 - 2,8)^2 + (2 - 2,8)^2 + (3 - 2,8)^2$$

$$= (0,2)^2 + (1,2)^2 + (-0,8)^2 + (-0,8)^2 + (0,2)^2 + (1,2)^2$$

$$+ (1,2)^2 + (-1,8)^2 + (-0,8)^2 + (0,2)^2$$

$$= 0,04 + 1,44 + 0,64 + 0,64 + 0,04 + 1,44 + 1,44 + 3,24$$

$$+ 0,64 + 0,04$$

$$= 9,60$$

La somme totale des carrés est de 9,60 pour la variation des scores par rapport à la moyenne totale.

De même, pour $(X_i - \overline{X}_G)$, nous avons $\sum(X_i - \overline{X}_G)^2$, la somme des carrés qui mesure la variation des scores individuels par rapport à la moyenne de leur groupe. Autrement dit, la somme des carrés mesure la variation des scores des répondants « moins que le secondaire » par rapport à la moyenne de leur groupe, la variation des scores des répondants « secondaire » par rapport à la moyenne de leur groupe et la variation des scores des répondants ayant un niveau d'instruction supérieur au secondaire par rapport à la moyenne de leur groupe. On appelle $\sum(X_i - \overline{X}_G)^2$ *la somme des carrés à l'intérieur des groupes*.

Voici les calculs pour notre exemple :

$$\sum(X_i - \overline{X}_G)^2 = (3 - 3,5)^2 + (4 - 3,5)^2 + (2 - 3)^2 + (2 - 3)^2 + (3 - 3)^2$$

$$+ (4 - 3)^2 + (4 - 3)^2 + (1 - 2)^2 + (2 - 2)^2 + (3 - 2)^2$$

$$= (-0,5)^2 + (0,5)^2 + (-1)^2 + (-1)^2 + (0)^2 + (1)^2$$

$$+ (-1)^2 + (0)^2 + (1)^2$$

$$= 0,25 + 0,25 + 1 + 1 + 0 + 1 + 1 + 1 + 0 + 1$$

$$= 6,50$$

La somme des carrés « intra-groupe » est de 6,50. Elle mesure la déviation, par rapport à la moyenne de leur groupe d'instruction respectif, des scores du temps passé devant la télévision des répondants.

Enfin, en étendant $\left(\overline{X}_G - \overline{X}_T\right)$ à la mesure de la variation des moyennes des groupes par rapport à la moyenne totale, nous avons $\sum N_G\left(\overline{X}_G - \overline{X}_T\right)^2$, où N_G représente le nombre de cas dans le groupe. Avec l'inclusion du terme N_G, cette expression est un peu embêtante, soyons donc prudents lorsque nous nous en servons. Nous ne *pouvons* pas nous contenter de soustraire la moyenne totale de la moyenne de chaque groupe, d'élever ces différences au carré et de les additionner d'un groupe à l'autre. Cette façon de procéder ne tiendrait pas compte du nombre de cas dans chacun des groupes. Nous pondérons plutôt la différence au carré par la taille du groupe. Pour ce faire, il suffit de multiplier la différence au carré d'un groupe par N_G, le nombre de cas que comprend ce groupe. Ainsi cette expression nous commande d'élever au carré la différence entre la moyenne de chaque groupe et la moyenne totale, ensuite de multiplier cette différence au carré par le nombre de cas dans le groupe correspondant et, finalement, d'additionner les produits de tous les groupes. Le résultat s'appelle *la somme des carrés entre les groupes*.

Revenons à notre exemple :

$$\sum N_G\left(\overline{X}_G - \overline{X}_T\right)^2 = 2(3,5 - 2,8)^2 + 5(3,0 - 2,8)^2 + 3(2,0 - 2,8)^2$$

$$= 2(0,7)^2 + 5(0,2)^2 + 3(-0,8)^2$$

$$= 0,98 + 0,20 + 1,92$$

$$= 3,10$$

La somme des carrés « intergroupes » qui mesure la variation des moyennes de groupe par rapport à la moyenne totale est de 3,10.

Remarquez que la somme totale des carrés équivaut à la somme des carrés à l'intérieur des groupes plus la somme des carrés entre les groupes :

$$9,60 = 6,50 + 3,10$$

Ou, plus généralement :

$$\sum\left(X_i - \overline{X}_T\right)^2 = \sum\left(X_i - \overline{X}_G\right)^2 + \sum N_G\left(\overline{X}_G - \overline{X}_T\right)^2$$

c'est-à-dire :

| Somme totale des carrés | = | Somme des carrés à l'intérieur des groupes | + | Somme des carrés entre les groupes |

Cette équation est intéressante et importante. De la même façon que nous pouvons décomposer la différence entre un score individuel et la moyenne totale en deux parties (la différence entre le score et la moyenne de son groupe d'une part et, d'autre part, la différence entre la moyenne du groupe et la moyenne totale), on peut aussi décomposer la variation totale en deux parties : la variation à l'intérieur des groupes et la variation entre les groupes.

Mais sachez ceci : les sommes des carrés dépendent non seulement de l'importance de la variation mais aussi du nombre de cas à partir duquel cette variation est calculée. Plus il y a de cas, plus la somme des carrés aura tendance à être élevée parce qu'il y aura alors un plus grand nombre de différences qui seront additionnées. Nous avons appris cela à la section 4.1. C'est pourquoi nous avons appris à calculer la variance en divisant la somme des carrés par $N - 1$, ce qui donne ainsi la somme moyenne non biaisée des carrés.

Alors nous allons maintenant convertir ces totaux, les sommes de carrés entre les groupes et à l'intérieur des groupes, en variances. On pourrait penser qu'il faut diviser les sommes des carrés (totale, à l'intérieur des groupes et entre les groupes) par $N - 1$, tout comme nous l'avons fait lors du calcul de la variance de données d'échantillon. C'est ce que nous faisons pour la somme totale des carrés mais non pour les deux autres sommes des carrés (la somme à l'intérieur des groupes et la somme entre les groupes). Les statisticiens ont montré que nous pouvons obtenir de bonnes estimations de ces variances si nous divisons chaque somme des carrés par les degrés de liberté (dl) suivants[2] :

$$\text{dl totaux} = N - 1$$

$$\text{dl à l'intérieur des groupes} = N - k$$

$$\text{dl entre les groupes} = k - 1$$

$$\text{lorsque } N = \text{nombre total de cas}$$

$$k = \text{nombre de catégories dans la variable indépendante}$$

Dans notre exemple, les degrés de liberté sont 9 pour la somme totale des carrés, 7 pour la somme des carrés à l'intérieur des groupes et 2 pour la somme des carrés entre les groupes. Je vous laisse le soin de vérifier si mes calculs sont exacts.

---

2. La raison pour laquelle ces statistiques donnent de bonnes estimations est qu'elles ne sont pas « biaisées ». Cela veut dire que la moyenne de tous les échantillons possibles est égale au paramètre de la population. Examiner la notion de biais nécessite une bonne connaissance de la logique de l'échantillonnage, sujet qui dépasse les limites de ce livre.

En divisant chaque somme des carrés par ses degrés de liberté, nous obtenons l'estimation des trois variances :

$$\text{Variance totale} = \frac{\Sigma\left(X_i - \overline{X}_T\right)^2}{N-1}$$

$$= \frac{9,60}{10-1}$$

$$= \frac{9,60}{9}$$

$$= 1,067$$

Nous connaissons déjà cette équation. C'est la variance ordinaire pour les données d'échantillon que nous avons rencontrée dans la section 4.1.

$$\text{Variance intra-groupe} = \frac{\Sigma\left(X_i - \overline{X}_G\right)^2}{N-k}$$

$$= \frac{6,50}{10-3}$$

$$= \frac{6,50}{7}$$

$$= 0,928$$

$$\text{Variance intergroupe} = \frac{\Sigma N_G\left(\overline{X}_G - \overline{X}_T\right)^2}{k-1}$$

$$= \frac{3,10}{3-1}$$

$$= \frac{3,10}{2}$$

$$= 1,550$$

Ces variances estimées sont souvent appelées *somme moyenne des carrés* (ou plus simplement *carrés moyens*), mais c'est un nom peu approprié. Ce ne sont pas vraiment des moyennes (c'est-à-dire des moyennes de carrés) puisque nous divisons la somme des carrés par les degrés de liberté plutôt que par le N. Elles constituent néanmoins de bonnes estimations des trois variances.

Maintenant réfléchissons à ce que ces trois variances ont à voir avec la relation entre les variables indépendante et dépendante. Pensons-y bien parce que c'est très important et un peu compliqué.

Nous nous demandons si le niveau d'instruction affecte le temps passé devant la télévision. Si l'instruction a un effet important sur le temps passé devant la télévision, les moyennes de temps devant la télévision devraient être très différentes d'un niveau d'instruction à l'autre. Les répondants ayant tel niveau d'instruction pourraient avoir une très haute moyenne de temps devant la télé, ceux d'un autre niveau avoir une moyenne très faible et ceux du troisième niveau se situer entre les deux. Hum... dans ce cas, il y aurait beaucoup de variation entre les moyennes des groupes et, par conséquent, la variance entre les groupes serait très grande. Donc une forte relation produira une grande variance entre les groupes. La plus grande partie de la variation entre les scores se produira entre les niveaux d'instruction plutôt qu'à l'intérieur de ces niveaux.

Mais alors, que se passera-t-il si l'effet de l'instruction sur le temps passé devant la télévision est modéré ? Dans ce cas on trouverait une différence modérée, plutôt qu'une grande différence, entre les moyennes des niveaux d'instruction. Peut-être que la moyenne d'un groupe sera un peu plus élevée, celle d'un autre un peu plus basse et la troisième quelque part entre les deux. Il y aurait alors une variation entre les moyennes, une variation pas très grande cependant. Ainsi la variance entre les groupes serait modérée. Donc une relation modérée produit une variance modérée entre les groupes. Une variation modérée des scores individuels de temps passé devant la télévision se produirait entre les niveaux d'instruction plutôt qu'à l'intérieur des niveaux.

Et que se passe-t-il si l'instruction a peu d'effet (ou pas d'effet du tout) sur le temps consacré à la télé ? Dans ce cas, les moyennes de temps devant la télévision des niveaux d'instruction seront très semblables. Il n'y aura pas beaucoup de variation entre elles. Donc quand la relation est très faible, la variance entre les groupes est très faible. La plus grande partie de la variation dans l'écoute de la télévision se produirait à l'intérieur des groupes plutôt qu'entre les groupes d'instruction.

J'ai résumé le rapport de la variance entre les groupes sur la variance à l'intérieur des groupes dans le tableau 9.3. J'espère que vous êtes toujours en train de penser très fort. Si oui, vous pouvez constater que le modèle des rapports entre les variances, que l'on voit au tableau 9.3, suggère qu'il nous est possible d'évaluer l'intensité d'une relation en calculant le ratio de la variance entre les groupes sur la variance à l'intérieur des groupes, comme le montre la dernière colonne. Plus la relation est forte, plus le ratio est élevé. Plus la relation est faible, plus le ratio est bas. Ce ratio très important s'appelle le ratio *F*, ou plus simplement[3] : *F*. Formulé autrement :

---

3.   Ce *F* n'a rien à voir, bien sûr, avec le F présenté au chapitre 2 par lequel on notait les fréquences cumulées.

$$F = \frac{\text{Variance intergroupes}}{\text{Variance intra-groupe}}$$

Pour notre exemple portant sur la relation entre l'instruction et le temps consacré à la télévision, le F est $\frac{1,550}{0,928} = 1,67$.

Tableau 9.3. Rapports de la variance entre les groupes sur la variance à l'intérieur des groupes selon l'intensité de la relation

Intensité de la relation	Variance entre les groupes	Variance à l'intérieur des groupes	Variance inter. Variance intra.		
Forte	Grande	Petite	$\frac{\text{Grande}}{\text{Petite}}$	=	Ratio élevé
Modérée	Modérée	Modérée	$\frac{\text{Modérée}}{\text{Modérée}}$	=	Ratio modéré
Faible	Petite	Grande	$\frac{\text{Petite}}{\text{Grande}}$	=	Ratio faible

Et maintenant la conclusion. Les statisticiens ont établi la valeur que F devait atteindre pour obtenir différents niveaux de signification statistique. Le tableau 3 de l'appendice donne le ratio F minimal qu'il est nécessaire d'obtenir pour une signification statistique aux niveaux 0,05, 0,01 et 0,001. Ces ratios F dépendent des degrés de liberté. Les degrés de liberté de la variance entre les groupes se trouvent dans le haut du tableau ; les degrés de liberté de la variance à l'intérieur des groupes se trouvent dans la colonne de gauche. Bien sûr, ces ratios F reposent sur les postulats que j'ai mentionnés plus haut dans cette section : échantillonnage aléatoire, indépendance des moyennes, variable dépendante d'intervalles ou de proportion distribuée normalement dans la population et homoscédasticité (c'est-à-dire variances égales).

La probabilité associée avec un ratio F dépend des degrés de liberté. Nous avons déjà calculé les degrés de liberté il y a quelques pages :

$$\begin{aligned} \text{dl intergroupe} \quad &= \quad k - 1 \\ &= \quad 3 - 1 \\ &= \quad 2 \end{aligned}$$

et

$$\text{dl intra-groupe} = N - k$$
$$= 10 - 3$$
$$= 7$$

Parce que la signification des ratios F dépend de deux sortes de degrés de liberté, le tableau du F est plus grand que les tableaux pour les valeurs du chi-carré et du test t. En fait, on a besoin d'une page séparée pour chaque niveau de signification. Le tableau 3 de l'appendice pour les valeurs du F est divisé selon les seuils de signification les plus utilisés, 0,05, 0,01 et 0,001. Les degrés de liberté pour la variance intergroupe sont indiqués dans la rangée supérieure du tableau ; les degrés de liberté pour la variance intra-groupe se trouvent dans la première colonne de gauche. Les cases correspondant aux degrés de liberté nous donnent la valeur F minimale dont on a besoin pour un seuil donné. Si le F est plus grand que le F indiqué dans la case, on peut alors dire que la relation est statistiquement significative au seuil correspondant. Voici un extrait du tableau 3 de l'appendice, qui nous donne les valeurs pour 7 degrés de liberté au seuil de 0,05 :

	N_2								
N_1	1	2	3	4	5	6	8	12	24
·	·	·	·	·	·	·	·	·	·
·	·	·	·	·	·	·	·	·	·
·	·	·	·	·	·	·	·	·	·
7	5,59	☞ 4,74	4,35	4,12	3,97	3,87	3,73	3,57	3,41	3,23

La main indique la case pour 2 et 7 degrés de liberté. Un F d'au moins 4,74 est nécessaire pour obtenir une signification statistique au niveau 0,05. Avec un $F(2, 7)$ de 1,67, la relation entre l'instruction et le temps passé devant la télévision n'est pas statistiquement significative même au niveau conventionnel de 0,05. Si le ratio avait été significatif au seuil de 0,05, nous aurions alors vérifié s'il l'était toujours au seuil de 0,01. S'il avait été toujours significatif à ce seuil, nous aurions alors vérifié la signification au seuil plus exigeant de 0,001. Nous cherchons donc le seuil le plus élevé de signification (c'est-à-dire la probabilité la plus faible) que nous puissions obtenir avec notre F.

Toutefois, dans notre exemple, notre recherche pour la signification statistique s'arrête au premier contrôle, le tableau du F pour 0,05. Notre $F(2, 7)$ de 1,67 est moins élevé que le 4,74 nécessaire pour un seuil de 0,05 et n'est donc pas statistiquement significatif. Le test *F* nous indique que l'instruction n'est pas vraiment reliée au temps consacré à la télévision dans la population d'où notre échantillon a été tiré (du moins dans cet exemple hypothétique). Il y a de fortes probabilités que les différences entre nos trois moyennes des heures passées devant la télévision soient dues au hasard et qu'il n'y ait pas de différence entre les moyennes dans la population. Et c'est ce que nous cherchions à savoir au début de cette section. Nous avons testé la signification statistique des différences entre les moyennes et trouvé qu'elles ne sont pas statistiquement significatives. Dit autrement mais de façon équivalente : le niveau d'instruction n'explique pas une proportion statistiquement significative de la variation dans le temps passé devant la télévision. Et dit encore autrement mais toujours de façon équivalente : nous ne pouvons pas rejeter l'hypothèse nulle d'une absence de relation entre le niveau d'instruction et le temps passé à regarder la télévision. Bien sûr il se pourrait que l'on fasse une erreur de type II en ne rejetant pas l'hypothèse nulle si elle est fausse. Cependant, si l'on rejetait l'hypothèse nulle, nous aurions plus d'une chance sur 20 de faire une erreur de type I. Un risque beaucoup trop important, qu'on ne peut pas accepter dans la plupart des analyses scientifiques en sciences sociales.

En passant, j'espère que vous avez remarqué que, deux paragraphes plus haut, j'ai indiqué le *F* de notre analyse avec les degrés de liberté entre parenthèses, de cette façon : $F(2, 7)$. Par convention, lorsque l'on rapporte un *F*, on inclut les degrés de liberté intergroupes et intra-groupes de cette façon.

J'espère que vous vous rendez compte que la logique du test de signification statistique des différences de moyennes est exactement la même que la logique du test du chi-carré de signification statistique pour une relation tabulaire. Dans une analyse de variance, le *F* est analogue au χ^2 d'une l'analyse tabulaire. Comme la distribution du χ^2, la distribution du *F* est une distribution d'échantillonnage. Elle nous renseigne sur la proportion des échantillons d'une taille donnée qui présenteraient des différences de moyennes aussi grandes que celles que nous avons trouvées dans notre échantillon s'il n'y avait pas, en fait, de différences entre les moyennes dans la population. Quand cette proportion est inférieure à 1 sur 20 (c'est-à-dire $p < 0,05$), nous rejetons l'hypothèse nulle voulant qu'il n'y ait pas de différence entre les moyennes dans la population.

Vous sentez peut-être que le *F* de l'ANOVA a une connexion encore plus étroite avec la statistique *t* que nous avons vue dans le chapitre 8. De la même façon que le *t* évalue la signification statistique des différences entre deux moyennes, la statistique *F* évalue la signification statistique des différences entre trois moyennes et plus. En fait la relation entre le t et le F est même plus intime. Dans le cas des variables indépendantes dichotomiques (et en ne tenant pas compte du signe si le t est négatif), $t = \sqrt{F}$, avec $N - 2$ degrés de liberté. Donc, t et $\sqrt{F}$ sont interchangeables.

Ainsi avec une variable indépendante dichotomique, si vous calculez le F et prenez sa racine carrée, vous obtiendrez le même résultat que si vous calculiez le t (mis à part le signe négatif possible). Toutefois dans le cas des variables indépendantes dichotomiques, les chercheurs présentent habituellement un test de différences entre les moyennes avec un test t pour établir la signification statistique. Avec des variables indépendantes ayant trois catégories ou plus, les chercheurs présentent des ANOVA.

9.4   Le tableau ANOVA

Avant de présenter les résultats d'une ANOVA, les chercheurs présentent et discutent généralement un tableau de moyenne similaire au tableau 9.2. Ce type de tableau inclut souvent les écarts-types de la variable dépendante pour chaque catégorie de la variable indépendante. On présente ensuite l'ANOVA en la résumant dans un *tableau ANOVA*. Je veux vous en montrer un pour que vous sachiez comment présenter vos propres analyses de variance. Le tableau 9.4 présente les résultats d'une analyse de variance de la relation Niveau d'instruction → Temps passé devant la télévision, l'exemple dont nous nous servons. Notez que lorsque le test n'est pas significatif on utilise l'abréviation n.s. Si on avait obtenu des résultats statistiquement significatifs, le tableau indiquerait $p < 0,05$, $p < 0,01$, $p < 0,001$, selon le seuil de signification atteint. Il y a plusieurs formats conventionnels pour la présentation de tableaux d'analyse de variance. Vous pourrez trouver des tableaux qui sont un peu différents de celui-ci. Par convention, on ne mentionne pas la somme totale moyenne des carrés car cette valeur n'entre pas dans le calcul du ratio F.

Tableau 9.4.   Analyse de variance de la relation entre le temps passé à regarder la télévision et le niveau d'instruction

Origine	Somme des carrés	dl	Somme moyenne des carrés	F	p
Intergroupes	3,10	2	1,550	1,67	n.s.
Intra-groupe	6,50	7	0,928		
Total	9,60	9			

9.5   Le ratio de corrélation (E^2)

Les ANOVA sont certainement très utiles. Mais puisqu'on peut facilement obtenir des informations supplémentaires à partir des trois sommes des carrés que nous avons calculées, pourquoi ne pas aller plus loin ? Réfléchissons un instant à ce que sont les sommes des carrés. La somme des carrés totale est la variation totale dans notre variable dépendante, le temps passé à regarder la télévision. C'est la « quantité » de variation des scores individuels par rapport à la moyenne totale de temps passé devant la télévision. S'il fallait deviner combien de temps chaque répondant passe quotidiennement devant son téléviseur sans connaître son niveau d'instruction, la meilleure prédiction que nous pourrions tenter serait la moyenne totale. Nous commettrions des erreurs, bien sûr, et la somme totale des carrés est une mesure de ces erreurs.

Mais alors, que se passerait-il si nous connaissions le niveau d'instruction de chaque cas ? Nous pourrions améliorer notre prédiction du nombre d'heures passées devant la télévision de chaque répondant en utilisant le nombre d'heures moyen de la catégorie d'instruction à laquelle ce répondant appartient. Par exemple, pour une personne qui a un diplôme d'études secondaires, nous prédirions qu'elle regarde la télévision le nombre d'heures moyen d'écoute de tous les diplômés d'études secondaires. Si le niveau d'instruction et le temps passé devant la télévision sont réellement associés, nous devrions pouvoir réduire ainsi nos erreurs. Bien sûr nous continuerions à commettre des erreurs, erreurs qui sont mesurées par la somme des carrés à l'intérieur des groupes. Après tout, cette somme des carrés est la variation qui se produit à l'intérieur de chaque catégorie d'instruction. C'est la « quantité » de variation qui reste après avoir utilisé les scores du niveau d'instruction pour estimer le nombre d'heures passées devant la télé.

Remarquez que nous avons réduit nos erreurs de prédiction du nombre d'heures passées devant la télévision en utilisant notre connaissance des scores du niveau d'instruction. De combien avons-nous réduit nos erreurs ? Réponse : de la différence entre la somme totale des carrés et la somme des carrés à l'intérieur des groupes.

Or :

$$\text{Somme totale des carrés} = \text{Somme des carrés intra-groupe} + \text{Somme des carrés intergroupes}$$

Par conséquent :

$$\text{Somme des carrés intergroupes} = \text{Somme totale des carrés} - \text{Somme des carrés intra-groupe}$$

Donc la somme des carrés entre les groupes est une mesure de la réduction des erreurs dans la prédiction des scores de la variable dépendante lorsque nous connaissons les scores de la variable indépendante. En divisant la somme des carrés entre les groupes par la somme totale des carrés, nous pouvons exprimer cette réduction des erreurs sous la forme d'une proportion. Cette proportion est **le ratio de corrélation**, qu'on appelle habituellement êta carré et qui est représenté par le symbole E^2 :

$$E^2 = \frac{\text{Somme des carrés inter.}}{\text{Somme totale des carrés}}$$

Dans notre exemple :

$$E^2 = \frac{\text{Somme des carrés inter.}}{\text{Somme totale des carrés}}$$

$$= \frac{3,10}{9,60}$$

$$= 0,323$$

$$= 0,32$$

Nous réduisons de 32 % nos erreurs d'estimation du nombre d'heures passées à regarder la télévision en nous basant sur le score du niveau d'instruction de chaque répondant, c'est-à-dire en estimant le temps consacré à la télévision à l'aide du nombre d'heures moyen de chaque niveau d'instruction. (Rappelez-vous que ces 32 % proviennent de données fictives.)

L'êta carré est une mesure d'association. Elle décrit l'intensité de la relation entre la variable dépendante et la variable indépendante. En fait, E^2 est une mesure d'association de type RPE (réduction proportionnelle de l'erreur) car elle mesure dans quelle proportion l'utilisation de l'information à propos de la variable indépendante permet de réduire les erreurs d'estimation de la variable dépendante. À cet égard, E^2 est semblable au lambda et au gamma, quoique, bien sûr, il soit basé sur un ensemble différent de règles d'estimation. E^2 évalue la réduction des erreurs lorsque, pour estimer les scores de la variable dépendante, nous utilisons le score moyen de chaque catégorie de la variable indépendante plutôt que la moyenne totale.

Une autre façon d'exprimer la même idée consiste à dire que E^2 est la proportion de la variation dans la variable dépendante qui est expliquée par la variable indépendante. C'est généralement la façon dont les chercheurs expriment E^2. Avec un E^2 de 0,32, nous disons que le niveau d'instruction explique environ 32 % de la variation dans le nombre d'heures quotidiennes passées à regarder la télévision.

9.6   L'analyse de variance à 2 variables indépendantes (et au-delà)

Jusqu'à maintenant nous nous sommes intéressés à l'analyse de variance impliquant une seule variable indépendante. Cette procédure s'appelle *l'analyse de variance à une seule variable indépendante*. L'analyse de variance peut être cependant généralisée afin d'inclure des variables indépendantes supplémentaires. Par exemple, on pourrait se demander si l'instruction et le sexe ont un effet sur le temps passé devant la télévision. Y a-t-il des différences dans le nombre d'heures quotidiennes passées devant la télévision non seulement entre des personnes ayant un niveau d'instruction différent, mais aussi entre les hommes et les femmes ?

Cette généralisation de l'analyse de variance permet d'évaluer les effets de chaque variable indépendante sur la variable dépendante en même temps que les effets d'interaction que produisent des combinaisons de valeurs des variables indépendantes. Ainsi nous pouvons utiliser l'analyse de variance dans le but d'évaluer, par exemple, les effets de l'instruction, du sexe, et l'effet interactif de l'instruction et du sexe pris ensemble. Ce dernier type d'effet peut révéler qu'une combinaison entre le fait d'être très scolarisé et d'être une femme a un effet sur le temps passé devant la télévision qui ne pourrait pas être compris si nous considérions séparément le niveau d'instruction et le sexe.

Les effets interactifs sont courants. Prenons un autre exemple : l'alcool et les médicaments peuvent nuire à certaines activités, comme la conduite automobile, qui demandent de la coordination et une prise de décision. Mais l'effet combiné de l'alcool et des médicaments pris ensemble peut être beaucoup plus important que l'effet que pourrait avoir chacun d'eux pris séparément. Les deux variables indépendantes renforcent leur effet respectif.

Les techniques qui permettent de tenir compte de variables indépendantes supplémentaires prennent différents noms selon le cas. Par exemple, *une analyse de variance à 2 variables indépendantes* examinera les effets de – eh oui ! – deux variables indépendantes. Mais la logique de base est la même que pour une analyse de variance « simple ». Bien sûr, une fois qu'on a introduit des variables supplémentaires, l'analyse de variance quitte le domaine de l'analyse bivariée et passe du côté de l'analyse multivariée. L'analyse de variance à deux variables indépendantes et plus dépasse l'objet de ce livre. Je veux cependant que vous sachiez que de telles procédures existent et qu'elles sont à votre disposition. Il existe également des techniques statistiques appelées MANOVA (des ANOVA multivariées) qui permettent de prendre en compte plus de deux variables indépendantes qui sont en relation. J'espère que vous les verrez dans un cours plus avancé.

9.7 Trois mises en garde à propos des proportions *F* statistiquement significatives

Les ANOVA permettent de vérifier la signification statistique des différences entre les moyennes. Le fait de trouver un *F* statistiquement significatif ne veut toutefois pas dire que toutes les moyennes sont différentes les unes des autres. L'ANOVA mesure la différence générale entre les moyennes, pas la différence entre des moyennes spécifiques. La signification statistique peut être causée par une ou deux moyennes qui sont très différentes d'un groupe de moyennes par ailleurs très similaires. Heureusement les statisticiens ont mis au point des procédures appelées des **tests post-hoc** qui prennent en compte de telles situations. Ces tests identifient les sources spécifiques de la signification statistique. Malheureusement, il vous faudra attendre de suivre des cours de statistiques plus avancés avant de pouvoir voir ces techniques. En attendant, sans être timides, faites attention lorsque vous interprétez la signification statistique d'une ANOVA. Prenez le temps de comparer les moyennes plutôt que de vous fier uniquement au test *F* pour savoir si les moyennes sont différentes les unes des autres.

De même qu'avec les autres tests de signification statistique, le test *F* des différences entre les moyennes dépend du nombre de cas. Comme toujours, il est plus facile d'obtenir la signification statistique lorsque l'on a de nombreux cas. C'est normal – on devrait avoir plus confiance en une généralisation à partir des grands échantillons qu'à partir des petits. Cependant le lien entre le test *F* et la taille de l'échantillon implique, une fois encore, qu'on ne devrait pas être impressionné par des résultats de tests *F* basés sur des échantillons importants. La signification statistique n'implique pas la signification « réelle ». Faites attention aux effets des échantillons de grande taille sur la signification des tests et prenez le temps d'inspecter les moyennes pour voir s'il existe vraiment des différences substantielles.

Comme c'était le cas avec l'analyse tabulaire, le fait de trouver une association grâce à une analyse de variance ne signifie pas nécessairement que les deux variables soient liées par une relation causale. Pourquoi ? Exactement pour les mêmes raisons que celles que nous avons exposées à propos des corrélations tabulaires à la section 5.8. Rappelez-vous les cigognes et les bébés, le débordement du Gange et la criminalité à New York, le salaire des prêtres et la consommation d'alcool. L'association peut être due à une autre variable qui affecte les deux variables de notre analyse bivariée. Plusieurs paires de variables sont corrélées mais ne sont pas reliées de façon causale. Nous traiterons à nouveau de ce sujet, plus en détail cette fois, au chapitre 11.

9.8 Résumé du chapitre 9

Voici ce que nous avons appris dans ce chapitre :

- L'analyse de variance mesure la relation entre une variable indépendante mesurée en catégories et une variable dépendante d'intervalles/ratio.
- La somme totale des carrés mesure la variation des scores de la variable dépendante par rapport à la moyenne totale.
- La somme des carrés entre les groupes mesure la variation des moyennes des groupes par rapport à la moyenne totale.
- La somme des carrés à l'intérieur des groupes mesure la variation des scores par rapport à la moyenne de leur catégorie.
- L'analyse de variance examine les différences entre les moyennes en décomposant en deux parties la variance totale de la variable dépendante : la variance qui se produit à l'intérieur des groupes de la variable indépendante et la variance qui se produit entre les groupes de la variable indépendante.
- L'analyse de variance est basée sur les postulats suivants : échantillonnage aléatoire, indépendance des moyennes, variable dépendante d'intervalles ou de proportion distribuée normalement dans la population et homoscédasticité dans la population (c'est-à-dire variances égales de la variable dépendante à l'intérieur des catégories de la variable indépendante).
- Le ratio F est le ratio de la variance entre les groupes sur la variance à l'intérieur des groupes.
- Lorsqu'une variable indépendante est dichotomique, une analyse de variance est équivalente à un test t de différence entre les moyennes, avec $t = \sqrt{F}$.

- L'êta carré (E^2) est une mesure d'association de type RPE qui évalue l'intensité de la relation entre deux variables dans une analyse de variance. Êta carré est la proportion de la variation dans la variable dépendante qui est expliquée par l'action de la variable indépendante.

- L'analyse de variance peut inclure des variables indépendantes supplémentaires.

- L'analyse de variance à 2 variables indépendantes et plus examine non seulement les effets de chaque variable indépendante mais aussi les effets interactifs de combinaisons de variables indépendantes.

- Les résultats des tests F des différences de moyennes sont affectés par le nombre de cas et peuvent être influencés par une ou deux moyennes extrêmes.

- Deux variables corrélées dans une analyse de variance ne sont pas nécessairement reliées *causalement*.

Principaux concepts et procédures

Termes et idées

analyse de variance (ANOVA)
diagramme en boîtes et moustaches (diagrammes en boîtes)
homoscédasticité
somme totale des carrés
somme des carrés intergroupes
somme des carrés intra-groupe
variance totale
variance intergroupes
variance intra-groupe
somme moyenne des carrés (moyenne des carrés)
ratio F
tableau ANOVA
êta carré (coefficient de corrélation)
analyse de variance à variable indépendante unique
analyse de variance à deux variables indépendantes

Symboles

X_i

$\overline{X}_G$

$\overline{X}_T$

N_G

k

F

E et E^2

Formules

$$\text{Variance totale} = \frac{\Sigma(X_i - \overline{X}_T)^2}{N-1} \qquad\qquad \text{dl total} = N-1$$

$$\text{Variance intra-groupe} = \frac{\Sigma(X_i - \overline{X}_G)^2}{N-k} \qquad\qquad \text{dl intra-groupe} = N-k$$

$$\text{Variance intergroupes} = \frac{\Sigma N_G(\overline{X}_G - \overline{X}_T)^2}{k-1} \qquad\qquad \text{dl intergroupes} = k-1$$

$$F = \frac{\text{Variance intergroupes}}{\text{Variance intra-groupe}}$$

$$E^2 = \frac{\text{Somme des carrés intergroupes}}{\text{Somme totales des carrés}}$$

$$t = \sqrt{F}$$

Exemple de rapport n°5
Analyse de variance

Voici un rapport qui compare d'abord les moyennes puis présente une ANOVA décrivant les relations entre l'âge auquel le répondant a eu son premier enfant et la région dans laquelle le répondant habitait quand il avait 16 ans.

Le General Social Survey a demandé aux répondants ayant des enfants quel était leur âge à la naissance du premier enfant. Un cas déviant (65 ans lorsqu'il a eu son premier enfant) a été exclu de l'analyse. La variable « Âge auquel le répondant a eu son premier enfant » a une moyenne de 23,5 et un écart-type de 5,22. La variable « Région de résidence à 16 ans » a été réduite à cinq catégories – né à l'étranger, Nord-Est, Centre, Ouest et Sud des États-Unis.

Le tableau 1 présente les moyennes pour l'âge à la naissance du premier enfant selon les régions. Les répondants du Sud tendaient à être plus jeunes et les répondants en provenance de l'étranger tendaient à être plus âgés lorsqu'ils ont eu leur premier enfant. En général, toutefois, les différences entre les régions sont faibles. Une ANOVA présentée dans le tableau 2 indique que la différence entre les moyennes donne un $F(4, 2036) = 8,378$, qui est statistiquement significatif au seuil 0,001. Toutefois, l'êta carré est seulement de 0,2. Il y a donc une différence statistiquement significative mais substantiellement faible entre les régions quant à l'âge auquel les répondants ont eu leur premier enfant.

TABLEAUX 1 ET 2 ICI

Inclure les tableaux suivants à la fin de votre texte :

Tableau 1.   Âge moyen des répondants à la naissance du
premier enfant selon la région de résidence à 16 ans

Âge à la naissance du premier enfant	Région de résidence à 16 ans					Total
	Nord-Est	Centre	Ouest	Sud	Étranger	
Âge moyen	24,1	23,8	23,5	22,7	24,9	23,5
Écart-type	5,18	5,28	5,19	5,07	5,26	5,22
(N)	(425)	(561)	(286)	(659)	(110)	(2041)

Tableau 2.   ANOVA pour l'âge moyen des répondants à la naissance
du premier enfant selon la région de résidence à 16 ans

Source	Somme des carrés	dl	Somme moyenne des carrés	F	p
Intergroupes	899,3	4	224,82	8,378	0,001
Intra-groupe	54637,6	2036	26,84		
Total	55536,9	2040			

CHAPITRE 10
La régression et la corrélation

Dans ce chapitre nous verrons comment analyser une relation entre deux variables d'intervalles ou de proportion. On pourrait par exemple s'intéresser à la relation entre l'urbanisation et le taux de fertilité parmi les nations les plus peuplées, ou entre les années d'instruction et le revenu annuel dans le General Social Survey. Nous pourrions, bien sûr, regrouper en catégories les valeurs de la variable indépendante pour ensuite faire une analyse de variance telle que nous l'avons décrite dans le chapitre précédent. Ou bien, nous pourrions regrouper en catégories les valeurs des deux variables et utiliser les techniques tabulaires décrites aux chapitres 5 à 7.

Mais, comme je l'ai souligné plusieurs fois, le regroupement des valeurs d'une variable entraîne toujours une perte d'information. De plus l'analyse tabulaire exige un nombre assez important de cas pour que les pourcentages reposent sur des bases solides. Heureusement il y a des techniques qui évitent ces problèmes en tirant avantage de toute l'information fournie par les unités standards de mesure d'une échelle d'intervalles ou de proportion. Deux de ces techniques sont la régression et la corrélation. Nous les abordons dans ce chapitre.

Après ce chapitre vous pourrez :

1. Créer et interpréter un diagramme de dispersion.
2. Reconnaître les relations linéaires et non linéaires dans un diagramme de dispersion.
3. Connaître les limites des diagrammes de dispersion.
4. Trouver la droite et l'équation de régression et expliquer ce qu'elles représentent.
5. Calculer et interpréter la pente d'une droite de régression.
6. Calculer et expliquer ce qu'est un coefficient de corrélation.
7. Interpréter le r^2 comme la proportion de la variation qui est expliquée.
8. Effectuer et interpréter les tests de signification statistique pour les coefficients de corrélation.
9. Expliquer ce que sont les résidus.

10. Expliquer ce que l'on veut dire par l'exclusion des données manquantes « en liste » ou « en paires ».

10.1 Les diagrammes de dispersion

Dans la section 2.10, nous avons cartographié le taux de fertilité (nombre moyen d'enfants par femme) des 50 pays les plus peuplés. Nous avons vu qu'il y avait de hauts taux de fertilité en Afrique et certaines parties de l'Asie et nous avons observé de faibles taux de fertilité en Europe et en Asie orientale. On a également vu des tendances similaires (dans la direction opposée toutefois) pour le pourcentage de la population vivant dans des zones urbaines. C'est-à-dire que les pays les plus urbanisés ont les taux de fertilité les plus bas. Il se peut donc que l'urbanisation influence le taux de fertilité. Le tableau 10.1 donne le pourcentage d'urbanisation et le taux de fertilité pour les 50 pays les plus peuplés. Le taux de fertilité est le nombre moyen de naissances par femmes.

Tableau 10.1. Taux d'urbanisation et taux de fertilité
(pour les 50 pays les plus peuplés)

Pays	Taux de fertilité	Taux d'urban.	Pays	Taux de fertilité	Taux d'urban.
Afrique du Sud	4,40	57	Kenya	6,06	25
Algérie	3,96	50	Malaisie	3,54	51
Allemagne	1,40	85	Maroc	3,96	47
Arabie saoudite	6,70	79	Mexique	3,25	71
Argentine	2,72	86	Myanmar (Birmanie)	3,70	25
Australie	1,83	85	Népal	5,33	8
Bengladesh	4,55	14	Nigéria	6,43	16
Brésil	2,49	76	Ouganda	7,15	11
Canada	1,84	77	Ouzbékistan	3,78	40
Chine	1,85	28	Pakistan	6,50	28
Colombie	2,54	68	Pérou	3,22	71
Corée du Nord	2,40	60	Philippines	3,45	44
Corée du Sud	1,64	74	Pologne	1,97	62
Égypte	4,35	45	Roumanie	1,83	54
Espagne	1,38	78	Russie	1,83	73
États-Unis	2,05	75	Sri Lanka	2,13	22
Éthiopie	6,88	15	Soudan	6,19	23
France	1,80	74	Taïwan	1,81	75
Grande-Bretagne	1,83	92	Tanzanie	6,25	21
Inde	3,57	26	Thaïlande	2,16	19
Indonésie	2,86	31	Turquie	3,30	61
Iran	6,40	57	Ukraine	1,82	68
Irak	6,86	70	Venezuela	3,14	84
Italie	1,37	68	Viêt-nam	3,45	21
Japon	1,54	77	Zaïre	6,70	40

En examinant les cartes de la section 2.10, il semble que ces deux variables sont reliées. Mais les apparences peuvent être trompeuses ; c'est pourquoi nous avons besoin d'une méthode plus précise que nos impressions pour déterminer s'il existe une véritable relation entre ces deux variables. Il nous faut une méthode permettant de décrire objectivement la relation entre le taux de fertilité et le taux d'urbanisation. Y a-t-il *vraiment* une relation entre ces deux variables ? Est-ce que les pays les plus urbanisés ont véritablement un taux de fertilité plus faible ? Et, si c'est le cas, quelle est l'intensité de cette relation ? En posant ces questions, je m'interroge sur les *pays*, non sur les individus. Je ne demande donc pas si les individus habitant les villes ont moins d'enfants que leurs frères et sœurs habitant à la campagne. C'est une question très différente à laquelle on ne peut répondre qu'avec des données portant sur des individus. Nous disposons de données écologiques et nous gardons le questionnement au niveau écologique (et éviterons ainsi de commettre une erreur écologique décrite dans la section 1.9).

Le diagramme de dispersion est un graphique qui nous aide à visualiser la relation entre deux variables d'intervalles/ratio. Pour construire un diagramme de dispersion simple, on crée un plan en plaçant la variable indépendante sur l'axe horizontal et la variable dépendante sur l'axe vertical. La figure 10.1 nous montre la forme d'un diagramme de dispersion avec le taux d'urbanisation en guise de variable indépendante et le taux de fertilité en guise de variable dépendante. Les points n'y sont pas encore. L'axe horizontal (ou la variable indépendante) s'appelle l'axe des X, et l'axe vertical (ou la variable dépendante) s'appelle l'axe des Y. Les diagrammes de

Figure 10.1. Taux de fertilité selon le taux d'urbanisation (diagramme de dispersion vide)

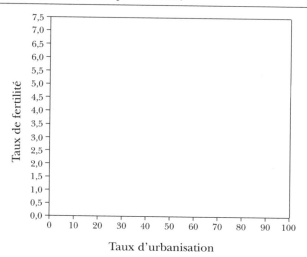

dispersion sont souvent construits de telle façon que les axes (des X et des Y) se croisent à l'origine, qui correspond à la valeur zéro de chacune des échelles.

Un diagramme de dispersion vide demande à être rempli. Pour ce faire, nous inscrivons un symbole (un simple point suffit) à chacun des endroits du graphique qui correspond aux scores de la variable dépendante et de la variable indépendante d'un cas. Par exemple, l'Égypte, qui est urbanisée à 45 % et a un taux de fertilité de 4,35, est représentée par un point situé à 45 unités vers la droite et à 4,35 unités vers le haut à partir de l'origine, comme le montre la figure 10.2. Nous avons déjà effectué cette opération avec les diagrammes en boîtes et moustaches (voir section 9.1). En fait un diagramme en boîtes et moustaches est un type spécial de diagramme de dispersion.

Figure 10.2.   Taux de fertilité selon le taux d'urbanisation
(pour l'Égypte seulement)

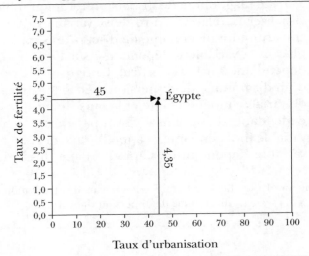

Il s'agit de répéter cette opération jusqu'à ce que les 50 pays soient placés dans le diagramme de dispersion, comme à la figure 10.3.

Figure 10.3. Taux de fertilité selon le taux d'urbanisation
(pour les 50 pays les plus peuplés)

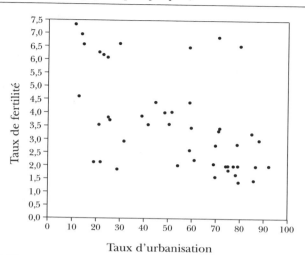

Les diagrammes de dispersion nous donnent un bon aperçu de la relation entre deux variables d'intervalles/ratio. Parfois nous pouvons repérer immédiatement la direction de la relation. Si la relation est positive, les points du diagramme forment un nuage allant, *grosso modo*, de la partie inférieure gauche à la partie supérieure droite. Les scores les plus bas de la variable dépendante sont associés aux scores les plus bas de la variable indépendante, et les scores les plus hauts de la variable dépendante sont associés aux scores les plus hauts de la variable indépendante. Nous verrons plus loin un exemple de relation positive.

Si la relation est négative, le nuage formé par les points dans le diagramme s'étend de la partie supérieure gauche à la partie inférieure droite du diagramme. Ce nuage décrit ainsi une relation négative. Pourquoi ? Parce que dans le coin supérieur gauche les scores faibles de la variable indépendante sont associés aux scores élevés de la variable dépendante et, dans le coin inférieur droit, les scores élevés de la variable indépendante sont associés aux scores faibles de la variable dépendante.

La forme du nuage de points de la relation dans la figure 10.3 représentant la relation entre le taux d'urbanisation et le taux de fertilité indique que la relation est négative. Les pays qui ont un taux d'urbanisation plus important connaissent un taux de fertilité plus faible et inversement. Les pays qui ont un faible taux d'urbanisation connaissent généralement un taux de fertilité plus élevé. Il y a très peu de points dans le coin inférieur gauche et dans le coin supérieur droit du diagramme – ce sont les exceptions au modèle général. La plupart des points se tiennent le long d'une diagonale imaginaire qui va du coin supérieur gauche au coin inférieur droit. (Souvenez-vous, cependant, que nous travaillons avec des données écologiques et que, par conséquent, nous ne pouvons pas conclure au niveau des individus que le nombre d'enfants est lié au fait d'habiter en ville. Peut-être que cette relation existe, mais il nous faudrait analyser des données individuelles pour éviter de commettre une erreur écologique.)

10.2 Les diagrammes de dispersion et l'intensité des relations

La figure 10.4 nous présente des exemples généraux de diagrammes de dispersion illustrant une relation positive et une relation négative. Repensez aux modèles des relations positives et négatives dans des tableaux bivariés. Vous rappelez-vous ces schémas avec des X alignés en diagonales que je vous ai présentés à la section 5.4 ? (Je sais, vous ne vous en rappelez plus, alors retournez voir la figure 5.1 tout de suite !) Ces tableaux avaient la même forme générale que les diagrammes de dispersion illustrant une relation positive ou négative. C'est pour cette raison que je vous ai suggéré de construire vos tableaux en disposant les valeurs de la variable en colonne (la variable indépendante) de gauche à droite et les valeurs de la variable en rangée (la variable dépendante) de bas en haut. Ce format correspond à la façon dont nous plaçons les valeurs sur les axes d'un diagramme de dispersion. En fait, vous pourriez construire un tableau de fréquences en traçant, à travers le diagramme de dispersion, des lignes horizontales et verticales afin de regrouper en catégories les valeurs des variables et en comptant ensuite le nombre de points se trouvant dans chaque « cellule ».

Figure 10.4. Nuages de points de relations positives et négatives

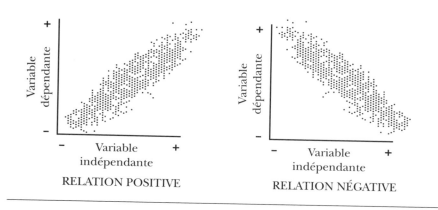

RELATION POSITIVE   RELATION NÉGATIVE

Rappelez-vous aussi le diagramme en boîtes et moustaches de la section 9.1 qui présente la distribution des scores de la variable dépendante à l'intérieur des catégories de la variable indépendante. Comme nous l'avons dit plus haut, un diagramme en boîtes et moustaches est simplement un type particulier de diagramme de dispersion dans lequel les valeurs de la variable indépendante sont regroupées en catégories. Il est curieux de voir à quel point les techniques statistiques sont proches les unes des autres, n'est-ce pas ? Une grande partie des statistiques consistent en des variations sur un même thème. C'est là la beauté des statistiques.

Il est facile de voir (au sens littéral du terme) qu'un diagramme de dispersion indique la direction de la relation. Mais il indique aussi l'intensité de la relation. Si une relation est parfaite, les points forment une ligne absolument droite. Si deux variables sont fortement (mais imparfaitement) reliées, les points du diagramme de dispersion se regroupent le long d'une droite qu'on pourrait imaginer traversant le nuage de points. Pour une relation modérée, les points sont plus dispersés, bien que la direction de la relation soit encore claire. Quand la relation est faible, les points sont très dispersés. Et, lorsqu'il n'y a pas de relation du tout, les points semblent distribués aléatoirement dans le diagramme. La figure 10.5 illustre chacune de ces situations.

Pouvez-vous voir en quoi ces modèles reflètent l'intensité de la relation ? Si les points du diagramme de dispersion sont parfaitement alignés, nous pouvons trouver le score exact de la variable dépendante d'un cas à partir du score de la variable indépendante de ce cas. Tout ce que nous avons à faire, c'est de localiser le score de la variable indépendante sur l'axe des X, trouver le point sur la droite qui se trouve directement au-dessus de ce score et localiser la hauteur de ce point sur l'axe des Y.

Figure 10.5. Nuages de points de relations d'intensité différente

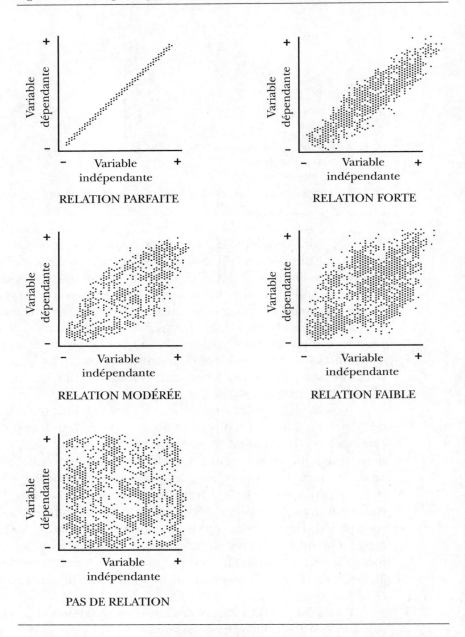

Quand la relation est plus faible, les points sont dispersés au-dessus de tout score de l'axe des X, ce qui rend difficile l'estimation du score de la variable dépendante à partir du score de la variable indépendante. Car, alors, les cas ayant la même valeur pour la variable indépendante n'ont pas tous la même valeur pour la variable dépendante. Il y a une variation dans la variable dépendante pour les cas ayant un score identique dans la variable indépendante. Quand les points semblent distribués au hasard dans le diagramme de dispersion, notre estimation des scores de la variable dépendante est aléatoire, à la manière d'une devinette. Dans ce cas, il n'existe pas de relation entre les deux variables.

En résumé : lorsque la relation est parfaite, la variance des scores de la variable dépendante associés à un score donné de la variable indépendante est 0. La variance augmente au fur et à mesure que la relation s'affaiblit et, finalement, la variance est approximativement égale à la variance de l'ensemble des scores si les variables ne sont pas en relation.

Encore une fois nous constatons qu'il y a une grande similitude entre ce type d'analyse et l'analyse tabulaire. Dans un tableau dont les variables sont fortement corrélées, les cas s'agglutinent le long d'une diagonale – la diagonale principale (/) pour les relations positives, la diagonale secondaire (\) pour les relations négatives. Lorsque les variables sont faiblement corrélées, les cas s'éloignent des diagonales et se « dispersent » dans les cellules. C'est la même chose pour les nuages de points illustrés dans les diagrammes de dispersion.

10.3 Les limites des diagrammes de dispersion

Donc le diagramme de dispersion nous indique à la fois la direction et l'intensité d'une relation. Voilà qui est vraiment très utile. Mais parfois les diagrammes de dispersion posent un problème d'ordre pratique. L'espace en deux dimensions du diagramme rend difficile la présentation de données provenant d'un grand nombre de cas. Nous avons déjà rencontré ce problème lorsque nous utilisions des diagrammes en boîtes et moustaches pour l'ANOVA. Quand N est grand et que les scores des variables ont un nombre limité de valeurs, les points du diagramme de dispersion s'empilent les uns sur les autres et il est difficile d'en rendre compte dans un diagramme en deux dimensions. Certaines méthodes existent pour parer à ce problème, la plus simple étant d'utiliser des symboles différents pour indiquer le nombre de cas concentrés à un point précis. Par exemple, on peut utiliser un point (.) pour indiquer qu'il y a 1 à 5 cas à cet endroit, un triangle pour 6 à 10 cas, et ainsi de suite. Mais des symboles comme ceux-là ne sont pas d'un grand secours ; la visualisation de la relation reste malaisée. Il existe aussi des techniques graphiques informatiques plus perfectionnées qui peuvent décaler légèrement les points se chevauchant pour qu'ils deviennent visibles, ou bien encore qui ajoutent une troisième dimension au diagramme et permettent ainsi de montrer le nombre de cas à chaque endroit du diagramme. Ces techniques ne sont cependant pas encore très répandues.

Cette limite du diagramme de dispersion peut devenir très sérieuse. Imaginez ce qui arrive pour la plupart des diagrammes de dispersion illustrant une relation entre deux variables d'une grande banque de données comme celle du General Social Survey. Avec des échantillons si grands, on trouvera plusieurs cas ayant des valeurs semblables pour les deux variables. Il sera alors impossible de dire combien de cas chaque point du diagramme représente. Déjà, avec nos données portant sur 50 cas, quelques points se chevauchent presque (par exemple, la Russie, la France et Taiwan qui ont un taux d'urbanisation très similaire (respectivement 73, 74 et 75) et exactement le même taux de fertilité de 1,8). Règle générale, les diagrammes de dispersion conviennent mieux à des ensembles de données comprenant moins de 100 cas. En pratique, cela signifie que les diagrammes de dispersion sont généralement plus utiles avec des données agrégées, comme les données concernant les pays, les États américains ou les provinces canadiennes, qu'avec des données de sondage, comme le General Social Survey, car les ensembles de données agrégées contiennent souvent relativement peu de cas.

Cependant quelles que soient ses limitations pratiques avec un grand nombre de cas, un diagramme de dispersion est toujours utile conceptuellement. Il permet de résumer une relation de façon visuelle. Et nous venons de voir que cela marche très bien avec des banques de donnés (comme nos 50 nations) qui ont un nombre peu élevé de cas.

10.4 La régression et la droite des moindres carrés

Un diagramme de dispersion offre un bon résumé d'une relation. Il est cependant possible de résumer une relation de façon encore plus concise à l'aide d'une seule droite, la droite qui décrit le mieux la relation. C'est cette droite que j'avais à l'esprit quand je vous ai suggéré d'imaginer une ligne traversant le nuage de points du diagramme de dispersion. Dans la figure 10.6, j'ai tracé une droite qui semble capter assez bien la relation Urbanisation → Fertilité.

Figure 10.6.   Taux de fertilité selon le taux d'urbanisation
(avec droite de régression)

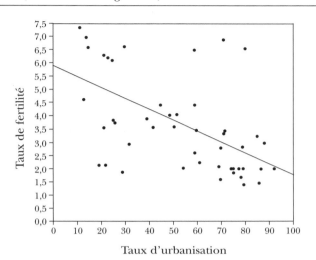

Eh oui ! cette simple droite semble correspondre assez bien au modèle général du nuage de points. Mais pourquoi cette droite en particulier ? Pourquoi pas une droite un petit peu au-dessus de celle que j'ai tracée ? Ou un petit peu au-dessous ? Ou avec un angle légèrement différent ? Comment ai-je su que cette droite-ci est vraiment celle qu'il fallait tracer ?

La réponse est un peu compliquée (autrement dit concentrez-vous sur ce que je vais vous expliquer maintenant), mais la voici : la droite que j'ai tracée minimise la somme des carrés des distances entre la droite et le score de la variable dépendante de chacun des cas. En d'autres mots, il n'y a pas d'autre droite dont la somme des carrés des distances par rapport aux scores de la variable dépendante est moindre. Dans la figure 10.7 j'ai tracé des lignes verticales – nommées **résidus** – montrant la distance entre chacun des 50 cas et la ligne droite résumant la relation Urbanisation → Fertilité. Si vous mesuriez la longueur de chacune de ces droites résiduelles, que vous mettiez ces longueurs au carré et additionniez ces carrés, la somme que vous obtiendriez serait inférieure à celle de n'importe quelle autre droite que vous pourriez tracer pour résumer la relation Urbanisation → Fertilité[1].

---

1.   Il est aussi vrai que, si l'on traite les droites verticales au-dessus de la droite-sommaire comme positive et les droites verticales en dessous de la droite-sommaire comme négative, alors la somme des longueurs de toutes les droites verticales est 0. La longueur totale des droites du dessus annule la longueur totale des lignes du dessous. Il est cependant plus important pour nous que la somme des carrés des droites verticales soit un minimum.

Figure 10.7.   Taux de fertilité selon le taux d'urbanisation
                (avec des exemples de résidus)

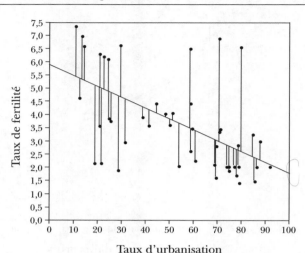

Cette droite-sommaire s'appelle *la droite de régression* ou *la droite des moindres carrés*. Cette droite est très importante en statistiques et nous l'utiliserons souvent dans ce chapitre et dans le chapitre 12, et plus tard dans les statisques plus avancées.

Pourquoi voulons-nous minimiser la somme des carrés des distances par rapport aux scores de la variable dépendante ? Parce que cette droite de régression est celle qui prédit le mieux le score de la variable dépendante d'un cas lorsque nous connaissons le score de la variable indépendante de ce cas. Par exemple, pour prédire le taux de fertilité d'un pays, ne connaissant rien d'autre à propos de ce pays, la meilleure prédiction que nous puissions faire est le taux de fertilité moyen pour les 50 pays. La raison pour laquelle le taux de fertilité moyen est la meilleure prédiction est que, comme nous l'avons vu dans la section 3.4, la moyenne minimise la somme des distances au carré entre chaque score et la moyenne. En ce sens, aucun autre nombre ne permet d'obtenir une meilleure estimation du score d'un cas que la moyenne de tous les scores.

Cependant si le taux de fertilité est lié à l'urbanisation, nous pouvons alors utiliser le taux d'urbanisation du pays pour prédire ou estimer mieux son taux de fertilité. Si un pays (l'Égypte par exemple) a un taux d'urbanisation de 45 %, on cherche sur la droite de régression le taux de fertilité associé à un taux d'urbanisation de 45 %. À vue d'œil, le diagramme de dispersion et la droite de régression de la figure 10.7 indiquent que, pour un pays (comme l'Égypte) ayant

un taux d'urbanisation de 45 %, on devrait trouver un taux de fertilité d'environ 4.

Mais ce taux de 4 n'est qu'une estimation approximative. On
peut faire des prédictions plus précises. Souvenez-vous votre cours
d'algèbre du secondaire : une droite peut être représentée par une
simple équation. L'équation d'une ligne droite a la forme suivante[2] :

$$Y = a + bX$$

lorsque Y = le score de la variable dépendante

a = *l'intersection* , ou la valeur de Y correspondant à
l'endroit où la droite croise l'axe[3] des Y (c'est-à-dire
la valeur de Y quand X = 0)

b = *la pente*, ou le changement en Y correspondant au
changement d'une unité en X (c'est-à-dire le caractère plus ou moins abrupt de la droite)

X = le score de la variable indépendante

Cette équation est appelée *l'équation de régression* de la relation
entre le taux de fertilité et le taux d'urbanisation[4]. Faites attention
aux mots : on parle de la régression de la relation entre *la variable
dépendante* Y et *la variable indépendante* X. L'utilisation d'une ligne
droite pour décrire une relation est appelée *une régression linéaire*.
En passant, l'intersection est parfois appelée *la constante*.

Nous verrons plus tard dans ce chapitre comment on calcule les
valeurs de a et b dans une équation de régression, pour l'instant laissez-moi vous dire que a = 5,720 et b = –0,041 dans le cas de la régression de la relation entre le taux de fertilité et le taux d'urbanisation.
L'équation de régression est donc :

$$Y' = 5,720 + (-0,041)X$$

ou plus simplement

$$Y' = 5,720 - 0,041X$$

---

2. Vous êtes peut-être habitué à représenter une droite par l'équation Y = mX + b, lorsque m
représente la pente et b l'intersection. Cette représentation est, bien sûr, exactement
l'équivalent de Y = a + bX, qui ne diffère de la première que par les symboles qui sont
utilisés et par l'arrangement des termes.

3. La droite croise l'axe des Y à *a* uniquement dans les graphiques où l'axe des X débute à 0.
Il est toutefois quelquefois plus utile et plus efficace de faire débuter l'axe des X sur une
autre valeur.

4. En anglais, on parle de la *regression* de la variable dépendante *on* (sur) la variable indépendante. En français, le processus de régression correspond à la réduction des données
d'un phénomène complexe (la relation entre la variable dépendante et la variable indépendante) en vue de le représenter par une loi simplificatrice, l'équation de régression
(cf. *Petit Robert -Dictionnaire de la langue française*) (N.D.T.).

J'ai ajouté une apostrophe (') au symbole Y pour rappeler que, comme je le mentionnerai plus loin, l'équation peut être utilisée pour prédire la valeur de Y (Y' se dit : « Y prime »).

La valeur de la pente b dans l'équation de régression est très importante. On l'appelle *le coefficient de régression*. Il indique la mesure du changement dans la variable dépendante qui correspond au changement d'une unité dans la variable indépendante. Le signe (+ ou –) indique la direction de ce changement. Dans notre exemple, Urbanisation → Fertilité, chaque augmentation d'un point du pourcentage de personnes habitant en ville dans un pays est associée avec une diminution du taux de fertilité de 0,041 (nombre d'enfants par femmes). Si le taux d'urbanisation augmente d'un point, alors le nombre moyen d'enfants par femme diminue de 0,041.

Je sais, 0,041 ne semble pas beaucoup. C'est seulement environ $1/25^e$ d'enfant. Mais faites le calcul : si le taux d'urbanisation d'un pays augmentait de 25 points de pourcentage (disons de 45 % à 70 %), nous nous attendrions à ce que les femmes ait en moyenne un enfant de moins. C'est un déclin important du taux de fertilité (et beaucoup moins de personnes dans un pays avec des dizaines et même des centaines de millions de femmes). Derrière ces statistiques sans âme se cachent des personnes réelles qui ont de vrais enfants. À cet égard, il n'y a rien d'abstrait dans les analyses statistiques.

Prenons l'exemple de l'Égypte. On peut prédire le taux de fertilité de l'Égypte en mettant son taux d'urbanisation dans l'équation de régression de la relation entre l'urbanisation et la fertilité :

$$Y' = 5,720 - 0,041(45)$$
$$= 5,720 - 1,845$$
$$= 3,875$$

Le taux de fertilité prédit pour l'Égypte – sur la base de son taux d'urbanisation – est de 3,88 enfants par femme.

Nous commettrons sûrement des erreurs en faisant de telles prédictions. Après tout, la droite de régression ne passe pas par chacun des points. Nous venons de voir un cas, l'Égypte, où le taux de fertilité réel est de 4,35. Si nous prédisions le taux de fertilité en nous basant sur notre droite ou notre équation de régression, nous ferions une erreur de 4,35 – 3,88 = 0,47. C'est la différence entre le taux réel et le taux prédit de fertilité de l'Égypte. Les femmes égyptiennes ont environ 0,47 enfant de plus que ce à quoi nous nous attendions sur la base du taux d'urbanisation du pays.

Tout compte fait, bien que notre prédiction ne soit pas rigoureusement exacte, nous ne pouvons mieux estimer le taux de fertilité qu'à l'aide de la droite de régression, car cette droite minimise la somme des carrés des erreurs. La distance entre la droite de régression et le score de la variable dépendante d'un cas constitue l'erreur. De façon plus précise, cette distance mesure l'erreur que nous faisons en prédisant le score de la variable dépendante à partir du score de la variable indépendante de ce cas. Pour mesurer l'erreur totale, l'erreur pour tous les cas, on élève au carré à tour de rôle chacune des erreurs et on additionne toutes ces erreurs au carré, tout comme nous l'avons fait quand nous avons calculé la somme des carrés pour le numérateur de la variance à la section 4.1[5]. Moins il y a d'erreurs, plus la somme des carrés des distances est petite. Plus il y a d'erreurs, plus cette somme est grande. La droite de régression minimise la somme des carrés des erreurs. Donc, si nous faisions des prédictions pour les 50 cas, que nous mettions au carré la différence entre chaque score de taux de fertilité réel et chaque taux de fertilité prédit, et finalement que nous additionnions les carrés de toutes les différences, nous trouverions une somme plus petite que celle que nous pourrions calculer à partir de toute autre droite qu'il serait possible de tracer dans notre diagramme de dispersion.

Là se trouve l'intérêt des régressions : la droite de régression minimise la somme des carrés des erreurs et est donc la meilleure droite possible pour la prédiction des scores de la variable dépendante.

10.5 Le calcul des coefficients de régression

Nous savons qu'une relation linéaire peut être décrite par l'équation suivante

$$Y = a + bX$$

Maintenant nous devons trouver comment calculer les valeurs de a et b dans cette équation. Voyons d'abord le coefficient régression de b. La formule pour b est :

$$b = \frac{\Sigma(X - \overline{X})(Y - \overline{Y})}{\Sigma(X - \overline{X})^2}$$

On trouve le numérateur en soustrayant de chaque score la moyenne de la variable, puis en multipliant, pour chaque cas, la différence ainsi obtenue pour la variable indépendante par celle obtenue pour

---

5. Cela ne fonctionnerait pas si nous additionnions simplement les erreurs non élevées au carré car cette somme est toujours égale à zéro. Nous avons observé une situation semblable à la section 4.5 lorsque j'ai mentionné que la somme des différences entre les scores et la moyenne est toujours nulle.

la variable dépendante, pour enfin additionner tous ces produits. Le produit de l'écart des scores par rapport à la moyenne [c'est-à-dire, $(X-\overline{X})(Y-\overline{Y})$, pour chaque cas] s'appelle *le produit croisé*.

Nous avons déjà rencontré ce dénominateur à plusieurs reprises. C'est notre vieille connaissance, la somme des carrés de la variable indépendante X. Bien que nous n'ayons pas besoin de le faire ici, si nous divisons $\Sigma(X-\overline{X})^2$ par $N-1$, nous avons une estimation de la variance de X. Nous avons trouvé cette somme des carrés et cette variance tout d'abord dans le chapitre 4 puis encore dans le chapitre 9. Nous la retrouvons encore ici.

Le coefficient de régression b est donc le ratio de la somme des produits croisés sur la somme des carrés de la variable indépendante. Le coefficient de régression est une mesure utile de l'effet de la variable indépendante sur la variable dépendante puisque cela nous indique la proportion de changement dans la variable dépendante qui est associée au changement d'une unité de mesure dans la variable indépendante. Bien entendu la grandeur du coefficient de régression dépend de l'unité de mesure que l'on utilise. Le coefficient de régression est plus grand si, par exemple, une variable est mesurée en minutes plutôt qu'en heures, ou en centimètres plutôt qu'en mètres. Cependant, si nous gardons à l'esprit le type d'unité de mesure que nous utilisons, le coefficient est une mesure utile de l'effet de la variable indépendante sur la variable dépendante.

Pour trouver l'intersection *a* d'une équation de régression, on peut réarranger les termes de l'équation de régression de la façon suivante :

$$a = Y - bX$$

Maintenant utilisons une propriété intéressante de l'équation de régression : elle passe toujours par le point où les moyennes de X et Y se croisent. Si nous traçons dans le diagramme de dispersion une ligne sur la moyenne de X et une ligne sur la moyenne de Y, le point d'intersection de ces deux lignes se trouve sur la droite de régression. Cela se vérifie toujours. Nous savons alors que les valeurs de $X = \overline{X}$ et $Y = \overline{Y}$ satisfont l'équation de a, et alors $a = \overline{Y} - b\overline{X}$. Nous trouvons *a* en entrant les valeurs pour *b* et les moyennes Y et X dans l'équation. Dans le cas de la régression de la relation entre le taux de fertilité et le taux d'urbanisation, *b* a une valeur de –0,041, la moyenne du taux de fertilité est de 3,563, et la moyenne du taux d'urbanisation est 52,140 (non arrondi). Cela donne :

$$a = \overline{Y} - b\overline{X}$$

$$= 3,563 - (-0,041)\, 52,140$$

$$= 3,563 + 2,138$$

$$= 5,701$$

En mettant les valeurs de l'intersection a et de la pente b dans l'équation de régression, nous obtenons :

$$Y' = 5,701 - 0,041X$$

10.6 Le coefficient de corrélation (r)

Nous avons dit plus tôt que l'intensité d'une relation est mesurée par le degré de concentration des points du diagramme de dispersion le long de la droite de régression. Nous savons maintenant que cette droite de régression est celle qui minimise les carrés des distances par rapport aux scores de la variable dépendante de chacun des cas. Si les cas sont regroupés tout près de la droite de régression, la relation est forte. Si les cas sont distribués plus loin de part et d'autre de la droite de régression, la relation est plus faible. Si les cas semblent distribués au hasard et, par conséquent, sont très dispersés par rapport à la droite de régression, il n'y a pas de relation.

Ce dont nous avons besoin, c'est d'une bonne méthode pour mesurer de façon concise le degré de concentration des points le long de la droite de régression, et cela afin de pouvoir apprécier l'intensité de la relation. Une telle mesure existe : c'est *le coefficient de corrélation de Pearson*[6]. Son symbole est r. Le coefficient de corrélation a été mis au point d'abord par Sir Francis Galton (le cousin de Charles Darwin) au XIXe siècle et a ensuite été raffiné par le statisticien britannique Karl Pearson. C'est la mesure d'association la plus utilisée en sciences sociales.

Le coefficient de corrélation r constitue une mesure du degré de concentration des cas le long de la droite de régression. Si les cas se regroupent de façon étroite le long de la droite de régression, le r sera grand, indiquant ainsi une forte relation. Si les cas sont plus dispersés par rapport à la droite de régression, le r sera petit, indiquant une relation faible. À l'instar de toutes les mesures d'association qui se comportent correctement (par exemple, le gamma pour des données ordinales) le r varie entre −1,00 et +1,00. Et, comme c'est le cas pour les mesures ordinales d'association, on omet le signe + à moins qu'il y ait une ambiguïté à propos de la direction de la relation.

---

6.   Pour être précis, l'expression « coefficient de corrélation » est un terme générique qui renvoie à diverses mesures d'association. Cependant on n'utilise le nom au complet (le coefficient de corrélation de Pearson) que lorsqu'il pourrait y avoir confusion avec un autre type de coefficient de corrélation.

Quand $r = -1,00$ ou $r = 1,00$, la relation est parfaite, le signe indiquant la direction. Quand $r = 0$, les deux variables ne sont pas associées statistiquement (il n'y a pas de relation). La valeur du r entre 0 et ± 1,00 reflète l'intensité de l'association.

Pour comprendre le coefficient de corrélation, pensons à des relations fortes et à des relations faibles. Pour être bref, je vais me limiter à des relations positives, mais la même logique s'applique également aux relations négatives. Lorsque deux variables sont associées, les cas qui ont un score élevé pour l'une des variables ont généralement un score élevé pour l'autre. Les cas qui ont un score moyen pour l'une des variables ont aussi un score moyen pour l'autre et – vous avez deviné – les cas qui ont un score faible pour l'une des variables ont un score faible pour l'autre variable. Bien sûr il y aura quelques exceptions, c'est-à-dire des cas qui s'écarteront de ce modèle général. Ce modèle se vérifiera néanmoins la plupart du temps.

Supposons maintenant que, plutôt que d'utiliser des scores bruts, nous convertissions tous les scores en scores-Z. Nous avons appris comment faire cela à la section 4.3. Les scores-Z standardisent les scores pour qu'ils ne soient plus affectés par l'unité de mesure choisie. C'est une bonne chose car nous ne voudrions pas qu'une mesure d'association soit affectée par le fait qu'une variable soit mesurée en centimètres ou mètres, grammes ou kilogrammes, milliers ou millions de dollars.

Rappelez-vous que, dans la section 4.3, nous convertissons un score en score-Z en en soustrayant la moyenne et en divisant cette différence par l'écart-type. Supposons que, pour chaque cas, nous convertissions ces scores pour les deux variables, dépendante et indépendante, en scores-Z. Cette opération modifie l'échelle des scores, mais ne change pas leur position relative. Les scores les plus élevés sont toujours les plus élevés, les scores moyens restent toujours moyens, et les scores les plus bas demeurent toujours les scores les plus bas. Tout ce que cette transformation produit, c'est qu'elle ramène les deux variables sur la même échelle. Après cette normalisation, les deux variables (dépendante et indépendante) ont une moyenne de 0 et un écart-type de 1,00, comme c'est le cas pour toutes les variables standardisées.

Puisque nous n'avons changé que les échelles des variables, la nature de la relation entre les variables ne change pas avec l'utilisation de scores standardisés. Dans le cas où la relation est positive et forte, les scores-Z faibles de la variable dépendante sont généralement associés à des scores-Z faibles de la variable indépendante. De même les scores-Z élevés de la variable dépendante seront associés à des scores-Z élevés de la variable indépendante. Lorsque deux variables sont *parfaitement* associées, le score-Z de chaque observation est exactement le même pour la variable dépendante et la variable indépendante. Ainsi, quand la relation est parfaite, $Z_X = Z_Y$.

Il arrive qu'on représente les variables à l'aide d'indices, le premier indice se rapportant à la variable dépendante, le second à la variable indépendante. Ainsi, r_{YX} se rapporte à la corrélation entre la variable dépendante Y et la variable indépendante X.

Nous sommes maintenant prêts pour la formule du coefficient de corrélation[7].

Pour les données de population :

$$r = \frac{\sum Z_X Z_Y}{N}$$

lorsque r = coefficient de corrélation de Pearson

Z_X = score standardisé de la variable indépendante X

Z_Y = score standardisé de la variable dépendante Y

N = nombre d'observations

$Z_X Z_Y$ est le produit croisé des scores standardisés. Cette formule nous révèle que le coefficient de corrélation de Pearson est la moyenne du produit des scores-Z de chacune des observations. Cette formule est valable pour les données de population telles que celles des 50 pays les plus peuplés. Dans le cas des données d'échantillon comme celles du General Social Survey, on divise $Z_X Z_Y$ par N – 1 plutôt que N. L'usage de N ou N – 1 fait peu de différence lorsque N est très important.

Nous nous intéressons au r car il permet des interprétations merveilleusement utiles. Rappelez-vous la section 4.3. (En fait, relisez la section 4.3 si vous n'avez qu'une vague idée de ce que sont les scores standardisés.) Souvenez-vous que les scores-Z possèdent une propriété intéressante : $\sum Z^2 = N$. Or, si deux variables sont parfaitement corrélées, leurs scores-Z sont les mêmes (c'est-à-dire $Z_X = Z_Y$). Par conséquent :

$$\sum Z_X Z_Y = \sum Z^2_X = \sum Z^2_Y = N$$

Ce qui implique que :

$$r = \frac{\sum Z_X Z_Y}{N} = \frac{N}{N} = 1,00$$

7. Avant l'époque des ordinateurs, on calculait les coefficients de corrélation à l'aide d'une formule de calcul plutôt que d'une formule définitionnelle. Nous n'avons plus besoin des raccourcis que fournissaient les formules de calcul puisque l'ordinateur travaille pour nous. Si vous voulez une formule de calcul vous pouvez consulter un manuel de statistiques traditionnel.

Donc si la relation est parfaite, r = 1,00. Commode, n'est-ce pas ?

Notez aussi que, lorsque les deux variables ne sont pas corrélées, les produits de leurs scores-Z s'annulent quand on les additionne. Ceci se produit parce qu'à peu près la moitié des produits sont positifs et la moitié sont négatifs. (Souvenez-vous que la moyenne des scores-Z est égale à 0, et que, par conséquent, la moitié des scores sont négatifs. Souvenez-vous aussi que le produit d'un nombre positif et d'un nombre négatif est négatif.) Ainsi pour deux variables qui ne sont pas corrélées, $\Sigma Z_X Z_Y = 0$. Donc :

$$r = \frac{\Sigma Z_X Z_Y}{N} = \frac{0}{N} = 0$$

Par conséquent, s'il n'y a pas de relation, r = 0. Et si la relation est plus grande que 0 sans être parfaite, la grandeur de r indique l'intensité de la relation. Tout aussi commode, n'est-ce pas ?

Je n'ai parlé que des relations positives, mais la même logique s'applique pour les relations négatives. Pour les relations négatives, il y aura plus de scores élevés appariés à des scores bas que de paires où les deux scores sont soit bas soit élevés. C'est par définition la structure d'une relation négative. Ainsi, $\Sigma Z_X Z_Y$ sera négatif et r sera donc négatif.

La formule du coefficient de corrélation de Pearson nous dit aussi que r est une mesure symétrique d'association. Peu importe quelle variable est dépendante et laquelle est indépendante, la corrélation est la même. En effet l'ordre selon lequel Z_X et Z_Y sont multipliés n'a aucune importance car $Z_X Z_Y = Z_Y Z_X$. La corrélation entre les deux est identique dans les deux cas. En utilisant des indices pour désigner les variables (le premier indice correspondant toujours à la variable dépendante), $r_{YX} = r_{XY}$.

En passant, le r pour la relation entre le taux d'urbanisme et le taux de fertilité est de − 0,56, une relation assez forte. Le calcul de cette corrélation est fastidieux, je n'en montrerai donc pas les étapes bien que je vous encourage à le faire. Pour le faire, calculez d'abord les moyennes et les écarts-types des scores du taux d'urbanisme et du taux de fertilité. Utilisez ensuite ces moyennes et ces écarts-types pour convertir les scores de chaque pays en scores standardisés. Multipliez les scores standardisés de tous les pays entre eux et additionnez les produits ainsi obtenus. Finalement, divisez le total de ces produits par le nombre de pays pour obtenir le coefficient de corrélation. Oui, je vous laisse faire ces calculs seuls. (En fait, on utilisait jadis une formule de calcul qui était bien pratique, mais les ordinateurs l'on rendue inutile.)

Francis Galton et Karl Pearson étaient très ingénieux. Ils ont créé un coefficient de corrélation pour les variables d'intervalles ou de proportion qui varie de –1,00 (pour une relation négative parfaite) à 0 (pour aucune relation) à +1,00 (pour une relation positive parfaite). Le signe indique la direction, la grandeur mesure l'intensité de la relation. Ainsi le coefficient de corrélation r se conduit comme les mesures tabulaires d'association pour variables ordinales que nous avons étudiées au chapitre 7.

Comme c'est le cas pour les différences de pourcentages et les mesures d'association dans les mesures tabulaires, et pour les différences de moyennes et le êta carré dans l'ANOVA, l'importance d'un r doit être évaluée en fonction de nos attentes, de la théorie et des résultats obtenus par d'autres chercheurs. Il n'y a pas de règle définitive selon laquelle un certain r indique une forte corrélation et un autre r une relation modérée. La réalité est beaucoup trop subtile pour de telles règles. Mais on peut suggérer un guide général que vous adapterez à votre réflexion et à votre bon jugement :

	Relation négative				Absence de relation			Relation positive		
r =	–1,00	–0,80	–0,60	–0,40	–0,20	0,00	0,20	0,40	0,60	0,80	1,00
	parfaite	forte	modérée	faible		aucune	faible		modérée	forte	parfaite

J'ai dit que le coefficient de corrélation et le modèle de régression sur lequel il est basé sont des techniques appropriées pour les variables d'intervalles et de proportion. C'est vrai. Mais il est vrai aussi que la plupart des chercheurs utilisent les techniques de corrélation et de régression pour les variables ordinales. La pratique est semblable à celle que l'on observe pour les moyennes. Souvenez-vous qu'à la section 4.3 nous avons dit que, strictement parlant, les moyennes sont calculées pour les variables d'intervalle ou de proportion mais que les chercheurs trouvent souvent utile de calculer des moyennes pour des variables ordinales également. De la même façon, les chercheurs calculent souvent des coefficients de corrélation sur des variables ordinales quand cela les aide à découvrir un modèle d'association dans les données. Au chapitre 12, nous apprendrons une technique qui, à l'aide de variables factices, incorpore même des variables nominales dans les analyses de régression et de corrélation.

10.7 L'interprétation du r^2 comme la proportion de la variation expliquée

Nous pouvons interpréter le carré de r comme une mesure d'association de type RPE (réduction proportionnelle de l'erreur). Cela veut dire que r^2 indique dans quelle proportion nous pouvons réduire l'erreur de prédiction des scores de la variable dépendante lorsque nous connaissons les scores de la variable indépendante. Permettez-moi de vous expliquer pourquoi.

J'ai dit à la section 3.4 que la moyenne était la valeur qui mini-misait la somme des carrés des différences entre cette valeur elle-même et chaque score. Puisque la moyenne minimise la somme des carrés, nous ne pouvons pas mieux faire pour prédire les scores de la variable dépendante que de proposer la moyenne. Bien sûr nous aurons souvent tort mais nous minimiserons nos erreurs. La somme des carrés mesure la quantité d'erreurs que nous commettons.

Mais que se passe-t-il si nous utilisons notre connaissance des scores de la variable indépendante pour prédire les scores de la varia-ble dépendante ? Après tout, lorsque deux variables sont corrélées, connaître la variable indépendante peut nous aider à réduire les er-reurs que nous faisons dans notre prédiction des scores de la variable dépendante. Nous pouvons entrer le score de la variable indépen-dante dans l'équation de régression pour estimer le score de la varia-ble dépendante. Nous allons encore faire des erreurs, mais beaucoup moins que si nous n'utilisons pas notre connaissance des scores de la variable indépendante. Ce qui reste d'erreurs, ce sont les résidus, qu'on représente graphiquement, nous l'avons vu, par les distances verticales entre les points représentant les observations et la droite de régression. Ce terme de « résidu » est bien choisi, car les résidus sont ce qui reste, ce qui n'est pas expliqué par la variable indépen-dante. Nous pouvons mesurer l'erreur totale par la somme des car-rés de ces résidus.

La réduction des erreurs – c'est-à-dire la somme des erreurs com-mises sans utiliser les scores de la variable indépendante moins la somme des erreurs commises en utilisant les scores de la variable indépendante – indique dans quelle mesure la variable indépendante nous a aidés à expliquer les scores de la variable dépendante. Nous pouvons mesurer cette explication. C'est la variation totale dans la variable dépendante moins la variation qui reste une fois qu'on a pris en compte les scores de la variable indépendante. C'est la quantité de variation dans la variable dépendante que nous avons expliquée en utilisant notre connaissance de la variable indépendante.

D'habitude nous exprimons cette variation expliquée comme une proportion de la variation totale (c'est facile à calculer en divisant la variation expliquée par la variation totale). Voici maintenant votre récompense pour avoir réfléchi à tout cela : le carré du coefficient de corrélation, r^2, correspond au ratio de la variation expliquée par la variable indépendante sur la variation totale. Sous forme d'équation algébrique :

$$r^2 = \frac{\text{Variation expliquée}}{\text{Variation totale}}$$

Ce ratio est parfois appelé *le coefficient de détermination*. Pour la relation Urbanisation → Fertilité, $r^2 = (-0,56)^2 = 0,31$. Donc le taux d'urbanisation explique environ 31 % de la variation du taux de fertilité dans les 50 pays les plus peuplés.

L'interprétation du r^2 comme la proportion de la variation expliquée devrait vous sembler familière. Elle est tout à fait semblable à l'interprétation du E^2 que nous avons décrit à la section 9.5 sur l'analyse de variance. La différence est que le r^2 implique une relation linéaire (une droite) alors que E^2 n'implique pas de postulat concernant la forme de la relation. E^2 implique simplement que nous estimons les scores de la variable dépendante en utilisant les moyennes de ces scores à l'intérieur des catégories de la variable indépendante. Lorsqu'une relation est vraiment linéaire, et par conséquent lorsque ces moyennes sont parfaitement alignées, r^2 égale E^2. Sinon (et c'est presque toujours comme cela), E^2 est plus grand que r^2. On peut donc utiliser la différence entre E^2 et r^2 pour vérifier la linéarité d'une relation.

Puisque r^2 correspond à la proportion de la variation expliquée, et puisque la variation totale = la variation expliquée + la variation non expliquée, il s'ensuit que $1 - r^2$ est la proportion de la variation qui n'est pas expliquée par la variable indépendante. Par exemple, une proportion d'environ 69 % (c'est-à-dire $1 - 0,31 = 0,69$) de la variation dans le taux de fertilité n'est pas expliquée par la variation dans le taux d'urbanisation. Cette statistique, $1 - r^2$, s'appelle *le coefficient d'aliénation*.

Gardez à l'esprit que, quand vous interprétez le r ou le r^2 pour des données écologiques, vous ne pouvez pas appliquer à des individus la relation que vous avez trouvée entre les variables. Le fait que nous ayons trouvé une forte relation parmi les pays les plus peuplés ne veut pas dire que les femmes citadines ont moins d'enfants que les femmes rurales. Il se peut que ce soit le cas, mais il se peut que ce ne le soit pas. Il nous faudrait des données au niveau individuel pour le décider. Mais nous savons cependant que, dans les pays les plus urbanisés, les femmes ont moins d'enfants.

10.8 La corrélation entre des variables dichotomiques

Les techniques de corrélation et de régression assument que les variables ont des mesures d'intervalles ou de ratio. La plupart des chercheurs appliquent également ces techniques à des variables ordinales. On peut cependant utiliser les corrélations et les régressions pour des variables dichotomiques. Laissez-moi vous l'expliquer.

J'ai souligné dans la section 3.4 que, dans le cas des variables dichotomiques, la moyenne possède une caractéristique intéressante et utile : si la variable est codé 0 et 1, alors la moyenne de la variable correspond à la proportion de cas qui sont codés 1. Prenons par exemple la variable dichotomique « sexe », avec les hommes codés 0 et les femmes 1[8]. La moyenne du sexe (0,57 dans le General Social Survey) corrrespond à proportion de femmes (c'est-à-dire la proportion de cas codés 1).

Voici une autre correspondance, utile et intéressante, entre deux statistiques : le coefficient de corrélation r entre deux variables dichotomiques est égal à ϕ (phi), soit la mesure d'association bivariée pour les variables nominales que nous avons vue dans la section 7.2. Et puisque ϕ = r, il s'ensuit que $r^2 = \phi^2$. ϕ^2 indique donc la proportion de variation dans une variable dichotomique expliquée par la variation d'une autre variable dichotomique. Si (comme dans le General Social Survey) la corrélation entre le sexe et la peur de se promener dans son quartier est de 0,29, le sexe explique 8 % $[(0,29)^2 = 0,08]$ de la variation de la peur qu'ont les répondants de se promener dans leur quartier.

Avec $\phi^2 = r^2$, on voit encore une fois que les statistiques sont interreliées. Cette équivalence entre le ϕ^2 et r^2 est la base de l'interprétation du ϕ^2 comme une mesure d'association RPE (réduction proportionnelle de l'erreur) et étend ainsi l'utilité du ϕ. Rappelez-vous cela lorsque vous travaillez avec des variables dichotomiques, même si elles sont nominales. Le ϕ^2 est très utile dans ce cas. Nous verrons dans le chapitre 12 comment utiliser les régressions et les corrélations même avec des variables nominales *non dichotomiques* ; cependant pour l'instant nous n'utiliserons les corrélations et les régressions que pour les variables d'intervalles/ratio, et avec prudence pour des variables ordinales.

---

8.   En fait, dans le General Social Survey les hommes sont codés 1 et les femmes 2. Les codes utilisant des nombres consécutifs tels que 1 et 2 plutôt que 0 et 1 ne changent en rien la logique des variables factices et des coefficients de corrélation ou de régression. Le seul effet est l'augmentation de l'intersection Y dans l'équation de régression et, bien entendu, de la moyenne de la variable. Toutefois, avec un codage utilisant 0 et 1, la moyenne est égale à la proportion des scores codés 1 – une équivalence bien pratique. De plus, 0 et 1 sont plus faciles à conceptualiser dans les variables factices car le 0 symbolise l'absence et 1 la présence de ce qui est mesuré (ici la qualité de femme). C'est pourquoi j'utilise le codage 0 et 1 dans cet exemple.

10.9 L'association n'implique toujours pas la causalité

Un bref mais important rappel : l'association statistique n'implique pas la causalité. Deux variables peuvent être corrélées même quand il n'y a pas de relation causale entre elles. Vous en avez déjà entendu parler. J'ai attiré votre attention là-dessus lorsque j'ai présenté l'analyse de tableau, les différences entre les moyennes et l'ANOVA. La même conclusion s'applique aux coefficients de corrélation. Il ne suffit pas que deux variables soient corrélées, même très fortement, pour que l'on puisse dire que l'une est la cause de l'autre. Donc il est possible que le taux d'urbanisation soit la cause du taux de fertilité, mais ce n'est peut-être pas le cas. Souvenez-vous des cigognes et des bébés. Nous parlerons plus en détail de la causalité aux chapitres 11 et 12.

10.10 Relations linéaires et non linéaires

Dans ma description des coefficients de régression et de corrélation, j'ai tenu pour acquis que la ligne de régression était une droite. En fait, c'est ce que nous postulons généralement. La raison en est que la droite est conceptuellement et mathématiquement plus simple que les autres lignes. Comme l'un des buts importants des statistiques descriptives est la réduction de l'information pour en faciliter la gestion, nous choisissons la droite parce que c'est la façon la plus simple de résumer une relation. Et cette approche donne souvent des résultats satisfaisants car plusieurs relations sont remarquablement bien décrites par une droite. Cette approche s'appelle la régression linéaire. C'est ce que nous avons fait jusqu'à maintenant dans ce chapitre.

Cependant, toutes les relations ne sont pas linéaires. Les diagrammes de dispersion de la figure 10.8 montrent des relations évidentes qui ne peuvent pas être très bien résumées par une droite. Ce sont des relations curvilinéaires. On les a déjà rencontrées dans la discussion sur les données tabulaires à la section 5.4. Les techniques de corrélation et de régression linéaire sont inadéquates pour traiter de telles relations. Le coefficient de corrélation r sous-estime l'intensité de ces relations. En fait, pour certaines relations curvilinéaires comme les deux premières, r = 0, ce qui indique de façon inexacte que les deux variables ne sont pas corrélées. Elles le sont certainement, mais pas linéairement.

Figure10.8.   Nuages de points de relations curvilinéaires

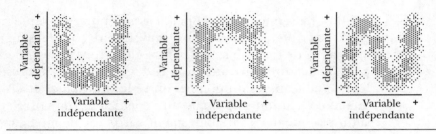

Vous devriez faire attention aux relations non linéaires. Bien qu'elles soient rarement aussi prononcées que ce qui vous est montré à la figure 10.8, vous pourrez généralement les reconnaître dans les diagrammes de dispersion, à moins que le nombre de cas soit si grand que l'interprétation du diagramme en devienne difficile. Par conséquent, vous devriez toujours commencer une analyse de régression et de corrélation par un examen du diagramme de dispersion et de la distribution de chaque variable.

Si une relation semble être non linéaire, les techniques de régression et de corrélation ne devraient pas être utilisées. Il existe des techniques statistiques avancées qui peuvent tenir compte de relations non linéaires en les « linéarisant » par transformation. Quelquefois nous linéarisons les scores en utilisant leur logarithme. Dans d'autres cas, c'est le carré ou le sinus des scores qui fonctionne le mieux. Il existe en fait un grand nombre de transformations, qui fonctionnent plus ou moins bien selon la distribution de la variable. Ces techniques de transformation dépassent la matière de ce manuel, mais je veux que vous sachiez qu'elles existent.

10.11 Test de signification pour un coefficient de corrélation

Lorsque nous travaillons avec des données d'échantillon, il se peut que nous trouvions un coefficient de corrélation non nul même si le vrai coefficient (c'est-à-dire celui de la population) est de 0. Car, même s'il n'y a pas de relation entre deux variables dans une population, nous pourrions, par hasard, sélectionner un échantillon qui donnerait une corrélation positive ou négative non nulle. Au chapitre 6, nous avons vu que le test de signification statistique du chi-carré évalue cette possibilité pour des données tabulaires. Au chapitre 8, nous avons utilisé le test t pour évaluer cette même possibilité. Au chapitre 9, nous avons appris que le test F évalue cette possibilité dans une analyse de variance. Et maintenant nous allons étudier un test de signification qui estime la probabilité qu'un coefficient de corrélation donné apparaisse par hasard dans un échantillon quand il n'y a pas de relation dans la population.

Ce test de signification pour r requiert que nous fassions quelques postulats. Premièrement, nous devons postuler que la relation est linéaire. Deuxièmement, nous devons postuler qu'il s'agit d'un échantillon aléatoire. Troisièmement, nous devons postuler que, dans la population, les variables dépendante et indépendante sont distribuées normalement. La violation de ce dernier postulat, cependant, n'a de sérieuses conséquences que si le nombre de cas est petit, disons inférieur à 30. Quand nous avons 30 observations ou plus, nous pouvons ignorer le postulat de la normalité des variables dépendante et indépendante dans la population.

Si ces postulats sont plausibles, nous pouvons faire un test de signification en calculant le ratio *F* selon la formule suivante :

$$F = \frac{r^2(N-2)}{1-r^2}$$

lorsque r = coefficient de corrélation

N = nombre de cas

Les degrés de liberté pour ce test sont 1 et N – 2. Une fois qu'on a calculé le ratio *F* et ses degrés de liberté, nous déterminons le niveau de signification à l'aide du tableau 3 de l'appendice. Nous trouvons 1 degré de liberté dans la première colonne des valeurs de *F* du tableau 3. N – 2 se trouve dans les degrés de liberté associées aux rangées du tableau de *F*. Si *F* est plus grand que la valeur que nous trouvons dans le tableau de *F*, nous rejetons alors l'hypothèse nulle de l'absence de relation entre les deux variables et concluons que les deux variables sont probablement en relation dans la population dont l'échantillon est tiré.

Nous appliquons cependant souvent les tests de signification pour les coefficients de corrélation aux données de population. Comme nous l'avons dit dans la section 6.5, les tests de signification nous permettent d'estimer les chances qu'une relation dans des données de population soit due au hasard. Voici la proportion *F* pour la relation Urbanisation → Fertilité (r = – 0,56) dans les 50 pays les plus peuplés :

$$F \quad = \quad \frac{r^2(N-2)}{1-r^2}$$

$$= \quad \frac{(-0,56)^2(50-2)}{1-(-0,56)^2}$$

$$= \quad \frac{(0,314)(48)}{1-0,314}$$

$$= \quad \frac{15,07}{0,686}$$

$$= \quad 21,968$$

Le tableau 3 de l'appendice indique qu'avec un F de 21,968 et 1 et 48 degrés de liberté, un r de 0,56 est significatif au seuil 0,001. Il y a moins d'une chance sur 1000 de trouver une corrélation aussi importante ou plus importante quand il n'y a pas de relation dans la population. Ces probabilités sont très faibles. On en conclut donc qu'il y a probablement une relation entre le taux d'urbanisation et le taux de fertilité qui n'est pas due au hasard. Si nos données provenaient d'un échantillon plutôt que d'une population, nous pourrions généraliser en toute confiance les résultats à la population dont l'échantillon est tiré.

10.12 La matrice de corrélation

Nous travaillons rarement avec seulement deux variables dans une analyse de sciences sociales. Même dans l'analyse bivariée, nous nous intéressons aux relations entre un ensemble de variables. Une façon pratique de présenter les coefficients de corrélation décrivant les relations entre trois variables ou plus consiste à construire une matrice de corrélation. Le tableau 10.2 présente une *matrice de corrélation* des relations bivariées dans un ensemble de quatre variables. J'ai inclus le nombre de radios pour 100 habitants et le produit intérieur brut (PIB) avec le taux de fertilité et le taux d'urbanisation. Dans chaque cellule, on trouve la corrélation entre la variable en rangées et la variable en colonnes. On inscrit 1,00 dans les cellules de la diagonale parce que chaque variable est parfaitement corrélée avec elle-même.

Tableau 10.2. Corrélation entre le taux de fertilité et trois variables indépendantes (exclusion des données manquantes « en paires »)

Variable	Taux de fertilité	Taux d'urbanisation	Nombre de radios/100	PIB par habitants
Taux de fertilité	1,00	–0,56**	–0,47**	–0,61**
Taux d'urbanisation	50	1,00	–0,62**	–0,67**
Nombre de radios/100	49	49	1,00	0,75**
PIB/hab.	39	39	39	1,00

** p < 0,01

Note : les nombres sous la diagonale correspondent au nombre de cas (N).

Puisqu'un coefficient de corrélation est une mesure symétrique d'association, il n'y a pas de raison de répéter les coefficients de corrélation sous la diagonale secondaire. Le triangle qui se trouve sous cette diagonale serait juste une image en miroir de ce qui se trouve au-dessus. Ici ces cellules sont utilisées pour indiquer le nombre de cas sur lesquels est basée la corrélation – une bonne idée si les corrélations sont basées sur des N différents. Parfois les cellules du dessous sont utilisées pour rapporter le niveau de signification (par exemple : 0,05, 0,01 ou 0,001) du coefficient de corrélation correspondant. Je ne l'ai pas fait ici mais j'ai par contre indiqué le niveau de signification à l'aide d'astérisques.

Les différences de N indiquent que certaines des corrélations du tableau 10.2 sont basées sur des groupes de cas différents de ceux des autres corrélations. Chaque corrélation bivariée du tableau 10.2 est basée sur les données disponibles pour les deux variables corrélées. Ainsi on a des données concernant les 50 pays pour les variables Taux de fertilité et Taux d'urbanisation. En revanche, on ne possède pas de données pour le nombre de radios par 100 habitants en Ouzbékistan et ce cas est donc éliminé des corrélations incluant le nombre de radios. Plus grave encore, les trois corrélations portant sur le PIB sont basées sur seulement 39 cas. Les 11 autres cas (qui incluent notamment l'Ouzbékistan) sont manquants. Par exemple, le Canada est un des 11 pays pour lesquels nous n'avons pas de données pour le PIB. Le Canada se trouve exclu des trois corrélations qui comprennent cette variable. En revanche, le Canada est inclus dans les trois corrélations qui ne comprennent pas le PIB.

Cette méthode de gestion des données manquantes – l'exclusion des cas sur lesquels manque l'information concernent exclusivement les variables utilisées dans le calcul d'une statistique donnée – est appelée *exclusion de données manquantes « en paires »*. Une méthode alternative de gérer les données manquantes

– l'exclusion de données manquantes « en liste » – exclut tous les cas pour lesquels il manque des données pour l'ensemble de l'analyse, même si ce cas possède des données pour certaines variables. Le tableau 10.3 présente des corrélations pour le même groupe de variables mais avec exclusion des données manquantes en liste. J'ai réduit la matrice de corrélation en omettant la diagonale et les cellules du bas. J'aurais pu utiliser ces cellules pour indiquer la signification statistique, mais j'ai plutôt utilisé la méthode des astérisques. De plus, je veux que vous voyiez une autre mise en forme d'une matrice de corrélation.

Tableau 10.3. Corrélation entre le taux de fertilité et trois variables indépendantes (exclusion des données manquantes « en liste », N = 39)

Variable	Taux d'urbanisation	Nombre de radios/100	PIB par habitants
Taux de fertilité	−0,64**	−0,46**	−0,61**
Taux d'urbanisation		0,61**	0,67**
Nombre de radios/100			0,75**

** $p < 0,01$

Les corrélations des tableaux 10.2 et 10.3 sont loin d'être identiques. L'Ouzbékistan, le Canada et les neuf autres pays pour lesquels on n'a pas de données pour le PIB sont exclus du tableau de corrélation 10.3 même si on a des données complètes pour le taux de fertilité et le taux d'urbanisation. Donc les deux matrices de corrélation sont basées sur des groupes de cas différents. Comparez le tableau 10.2 et 10.3 et vous verrez que l'exclusion des données « en paires » et « en liste » produit des résultats statistiques différents, surtout lorsqu'une forte proportion des cas qui seraient conservés dans l'exclusion « en paires » se trouvent éliminés si on utilise l'exclusion « en liste ». L'exclusion « en paires » a l'avantage de maximiser l'utilisation des données disponibles. L'exclusion « en liste » a l'avantage de baser toutes les statistiques (dans ce cas les coefficients de corrélation) sur le même groupe de cas. Nous verrons d'autres exemples d'exclusion en liste lorsque nous nous pencherons sur les analyses multivariées dans les chapitres 11 et 12.

Les tableaux 10.2 et 10.3 sont des matrices de corrélation incluant seulement quatre variables, mais vous pouvez facilement imaginer une matrice plus grande incluant plus de variables. Attention à la façon dont vous caractérisez une analyse basée sur une telle matrice de corrélation. Bien qu'on y montre trois variables ou plus, l'analyse rapportée dans cette matrice est toujours une analyse bivariée, et non une analyse multivariée, car chacune des statistiques (chaque coefficient de corrélation) décrit la relation entre deux variables seulement. Les tableaux 10.2 et 10.3 présentent des coefficients de corrélation qui décrivent six relations bivariées différentes ; ce sont donc des analyses bivariées.

10.13 Résumé du chapitre 10

Voici ce que nous avons appris dans ce chapitre :

- Les diagrammes de dispersion montrent les relations bivariées entre des variables d'intervalle ou de proportion.

- Les diagrammes de dispersion sont plus faciles à interpréter quand il y a relativement peu de cas.

- Une droite de régression des moindres carrés minimise la somme des carrés des déviations des scores de la variable dépendante par rapport à la droite de régression.

- Le coefficient de régression (la pente de la droite de régression) décrit le changement de la variable dépendante correspondant à chaque changement d'une unité de la variable indépendante. Le coefficient de régression mesure ainsi l'effet de la variable indépendante sur la variable dépendante.

- Le coefficient de corrélation r est une mesure d'association qui varie entre –1,00 et +1,00, le signe indiquant la direction de la relation.

- Le coefficient de corrélation r est la moyenne du produit des scores-Z des observations.

- Le carré d'un coefficient de corrélation (r^2) décrit la proportion de la variation totale de la variable dépendante qui est expliquée par la variable indépendante.

- Pour la relation entre deux variables dichotomiques, $r = \phi$ et $r^2 = \phi^2$. Donc ϕ^2 indique la proportion de variation d'une variable qui est expliquée par une autre variable.

- Les techniques de corrélation et de régression linéaire impliquent que la relation est linéaire et ne sont pas appropriées pour la description de relations curvilinéaires.

- Le fait que deux variables soient corrélées ne veut pas dire qu'elles sont liées causalement.

- Le test de signification pour le r requiert les postulats de linéarité, d'échantillonnage aléatoire et de normalité des variables dans la population.

- On peut se dégager du postulat de normalité dans un test de signification du r si N est égal ou supérieur à 30.
- Une matrice de corrélation est une façon utile de présenter des coefficients de corrélation bivariée et leurs niveaux de signification.
- Il existe deux méthodes de gestion des données manquantes pour les analyses bivariées : l'exclusion des données « en paires » qui maximise l'information, et l'exclusion des données « en liste » qui ne conserve que les cas pour lesquels on a des données pour toutes les variables.

Principaux concepts et procédures

Termes et idées

diagramme de dispersion
axe des Y
axe des X
origine
résidus
droite de régression ou droite des moindres carrés
intersection
pente
équation de régression
régression linéaire
constante
coefficient de régression
produit croisé
coefficient de corrélation de Pearson
coefficient de détermination
coefficient d'aliénation
exclusion des données manquantes « en liste »
exclusion des données manquantes « en paires »
matrice de corrélation

Symboles

Y'
a
b
r (r_{YX})
r^2 (r_{YX})^2
ρ
F

Formules

$$Y' = a + bX$$

$$r = \frac{\Sigma Z_x Z_Y}{N}$$

$$b = \frac{\Sigma(X-\overline{X})(Y-\overline{Y})}{\Sigma(X-\overline{X})^2}$$

$$r^2 = \frac{\text{Variation expliquée}}{\text{Variation totale}}$$

$$a = \overline{Y} - b\overline{X}$$

$$F = \frac{r^2(N-2)}{1-r^2}$$

RAPPORT D'ANALYSE N°6
RÉGRESSION ET CORRÉLATION

A. *Voici un rapport présentant un diagramme de dispersion et des coefficients de régression non standardisés et de corrélation.*

Les chercheurs en sciences sociales mesurent souvent le prestige lié à l'emploi à l'aide d'une échelle de 0 à 100. Les études précédentes ont montré une forte corrélation entre le prestige lié à l'emploi et le niveau d'instruction. La figure 1 présente la relation Prestige/Instruction pour 67 répondants du General Social Survey qui se disent d'origine mexicaine. Le niveau d'instruction a un fort effet positif sur le prestige lié à l'emploi des Mexicains-Américains. Le coefficient de régression non standardisé de 2,17 indique un gain de deux points en prestige pour chaque augmentation d'une année en instruction. Le coefficient de corrélation de 0,55 est statistiquement significatif au seuil 0,01. Environ 30 % de la variation du prestige lié à l'emploi chez les Mexicains-Américains est expliqué par le niveau d'instruction.

FIGURE 1 ICI

Inclure la figure à la fin du rapport :

Figure 1.   Diagramme de dispersion pour le prestige lié à l'emploi selon le niveau d'instruction
(sous-groupe des Mexicains-Américains)

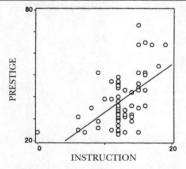

Équation de la droite   Y = 11,295 + 2,174 X

r = 0,553**   Prob. = 0,000   N = 67   Cas manquants = 4

B. Il n'est pas très pratique de présenter des diagrammes de dispersion pour de nombreuses relations. En revanche, les équations de régression et les corrélations peuvent être résumées efficacement dans des tableaux. Voici un exemple.

Le tableau 1 présente des coefficients de régression non standardisés en même temps que des coefficients de corrélation décrivant les relations entre le prestige lié à l'emploi et le niveau d'instruction pour quatre groupes ethniques hispaniques dans le General Social Survey. Les régressions de la relation entre le prestige lié à l'emploi et le niveau d'instruction ont des droites des moindres carrés très similaires pour les répondants d'origine mexicaine et espagnole, et dans chaque cas le niveau d'instruction explique environ 30 % de la variation du prestige d'emploi. Le niveau d'instruction et le prestige lié à l'emploi sont faiblement corrélés pour la catégorie plus hétérogène des autres hispaniques. Pour trois des groupes hispaniques, le niveau d'instruction a un effet significatif sur le prestige lié à l'emploi – entre 1,75 et 2,5 points de prestige pour chaque année additionnelle d'instruction. Cette relation entre prestige d'emploi et niveau d'instruction ne tient cependant pas pour les répondants originaires de Porto Rico. En fait, pour les Portoricains, le prestige lié à l'emploi et le niveau d'instruction ont une relation statistique faible et non significative.

TABLEAU 1 ICI

Inclure le tableau à la fin du rapport :

Tableau 1. Coefficients de régression et de corrélation pour la relation entre le prestige lié à l'emploi et le niveau d'instruction selon les différents groupes hispaniques

Groupe	Intersection	b	r	p	N
Espagnols	8,403	2,57	0,54	0,001	34
Mexicains	11,295	2,17	0,55	0,001	67
Portoricains	35,259	−0,29	−0,10	n.s.	21
Autres hispaniques	13,863	1,75	0,50	0,01	24

TROISIÈME PARTIE
Les analyses multivariées

CHAPITRE 11
L'analyse tabulaire multivariée

CHAPITRE 12
Les régressions et corrélations multiples

CHAPITRE 11
L'analyse tabulaire multivariée

Au début du chapitre 5, j'ai dit qu'il fallait répondre à six questions lorsqu'on analyse une relation. Nous avons examiné plusieurs façons de répondre aux quatre premières : Y a-t-il une relation dans l'échantillon ? Quelle est l'intensité de cette relation ? Quelle est la direction et la forme de cette relation ? Y a-t-il une relation dans la population ? Pour répondre à ces questions à l'aide d'une analyse tabulaire, nous comparons des pourcentages, calculons et interprétons des mesures d'association, examinons des modèles à l'intérieur des distributions de pourcentages et faisons des tests de signification statistique du chi-carré.

Nous allons maintenant nous attarder aux deux dernières questions : La relation est-elle véritablement causale, ou n'est-elle pas plutôt une relation fallacieuse engendrée par une quelconque tierce variable ? Et, si cette relation est causale, quelle variable intermédiaire relie la variable indépendante à la variable dépendante ? Pour répondre à ces questions, nous devons introduire une ou plusieurs variables supplémentaires dans l'analyse. Dans ce chapitre, nous apprendrons comment répondre à ces questions à l'aide de techniques tabulaires.

Après ce chapitre vous pourrez :

1. Expliquer les conditions qui définissent une relation causale.

2. Reconnaître et expliquer ce qu'est une variable antécédente.

3. Reconnaître et décrire les explications causales et les relations fallacieuses.

4. Reconnaître et décrire les reproductions et les relations véritables.

5. Expliquer ce qu'est une variable dissimulatrice.

6. Expliquer le processus général d'introduction de variables de contrôle (élaboration de tableau).

7. Reconnaître et expliquer ce que sont des variables antécédentes et intermédiaires.

8. Créer et décrire des tableaux multivariés.

9. Calculer et interpréter un gamma partiel.

10. Décrire la relation entre l'analyse multivariée et un devis expérimental.

11.1 La logique des relations causales

Nous sommes tellement habitués à comprendre le monde en termes de causes et d'effets que peu d'entre nous ont déjà réfléchi à ce qu'était vraiment une relation causale. Peu importe la vigueur de nos débats à propos de la causalité dans une association précise, nous tenons pour acquis le concept de causalité. Mais qu'est-ce que cela signifie exactement de dire que la cigarette « cause » le cancer ? Ou que la pauvreté est la « cause » de la criminalité ? Ou que le niveau d'instruction est la « cause » du temps passé devant la télévision ? En termes généraux, qu'est-ce que cela signifie de dire qu'une variable indépendante X cause une variable dépendante Y ?

Nous pouvons affirmer que la variable X est une cause de la variable Y si, et seulement si, trois conditions sont remplies :

1. La variable indépendante X doit « survenir » avant la variable dépendante Y.

2. Les variables X et Y doivent être associées l'une à l'autre.

3. L'association entre les variables X et Y ne doit pas être due à un troisième facteur, une variable antécédente.

Considérons l'une après l'autre ces trois conditions de la causalité.

D'abord, la variable indépendante X doit se produire avant la variable dépendante Y. Autrement dit, la cause doit précéder l'effet. Autrement le monde marcherait à l'envers. C'est pour cela que les films présentés à reculons nous font rire. Des automobiles qui se « détélescopent », des corps qui tombent vers le haut, et de la fumée qui retourne dans le canon d'un fusil, tous ces événements entrent en profonde contradiction avec notre compréhension de l'ordre temporel « convenable » de la relation causale. Des films tel que *Retour vers le futur* nous montrent l'étrangeté d'un monde dans lequel l'ordre temporel des événements est violé.

Bien qu'il soit crucial de déterminer si une relation remplit cette première condition de la causalité, il ne s'agit pas là d'un problème statistique. L'ordonnancement temporel est un problème qui est de l'ordre de la théorie ou de la méthode de recherche. Notre théorie (au sens le plus large) peut soutenir que les variables sont ordonnées d'une façon particulière ; ainsi nous savons que, en théorie, la variable indépendante se produit avant la variable dépendante. Il semble tenir du simple bon sens que, par exemple, la plupart des adultes aient terminé leur scolarité avant de répondre à des questions concernant le nombre d'heures qu'ils passent devant la télévision. Ou encore, la recherche peut être faite de façon à assurer un ordre correct entre les variables indépendantes et dépendantes. Les expériences sont structurées de telle façon que le chercheur manipule la variable indépendante avant d'observer les effets de cette manipulation sur la variable dépendante. Qu'elle soit résolue par le sens commun, la théorie ou le devis de recherche, la question de l'ordre temporel n'est pas un problème d'analyse statistique des données[1].

Une deuxième condition de la causalité : les variables X et Y doivent être corrélées. Autrement dit, certaines valeurs de la variable dépendante doivent être liées à certaines valeurs de la variable indépendante de façon plus fréquente que ce à quoi nous nous attendrions si seul le hasard jouait. Les taux de cancers doivent être plus élevés chez les fumeurs, le taux de criminalité doit être plus élevé dans les zones les plus pauvres, le nombre d'heures d'écoute de la télévision doit être plus élevé chez les moins instruits avant que nous puissions dire que l'une de ces variables est la cause de l'autre.

Ceci est une préoccupation de la statistique et nous l'avons traité en profondeur déjà. Les techniques bivariées des chapitres 5 à 10 visaient exactement à vérifier cette condition de la causalité. L'analyse tabulaire bivariée, l'analyse de variance, la régression et la corrélation sont des techniques qui servent à déterminer si les variables X et Y sont associées l'une à l'autre. Nous pouvons décider si une variable dépendante est associée à une variable indépendante en comparant les pourcentages dans un tableau bivarié, en comparant les moyennes de la variable dépendante entre les catégories de la variable indépendante, ou en évaluant un diagramme de dispersion et un coefficient de corrélation.

Subsiste une troisième condition : l'association entre les variables X et Y ne doit pas être due à un troisième facteur, une variable antécédente. *Une variable antécédente* est une variable qui agit avant la variable indépendante (et par conséquent avant la variable dépendante) dans une chaîne causale. Si c'est une telle variable antécédente qui fait que X et Y sont associés, alors X et Y ne sont pas reliés

---

1.   En fait, quelques techniques statistiques avancées permettent de répondre à cette question dans les situations ambiguës, mais elles dépassent de beaucoup ce que nous pouvons examiner dans ce manuel d'introduction.

de façon causale. Cette troisième condition est, elle aussi, une préoccupation de la statistique. Ce chapitre couvre quelques techniques tabulaires visant à déterminer si cette troisième condition est remplie. Le chapitre suivant nous montrera comment étendre l'analyse de régression et de corrélation au cas où les deux variables sont mesurées sur des échelles d'intervalles ou de proportion.

11.2 Les relations fallacieuses

Voyons comment utiliser l'analyse tabulaire avec des variables antécédentes. Il est souvent plus intéressant d'analyser des données réelles mais il vaut mieux commencer avec un exemple imaginaire. Considérez la relation du tableau 11.1 entre le nombre de cigognes et le taux de natalité dans 200 districts d'un pays européen imaginaire.

Tableau 11.1. Le taux de natalité selon le nombre de cigognes (en pourcentages)

Taux de natalité	Nombre de cigognes	
	Peu	Beaucoup
Élevé	44	62
Bas	56	38
Total	(100)	(100)

$\chi^2 = 6,50$; $p < 0,05$; $G = 0,35$

J'en conviens. Du point de vue du contenu, mon exemple est un peu ridicule. Je l'ai choisi volontairement pour cette raison. Je sais que ce ne sont pas les cigognes qui apportent les bébés. Mais cet exemple fictif me permet d'inventer les fréquences et les pourcentages dont j'ai besoin afin d'illustrer la logique des variables de contrôle. Les exemples hypothétiques ont le merveilleux avantage de présenter des situations moins ambiguës que celles que l'on observe dans le monde réel. Il sera toujours temps de revenir à la réalité plus tard... quand vous travaillerez avec des données réelles.

Alors voyons ce que nous dit le tableau 11.1. Il indique qu'il y a une relation claire entre le nombre de cigognes et le taux de natalité. Seulement 44 % des districts qui ont peu de cigognes ont un taux de natalité élevé, contre 62 % des districts qui ont beaucoup de cigognes, une différence de 18 points de pourcentage. La présence des cigognes est associée à un haut taux de natalité. Le gamma est de

$0,35^2$. Un test du chi-carré indique que la relation est significative au seuil 0,05.

Le caractère fantaisiste de cette relation n'empêchera sûrement pas les plus critiques d'entre vous de dire : « Un instant ! Les cigognes n'ont rien à voir avec les bébés. Cette relation n'est pas une relation causale. Ce qui se produit sans doute, c'est qu'il y a beaucoup de cigognes dans les zones rurales et que, dans ces zones, le taux de natalité est élevé. Je parie que si nous tenons compte de caractère rural ou urbain du district, cette relation apparente disparaîtra. »

Bien lancé, jeunes critiques ! Vous avez peut-être raison. Vérifions cela en examinant la relation entre le nombre de cigognes et le taux de natalité séparément dans les districts ruraux et dans les villes. De cette façon, nous garderons constant le caractère rural ou urbain du district dans notre analyse de la relation entre le nombre de cigognes et le taux de natalité. Peut-être trouverons-nous de cette façon un modèle semblable à celui du tableau 11.2.

Tableau 11.2. Le taux de natalité selon le nombre de cigognes, contrôlant l'effet du type de district (en pourcentages)

	District			
	Rural		Urbain	
	Nombre de cigognes		Nombre de cigognes	
Taux de natalité	Peu	Beaucoup	Peu	Beaucoup
Élevé	80	80	20	20
Bas	20	20	80	80
Total	100	100	100	100
(N)	(40)	(70)	(60)	(30)
	$\chi^2 = 0,00$; n.s.		$\chi^2 = 0,00$; n.s.	
	$G = 0$		$G = 0$	

Vous aviez raison. Pour les districts ruraux, 80 % de ceux où l'on trouve beaucoup de cigognes et 80 % de ceux où l'on en trouve peu ont un taux de natalité élevé. Aucune différence donc. Dans les districts ruraux, le taux de natalité n'est pas corrélé avec le nombre de cigognes. Et il n'y a pas de relation non plus dans les villes : 20 % des villes ayant peu de cigognes ont un taux de natalité élevé et 20 %

2.   Le gamma est équivalent à une autre mesure d'association, le Q, pour les tableaux de 2 par 2. Le Q est toutefois utilisé d'habitude pour les variables nominales, j'utiliserai donc le gamma ici et dans le reste de l'ouvrage.

des villes ayant beaucoup de cigognes ont un taux de natalité élevé. Pas de différence, pas de relation.

Remarquez que, dans chaque moitié du tableau 11.2, on garde constant le type de district (rural ou urbain). Les 110 cas (c'est-à-dire 40 + 70) à gauche sont des districts ruraux et les 90 cas (c'est-à-dire 60 + 30) à droite sont des villes. En fait, le tableau 11.2 est constitué de deux tableaux bivariés, chacun décrivant la relation entre le nombre de cigognes et le taux de natalité pour les districts d'un type particulier. Un tableau bivarié porte sur les zones rurales, l'autre sur les villes. Ce que l'on trouve à l'intérieur de chacune des moitiés de ce tableau ne peut pas être dû au type de district car tous les cas d'une moitié sont du même type, rural ou urbain. Ces tableaux bivariés, lorsqu'ils sont inclus dans un tableau multivarié, s'appellent *des tableaux partiels* ou *des tableaux conditionnels*. J'utiliserai le premier terme, qui est plus commun.

On peut calculer une mesure d'association pour chaque tableau partiel et l'interpréter comme nous le faisions pour les tableaux bivariés. Ici j'ai calculé le gamma (d'autres mesures ordinales – D_{yx} ou tau-b – feraient aussi bien l'affaire, selon la façon dont on veut tenir compte des égalités. Ici je choisis de ne pas tenir compte des égalités). Plus loin dans ce chapitre (à la section 11.10) nous prendrons connaissance d'une mesure d'association, appelée le gamma partiel, qui mesure l'intensité de la relation variable indépendante/variable dépendante, lorsque l'on maintient constante une troisième variable. Pour l'instant cependant, nous nous limiterons aux mesures séparées d'association pour chacun des tableaux partiels.

Nous pouvons aussi faire un test du chi-carré pour le tableau partiel, bien que, dans ce cas, les statistiques deviennent vite relativement complexes et hors de portée de ce livre. Dans le tableau 11.2 j'ai indiqué le résultat du test du chi-carré pour chaque tableau partiel. Ces tests permettent de faire une évaluation convenable de la signification statistique d'une relation partielle. Nous pourrions aussi additionner ces chi-carrés et leurs degrés de liberté en vue de faire un test de signification de la relation entre les variables indépendante et dépendante dans son ensemble, en gardant constante la troisième variable.

Mais il existe des méthodes plus perfectionnées, et franchement meilleures, afin de calculer le chi-carré d'un tableau partiel, des méthodes qui sont basées sur la séparation du chi-carré bivarié en deux chi-carrés différents de tableaux partiels. Ces méthodes sont semblables à l'analyse de variance qui découpe la variance totale en variance inter-groupes et variance intra-groupes. Pour en savoir plus sur l'utilisation du chi-carré pour les tableaux partiels, consultez des manuels plus avancés. Quant à nous, nous nous en tiendrons aux tests « réguliers » du chi-carré pour les tableaux partiels.

Ces tableaux suggèrent que les liens de causaité entre les variables ressemblent à ceux qui sont illustrés dans la figure 11.1. Nous avons vu dans le tableau 11.1 que le nombre de cigognes est lié au taux de natalité – la relation apparente du côté gauche de la figure 11.1. Toutefois, le diagramme causal du côté droit – ce qui se produit réellement – montre que le type de district affecte à la fois les cigognes et les taux de natalité, sans qu'il y ait de relation causale entre les deux.

Figure 11.1.   Relation apparente et relation réelle

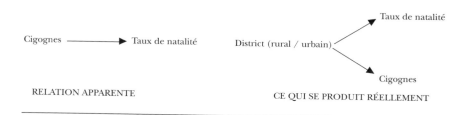

Nous pouvons vérifier ces relations à l'aide des tableaux 11.3 et 11.4. Eh oui ! Comme nous nous en doutions, les districts ruraux ont plus de cigognes que les villes (tableau 11.3) et les districts ruraux ont un plus haut taux de natalité que les villes (tableau 11.4). Chacune des relations est forte avec un gamma de respectivement – 0,56 et – 0,88 (en traitant le type de district de façon ordinale, avec rural en bas et ville en haut) et statistiquement significative au seuil 0,001.

Tableau 11.3. Le nombre de cigognes selon le district (en pourcentages)

Nombre de cigognes	District	
	Rural	Urbain
Beaucoup	64	33
Peu	36	67
Total	100	100
(N)	(110)	(90)

$\chi^2 = 18,18$; $p < 0,001$; G = –0,56

Tableau 11.4. Le taux de natalité selon le district (en pourcentages)

Taux de natalité	District	
	Rural	Urbain
Élevé	80	20
Faible	20	80
Total	100	100
(N)	(110)	(90)

$\chi^2 = 71,54$; $p < 0,001$; G = –0,88

11.3   Quelques éléments de terminologie

Quelques éléments de terminologie seraient maintenant utiles si l'on veut décrire succinctement la logique de l'analyse multivariée. Une variable que nous gardons constante pendant l'examen d'une relation bivariée s'appelle *une variable-contrôle* ou *un facteur de test* (ou facteur test[3]). Le type de district (rural ou urbain) constitue donc une variable-contrôle dans le tableau 11.2. Si nous découvrons qu'une relation bivariée disparaît aussitôt que nous gardons constante une variable antécédente, nous disons que cette relation bivariée est fallacieuse. La relation entre le nombre de cigognes et le taux de natalité décrite au tableau 11.1 est fallacieuse.

Nous utilisons le terme « *explication* » pour décrire le résultat de cette analyse. « Explication » est le bon terme car c'est exactement ce que nous faisons : nous *expliquons* la relation bivariée en dégageant la variable antécédente qui en est responsable. Lorsque nous gardons constant le type de district (rural ou urbain), comme nous l'avons fait au tableau 11.2, la relation entre le nombre de cigognes et le taux de natalité disparaît. C'est une relation fallacieuse. Nous l'avons expliquée par la variable antécédente « Type de district » (rural ou urbain).

Le processus général d'introduction de variables de contrôle s'appelle *l'élaboration*. Par conséquent, l'explication est un résultat possible de l'élaboration, un résultat qui révèle qu'une relation bivariée est fallacieuse. Nous allons bientôt examiner quelques autres résultats possibles de l'élaboration. Quand des variables de contrôle sont introduites dans un tableau, comme nous le faisons dans ce chapitre, nous appelons ce processus *élaboration d'un tableau*. Paul Lazarsfeld, un sociologue réputé qui a enseigné à l'Université Columbia, a formalisé ce que nous appelons le modèle de l'élaboration, et nous lui devons une bonne part de la terminologie que nous employons.

Deux autres termes enfin : nous disons d'une relation bivariée qu'elle est *d'ordre zéro* pour la distinguer des relations impliquant une variable de contrôle. Le « zéro » dans l'expression « ordre zéro » signifie qu'il n'y a pas de variable de contrôle (c'est-à-dire zéro variable de contrôle). Par exemple, le tableau 11.1 est un tableau d'ordre zéro, tout comme les tableaux 11.3 et 11.4. Il n'y a pas de variable de contrôle dans ces tableaux, ce sont simplement des tableaux bivariés. Dès que nous introduisons une variable de contrôle, le tableau illustrant chaque catégorie de la variable de contrôle s'appelle *un tableau partiel*. Quand nous avons seulement une variable de contrôle, comme au tableau 11.2, nous appelons chacun des « sous-tableaux » *un tableau partiel d'ordre un*. La moitié « districts ruraux » et la moitié « villes » du tableau 11.2 sont des tableaux partiels d'ordre un. Si nous introduisons simultanément deux variables de contrôle, nous créons

---

3.   Raymond Boudon utilise l'expression: « variable-test ». Cf. *L'analyse mathématique des faits sociaux*, Paris, Plon, 1970, p. 45 (N.D.T.).

des tableaux partiels d'ordre deux. Ainsi de suite selon le nombre de variables de contrôle que nous introduisons en même temps.

Autrement dit, il y a une explication lorsqu'une relation mise à jour dans un tableau d'ordre zéro disparaît complètement (ou presque complètement) dans des tableaux partiels. On a alors démontré que la relation originale est fallacieuse. Nous avons donc expliqué la relation. Il n'est pas essentiel que la relation disparaisse *entièrement* car cela est peu probable. Nous disons qu'une relation est fallacieuse quand les relations dans les tableaux partiels sont très faibles.

11.4 Des exemples de relations fallacieuses

Les manuels de statistiques et de méthode de recherche présentent des exemples classiques de relations fallacieuses. Je ne peux m'empêcher de vous les présenter. En fait, je les ai déjà mentionnés lorsque je vous ai prévenus, à la section 5.8, que l'association n'implique pas la causalité. Ces exemples sont aussi ridicules que la relation fallacieuse entre le nombre de cigognes et le taux de natalité (qui est un des classiques du genre), mais ils nous aident à comprendre que les relations fallacieuses disparaissent quand une variable-contrôle antécédente est introduite.

Voici le premier exemple. Les inondations du Gange en Inde sont liées au nombre de crimes perpétrés à New York. Par conséquent nous pourrions réduire la criminalité urbaine par le contrôle des crues du Gange ? Aucunement. Les inondations ne sont pas la cause de la criminalité. C'est simplement que la période la plus chaude de l'année provoque des inondations en Inde et augmente la criminalité à New York. La saison est la variable antécédente qui explique la relation inondation-criminalité.

Un autre exemple. Les villes où les prêtres, ministres et rabbins gagnent un meilleur salaire sont celles où se consomment le plus de boissons alcoolisées. Les ministres du culte les mieux payés utiliseraient-ils leurs salaires pour se saouler ? Non. Le salaire de ces personnes et la consommation d'alcool sont deux variables liées à la richesse d'une communauté. Les résidents des villes plus cossues peuvent à la fois mieux payer leurs prêtres, ministres et rabbins, et acheter plus d'alcool. Il n'y a pas de relation causale entre le salaire des ministres du culte et la consommation d'alcool. C'est une liaison fallacieuse.

Encore un autre exemple. Plus il y a de pompiers à combattre un incendie, plus il y a de dommages matériels. Est-ce que les pompiers causent les dommages ? En soufflant sur les flammes, favoriseraient-ils diaboliquement les pertes matérielles ? Eh non ! Une variable antécédente, l'importance de l'incendie, produit cette association fallacieuse. Plus l'incendie est gros, plus il y a de pompiers. Plus l'incendie est important, plus les dégâts sont imposants. Le nombre de pompiers et la sévérité des dommages ne sont pas liés de façon causale. C'est une association fallacieuse.

Dans la section 5.8 j'ai mentionné qu'il existe une association entre la taille des souliers et les résultats scolaires des élèves du primaire. Je vous laisse le soin de trouver l'explication.

11.5 La reproduction

Rien, dans le processus d'élaboration, ne nous assure qu'une relation bivariée est fallacieuse. Peut-être la relation primitive est-elle « réelle ». Il se peut que la variable indépendante soit la cause de la variable dépendante. Peut-être, mais seulement peut-être, les cigognes apportent-elles les bébés.

Si la relation entre le nombre de cigognes et le taux de natalité décrite au tableau 11.1 est réellement causale, l'introduction d'une variable-contrôle comme le caractère rural/urbain du district devrait produire des tableaux partiels d'ordre un semblables à ceux qui se trouvent dans le tableau 11.5. Chacun de ces tableaux partiels reproduit exactement le tableau bivarié. À la campagne, on trouve des hauts taux de natalité dans seulement 45 % des districts qui ont peu de cigognes mais dans 61 % des districts où il y a beaucoup de cigognes. C'est presque exactement ce que nous avions trouvé dans notre tableau bivarié original. Donc, dans les districts ruraux, le nombre de cigognes est associé au taux de natalité. Je vous épargne le discours analogue pour les villes, mais vous pouvez aisément voir le même modèle d'association entre le nombre de cigognes et le taux de natalité. Les mesures gamma ont sensiblement la même valeur que dans le tableau d'ordre zéro (0,32 et 0,39 en regard de 0,35 au tableau 11.1).

Dans cet exemple, l'introduction de la variable de contrôle (variable-test) « caractère rural du district » ne produit presque aucune différence dans la relation entre les variables indépendante et dépendante. L'association entre le nombre de cigognes et le taux de natalité est à peu près la même dans les districts ruraux que dans les districts urbains. Dans cette situation, nous disons que nous avons procédé à *une reproduction* et que nous avons découvert que la relation bivariée primitive était *véritable*. (Eh oui ! Encore des termes techniques à retenir !) « Reproduction » et « véritable » sont de bons termes pour décrire cette situation car, dans nos tableaux partiels, nous avons reproduit (c'est-à-dire copié) la relation bivariée primitive et nous avons ainsi découvert qu'elle était véritable.

Tableau 11.5. Le taux de natalité selon le nombre de cigognes,
contrôlant l'effet du type de district (en pourcentages)

	District			
	Rural		Urbain	
	Nombre de cigognes		Nombre de cigognes	
Taux de natalité	Peu	Beaucoup	Peu	Beaucoup
Élevé	45	61	43	63
Bas	55	39	57	37
Total	100	100	100	100
(N)	(40)	(70)	(60)	(30)

$\chi^2 = 2{,}78$; $p > 0{,}05$ $\chi^2 = 3{,}20$; $p > 0{,}05$
$G = 0{,}32$ $G = 0{,}39$

L'élaboration, donc, peut aboutir soit à une explication, soit à une reproduction (d'autres résultats sont également possibles ; je les décrirai plus loin). La « mécanique » – c'est-à-dire les types de tableaux partiels que nous construisons – est identique pour l'explication et pour la reproduction. Ce qui diffère, c'est ce que les données révèlent. Si les tableaux partiels indiquent qu'il n'y a aucune relation (ou une relation très faible) entre les variables indépendante et dépendante, nous avons une explication : la relation primitive est fallacieuse. Si les tableaux partiels laissent voir sensiblement la même relation entre les variables indépendante et dépendante que celle du tableau primitif, nous sommes en présence d'une reproduction : la relation primitive est véritable.

Bien sûr, dans le cas d'une reproduction, il est possible que la relation primitive soit vraiment fallacieuse et que nous ayons simplement omis d'introduire la bonne variable antécédente. Il subsiste toujours la possibilité que, si nous introduisons une autre variable antécédente, les tableaux partiels révéleront le caractère fallacieux de la relation primitive. Je discuterai de ce problème plus tard lorsque je comparerai le processus d'élaboration à la randomisation, dans les devis expérimentaux.

11.6 Quelque part entre l'explication et la reproduction

L'explication et la reproduction sont deux extrêmes que nous n'atteignons que rarement dans la plupart des analyses réelles. C'est un peu pour cette raison que j'ai choisi un exemple imaginaire. Des données inventées de toutes pièces permettent de construire des exemples plus clairs que ceux que nous trouvons généralement dans le chaos du monde réel. La plupart du temps, nous découvrons que l'introduction d'une variable antécédente réduit, mais pas complètement, la relation primitive. Le tableau 11.6 présente des tableaux partiels qui illustrent cette situation.

Tableau 11.6. Le taux de natalité selon le nombre de cigognes, contrôlant l'effet du type de district (en pourcentages)

	District			
	Rural		Urbain	
	Nombre de cigognes		Nombre de cigognes	
Taux de natalité	Peu	Beaucoup	Peu	Beaucoup
Élevé	48	57	47	53
Bas	52	43	53	47
Total	100	100	100	100
(N)	(40)	(70)	(60)	(30)

$\chi^2 = 0,95$; p = n.s. $\chi^2 = 0,36$; p = n.s.
G = 0,19 G = 0,16

Le nombre de cigognes et le taux de natalité sont toujours liés à l'intérieur de chacun des tableaux partiels du tableau 11.6. En fait les différences en points de pourcentage sont deux fois plus petites que les différences correspondantes du tableau 11.1. Les coefficients gamma sont à peu près deux fois plus faibles (0,19 et 0,16 comparativement à 0,35 dans le tableau d'ordre zéro). Le caractère rural/urbain du district explique en partie seulement la relation entre le nombre de cigognes et le taux de natalité. Cela ne signifie pas que les cigognes sont vraiment la cause des bébés, mais seulement que le caractère rural/urbain du district n'explique pas toute la relation. Il est possible que d'autres variables antécédentes (l'âge ou la dimension des maisons, peut-être) expliquent le reste. Il est possible aussi que ce qui reste « inexpliqué » dans la relation entre le nombre de cigognes et le taux de natalité soit véritable. Une analyse plus poussée, impliquant l'introduction de variables-contrôles additionnelles, peut permettre d'évaluer ces possibilités.

Cette zone grise entre l'explication et la reproduction est beaucoup plus commune que l'explication pure ou la reproduction pure. La raison est que le monde social est composé d'un réseau merveilleusement compliqué et complexe de liaisons multi-causales. Toutes sortes de variables sont reliées à toutes sortes d'autres variables. Étant donné que nous choisissons une variable-contrôle parce que nous croyons que son introduction nous permettra d'obtenir de « bons » résultats, il est moins probable que nous introduisions une variable-test qui n'ait aucun effet sur la relation bivariée primitive. Par conséquent, la reproduction pure est improbable. De même, le monde social est à ce point multi-causal qu'il est peu probable qu'une variable-contrôle antécédente explique la totalité de l'association entre les deux autres variables. Après tout, peu de variables dépendantes sont liées à une seule variable indépendante qui la précède. Par conséquent, l'explication pure est, elle aussi, bien peu probable.

11.7 La spécification

L'introduction d'une variable-contrôle antécédente peut aussi montrer qu'il y a une relation bivariée pour l'une des valeurs de la variable-test mais pas pour les autres. Prenez par exemple le tableau 11.7. La relation positive d'ordre zéro entre le nombre de cigognes et le taux de natalité se retrouve dans les districts ruraux – en fait elle est un peu plus forte dans les districts ruraux que dans le tableau d'ordre zéro (G = 0,47 comparativement à G = 0,35). Cependant la relation disparaît virtuellement dans les villes (G = –0,03). Nous avons donc *spécifié* où se produit la relation Cigognes → Naissances : dans les districts ruraux mais non dans les villes.

Tableau 11.7. Le taux de natalité selon le nombre de cigognes, contrôlant l'effet du type de district (en pourcentages)

	District			
	Rural		Urbain	
	Nombre de cigognes		Nombre de cigognes	
Taux de natalité	Peu	Beaucoup	Peu	Beaucoup
Élevé	48	71	42	40
Bas	52	29	58	60
Total	100	100	100	100
(N)	(40)	(70)	(60)	(30)
	$\chi^2 = 6,23$; p < 0,05		$\chi^2 = 0,02$; n.s.	
	G = 0,47		G = 0,03	

Nous avons de bonnes raisons alors d'appeler ce processus d'élaboration : *spécification* (un autre terme que vous devrez connaître). La spécification aussi est un résultat relativement commun du processus d'élaboration. On découvre, par exemple, que plusieurs relations varient pour les hommes et pour les femmes, pour les Noirs et pour les Blancs, pour les gens vivant dans des régions différentes, etc.

11.8 Les variables dissimulatrices

L'explication, la reproduction, quelque chose entre les deux, et la spécification : voici une liste presque exhaustive des résultats qu'il est possible d'obtenir quand nous introduisons une variable de contrôle. Les processus d'élaboration considérés jusqu'à maintenant postulent qu'il y a une relation d'ordre zéro. Notre travail a consisté à trouver une variable antécédente (ou peut-être plus d'une variable) qui explique, affaiblit ou spécifie cette relation primitive.

Mais l'introduction de variables de contrôle s'avère également utile quand les mesures d'association d'ordre zéro entre les variables indépendante et dépendante indiquent une association nulle. Une variable antécédente peut dissimuler une relation qui ainsi n'apparaîtra pas dans un tableau bivarié. Dès que nous introduisons une variable de contrôle appropriée, la « vraie » relation est révélée dans les tableaux partiels. Une telle variable antécédente s'appelle *une variable dissimulatrice*.

Voici un exemple grotesque. Dans les vrais contes de fée (je ne parle pas des versions épurées de Walt Disney) beaucoup d'enfants sont dévorés par des sorcières et des trolls. Vous êtes-vous déjà demandé si ces pratiques alimentaires donnent des indigestions à ces macabres personnages de contes de fée ? Pourtant il me semble que vous auriez dû ! J'imagine sans mal des sorcières autour de leur marmite, ou des trolls sous un pont, éructer et se plaindre de maux d'estomac après avoir dévoré plusieurs enfants particulièrement dodus qui ont été désobéissants (ou bien étaient-ce des étudiants qui n'avaient pas fait leurs exercices de statistiques ?).

Vérifions la relation entre le fait de manger des enfants et l'indigestion. Le tableau 11.8 est un tableau d'ordre zéro illustrant la relation entre les préférences alimentaires et la fréquence des indigestions chez 500 goules de contes de fée (les données sont fictives !). Eh non ! Il n'y a pas de relation entre les préférences alimentaires et la fréquence des indigestions. Les goules qui n'apprécient pas les enfants sont aussi susceptibles de maux d'estomac que les goules qui préfèrent manger des enfants. Je suppose que le fait de manger des enfants ne cause pas de maux d'estomac chez les goules.

Mais, un instant ! Je parie que les sorcières, plus que les trolls, ont tendance à aimer manger des enfants (rappelez-vous Hansel et Gretel). Et je parie aussi que les sorcières sont plus sensibles de l'estomac que les trolls. Si j'ai raison, le type de goule (sorcière ou troll) est une variable qui dissimule la vraie relation entre la préférence alimentaire et la fréquence des indigestions.

Tableau 11.8. La fréquence des indigestions selon les
préférences alimentaires (en pourcentages)

Fréquence des indigestions	Préférences alimentaires	
	Aime bien les enfants	N'aime pas les enfants
Élevé	50	50
Bas	50	50
Total	100	100
(N)	(200)	(300)

$\chi 2 = 0,00$; n.s. ; Lambda = 0,00

Le tableau 11.9 est un tableau partiel qui vérifie ce pressentiment. Mais oui, il y a une relation entre les préférences alimentaires et la fréquence des indigestions, bien que cette relation ne soit pas dans la même direction pour les trolls que pour les sorcières. Chez les trolls, le goût pour les enfants est associé à l'indigestion : 80 % des trolls qui savourent les enfants souffrent souvent d'indigestion, contre 30 % seulement des trolls qui n'aiment pas manger les enfants. On trouve le modèle opposé chez les sorcières, où les indigestions tourmentent seulement 20 % de celles qui aiment manger des enfants mais un énorme pourcentage (90 %) de celles qui ne mangent pas d'enfants. Ce qui semblait être une association nulle dans un tableau d'ordre zéro se révèle être une relation complexe quand une variable de contrôle est introduite dans l'analyse. Le type de goule dans cet exemple joue le rôle de variable dissimulatrice qui masque la relation complexe entre les préférences alimentaires et la fréquence des indigestions.

Tableau 11.9. La fréquence des indigestions selon les préférences alimentaires,
contrôlant le type de goules (en pourcentages)

Fréquence des indigestions	Type de goules			
	Troll		Sorcière	
	Préférences alimentaires		Préférences alimentaires	
	Aime bien les enfants	N'aime pas les enfants	Aime bien les enfants	N'aime pas les enfants
Élevée	80	30	20	90
Basse	20	70	80	10
Total	100	100	100	100
(N)	(100)	(200)	(100)	(100)

$\chi 2 = 66,96$; p < 0,001 $\chi 2 = 98,99$; p < 0,001
Lambda = 0,43   Lambda = −0,67

Incidemment, bien que je ne le fasse pas ici, vous pouvez construire deux tableaux d'ordre zéro supplémentaires à partir des fréquences marginales du tableau 11.9 : les préférences alimentaires selon le type de goule et la fréquence des indigestions selon le type de goule. Vous verrez que ces tableaux bivariés montrent que les sorcières, plus que les trolls, ont tendance à préférer manger des enfants et à souffrir d'indigestion.

La morale de cette section : si aucune relation n'apparaît dans un tableau d'ordre zéro alors que vous vous attendiez à en trouver une, songez à la possibilité qu'une variable dissimulatrice soit à l'œuvre.

11.9   Les variables intermédiaires comme variables de contrôle

Jusqu'à maintenant nous avons considéré, comme variable de contrôle, les seules variables antécédentes. Mais nous pouvons utiliser le même procédé pour contrôler l'effet d'*une variable intermédiaire* que nous considérons comme le lien causal entre une variable indépendante et une variable dépendante. La deuxième condition de la causalité, la condition temporelle, exige que la variable intermédiaire apparaisse après la variable indépendante et avant la variable dépendante dans la chaîne causale (voir la section 11.1). Schématiquement, une chaîne causale incluant une variable intermédiaire ressemble à ceci :

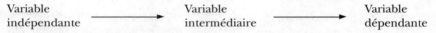

Variable indépendante → Variable intermédiaire → Variable dépendante

Si nous contrôlons l'effet d'une variable qui, croyons-nous, relie une variable indépendante à une variable dépendante, trois choses peuvent survenir. La relation primitive peut disparaître dans les tableaux partiels, la relation primitive peut se maintenir dans les tableaux partiels, ou quelque chose entre les deux situations peut se produire. Considérons ces situations l'une après l'autre.

D'abord si la relation primitive disparaît à l'intérieur des tableaux partiels dans lesquels on contrôle l'effet d'une variable qui semble intervenir entre la variable indépendante et la variable dépendante, nous concluons que la variable intermédiaire relie vraiment les variables indépendante et dépendante. Le modèle de résultats dans les tableaux partiels ressemblerait alors à ceux que nous retrouvons pour les relations fallacieuses, bien que ce soit pour des raisons différentes. Et tout comme nous avons conclu que, dans une relation fallacieuse, la variable antécédente explique toute la relation entre les variables indépendante et dépendante, nous concluons maintenant que la variable intermédiaire explique entièrement la façon dont la variable indépendante affecte la variable dépendante.

Ce modèle ne signifie pas, bien sûr, que la variable indépendante et la variable dépendante ne sont pas liées. Au contraire, elles le sont certainement. Nous avons même démontré comment la variable indépendante cause la variable dépendante. Cela se produit par l'intermédiaire de la variable intermédiaire. Le nom technique de cette situation est *l'interprétation*. Nous disons que la variable intermédiaire *interprète* la relation entre la variable indépendante et la variable dépendante.

Mais que se passe-t-il lorsque les tableaux partiels ressemblent aux tableaux primitifs ? Nous concluons alors que la variable que nous croyions être une variable intermédiaire n'intervient pas vraiment. Elle ne lie pas les variables indépendante et dépendante. La variable de contrôle ne fait pas partie de la chaîne causale. Ceci ne veut pas dire qu'il n'y a pas de variable intermédiaire, mais plutôt, plus modestement, que nous n'en avons pas discerné.

Finalement, la troisième possibilité. À l'instar des variables antécédentes, le contrôle de l'effet d'une variable intermédiaire aboutit souvent, en réalité, quelque part entre ces deux extrêmes où, d'une part, on interprète complètement une relation causale et où, d'autre part, on ne l'interprète pas du tout. Souvent, on découvre qu'une variable intermédiaire plausible interprète une partie seulement de la relation entre une variable indépendante et une variable dépendante. La variable intermédiaire est importante, mais il doit y avoir d'autres variables qui elles aussi relient de façon causale les variables indépendante et dépendante. Eh oui ! Le monde est un réseau touffu de relations causales.

Si nous trouvons une variable qui relie les variables indépendante et dépendante, notre travail n'est pas terminé pour autant. Nous pouvons continuer à chercher des variables additionnelles qui interprètent les liens entre la variable indépendante et la variable intermédiaire et entre la variable intermédiaire et la variable dépendante. Et ainsi de suite, à mesure que nous rendons explicite le réseau de causalité[4]. Je serai franc, il y a des moyens beaucoup plus

---

4. Les chaînes de causalité soulèvent de fascinantes questions philosophiques et pratiques au fur et à mesure qu'elles s'allongent. Est-ce que les battements d'ailes d'un papillon en Chine ont un effet sur le temps qu'il va faire au Michigan ? Les chaînes causales n'ont-elles pas de fin ou finissent-elles par s'éteindre petit à petit? À partir de quel moment, s'il y en a un, pouvons-nous dire qu'un événement est trop distant d'un autre, trop éloigné dans la chaîne de causalité, pour en être la cause ? La plupart des débats à propos des répercussions des faits historiques sur les problèmes sociaux contemporains portent sur de telles questions.

efficaces que l'analyse tabulaire pour examiner les relations causales. Cependant, la logique qui sous-tend ces méthodes plus avancées est très semblable à la logique de l'analyse de tableau.

Je veux attirer votre attention sur l'importance des modèles théoriques dans l'analyse statistique. La logique et les procédures d'élaboration ne font aucune distinction entre les deux modèles suivants :

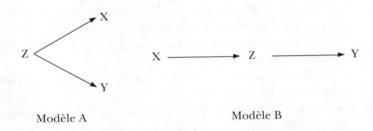

Modèle A   Modèle B

L'analyse de donnée mettant en relation X et Y tout en contrôlant l'effet de Z donne le même résultat, que ce soit le modèle A ou le modèle B qui décrive la véritable relation entre les variables. L'analyse de données ne nous permettra donc pas de choisir entre les modèles A et B. Ce choix doit être basé sur nos paradigmes, nos théories et même parfois sur notre bon sens.

11.10 Le gamma partiel

Nous avons vu que le gamma est une mesure d'association qui convient aux données d'un tableau bivarié impliquant des variables ordinales ou des variables d'intervalle et de proportion regroupées en catégories. Le *gamma partiel* (représenté par le symbole G_p) est l'extension du gamma aux tableaux multivariés. Le gamma partiel décrit l'intensité de la relation entre une variable indépendante et une variable dépendante mesurées au niveau ordinal, une fois l'effet d'une variable-contrôle éliminé.

Le calcul du gamma partiel est une généralisation directe du gamma. Rappelez-vous la formule du gamma donnée à la section 7.5 :

$$G = \frac{\text{Semblables} - \text{Opposées}}{\text{Semblables} + \text{Opposées}}$$

lorsque « Semblables » et « Opposées » renvoyaient au nombre de paires de cas ordonnés dans la même direction ou dans la direction opposée pour les variables indépendante et dépendante. Pour obtenir le gamma partiel, nous comptons les paires semblables et opposées dans chaque tableau partiel en suivant exactement la même procédure que nous avons suivie lorsque nous travaillions avec des tableaux bivariés (voir la section 7.5). Nous additionnons ensuite le nombre de paires semblables à l'intérieur de chaque tableau partiel ; de même, nous additionnons toutes les paires opposées à l'intérieur de chaque tableau partiel. Nous calculons enfin le gamma partiel à l'aide de cette formule :

$$G_p = \frac{\Sigma Semblables - \Sigma Opposées}{\Sigma Semblables + \Sigma Opposées}$$

Le signe de sommation Σ commande ici d'additionner les paires pour tous les tableaux partiels.

Par exemple, essayons de trouver le gamma partiel pour la relation partielle d'ordre un décrite dans le tableau 11.6. Ce tableau décrit la relation entre le taux de natalité et le nombre de cigognes, en maintenant constant le type de district. Voici les fréquences sur lesquelles sont basés les pourcentages dans le tableau 11.6 :

	District			
	Rural		Urbain	
	Nombre de cigognes		Nombre de cigognes	
Taux de natalité	Peu	Beaucoup	Peu	Beaucoup
Élevé	19	40	28	16
Bas	21	30	32	14

On calcule le gamma en trouvant d'abord le nombre de paires de cas dont les scores des variables dépendante et indépendante sont ordonnés dans la même direction puis dans la direction opposée :

Semblables $= (21)(40) + (32)(16)$

$\qquad = 840 + 512$

$\qquad = 1352$

Opposées $= (19)(30) + (28)(14)$

$\qquad = 570 + 392$

$\qquad = 962$

Donc :

$$G_p = \frac{\Sigma Semblables - \Sigma Opposées}{\Sigma Semblables + \Sigma Opposées}$$

$$= \frac{1352 - 962}{1352 + 962}$$

$$= \frac{390}{2314}$$

$$= 0,168$$

$$= 0,17$$

Ce gamma partiel de 0,17 indique une relation relativement faible entre le taux de natalité et le nombre de cigognes, même après avoir éliminé l'effet du type de district. Considérant des paires de districts, nous avons réduit nos erreurs de 17 % en « prédisant » que, dans une paire, le district ayant le plus grand nombre de cigognes a aussi le plus haut taux de natalité, une fois qu'on a éliminé l'effet du caractère rural ou urbain du district. Le gamma partiel est une moyenne pondérée de ces gammas d'ordre zéro. Veuillez noter qu'on peut utiliser les gammas partiels même si la variable de contrôle est nominale pour autant que les variables dépendantes et indépendantes soient au moins de niveau ordinal.

11.11 Résumé de l'élaboration

Il serait maintenant utile de faire le point sur ce qui peut se produire lorsque nous entreprenons une analyse tabulaire multivariée de la relation entre une variable indépendante (VI) et une variable dépendante (VD), en contrôlant l'effet d'une troisième variable (VC). Le tableau 11.10 présente un résumé des situations que nous pouvons rencontrer dans le processus d'élaboration.

Tableau 11.10.   Résumé de l'élaboration de tableau

Variable-contrôle VC	Relation VI-VD primitive ?	Relation VI-VD contrôlant l'effet de VC (tableaux partiels)	Conlusion à tirer
Antécédente	Oui	Pas de relation $G_p \approx 0$	La relation VI-VD est fallacieuse. (Explication)
Antécédente	Oui	Semblable à la relation primitive VI-VD $G_p \approx G$	La relation est véritable. (Reproduction)
Antécédente	Oui	Plus faible que la relation VI-VD primitive $0 < G_p < G$	VC explique en partie la relation VI-VD.
Antécédente	Oui	G_p varie d'un tableau à l'autre	La relation VI-VD est tributaire de la valeur de VC. (Spécification)
Antécédente	Non	Il y a relation dans les deux tableaux partiels $G_p > G \approx 0$	VC est une variable dissimulatrice qui masque la relation VI-VD.
Intermédiaire	Oui	Pas de relation $G_p \approx 0$	VC relie de façon causale VI à VD. (Interprétation)
Intermédiaire	Oui	Semblable à la relation primitive $G_p \approx G$	VC ne relie pas VI à VD
Intermédiaire	Oui	Plus faible que la relation primitive $0 < G_p < G$	VC relie en partie VI et VD, mais il existe d'autres variables intermédiaires

11.12 L'élaboration et le problème des petits N

L'élaboration de tableau est peu efficace car elle demande un grand nombre de cas. Plus il y a de variables de contrôle et plus il y a de valeurs dans la variable indépendante et dans la variable de contrôle, plus il faut de cas. Si on n'a pas suffisamment de cas, les pourcentages des tableaux partiels seront basés sur trop peu de cas pour qu'on puisse avoir confiance en nos résultats. Les fréquences attendues peuvent également être trop petites (moins que 5) pour effectuer des tests de chi-carré. Même dans la situation peu probable où les cas seraient répartis également entre les tableaux partiels, des pourcentages basés sur 100 cas dans des relations d'ordre zéro seraient basés sur 50 cas dans les tableaux partiels contrôlant l'effet d'une variable dichotomique. Et si une seconde variable dichotomique est introduite, ces 50 cas seront réduits à 25 cas pour établir les pourcentages, et ainsi de suite. Le problème est encore plus grave dans le cas des variables de contrôle non dichotomiques (les variables de contrôle qui ont plus de deux catégories). Oui, à l'exception des très grands N, l'élaboration de tableau réduit très rapidement le nombre de cas.

On peut remédier (mais sans les éliminer tout à fait) aux problèmes de la diminution du nombre de cas en réduisant le nombre de catégories de la variable indépendante et de la variable de contrôle. On peut aussi exclure les catégories de la variable indépendante ou de la variable de contrôle qui ont un faible nombre de cas. Nous avons déjà évoqué ces stratégies de gestion des données dans la section sur les tableaux bivariés, et elles fonctionnent aussi bien pour l'analyse multivariée. Comme dans les analyses bivariées, bien sûr, on ne devrait pas agréger ou exclure des catégories si, en procédant ainsi, on élimine des détails importants ou si l'on perd toute la signification théorique.

Toutefois il n'y a pas de technique de gestion de données qui puisse vraiment résoudre les problèmes posés par l'inefficacité de l'élaboration de tableau. En pratique nous en sommes réduits à n'introduire qu'une ou deux variables de contrôle à moins que notre N soit très important. Malgré ces restrictions, l'élaboration de tableau offre un moyen utile, et quelquefois essentiel de tenir compte des variables antécédentes et intermédiaires.

11.13 La relation entre l'analyse multivariée et le devis expérimental

Dans de véritables expériences, le chercheur détermine aléatoirement (c'est-à-dire au hasard) quels sujets feront partie du groupe expérimental et lesquels feront partie du groupe-contrôle. Dans les limites de la randomisation, le groupe expérimental et le groupe-contrôle sont identiques (ou presque) en ce qui concerne chaque variable antécédente possible : sexe, race, culture, etc., incluant même des variables aussi bizarres que le personnage de bande dessinée favori ou la préférence pour les légumes cuits ou crus (qui n'ont sans doute pas de rapport avec le sujet de la recherche). Le groupe expérimental et le groupe-contrôle sont identiques (ou presque) même pour des variables auxquelles vous ne penserez jamais. (Désolé, mais je ne peux pas vous donner d'exemple de variables auxquelles vous ne penserez jamais.) Les groupes expérimental et de contrôle sont alors équivalents (ou presque) quant à toutes les variables qui pourraient influencer la relation entre la variable indépendante et la variable dépendante. Le hasard « fonctionne » mieux si l'on a des grands nombres ; donc plus on a de sujets dans une expérience, plus le chercheur a de chances que les groupes de contrôle et expérimental soient parfaitement équivalents.

C'est un avantage considérable de l'expérimentation : le devis lui-même impose implicitement des contrôles à toutes les variables antécédentes possibles. Une fois que la variable indépendante est introduite, les différences que le chercheur observe dans la variable dépendante entre le groupe expérimental et le groupe-contrôle ne peuvent être dues à une variable antécédente, quelle que soit cette différence. À l'intérieur des limites de la randomisation, le groupe expérimental et le groupe-contrôle ont été, en quelque sorte, « nivelés » pour toutes les variables antécédentes.

Mais il arrive parfois que nous ne puissions pas faire d'expérimentation. Pour des raisons pratiques ou éthiques, il se peut que nous ne puissions pas assigner aléatoirement les sujets au groupe expérimental et au groupe-contrôle. Si nous étudions les effets du sexe, par exemple, nous ne pouvons pas décider par randomisation quels sujets seront hommes et quels sujets seront femmes. (Y a-t-il des volontaires pour cette expérience ?) Si nous étudions les effets du niveau d'instruction, nous ne pouvons pas décider aléatoirement quels sujets iront à l'université et lesquels arrêteront leur scolarité au secondaire (des volontaires de nouveau ?). Au lieu de cela, nous devons prendre les gens comme ils sont et faire de notre mieux à l'aide de devis de recherche non expérimentaux, tels les sondages.

Et c'est ici qu'entrent en scène les techniques multivariées. L'utilisation de variables-contrôles remplace la randomisation des devis expérimentaux. L'introduction d'une variable-contrôle antécédente élimine l'effet de cette variable sur la relation entre la variable indépendante et la variable dépendante. C'est exactement ce que la randomisation fait, bien qu'elle le fasse plus efficacement en éliminant simultanément l'effet de toutes les variables antécédentes. L'analyse multivariée procède beaucoup plus lentement, en contrôlant l'effet des variables antécédentes à tour de rôle ou, au mieux, quelques-unes à la fois.

Cela signifie que, en ce qui concerne la nature véritable de la relation, nous ne pourrons jamais avoir autant confiance en une analyse multivariée qu'en un devis expérimental. Même si une relation

« tient » après que nous ayons contrôlé l'effet d'une variable antécédente, il est toujours possible qu'une autre variable antécédente non contrôlée explique la relation. Nous pourrions alors introduire une deuxième variable-contrôle, ou peut-être une troisième, ou même plus. Mais les banques de données ont des limites qui font que nous atteignons tôt ou tard le point où il n'y a plus de variables antécédentes à contrôler. D'ailleurs, il se pourrait que nous ne sachions même pas quelle est la variable antécédente appropriée.

Mais nous faisons de notre mieux. Inutile de pleurnicher, il y a trop à faire en recherche. À l'aide des théories et d'autres idées qui éclairent notre travail, nous essayons d'inclure autant de variables antécédentes plausibles qu'il est possible dans notre collecte de données. Nous contrôlons ensuite l'effet de ces variables dans nos analyses. Bien sûr, à mesure que nous introduisons des variables de contrôle, nous pouvons avoir une plus grande confiance en la solidité de la relation. Mais nous devons accepter cette impossibilité de contrôler les effets de chaque variable antécédente possible à moins d'utiliser un devis expérimental. Mais cela dit, nous faisons de notre mieux et, si nos théories, notre devis de recherche et nos analyses statistiques sont solides, ce que nous aurons fait de mieux ne sera pas si mal.

11.14 Résumé du chapitre 11

Voici ce que nous avons appris dans ce chapitre :

- Une variable antécédente intervient avant les variables indépendante et dépendante dans la chaîne causale.

- L'élaboration est le processus qui consiste à analyser une relation bivariée après avoir éliminé les effets d'une ou de plusieurs variables-contrôles. Lorsque l'on se sert de tableaux de pourcentages, ce processus s'appelle l'élaboration d'un tableau.

- Une relation partielle élimine les effets d'une troisième variable, antécédente ou intermédiaire.

- Quand une relation bivariée disparaît dans les tableaux partiels qui contrôlent l'effet d'une variable antécédente, la relation est fallacieuse ; elle est expliquée par la variable antécédente. Ce processus s'appelle l'explication.

- Quand une relation bivariée demeure dans les tableaux partiels qui contrôlent l'effet d'une variable antécédente, la relation bivariée est véritable (en attendant l'introduction d'une autre variable-contrôle antécédente). Ce processus s'appelle la reproduction.

- Il arrive souvent que l'introduction d'une variable-contrôle réduise, sans complètement l'éliminer, la relation bivariée primitive. Ceci indique que la variable-contrôle explique en partie seulement la relation.

- Quand les tableaux partiels sont différents l'un de l'autre, la variable-contrôle « spécifie » la relation bivariée. Ce processus s'appelle la spécification.

- Une variable intermédiaire intervient, dans la chaîne causale, entre la variable indépendante et la variable dépendante.

- Si l'introduction d'une variable-contrôle intermédiaire élimine la plus grande partie d'une relation, la variable-contrôle relie de façon causale la variable indépendante et la variable dépendante. Ce processus s'appelle l'interprétation.

- Si l'introduction d'une variable-contrôle intermédiaire réduit une relation sans l'éliminer, la variable-contrôle relie de façon causale la variable indépendante et la variable dépendante. Il peut toutefois exister également d'autres variables intermédiaires.

- Le gamma partiel est une mesure RPE d'association qui résume la relation entre des variables ordinales, d'intervalles ou de proportion dont les valeurs ont été regroupées en catégories, en contrôlant les effets d'une troisième variable.

- Le contrôle des variables antécédentes dans l'analyse multivariée est une approximation limitée de la randomisation dans la recherche expérimentale.

Principaux concepts et procédures

Termes et idées

analyse tabulaire multivariée
tableau partiel
relation causale
variable antécédente
variable-contrôle ou facteur de test
relation fallacieuse
explication
élaboration et modèle d'élaboration
élaboration de tableau
relation d'ordre zéro

tableau partiel d'ordre un
reproduction
relation véritable
spécification
variable dissimulatrice
variable intermédiaire
interprétation
gamma partiel

Symboles

G_p

Formules

$$G_p = \frac{\Sigma Semblables - \Sigma Opposées}{\Sigma Semblables + \Sigma Opposées}$$

RAPPORT D'ANALYSE N°7
ANALYSE TABULAIRE MULTIVARIÉE

Nous avons vu précédemment *(dans le rapport n° 3)* que les démocrates et les indépendants sont plus favorables à la discrimination positive envers les femmes que les républicains. Le tableau 1 présente cette relation. La différence entre les républicains et les démocrates quant au soutien de la discrimination positive peut être due au fait que les femmes soutiennent plutôt les démocrates alors que les hommes sont plutôt républicains.

TABLEAU 1 ICI

Le tableau 2 introduit un contrôle selon le sexe. La relation illustrée dans le tableau original est reproduite dans les tableaux partiels. Que ce soit pour les femmes ou les hommes, on retrouve la même relation où les démocrates et les indépendants soutiennent plus fortement que les républicains la discrimination positive envers les femmes. La relation est un peu plus forte pour les hommes que pour les femmes (respectivement un gamma de 0,34 et 0,27). Donc la différence entre les sexes quant aux préférences politiques n'explique pas la différence entre les partis quant au soutien de la discrimination positive envers les femmes.

TABLEAU 2 ICI

Inclure les tableaux à la fin du rapport

Tableau 1.   Discrimination positive envers les femmes selon la préférence quant au parti politique (en pourcentages)

Discrimination positive envers les femmes	Préférence quant au parti politique		
	Démocrate	Indépendant	Républicain
En accord	64,2	61,4	42,0
Ni l'un ni l'autre	12,7	15,5	15,1
En désaccord	23,1	23,2	42,9
Total	100,0	100,1	100,0
(N)	(685)	(207)	(517)

$\chi^2 = 71,678$; dl = 4 ; p < 0,001 ; G = 0,32

Tableau 2.   Discrimination positive envers les femmes selon la préférence
quant au parti politique (en pourcentages)

Discrimination positive envers les femmes	Sexe					
	Hommes Préférence politique			Femmes Préférence politique		
	Dém.	Ind.	Rép.	Dém.	Ind.	Rép.
En accord	60,2	57,0	36,3	66,7	64,9	48,0
Ni l'un ni l'autre	12,7	16,1	15,4	12,7	14,9	14,8
En désaccord	27,0	26,9	48,3	20,6	20,2	37,2
Total	99,9	100,0	100,0	100,0	100,0	100,0
(N)	(259)	(93)	(267)	(426)	(114)	(250)

$G_p = 0,30$ $\chi^2 = 36,398$; dl = 4 ; $\chi^2 = 25,812$; dl = 4 ;
                      $p < 0,001$; G = 0,34 $p < 0,001$; G = 0,27

CHAPITRE 12
Les régressions et corrélations multiples

Au chapitre 10, nous avons examiné les techniques de régression et de corrélation décrivant la relation entre deux variables mesurées par des échelles d'intervalles ou de proportion. Ce chapitre-ci présente un prolongement de ces techniques bivariées en introduisant des variables additionnelles dans l'analyse. Une fois que nous aurons étendu ainsi le modèle de régression bivariée à l'analyse multivariée, nous nous attarderons aux coefficients de corrélation partielle qui mesurent l'intensité et la direction d'une relation tout en contrôlant l'effet d'une ou de plusieurs variables supplémentaires. Ensuite nous examinerons le coefficient de corrélation multiple, une statistique qui mesure l'effet simultané de deux variables indépendantes ou plus sur une variable dépendante. En cours de route, nous étudierons le test de signification des coefficients de corrélation partielle et de corrélation multiple et nous apprendrons à créer une variable factice de manière à pouvoir appliquer l'analyse de corrélation à des variables nominales.

À la fin de ce chapitre, vous pourrez :

1. Comprendre l'analyse de régression à deux variables indépendantes ou plus.

2. Reconnaître les conditions d'application des méthodes de corrélation partielle et de régression multiple.

3. Calculer et interpréter des coefficients de corrélation multiple.

4. Calculer et interpréter des coefficients bêta.

5. Effectuer et interpréter des tests de signification pour des corrélations partielles et multiples.

6. Expliquer et créer des variables factices.

12.1 L'extension du modèle de régression

Nous avons vu dans le chapitre 10 (section 10.12) que, pour les 50 pays les plus peuplés du monde, il existe une forte corrélation entre le taux de fertilité et à la fois le taux d'urbanisation et le nombre de radios par 100 habitants. Le pourcentage de la population habitant en ville explique 31 % de la variation du taux de fertilité ($r^2 = 0,31$) et le nombre de radios par 100 habitants explique 22 % de la variation du taux de fertilité. Mais quel est le pourcentage du taux de fertilité qui est expliqué par la conjugaison du taux d'urbanisation et du nombre de radios ? On ne peut pas tout simplement additionner les pourcentages individuels de la variation expliquée par l'urbanisation et le nombre de radios car ces deux variables indépendantes sont elles-mêmes corrélées ($r = 0,62$). Leurs effets sur le taux de fertilité se chevauchent donc, et il nous faut trouver un moyen pour tenir compte de ce chevauchement lorsque nous mesurons l'effet combiné de l'urbanisation et du nombre de radios. Il nous faut également trouver comment mesurer l'effet de chaque variable indépendante sur la variable dépendante tout en contrôlant l'effet de l'autre variable indépendante.

Nous pouvons mesurer les effets de deux variables indépendantes ou plus sur une variable dépendante en étendant le modèle de régression linéaire présenté au chapitre 10. Situons les points de données de nos trois variables dans un diagramme à trois dimensions, avec les variables indépendantes (taux d'urbanisation et nombre de radios par 100 habitants) représentées par deux axes et la variable dépendante (taux de fertilité) représentée par un troisième axe. Comme on le fait pour les diagrammes de dispersion bivariés, on place la variable dépendante sur l'axe des Y. Ce diagramme de dispersion est assez facile à visualiser. Pensez à un coin dans une pièce. Le plancher est le diagramme de dispersion pour la relation entre le taux d'urbanisation et le nombre de radios. Un des murs représente la relation entre le nombre de radios et le taux de fertilité. Le dernier mur est consacré à la relation entre le taux d'urbanisation et le nombre de radios. On situe chaque cas dans l'espace à trois dimensions à l'intersection des scores du cas pour les trois variables.

Prenons l'exemple de l'Égypte. Les données pour les nations les plus peuplées indiquent que 45 % des Égyptiens vivent en ville, qu'il y a 25 radios par 100 Égyptiens et que les femmes égyptiennes ont en moyenne 4,35 enfants. Nous situons donc le point pour l'Égypte à 45 unités sur l'axe de l'urbanisation, 25 sur l'axe des radios et 4,35 sur l'axe de la fertilité. La figure 12.1 montre la position de l'Égypte à l'intérieur d'un diagramme à trois dimensions que l'on pourrait imaginer comme le coin d'une chambre. Imaginez que nous situions de cette façon les 50 cas dans cet espace tridimensionnel. Cela rendrait le diagramme confus, je ne le tracerai donc pas ici. Notre esprit travaille mieux qu'une feuille à deux dimensions lorsqu'il s'agit de représenter des diagrammes en trois dimensions. Je pense donc que vous pourrez aisément imaginer un tel diagramme de dispersion pour les 49 pays les plus peuplés. Quarante-neuf plutôt que 50 parce que nous avons dû exclure un pays – l'Ouzbékistan – pour lequel nous n'avons pas de données quant au nombre de radios. L'exclusion de l'Ouzbékistan se fera « en liste » dans l'ensemble de l'analyse.

Figure 12.1. Diagramme de dispersion à trois dimensions (Égypte seulement)

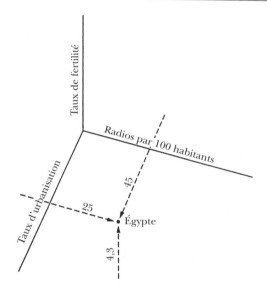

Il nous faut maintenant une méthode pratique qui résumerait les relations illustrées par le diagramme de dispersion. Repensez au modèle de régression bivariée des sections 10.1 et 10.2. Nous avons alors résumé la relation bivariée à l'aide d'une droite de régression représentée par cette équation :

$$Y = a + bX$$

Lorsque Y = le score de la variable dépendante

a = l'intersection, ou le point où la droite de régression coupe l'axe des Y b = la pente, ou le changement en Y correspondant à un changement d'une unité en X

X = le score de la variable indépendante

Cette droite de régression constituerait le meilleur résumé des scores d'un diagramme de dispersion dans la mesure où elle minimiserait la somme des carrés des écarts entre les scores réels de la variable dépendante et les scores prédits par cette droite de régression.

Étendons maintenant la notion de droite de régression à la régression d'une relation entre une variable dépendante et *deux* variables indépendantes. De la même façon que nous avons tracé dans le diagramme une droite qui représentait le meilleur résumé de la relation, nous pouvons tracer un plan à deux dimensions dans cet espace tridimensionnel. Le plan traverse le nuage de points de telle façon qu'il minimise la somme des carrés des distances (dans la direction verticale, celle de la variable dépendante) entre chaque point et le plan. Schématiquement, ce plan des moindres carrés ressemblerait au plan traversant le diagramme tridimensionnel de la figure 12.2.

Figure 12.2.   Plan de régression dans un diagramme à trois dimensions

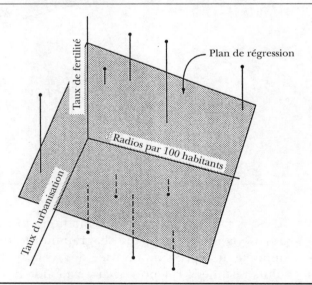

J'ai situé 10 points dans la figure 12.2, cinq au-dessus du plan de régression et cinq au-dessous. J'ai aussi tracé des lignes verticales qui indiquent la distance entre chaque point et le plan de régression. Ces distances sont les résidus, ou les différences entre le score réel du taux de fertilité et le score de cette variable qui est prédit par le plan de régression. Nous avons déjà parlé des résidus dans le cadre d'un diagramme en deux dimensions pour une relation bivariée. Maintenant nous les retrouvons dans un diagramme à trois dimensions pour une relation multivariée. Comme dans les relations bivariées, ces résidus sont des erreurs – la différence entre le score réel et le score prédit par le plan de régression.

De la même façon que nous représentons la droite de régression par l'équation Y = a + bX, nous pouvons représenter ce plan multivarié à l'aide de cette équation de régression multiple :

$$Y = a + b_1 X_1 + b_2 X_2$$

lorsque Y = score prédit de la variable Y

a = l'intersection, c'est-à-dire le point où le plan coupe l'axe de la variable dépendante

b_1 = la pente du plan par rapport à la variable indépendante X_1

X_1 = le score de la variable indépendante X_1

b_2 = la pente du plan par rapport à la variable indépendante X_2

X_2 = le score de la variable indépendante X_2

Dans notre exemple, Y représente le taux de fertilité (la variable dépendante) et X_1 et X_2 représentent respectivement le taux d'urbanisation et le nombre de radios pour 100 habitants. Cette équation peut être employée pour prédire le taux de fertilité à partir de ce que nous savons à propos du taux d'urbanisation dans chacun des 50 pays les plus peuplés. Les coefficients b_1 et b_2 sont des *coefficients de régression non standardisés*. L'adjectif non standardisé distingue ces coefficients des coefficients standardisés que nous verrons plus tard dans ce chapitre, bien que les chercheurs les appellent plus simplement des coefficients de régression si le contexte permet de voir clairement qu'on fait référence à ce type de régression. Les coefficients de régression non standardisés sont des pentes partielles qui décrivent le changement dans la variable dépendante Y associé à une augmentation d'une unité dans la variable indépendante X tout en contrôlant l'effet de l'autre variable indépendante.

Nous calculons l'intersection « a » (qu'on appelle parfois la constante) et le coefficient de régression non standardisé b_i à partir des valeurs des coefficients de régression d'ordre zéro. Les formules sont cependant un peu compliquées et nous les laisserons de côté. Nous nous servirons de l'ordinateur pour les trouver. En fait, c'est ce que j'ai fait et j'ai trouvé cette équation qui décrit la régression de la relation entre le taux de fertilité, le taux d'urbanisation et le nombre de radio pour 100 habitants.

$$Y' = 5,59 - 0,032X_1 - 0,010X_2$$

lorsque Y' = taux de fertilité prédit

X_1 = taux d'urbanisation

X_2 = nombre de radios pour 100 habitants

Le signe négatif du coefficient de régression indique que l'urbanisation et la possession de radios réduisent le taux de fertilité. Plus il y a d'urbanisation, plus il y a de radios, plus le taux de fertilité est bas. La grandeur des coefficients de régression non standardisés indique l'importance de l'effet de chaque variable sur le taux de fertilité tout en contrôlant l'effet de l'autre variable indépendante. Ainsi, si on contrôle l'effet du nombre de radios, une augmentation d'un point de pourcentage du taux d'urbanisation entraîne une diminution du taux de fertilité de 0,032 enfant par femmes. De la même façon, en contrôlant l'effet de l'urbanisation, une augmentation de 1 radio par 100 habitants entraîne une baisse du taux de fertilité de 0,010 enfant par femme.

L'équation de régression peut être utilisée pour prédire les scores de la variable dépendante – le taux de fertilité dans notre exemple. Nous pouvons par exemple insérer les scores d'urbanisation et de nombre de radios pour l'Égypte dans l'équation de régression multiple :

$$\begin{aligned} Y' &= 5,59 - 0,032X_1 - 0,010X_2 \\ &= 5,59 - 0,032(45) - 0,010(25) \\ &= 5,59 - 1,44 - 0,25 \\ &= 3,90 \end{aligned}$$

Comme pour les régressions bivariées, l'apostrophe du Y' nous rappelle que nous prédisons le taux de fertilité. Nos informations sur le taux d'urbanisation et le nombre de radios pour 100 habitants de l'Égypte permettent de prédire un taux de fertilité de 3,90 pour ce pays. En fait, l'Égypte a un taux de fertilité de 4,35. Le taux réel de fertilité de l'Égypte est donc supérieur de 0,45 au taux prédit à partir du taux d'urbanisation et du nombre de radios (4,35 – 3,90 = 0,45). Notre équation de régression nous mène donc à commettre cette petite erreur dans la prédiction du taux de fertilité de l'Égypte. Nous avons néanmoins amélioré nos prédictions en utilisant cette information à propos des variables indépendantes. Sans information sur le taux d'urbanisation et le nombre de radios par 100 habitants de l'Égypte, notre meilleure prédiction du taux de fertilité serait de 3,56, la moyenne pour l'ensemble des 49 pays. Le taux réel de fertilité est supérieur de 0,79 à la prédiction basée sur la moyenne (4,35 – 3,56 = 0,79).

Il n'y a aucun nouveau concept statistique dans tout cela, simplement le prolongement de « vieilles » idées empruntées à la régression bivariée. Cependant, en plus de la condition exigeant un niveau de mesure d'intervalles ou de proportion – une condition qui vaut également pour tous les modèles de régression examinés dans ce manuel –, il y a quelques autres conditions qui doivent être remplies si l'on veut procéder à une régression multiple. Comme dans le cas de la régression bivariée, nous postulons que les variables indépendantes sont liées de façon linéaire à la variable dépendante. Après tout, un plan plat est l'équivalent bidimensionnel d'une droite unidimensionnelle. Si les relations entre les variables indépendantes et la variable dépendante ne sont pas linéaires, ce modèle décrira bien mal la relation réelle. Un plan de régression, par exemple, ne peut pas décrire une relation curvilinéaire en forme de selle, pas plus qu'une droite ne peut décrire une relation bivariée en forme de U. Les mesures-sommaires basées sur un modèle linéaire représenteront mal une telle relation et sous-estimeront son intensité. Comme dans le cas des régressions bivariées, les relations curvilinéaires peuvent être « redressées » en transformant les variables. Mais les techniques qui permettent cela dépassent l'objet de ce manuel.

Le second postulat sur lequel repose le modèle de régression multiple est moins évident : les effets des variables indépendantes sur la variable dépendante sont additifs, sans *interaction statistique* entre eux. Nous postulons, par exemple, que, bien que le taux d'urbanisation et le nombre de radios pour 100 habitants puissent affecter le taux de fertilité, il n'y a pas d'effet combiné du taux d'urbanisation et du nombre de radios. Les pays qui ont un haut taux d'urbanisation et un grand nombre de radios peuvent avoir un taux de fertilité plus bas, mais nous postulons que la combinaison particulière d'un haut taux d'urbanisation et d'un grand nombre de radios n'a aucun effet supplémentaire sur le taux de fertilité.

Le troisième postulat est, lui aussi, loin d'être évident : nous postulons que les variables indépendantes dans le modèle ne sont pas corrélées entre elles. Il est rare que cette condition soit entièrement respectée (et elle ne l'est pas dans notre exemple). Heureusement, le modèle de régression multiple est assez robuste pour permettre une certaine corrélation entre les variables indépendantes sans affecter sérieusement les conclusions qu'on peut tirer de l'analyse. Mais il faut être prudent lorsque les corrélations entre les variables indépendantes sont très fortes – les statisticiens appliquent à cette situation le terme *multicolinéarité*. Il est très difficile, voire impossible, d'isoler les effets de variables indépendantes qui sont fortement corrélées. Bien sûr, il est possible de vérifier, à l'aide de techniques de corrélation bivariée, si cette condition est respectée.

En résumé, nous supposons des variables d'intervalles/ratio, des relations linéaires, les effets additifs des variables indépendantes (sans interaction) et des variables indépendantes qui ne sont pas fortement corrélées. Voilà qui n'est pas une mince affaire ! Et nous ajouterons d'autres conditions lorsque nous nous pencherons sur les tests de signification pour les coefficients de corrélation partielle et les coefficients de corrélation multiple.

12.2   Le coefficient de corrélation multiple

Mais nous ne verrons les tests de signification que plus loin dans ce chapitre. Nous devons d'abord voir ce qu'est *le coefficient de corrélation multiple*, une mesure de l'effet combiné d'un ensemble de variables sur une variable dépendante. On peut par exemple utiliser un coefficient de corrélation multiple pour évaluer l'effet combiné de l'urbanisation et du nombre de radios sur le taux de fertilité dans les pays les plus peuplés. En d'autres mots, le coefficient de corrélation multiple, similaire au r des relations bivariées, indique la distance des points de données par rapport au plan de régression. Le coefficient de corrélation multiple est représenté par le symbole $R_{Y \bullet 12...}$, lorsque Y représente la variable dépendante, et les indices numériques qui suivent le point ($\bullet$) représentent les variables indépendantes X_1, X_2... Les indices numériques sont généralement omis lorsque l'identité des variables indépendantes est claire dans le contexte.

Comme toutes les mesures d'association « qui se respectent », R est égal à 1 (et jamais supérieur à 1) lorsque l'association est parfaite. Contrairement à un coefficient de corrélation bivariée ou partielle, le coefficient de corrélation multiple est toujours positif. Un coefficient de corrélation multiple négatif n'aurait pas de sens car nous ne pouvons pas parler de la direction d'une relation impliquant plus d'une variable indépendante. Certaines variables indépendantes peuvent avoir une relation positive avec la variable dépendante, d'autres peuvent avoir une relation négative avec la même variable dépendante. Par la corrélation multiple, nous cherchons à mesurer l'intensité de leurs effets combinés. Donc, R varie de 0 à 1,00.

Comme pour les autres types de coefficients de corrélation, le carré du coefficient de corrélation multiple ($R^2_{Y \bullet 12...}$) exprime la proportion de la variation dans la variable dépendante expliquée par l'ensemble des variables indépendantes $X_1, X_2, \ldots$ $R^2_{Y \bullet 12 \ldots}$ s'appelle le *coefficient de détermination multiple*, mais on l'appelle généralement *le R-carré*. La proportion de la variation de la variable dépendante qui n'est pas expliquée par les variables indépendantes est égale à $1 - R^2_{Y \bullet 12 \ldots}$.

Au chapitre 4, nous avons appris à exprimer la variation par la somme des carrés. La variation totale d'une variable dépendante Y est mesurée par la variation par rapport à la moyenne, et peut donc être exprimée par $\Sigma(Y_i - \overline{Y})^2$. La somme des carrés expliquée par la régression de la relation entre une variable dépendante et un groupe de variables indépendantes mesure la variation des scores prédits par rapport à la moyenne – qu'on exprime aisément par $\Sigma(Y' - \overline{Y})^2$ lorsque Y' représente les scores prédits par l'équation de régression multiple. Nous avons trouvé le score prédit pour l'Égypte – 3,90. Maintenant, imaginez que l'on prédise les scores des 49 pays, qu'on en soustraie la moyenne générale, que l'on mette au carré les différences ainsi obtenues et qu'on les additionne. Cette somme de carrés mesurerait la variation de la variable dépendante expliquée par les variables indépendantes. La variation qui ne serait pas expliquée – les résidus – est basée sur les différences entre les scores réels et les scores prédits et est exprimé par $\Sigma(Y_i - Y')^2$. Oui, c'est de nouveau une somme de carrés.

Cela devrait vous sembler familier. Notez l'analogie directe avec la somme des carrés utilisée dans l'analyse de variance. En fait, on peut résumer ces sommes de carrés de régression multiple dans un tableau similaire à un tableau d'ANOVA. Trouver des sommes de carrés est assez ennuyant et nous ne nous préoccuperons pas de les calculer ici. Par chance, les ordinateurs calculent aisément ces sommes de carrés pour nous. Voici donc les sommes de carrés de notre exemple :

Source	Somme des carrés	dl	Somme des carrés moyenne	F	p
Régression	56,527	2	28,263	11,591	0,001
Résidus	112,167	46	2,438		
Total	168,694	48			

La somme des carrés de la régression est la somme des carrés expliquée par le groupe des variables indépendantes. Puisque R^2 est la proportion de la variance de la variable dépendante expliquée par les variables indépendantes, on calcule R^2 en exprimant cette somme des carrés de la régression comme la proportion de la somme totale des carrés, comme ci-dessous :

$$R^2 \quad = \quad \frac{\text{Somme des carrés de la régression}}{\text{Somme totale des carrés}}$$

$$= \quad \frac{56{,}527}{168{,}694}$$

$$= \quad 0{,}335$$

$$= \quad 0{,}34$$

Pourquoi a-t-on indiqué les dl, la somme moyenne des carrés, *F* et p ? Parce qu'on en aura besoin dans un moment lorsque nous effectuerons des tests de signification pour le R^2.

12.3 Les coefficients de régression standardisés (coefficients bêta)

Les équations de régression décrivent la relation entre une variable dépendante et un groupe de variables indépendantes, et leurs coefficients de régression non standardisés mesurent les effets des variables indépendantes sur les variables dépendantes. Cependant la taille du coefficient de régression dépend des unités de mesure des variables. La disponibilité des radios est par exemple mesurée en nombre de radios pour 100 habitants. Il est clair que le coefficient de régression serait différent si cette variable était mesurée en nombre de radios pour 10 habitants, ou en nombre de radios pour 1 000 habitants.

Ce n'est pas un problème en soi – cela fait partie de la nature des coefficients de régression – mais cela rend cependant la comparaison difficile lorsque les variables sont basées sur des unités de mesures différentes. Par exemple : les moyennes du taux d'urbanisation et du nombre de radios par 100 habitants sont respectivement de 52,4 et 35,9. Leurs écarts-types sont de 25,1 et 39. Comment peut-on comparer ces nombres qui sont basés sur des unités de mesures différentes ? Nous avons ici des pommes et des oranges statistiques ! La sagesse populaire est fondée : on ne peut pas comparer des fruits différents. Pas plus qu'on ne peut comparer des points de pourcentage et des radios par 100 habitants.

Il est clair qu'il nous faut une mesure des effets des variables indépendantes qui tienne compte des différences d'unités de mesure tout en contrôlant les effets des autres variables indépendantes. Cette statistique existe et s'appelle justement *le coefficient de régression standardisé*, ou de façon plus simple, *un coefficient bêta*. Les bêtas sont symbolisés par $\beta_{Y1 \cdot 2}$ pour la régression entre Y et X_1 tout en contrôlant l'effet de X_2 (pour des variables additionnelles, on ajoute des indices après le point (•) selon le besoin). Le coefficient bêta décrit les effets d'une variable indépendante sur la variable dépendante en unités d'écart-type. Plus précisément, le coefficient bêta indique le changement en écarts-types de la variable dépendante pour chaque augmentation d'un écart-type de la variable indépendante, tout en contrôlant les effets des autres variables indépendantes. Voici les formules pour les coefficients bêta avec une variable de contrôle :

$$\beta_{Y1\bullet2} = \frac{r_{Y1} - r_{Y2}r_{12}}{1 - r_{12}^2} \qquad \text{et} \qquad \beta_{Y1\bullet2} = \frac{r_{Y2} - r_{Y1}r_{21}}{1 - r_{21}^2}$$

Les formules sont plus complexes pour les bêtas d'ordre plus élevé – c'est-à-dire les bêtas avec des variables de contrôle additionnelles. Nous laisserons l'ordinateur les calculer pour nous. Pour notre exemple avec deux variables indépendantes :

$$\beta_{Y1\bullet2} = \frac{-0,556 - (-0,471)(0,617)}{1 - (0,617)^2} \qquad \text{et} \qquad \beta_{Y2\bullet1} = \frac{-0,471 - (-0,556)(0,617)}{1 - (0,617)^2}$$

$$= \frac{-0,556 + 0,291}{1 - 0,381} \qquad\qquad = \frac{-0,471 + 0,343}{1 - 0,381}$$

$$= \frac{-0,265}{-0,619} \qquad\qquad\qquad = \frac{-0,128}{-0,619}$$

$$= -0,428 \qquad\qquad\qquad\qquad = -0,207$$

Prenons le coefficient bêta pour le taux d'urbanisation : –0,428. Ce bêta nous indique que la variable dépendante, le taux de fertilité, décroît en moyenne de 0,428 écart-type lorsque la variable indépendante, le taux d'urbanisation, croît d'un écart-type, en contrôlant l'effet du nombre de radios pour 100 habitants. Donc, avec la disponibilité de radios tenue pour constante, une augmentation d'un écart-type dans le taux d'urbanisation entraîne une réduction du taux de fertilité de 0,428 écart-type. On peut trouver ce que représente un écart-type de 0,428 en termes de nombre d'enfants par femme (c'est-à-dire le taux de fertilité) en le multipliant par 1,875, l'écart-type du taux de fertilité : (0,428)(1,875) = 0,80. L'écart-type du taux d'urbanisation est de 25,1. Donc, avec le nombre de radios tenu pour constant, une augmentation de 25 points de pourcentage du taux d'urbanisation est associée avec une baisse d'environ 0,80 enfant par femme.

De même, le coefficient bêta pour la disponibilité des radios de −0,207 signifie qu'en contrôlant les effets du taux d'urbanisation, pour chaque augmentation d'un écart-type du nombre de radios on s'attend à une baisse de 0,207 écart-type du taux de fertilité. Je vous laisse le soin de convertir ce bêta en changement du nombre d'enfants par femme (les écarts-types du taux de fertilité et du nombre de radios sont respectivement de 1,875 et 38,997).

En mesurant les effets des variables en termes d'écarts-types, les bêtas fournissent un moyen utile de comparer les effets relatifs des variables. Nous voyons dans cet exemple que le taux d'urbanisation affecte deux fois plus le taux de fertilité dans les pays les plus peuplés que le nombre de radios par 100 habitants.

En passant, à la différence d'un coefficient de corrélation, un coefficient bêta peut être supérieur à 1 puisqu'un changement d'une unité d'écart-type dans une variable indépendante peut produire un changement de plus d'un écart-type dans la variable dépendante.

12.4 Les tests de signification pour les coefficients de corrélation multiple

Je vous ai déjà donné une liste de plusieurs conditions d'application de la régression multiple : des données d'intervalles ou de proportion, des relations linéaires, des variables indépendantes dont les effets s'additionnent et des variables indépendantes qui ne sont pas trop corrélées entre elles. Nous pouvons faire un test de signification statistique pour des coefficients de corrélation multiple à condition que trois autres conditions soient respectées. Premièrement, nos données proviennent d'un échantillon tiré aléatoirement d'une population. Deuxièmement, les scores de la variable dépendante sont distribués normalement à l'intérieur de chaque valeur de la variable indépendante et de la variable de contrôle et, troisièmement, les variances de la variable dépendante sont égales à l'intérieur de chaque valeur de la variable indépendante et de la variable-contrôle (c'est-à-dire homoscédasticité, comme nous en avons parlé à la section 9.2).

Le test de signification pour le R^2 (donc aussi pour R) utilise la distribution du F. Comme dans l'analyse de variance, la valeur du F pour R^2 est donnée par la proportion de la somme des carrés moyenne expliquée par la régression sur la somme des carrés moyenne non expliquée par la régression (résidus). On trouve ces sommes des carrés moyennes expliquée et non expliquée en divisant chaque somme des carrés par le nombre approprié de degrés de liberté, qui sont respectivement k et N − k −1. N est comme toujours le nombre de cas et k est le nombre de variables indépendantes. Dans notre exemple, les degrés de liberté sont alors de k = 2 et N – k – 1 = 46. Pour le R^2 de la régression de la relation entre le taux de fertilité, le taux d'urbanisation et le nombre de radios, on a :

$$F = \frac{\text{Somme des carrés moyenne de la régression}}{\text{Somme des carrés moyenne des résidus}}$$

$$= \frac{28{,}263}{2{,}438}$$

$$= 11{,}593$$

Nous trouvons la probabilité associée à $F(2, 46) = 11{,}593$ dans le tableau 3 de l'appendice ainsi que nous l'avons fait pour les valeurs de F dans l'analyse de variance. Bien qu'elle soit basée sur seulement 49 cas, la corrélation multiple de la régression de la relation entre le taux de fertilité, le taux d'urbanisation et le nombre de radios pour 100 habitants est statistiquement significative au seuil 0,001. La question de la généralisation à l'ensemble de la population ne se présente pas ici puisque nous travaillons sur des données de population. Cependant le test de signification nous donne confiance que la relation entre le taux de fertilité et les deux variables indépendantes n'est pas due simplement à l'effet du hasard.

On peut également trouver F directement à partir du R^2 avec cette formule :

$$F = \left(\frac{R^2}{1-R^2}\right)\left(\frac{N-k-1}{k}\right)$$

$$= \left(\frac{0{,}335}{1-0{,}335}\right)\left(\frac{49-2-1}{2}\right)$$

$$= (0{,}504)\,(23)$$

$$= 11{,}592$$

Comme toujours, rappelez-vous que la signification statistique ne dépend pas seulement de l'intensité de la relation mais aussi du nombre de cas. Même un R^2 très faible sera statistiquement significatif si on a un très grand N. Dans notre exemple, le test de signification est basé sur un petit N (seulement 49 cas) et peut donc être pris au sérieux.

12.5 La régression avec des variables dichotomiques et des variables factices

Les corrélations et régressions multiples peuvent inclure des variables indépendantes dichotomiques. Prenez, par exemple, la variable dichotomique « sexe », avec les hommes codés 0 et les femmes codées 1[1]. Nous avons déjà vu (dans la section 3.5) que la moyenne de la variable « sexe » (0,56 dans le General Social Survey) correspond à la proportion de femmes et (dans la section 4.1) que la variance de « sexe » est la proportion d'hommes multipliée par la proportion de femmes (0,56 x 0,44 = 0,25). Nous avons également appris (dans la section 10.8) que nous pouvons incorporer des variables dichotomiques, même si elles sont nominales (comme par exemple le sexe) dans des équations de régression d'ordre zéro et que l'on peut en tirer des coefficients de corrélation.

En tant que variable indépendante, la variable « sexe » indique l'effet du fait d'être une femme sur la variable dépendante dans une régression d'ordre zéro ou dans une régression multiple. Si l'on utilise les données du General Social Survey, voici l'équation de régression de la relation entre la variable dépendante « prestige lié à la profession » (une mesure de ratio du statut professionnel) et les variables indépendantes « sexe » (X_1) et « niveau d'instruction » (X_2) :

$$Y' = 8,44 - 0,22\,X_1 + 2,56\,X_2$$

lorsque Y' = le score prédit de la variable « prestige lié à la profession »

X_1 = le score de la variable « sexe »

X_2 = le score de la variable « niveau d'instruction »

Nous interprétons les coefficients de régression et de corrélation pour la variable « sexe » de la même façon que nous le faisons pour toute autre variable. Le coefficient de régression « non standardisé » –0,22 indique que les femmes ont un prestige professionnel plus faible que celui des hommes, lorsque que l'on contrôle l'effet du niveau d'instruction. La corrélation multiple au carré de 0,29 est due principalement à l'effet substantiel du niveau d'instruction sur le prestige professionnel. (Incidemment, si l'on avait inversé le codage de la variable « sexe », en codant les femmes 0 et les hommes 1, les signes + ou – des coefficients de corrélation d'ordre zéro et des coefficients de corrélation partielle auraient été inversés, mais la valeur

---

1.   Comme je l'ai souligné dans la section 10.8, les hommes sont codés 1 et les femmes 2 dans le GSS américain. Cela ne change rien à la logique des variables factices, seule change la grandeur des coefficients.

de ces coefficients serait demeurée la même. Les coefficients auraient alors indiqué l'effet d'être un homme sur le prestige lié à la profession.)

L'inclusion de variables indépendantes dichotomiques, même nominales, dans les analyses de régression et de corrélation est assez facile. La méthode est exactement la même que pour les autres variables. Mais les variables nominales qui ont plus de deux valeurs sont, elles, plus compliquées à manipuler. Elles doivent être transformées en *variables factices* avant d'être introduites dans le modèle de régression. Une variable factice n'a que deux valeurs, 0 et 1, 0 indiquant l'absence d'un attribut et 1 en indiquant la présence.

Les variables factices viennent en groupes de deux ou plus. Je vais vous montrer comment procéder en prenant pour exemple la variable « religion ». Voici les codes correspondant aux cinq valeurs de cette variable :

0	Protestant
1	Catholique
2	Juif
3	Aucune
4	Autre

Nous créons quatre variables factices qui contiennent l'information concernant la religion du répondant :

Variables factices	Code
Rel.Catho.	1 si Catholique 0 autrement
Rel.Juif	1 si Juif 0 autrement
Rel.Aucune	1 si aucune 0 autrement
Rel.Autre	1 si autre 0 autrement

Les catholiques seront codés 1 pour la variable Rel.Catho. et 0 pour les autres variables factices. Les juifs seront codés 1 seulement pour la variable Rel.Juif et 0 pour les autres variables. Même chose pour ceux qui se disent d'aucune religion ou d'autres religions : ils seront codés 1 pour la variable Rel.Aucune ou Rel.Autre, selon le cas, et 0 pour les autres variables. Remarquez qu'il ne nous faut que *quatre* variables factices pour contenir la totalité de l'information concernant *cinq* préférences religieuses car les répondants qui ont choisi la réponse « protestant » (la cinquième valeur) sont identifiés par le fait qu'ils sont codés 0 pour toutes les variables factices (il existe une raison technique qui préconise l'utilisation de la valeur modale – dans ce cas « protestant » – comme « valeur de référence » codée 0 pour toute les variables factices). En y réfléchissant un peu, vous comprendrez sans peine pourquoi nous utilisons toujours une variable factice de moins que le nombre de valeurs de la variable originale.

Comme pour les autres variables dichotomiques codées 0 et 1, la moyenne d'une variable factice correspond à la proportion des cas qui sont identifiés par la valeur 1. Pour la variable « religion » que nous avons transformée en variables factices plus haut, la moyenne de la variable factice Rel.Catho. correspond à la proportion de catholiques, la moyenne de Rel.Juif, à la proportion de juifs, etc. Nous pouvons ensuite nous servir de ces quatre variables factices à l'intérieur d'une analyse de corrélation et de régression. C'est-à-dire que l'on peut faire une régression de la relation entre la variable dépendante Y et les variables Rel.Catho., Rel.Juif, Rel.Aucune et Rel.Autre. Les coefficients pour chaque variable factice nous renseignent sur l'effet de cette caractéristique (par exemple, le fait d'être protestant) sur la variable dépendante. Dans la corrélation partielle, ces effets tiennent compte des autres variables de l'analyse.

De plus, si un groupe de variables factices est utilisé sans y ajouter d'autres variables indépendantes, l'intersection (ou la constante) et le coefficient de régression non standardisé décrivent les moyennes de la variable dépendante pour les catégories distinguées par les variables factices. L'intersection est la moyenne de la catégorie codée 0 pour toutes les variables factices. L'intersection ajoutée au coefficient de régression non standardisé d'une variable factice correspond à la moyenne de la variable dépendante pour la catégorie identifiée par cette variable factice. Le tableau 12.1 présente les coefficients pour la régression de la relation entre le niveau d'instruction et les variables factices pour la religion :

Tableau 12.1. Régression de la relation entre le niveau d'instruction et les variables factices pour la religion

Variable	b	Bêta	Moyenne de l'instruction
Rel.Catho.	0,410	0,059	13,510
Rel.Juif	2,268	0,117	15,368
Rel.Autre	1,361	0,100	14,461
Rel.Aucune	0,419	0,046	13,519
Constante	13,100		13,100

$R^2 = 0,02$; $F(3,2887) = 17,309$; $p < 0,001$

Les moyennes ne sont d'habitude pas présentées dans un tableau de résultat de régression tel que celui-ci. Je les ai cependant mises dans la colonne de droite du tableau pour que vous puissiez voir que la moyenne de l'instruction pour chaque groupe religieux est égale à l'intersection additionnée au coefficient de régression non standardisé de la variable factice de ce groupe. La dernière moyenne – 13,100 – est la moyenne pour les protestants, et elle est égale à l'intersection ou constante. Pour ce qui est de la substance, cette régression montre les effets relatifs plus importants des identités religieuses juives et autres sur le niveau d'instruction. Dans l'ensemble, la relation entre la religion et le niveau d'instruction est relativement faible même si elle statistiquement significative. Le R^2 de 0,02 indique que ce groupe de variables factices explique environ 2 % de la variation du nombre d'années d'instruction.

Une fois de plus, nous voyons que les statistiques constituent un réseau d'idées et de techniques interreliées. Les sommes de carrés réapparaissent dans ce chapitre où la régression rejoint l'analyse de variance et où les coefficients de régression et les intersections décrivent les moyennes. La grâce et l'élégance des statistiques tout comme leur rigueur et leur force découlent de ces interconnexions.

12.6 Résumé du chapitre 12

Voici ce que nous avons appris dans ce chapitre :

- La régression multiple approfondit le modèle de la régression bivariée afin d'y inclure des variables indépendantes additionnelles.

- Avec deux variables indépendantes ou plus, le modèle de régression multiple postule que les variables sont des variables d'intervalles ou de proportion, que les relations sont linéaires, que les effets sont additifs (c'est-à-dire sans interaction), et enfin que les variables indépendantes ne sont pas corrélées entre elles.

- Un coefficient de corrélation multiple apprécie l'intensité de la relation entre une variable dépendante et un ensemble de variables indépendantes.

- Le carré du coefficient de corrélation multiple est la proportion de la variation de la variable dépendante qui est expliquée par l'ensemble des variables indépendantes lorsqu'on les considère simultanément.

- Le coefficient bêta décrit le changement en écarts-types de la variable dépendante associé à une augmentation d'un écart-type de la variable indépendante, en contrôlant les effets des autres variables indépendantes.

- Les tests de signification statistique pour les coefficients de corrélation multiples supposent un échantillonnage aléatoire, le caractère normal de la distribution de la variable dépendante à l'intérieur de chacune des valeurs des variables indépendantes, et l'égalité des variances de la variable dépendante à l'intérieur de chacune des valeurs des variables indépendantes.

- Des variables nominales peuvent être intégrées à une analyse de régression et de corrélation à condition qu'elles soient converties en variables factices.

- L'intersection et les coefficients de régression non standardisés des variables factices décrivent les moyennes de la variable dépendante à l'intérieur des catégories distinguées par les variables factices.

Principaux concepts et procédures

Termes et idées

modèle de régression multiple
équation de régression multiple
coefficients de régression non standardisés
interaction statistique
multicolinéarité
coefficient de corrélation multiple
coefficient bêta
variable factice

Symboles

Y'

b_1

b_2

$R^2_{Y \cdot 12 \ldots}$

$\beta_{Y1 \cdot 2 \ldots}$

Formules

$$Y' = a + b_1 X_1 + b_2 X_2 \qquad\qquad F = \left(\frac{R^2}{1-R^2}\right)\left(\frac{N-k-1}{k}\right)$$

$$R^2 = \frac{\text{Somme des carrés de la régression}}{\text{Somme totale des carrés}} \qquad \beta_{Y1\bullet2} = \frac{r_{Y1} - r_{Y2}r_{12}}{1 - r_{12}^2}$$

$$F = \frac{\text{Somme des carrés moyenne de la régression}}{\text{Somme des carrés moyenne des résidus}} \qquad \beta_{Y1\bullet2} = \frac{r_{Y2} - r_{Y1}r_{21}}{1 - r_{21}^2}$$

RAPPORT D'ANALYSE N° 8
RÉGRESSION ET CORRÉLATION MULTIPLE

Comme pour les autres analyses multivariées, les rapports de régressions et de corrélations multiples commencent par une description univariée des variables et peut-être aussi une description des relations bivariées qui existent entre elles. Dans ce rapport, j'ai éliminé la description univariée et réduit de beaucoup l'analyse bivariée pour me concentrer sur les résultats de l'analyse multivariée.

Les abus envers les enfants constituent un problème complexe qui a plusieurs sources. Les conditions économiques peuvent influencer les abus envers les enfants, le niveau d'instruction aussi. On peut également penser à la structure familiale et à l'anomie. Avec des données sur les 50 États américains, j'ai évalué les effets possibles de certaines variables sociales en effectuant une régression de la relation entre le taux d'abus envers les enfants et le taux de décrochage scolaire, le taux de chômage, le pourcentage d'appartenance à une église, et le pourcentage de familles monoparentales avec père. Le taux d'abus envers les enfants correspond au nombre d'enfants abusés par 1000 enfants. Les cas qui ont des données manquantes sont supprimés, nous laissant avec un N de 48 pour l'ensemble de l'analyse.

Le tableau 1 présente les intercorrélations entre les variables. L'abus envers les enfants présente des corrélations modestes et statistiquement non significatives avec les variables indépendantes allant de 0,17 à 0,30. Les relations entre les variables indépendantes sont généralement faibles et statistiquement non significatives à l'exception des corrélations relativement fortes entre le décrochage scolaire et le taux de chômage (0,56) et entre l'appartenance à une église et le pourcentage de familles monoparentales avec père (–0,59).

TABLEAU 1 ICI

La régression multiple de la relation entre le taux d'abus envers les enfants et cinq variables indépendantes indique le bêta le plus important pour les familles monoparentales avec père (bêta = 0,247). Le bêta associé avec le taux de décrochage scolaire a également un effet respectable (bêta = 0,117). Ces deux bêtas ne sont toutefois pas significatifs au seuil de 0,05 et les bêtas pour le taux de chômage et l'appartenance à une église (respectivement 0,86 et – 0,040) indiquent un effet négligeable pour ces deux variables. Les quatre variables prises ensemble expliquent 12 % de la variation du taux d'abus envers les enfants. Le $F(4,43) = 1,459$ de cette régression multiple n'est pas statistiquement significatif.

TABLEAU 2 ICI

Inclure les tableaux 1 et 2 à la fin du rapport :

Tableau 1.   Corrélations (r) entre l'abus envers les enfants et des variables indépendantes

Variable	Abus envers les enfants	Taux de décrochage	Taux de chômage	Appartenance à une église	% Familles monoparentales avec père
Taux d'abus envers les enfants	1,00	0,20	0,17	–0,18	0,30*
Taux de décrochage scolaire		1,00	0,56**	0,01	0,16
Taux de chômage			1,00	0,00	0,08
Appartenance à une église				1,00	–0,59**
% Familles monoparentales avec père					1,00

*p < 0,05 ; **p < 0,01

Tableau 2.   Régression de la relation entre l'abus envers les enfants et des variables socio-économiques

Variable	b	Bêta
Taux de décrochage scolaire	0,115	0,117
Taux de chômage	0,468	0,086
Appartenance à une église	–0,025	–0,040
% Familles monoparentales avec père	5,873	0,247
Constante	3,518	

$R^2 = 0,12$; $F(4,43) = 1,459$; n.s.

Appendices
Tableaux statistiques

TABLEAU 1
La distribution du chi-carré

TABLEAU 2
La distribution du t

TABLEAU 3
La distribution du F

TABLEAU 1 : LA DISTRIBUTION DU CHI-CARRÉ

Probabilité

dl	0,05	0,02	0,01	0,001
1	3,841	5,412	6,635	10,827
2	5,991	7,824	9,210	13,815
3	7,815	9,837	11,345	16,266
4	9,488	11,668	13,277	18,467
5	11,070	13,388	15,086	20,515
6	12,592	15,033	16,812	22,457
7	14,067	16,622	18,475	24,322
8	15,507	18,168	20,090	26,125
9	16,919	19,679	21,666	27,877
10	18,307	21,161	23,209	29,588
11	19,675	22,618	24,725	31,264
12	21,026	24,054	26,217	32,909
13	22,362	25,472	27,688	34,528
14	23,685	26,873	29,141	36,123
15	24,996	28,259	30,578	37,697
16	26,296	29,633	32,000	39,252
17	27,587	30,995	33,409	40,790
18	28,869	32,346	34,805	42,312
19	30,144	33,687	36,191	43,820
20	31,410	35,020	37,566	45,315
21	32,671	36,343	38,932	46,797
22	33,924	37,659	40,289	48,268
23	35,172	38,968	41,638	49,728
24	36,415	40,270	42,980	51,179
25	37,652	41,566	44,314	52,620
26	38,885	42,856	45,642	54,052
27	40,113	44,140	46,963	55,476
28	41,337	45,419	48,278	56,893
29	42,557	46,693	49,588	58,302
30	43,773	47,962	50,892	59,703

Source : Adapté du tableau IV de Fisher et Yates, *Statistical Tables for Biological, Agricultural and Medical Research*, publié par Longman Group UK Ltd., 1974. Avec la permission des auteurs et éditeurs.

TABLEAU 2 : LA DISTRIBUTION DU t

Seuil de signification pour un test unilatéral

	0,10	0,05	0,025	0,01	0,005	0,0005
	Seuil de signification pour un test bilatéral					
	0,20	0,10	0,05	0,02	0,01	0,001
1	3,078	6,314	12,706	31,821	63,657	636,619
2	1,886	2,920	4,303	6,965	9,925	31,598
3	1,638	2,353	3,182	4,451	5,841	12,941
4	1,533	2,132	2,776	3,747	4,604	8,610
5	1,476	2,015	2,571	3,365	4,032	6,859
6	1,440	1,943	2,447	3,143	3,707	5,959
7	1,415	1,895	2,365	2,998	3,499	5,405
8	1,397	1,860	2,306	2,896	3,355	5,041
9	1,383	1,833	2,262	2,821	3,250	4,781
10	1,372	1,812	2,228	2,764	3,169	4,587
11	1,363	1,796	2,201	2,718	3,106	4,437
12	1,356	1,782	2,179	2,681	3,055	4,318
13	1,350	1,771	2,160	2,650	3,012	4,221
14	1,345	1,761	2,145	2,624	2,977	4,140
15	1,341	1,753	2,131	2,602	2,947	4,073
16	1,337	1,746	2,120	2,583	2,921	4,015
17	1,333	1,740	2,110	2,567	2,898	3,965
18	1,330	1,734	2,101	2,552	2,878	3,922
19	1,328	1,729	2,093	2,539	2,861	3,883
20	1,325	1,725	2,086	2,528	2,845	3,850
21	1,323	1,721	2,080	2,518	2,831	3,819
22	1,321	1,717	2,074	2,508	2,819	3,792
23	1,319	1,714	2,069	2,500	2,807	3,767
24	1,318	1,711	2,064	2,492	2,797	3,745
25	1,316	1,708	2,060	2,485	2,787	3,725
26	1,315	1,706	2,556	2,479	2,779	3,707
27	1,314	1,703	2,052	2,473	2,771	3,690
28	1,313	1,701	2,048	2,467	2,763	3,674
29	1,311	1,699	2,045	2,462	2,756	3,659
30	1,310	1,697	2,042	2,457	2,750	3,646
40	1,303	1,684	2,021	2,423	2,704	3,551
60	1,296	1,671	2,000	2,390	2,660	3,460
120	1,289	1,658	1,980	2,358	2,617	3,373
∞	1,282	1,645	1,960	2,326	2,576	3,291

Source : Adapté du tableau III de Fisher et Yates, *Statistical Tables for Biological, Agricultural and Medical Research*, publié par Longman Group UK Ltd., 1974. Avec la permission des auteurs et éditeurs.

TABLEAU 3A : LA DISTRIBUTION DU F

p = 0,05

N_2\N_1	1	2	3	4	5	6	8	12	24	∞
1	161,4	199,5	215,7	224,6	230,2	234,0	238,9	243,9	249,0	254,3
2	18,51	19,00	19,16	19,25	19,30	19,33	19,37	19,41	19,45	19,50
3	10,13	9,55	9,28	9,12	9,01	8,94	8,84	8,74	8,64	8,53
4	7,71	6,94	6,59	6,39	6,26	6,16	6,04	5,91	5,77	5,63
5	6,61	5,79	5,41	5,19	5,05	4,95	4,82	4,68	4,53	4,36
6	5,99	5,14	4,76	4,53	4,39	4,28	4,15	4,00	3,84	3,67
7	5,59	4,74	4,35	4,12	3,97	3,87	3,73	3,57	3,41	3,23
8	5,32	4,46	4,07	3,84	3,69	3,58	3,44	3,28	3,12	2,93
9	5,12	4,26	3,86	3,63	3,48	3,37	3,23	3,07	2,90	2,71
10	4,96	4,10	3,71	3,48	3,33	3,22	3,07	2,91	2,74	2,54
11	4,84	3,98	3,59	3,36	3,20	3,09	2,95	2,79	2,61	2,40
12	4,75	3,88	3,49	3,26	3,11	3,00	2,85	2,69	2,50	2,30
13	4,67	3,80	3,41	3,18	3,02	2,92	2,77	2,60	2,42	2,21
14	4,60	3,74	3,34	3,11	2,96	2,85	2,70	2,53	2,35	2,13
15	4,54	3,68	3,29	3,06	2,90	2,79	2,64	2,48	2,29	2,07
16	4,49	3,63	3,24	3,01	2,85	2,74	2,59	2,42	2,24	2,01
17	4,45	3,59	3,20	2,96	2,81	2,70	2,55	2,38	2,19	1,96
18	4,41	3,55	3,16	2,93	2,77	2,66	2,51	2,34	2,15	1,92
19	4,38	3,52	3,13	2,90	2,74	2,63	2,48	2,31	2,11	1,88
20	4,35	3,49	3,10	2,87	2,71	2,60	2,45	2,28	2,08	1,84
21	4,32	3,47	3,07	2,84	2,68	2,57	2,42	2,25	2,05	1,81
22	4,30	3,44	3,05	2,82	2,66	2,55	2,40	2,23	2,03	1,78
23	4,28	3,42	3,03	2,80	2,64	2,53	2,38	2,20	2,00	1,76
24	4,26	3,40	3,01	2,78	2,62	2,51	2,36	2,18	1,98	1,73
25	4,24	3,38	2,99	2,76	2,60	2,49	2,34	2,16	1,96	1,71
26	4,22	3,37	2,98	2,74	2,59	2,47	2,32	2,15	1,95	1,69
27	4,21	3,35	2,96	2,73	2,57	2,46	2,30	2,13	1,93	1,67
28	4,20	3,34	2,95	2,71	2,56	2,44	2,29	2,12	1,91	1,65
29	4,18	3,33	2,93	2,70	2,54	2,43	2,28	2,10	1,90	1,64
30	4,17	3,32	2,92	2,69	2,53	2,42	2,27	2,09	1,89	1,62
40	4,08	3,23	2,84	2,61	2,45	2,34	2,18	2,00	1,79	1,51
60	4,00	3,15	2,76	2,52	5,37	2,25	2,10	1,92	1,70	1,39
120	3,92	3,07	2,68	2,45	2,29	2,17	2,02	1,83	1,61	1,25
∞	3,84	2,99	2,60	2,37	2,21	2,10	1,94	1,75	1,52	1,00

Les valeurs de N_1 et N_2 sont respectivement les degrés de liberté associés aux estimations de variances les plus grandes et les plus petites.

Source: Adapté du tableau IV de Fisher et Yates, *Statistical Tables for Biological, Agricultural and Medical Research*, publié par Longman Group UK Ltd., 1974. Avec la permission des auteurs et éditeurs.

TABLEAU 3B : LA DISTRIBUTION DU *F* (suite)

p = 0,01

N_2\N_1	1	2	3	4	5	6	8	12	24	∞
1	4052	4999	5403	5625	5764	5859	5982	6106	6234	6336
2	98,50	99,00	99,17	99,25	99,30	99,33	99,37	99,42	99,46	99,50
3	34,12	30,82	29,46	28,71	28,24	27,91	27,49	27,05	26,60	26,12
4	21,20	18,00	16,69	15,98	15,52	15,21	14,80	14,37	13,93	13,46
5	16,26	13,27	12,06	11,39	10,97	10,67	10,29	9,89	9,47	9,02
6	13,74	10,92	9,78	9,15	8,75	8,47	8,10	7,72	7,31	6,88
7	12,25	9,55	8,45	7,85	7,46	7,19	6,84	6,47	6,07	5,65
8	11,26	8,65	7,59	7,01	6,63	6,37	6,03	5,67	5,28	4,86
9	10,56	8,02	6,99	6,42	6,06	5,80	5,47	5,11	4,73	4,31
10	10,04	7,56	6,55	5,99	5,64	5,39	5,06	4,71	4,33	3,91
11	9,65	7,20	6,22	5,67	5,32	5,07	4,74	4,40	4,02	3,60
12	9,33	6,93	5,95	5,41	5,06	4,82	4,50	4,16	3,78	3,36
13	9,07	6,70	5,74	5,20	4,86	4,62	4,30	3,96	3,59	3,16
14	8,86	6,51	5,56	5,03	4,69	4,46	4,14	3,80	3,43	3,00
15	8,68	6,36	5,42	4,89	4,56	4,32	4,00	3,67	3,29	2,87
16	8,53	6,23	5,29	4,77	4,44	4,20	3,89	3,55	3,18	2,75
17	8,40	6,11	5,18	4,67	4,34	4,10	3,79	3,45	3,08	2,65
18	8,28	6,01	5,09	4,58	4,25	4,01	3,71	3,37	3,00	2,57
19	8,18	5,93	5,01	4,50	4,17	3,94	3,63	3,30	2,92	2,49
20	8,10	5,85	4,94	4,43	4,10	3,87	3,56	3,23	2,86	2,42
21	8,02	5,78	4,87	4,37	4,04	3,81	3,51	3,17	2,80	2,36
22	7,94	5,72	4,82	4,31	3,99	3,76	3,45	3,12	2,75	2,31
23	7,88	5,66	4,76	4,26	3,94	3,71	3,41	3,07	2,70	2,26
24	7,82	5,61	4,72	4,22	3,90	3,67	3,36	3,03	2,66	2,21
25	7,77	5,57	4,68	4,18	3,86	3,63	3,32	2,99	2,62	2,17
26	7,72	5,53	4,64	4,14	3,82	3,59	3,29	2,96	2,58	2,13
27	7,68	5,49	4,60	4,11	3,78	3,56	3,26	2,93	2,55	2,10
28	7,64	5,45	4,57	4,07	3,75	3,53	3,23	2,90	2,52	2,06
29	7,60	5,42	4,54	4,04	3,73	3,50	3,20	2,87	2,49	2,03
30	7,56	5,39	4,51	4,02	3,70	3,47	3,17	2,84	2,47	2,01
40	7,31	5,18	4,31	3,83	3,51	3,29	2,99	2,66	2,29	1,80
60	7,08	4,98	4,13	3,65	3,34	3,12	2,82	2,50	2,12	1,60
120	6,85	4,79	3,95	3,48	3,17	2,96	2,66	2,34	1,95	1,38
∞	6,64	4,60	3,78	3,32	3,02	2,80	2,51	2,18	1,79	1,00

Les valeurs de N_1 et N_2 sont respectivement les degrés de liberté associés aux estimations de variances les plus grandes et les plus petites.

TABLEAU 3C: LA DISTRIBUTION DU *F* (suite)

p = 0,001

N₂\N₁	1	2	3	4	5	6	8	12	24	∞
1	405284	500000	540379	562500	576405	585937	598144	610667	623497	636619
2	998,5	999,0	999,2	999,2	999,3	999,3	999,4	999,4	999,5	999,5
3	167,0	148,5	141,1	137,1	134,6	132,8	130,6	128,3	125,9	123,5
4	74,14	61,25	56,18	53,44	51,71	50,53	49,00	47,41	45,77	44,05
5	47,18	37,12	33,20	31,09	29,75	28,84	27,64	26,42	25,14	23,78
6	35,51	27,00	23,70	21,92	20,81	20,03	19,03	17,99	16,89	15,75
7	29,25	21,69	18,77	17,19	16,21	15,52	14,63	13,71	12,73	11,69
8	25,42	18,49	15,83	14,39	13,49	12,86	12,04	11,19	10,30	9,34
9	22,86	16,39	13,90	12,56	11,71	11,13	10,37	9,57	8,72	7,81
10	21,04	14,91	12,55	11,28	10,48	9,92	9,20	8,45	7,64	6,76
11	19,69	13,81	11,56	10,35	9,58	9,05	8,35	7,63	6,85	6,00
12	18,64	12,97	10,80	9,63	8,89	8,38	7,71	7,00	6,25	5,42
13	17,81	12,31	10,21	9,07	8,35	7,86	7,21	6,52	5,78	4,97
14	17,14	11,78	9,73	8,62	7,92	7,43	6,80	6,13	5,41	4,60
15	16,59	11,34	9,34	8,25	7,57	7,09	6,47	5,81	5,10	4,31
16	16,12	10,97	9,00	7,94	7,27	6,81	6,19	5,55	4,85	4,06
17	15,72	10,66	8,73	7,68	7,02	6,56	5,96	5,32	4,63	3,85
18	15,38	10,39	8,49	7,46	6,81	6,35	5,76	5,13	4,45	3,67
19	15,08	10,16	8,28	7,26	6,62	6,18	5,59	4,97	4,29	3,52
20	14,82	9,95	8,10	7,10	6,46	6,02	5,44	4,82	4,15	3,38
21	14,59	9,77	7,94	6,95	6,32	5,88	5,31	4,70	4,03	3,26
22	14,38	9,61	7,80	6,81	6,19	5,76	5,19	4,58	3,92	3,15
23	14,19	9,47	7,67	6,69	6,08	5,65	5,09	4,48	3,82	3,05
24	14,03	9,34	7,55	6,59	5,98	5,55	4,99	4,39	3,74	2,97
25	13,88	9,22	7,45	6,49	5,88	5,46	4,91	4,31	3,66	4,89
26	13,74	9,12	7,36	6,41	5,80	5,38	4,83	4,24	3,59	2,82
27	13,61	9,02	7,27	6,33	5,73	5,31	4,76	4,17	3,52	2,75
28	13,50	8,93	7,19	6,25	5,66	5,24	4,69	4,11	3,46	2,70
29	13,39	8,85	7,12	6,19	5,59	5,18	4,64	4,05	3,41	2,64
30	13,29	8,77	7,05	6,12	5,53	5,12	4,58	4,00	3,36	2,59
40	12,61	8,25	6,60	5,70	5,13	4,73	4,21	3,64	3,01	2,23
60	11,97	7,76	6,17	5,31	4,76	4,37	3,87	3,31	2,69	1,90
120	11,38	7,32	5,79	4,95	4,42	4,04	3,55	3,02	2,40	1,54
∞	10,83	6,91	5,42	4,62	4,10	3,74	3,27	2,74	2,13	1,00

Les valeurs de N₁ et N₂ sont respectivement les degrés de liberté associés aux estimations de variances les plus grandes et les plus petites.

Glossaire

Analyse bivariée

Analyse d'une relation entre deux variables.

Analyse de tableau bivarié

Analyse de l'association entre deux variables qui compare les distributions de pourcentages.

Analyse de variance (ANOVA)

Technique bivariée examinant des différences entre des moyennes.

Analyse de variance à une variable indépendante

Analyse de variance impliquant une seule variable indépendante.

Analyse de variance à deux variables indépendantes

Analyse de variance impliquant deux variables indépendantes.

Analyse factorielle

Technique statistique identifiant une structure sous-jacente aux corrélations entre des variables.

Analyse multivariée

Analyse simultanée de données provenant de trois variables ou plus.

Analyse tabulaire

Analyse de l'association entre des variables par comparaison de distributions de pourcentages.

Analyse univariée

Analyse de données portant sur une seule variable.

Association

Relation entre deux variables.

Axe des X

L'axe horizontal, réservé d'ordinaire à la variable indépendante.

Axe des Y

L'axe vertical, réservé d'ordinaire à la variable dépendante.

Banque de donnée

Données classées de façon systématique.

C (coefficient de contingence de Pearson)

Mesure d'association symétrique reposant sur le chi-carré qui convient à des variables nominales.

Carte à aires

Carte présentant la distribution spatiale d'une variable écologique.

Carte à taches

Carte présentant la distribution spatiale d'une variable écologique au moyen de points dont la taille indique l'importance des scores des unités géographiques.

Cas

Unité d'observation (personne, pays, firmes, groupes, ménages, provinces, villes, etc.) à propos de laquelle on collige des informations en vue d'une analyse statistique. Dans une matrice de données, les cas correspondent aux lignes, les variables aux colonnes.

Cas déviant

Cas dont le score d'une variable d'intervalles/ratio est anormalement élevé ou anormalement bas.

Chi-carré (χ^2)

Statistique qui compare les fréquences observées à l'intérieur d'un tableau bivarié aux fréquences auxquelles on devrait s'attendre s'il n'y avait aucune relation entre les variables. Utilisé comme test de signification statistique et comme base pour certaines mesures d'association d'analyse tabulaire.

Codes

Symboles (le plus souvent numériques) qui indiquent les scores des variables d'un cas.

Coefficient bêta (coefficient standardisé de régression)

Le changement d'écarts-types de la variable dépendante associé à une augmentation d'un écart-type de la variable indépendante, tout en contrôlant l'effet des autres variables indépendantes. Équivalent au coefficient standardisé de régression.

Coefficient de corrélation (r)

Mesure d'association indiquant l'intensité et la direction de la relation entre deux variables d'intervalles/ratio ; mesure résumant à quel point les cas s'agglomèrent près de la droite de régression.

Coefficient de corrélation multiple

Mesure de l'intensité des effets combinés de deux variables indépendantes ou plus sur une variable dépendante.

Constante (intersection)

Dans une régression, valeur de la variable dépendante à laquelle la droite ou le plan de régression croise l'axe des Y.

Corrélation d'ordre zéro

Coefficient de corrélation bivariée.

Décimales significatives

Décimales sur lesquelles on peut se fier (dans les pourcentages et les mesures d'association).

Degrés de liberté (dl)

Nombre de scores ou de fréquences qui peuvent varier sans contrainte dans un calcul statistique ; utilisés, entre autres, dans les test de signification statistique du chi-carré et du ratio F.

Diagonale principale

Diagonale d'un tableau qui va du coin inférieur gauche au coin supérieur droit.

Diagonale secondaire

Diagonale d'un tableau qui va du coin supérieur gauche au coin inférieur droit.

Diagramme circulaire

Représentation graphique de la distribution d'une variable, illustrant par des segments d'arc les fréquences ou les pourcentages.

Diagramme de dispersion

Représentation graphique de la relation entre deux variables d'intervalles/ratio.

Diagramme en bâtons

Diagramme de la distribution d'une variable indiquant les fréquences relatives ou les pourcentages au moyen de bâtons de hauteur variable.

Diagramme en bâtons divisés

Diagramme en bâtons bivarié dans lequel on représente les fréquences ou les pourcentages des catégories de la variable dépendante par la longueur des segments des bâtons associés aux catégories de la variable indépendante.

Diagramme en boîtes et moustaches

Représentation graphique des distributions des scores de la variable dépendante à l'intérieur des catégories de la variable indépendante.

Distribution bimodale

Distribution dans laquelle deux valeurs dominent les autres en termes de fréquence (c'est-à-dire une distribution à deux modes).

Distribution d'échantillonnage

Distribution d'une quelconque statistique pour tous les échantillons d'une taille donnée qu'il est possible de tirer d'une population précise.

Distribution de fréquences

Tableau rapportant le nombre de cas associés à chacune des valeurs d'une variable nominale ou ordinale ou à chacune des combinaisons de plusieurs variables.

Distributions marginales

Totaux des colonnes et des rangées dans un tableau de fréquences.

Distribution normale

Au sens mathématique, une distribution en forme de cloche dans laquelle une proportion connue des scores se situe entre la moyenne et un nombre donné d'écarts-types.

Distribution unimodale

Distribution dans laquelle une seule valeur domine les autres en fréquence (c'est-à-dire une distribution à un seul mode).

Données

Enregistrement d'observations.

Données agrégées ou variables agrégées

Données ou variables portant sur des regroupements d'unités individuelles.

Données brutes

Observations initiales ou scores d'une banque de données.

Données ou variables écologiques

Données ou variables agrégées selon une unité spatiale ou géographique, comme un district urbain, un État ou un pays.

Données manquantes

Valeurs d'une variable qui ne fournissent pas d'information utile à l'analyse. Habituellement, les valeurs telles que «Ne sais pas», «Pas d'opinion», «Refus de répondre», «Pas de réponse», «Non applicable» et «Incertain».

Droite de régression (droite des moindres carrés)

Droite qui résume un nuage de points en minimisant la somme des carrés des résidus.

D_{yx} et D_{xy} de Somers

Mesures asymétriques d'association qui tiennent compte des cas d'égalité et qui conviennent à des variables ordinales.

Écart-type (s ou σ)

Mesure de variation des scores ; racine carrée de la variance (voir Variance).

Échantillon

Ensemble de cas tirés d'une population plus vaste (voir Population).

Élaboration

Processus d'introduction de variables-contrôles (antécédentes ou intermédiaires) dans une relation.

Élaboration de tableau

Processus d'introduction de variables-contrôles dans une analyse de tableau.

Équation de régression

Expression mathématique qui décrit une droite de régression.

Équation linéaire

Équation qui permet trouver la meilleure ligne droite ou le meilleur plan pour décrire la relation entre deux ou trois variables.

Équation de régression multiple

Expression mathématique décrivant la relation entre une variable dépendante et deux variables indépendantes ou plus.

Erreur alpha

Voir erreur de type I.

Erreur bêta

Voir erreur de type II.

Erreur-type

L'écart-type d'une distribution d'échantillonnage.

Erreur de type I

Rejeter une hypothèse nulle qui est vraie.

Erreur de type II

Ne pas rejeter une hypothèse nulle qui est fausse.

E² (êta-carré)

Mesure non linéaire d'association qui indique la proportion de la variation dans une variable dépendante d'intervalles/ratio qui est expliquée par une variable indépendante dont les valeurs sont des catégories.

Exclusion de données manquantes « en liste »

Exclusion des cas qui ont des données manquantes pour n'importe laquelle des variables impliquées dans l'analyse, même si les données manquantes n'ont pas de lien avec les statistiques que l'on veut calculer.

Exclusion de données manquantes « en paires »

Exclusion des cas qui ont des données manquantes pour une variable impliquée directement dans le calcul d'une statistique.

Exclusivité mutuelle

Condition selon laquelle on attribue une seule valeur à chaque cas dans une variable (pas de chevauchement d'une valeur à l'autre).

Exhaustivité collective

Condition selon laquelle l'ensemble des valeurs d'une variable inclut la totalité des cas possibles.

Explication

Démonstration du caractère fallacieux d'une association bivariée (c'est-à-dire de l'existence d'une variable antécédente).

f (fréquence)

Nombre de cas ayant une valeur donnée pour une variable.

F (ratio F)

Statistique égale au ratio de la variance entre les groupes sur la variance à l'intérieur des groupes. Utilisé lors des tests de signification statistique.

f_a (fréquence anticipée)

Nombre de cas que l'on s'attendrait à trouver dans une cellule précise si les deux variables n'étaient pas liées.

f_o (fréquence observée)

Nombre de cas d'une cellule.

Fichier de données

Banque de données conservée de façon à pouvoir être lue par un ordinateur.

Fréquences combinées

Nombre de cas ayant telle combinaison de scores pour deux variables ou plus dans un tableau.

Fréquence cumulative (F)

Nombre de scores qui sont égaux ou inférieurs à une valeur donnée.

Fréquence de cellule
Dans un tableau, nombre indiquant le nombre de cas ayant tel score pour une variable ou telle combinaison de scores pour plusieurs variables.

Gamma (G ou γ)
Mesure d'association RPE symétrique convenant à des variables ordinales.

Gamma partiel (G_p)
Mesure d'association convenant à des variables ordinales dans une analyse tabulaire multivariée.

General Social Survey
Sondage national américain mené annuellement depuis 1972 par le National Opinion Research Center.

Histogramme
Type de diagramme en bâtons avec des barres contiguës pour les variables continues.

Homoscédasticité
Caractère d'un échantillon ou d'une population dont les distributions de la variable dépendante à l'intérieur des catégories de la variable indépendante sont de variance égale.

Hypothèse de recherche
Prévision concernant la relation entre deux variables.

Hypothèse nulle (H_0)
Supposition voulant qu'il n'y ait pas de relation entre les variables dans une population.

Interaction statistique
Condition selon laquelle l'effet combiné de deux variables n'équivaut pas à la somme de leurs effets individuels.

Intersection (constante)
Dans une régression, valeur de la variable dépendante à laquelle la droite ou le plan de régression croise l'axe des Y.

Interprétation
Démonstration qu'une variable intermédiaire relie une variable indépendante à une variable dépendante.

Intervalle de confiance

Étendue des valeurs d'une statistique d'échantillon à l'intérieur de laquelle se trouve, selon une probabilité précise, le paramètre d'une population.

Jeu

Après la réflexion, l'aspect le plus important de l'analyse statistique.

Kurtose

Escarpement d'une distribution.

Lambda (λ)

Mesure d'association RPE asymétrique convenant à des variables nominales.

Matrice de corrélation

Tableau présentant des coefficients de corrélation.

Médiane (Md)

Valeur qui divise en deux moitiés un ensemble ordonné de scores.

Mesure

Processus par lequel on trouve les scores des cas pour une variable.

Mesure d'association

Statistique résumant l'intensité (et parfois la direction) d'une relation.

Mesure d'association asymétrique

Mesure de l'intensité d'une relation qui distingue la variable dépendante de la variable indépendante.

Mesure d'association symétrique

Mesure d'association qui ne varie pas en fonction du choix d'une variable comme variable indépendante ou dépendante. Une mesure symétrique d'association mesure l'intensité d'une relation sans distinguer quelle variable est dépendante ou indépendante.

Mesure de tendance centrale

Valeur typique ou représentative d'une ensemble de scores (voir Moyenne, Médiane et Mode).

Mesure de variation

Résumé du degré de dispersion des cas (voir Variance et Écart-type).

Mode (Mo)

Mesure de tendance centrale qui correspond au score dont la fréquence est la plus élevée pour une variable donnée.

Moyenne ($\overline{X}$ ou μ)

Mesure de tendance centrale qui est égale au quotient de la somme des scores par le nombre de cas.

Multicolinéarité

Situation dans laquelle il existe de fortes corrélations entre les variables indépendantes.

N

Nombre de cas dans une analyse.

Niveau de mesure

Classification des façons dont les variables peuvent être mesurées (c'est-à-dire variable nominale, variable ordinale, variable d'intervalles, variable de ratio ou de proportion).

Niveau de signification

Probabilité de retrouver une relation donnée dans les données d'un échantillon par simple chance, en dépit de l'absence de relation dans la population (voir Seuil alpha).

Ordre zéro

Caractère d'une relation bivariée (c'est-à-dire sans variable de contrôle).

Paramètre

Caractéristique d'une population (voir Statistique).

ϕ (Phi)

Mesure d'association nominale reposant sur le chi-carré, que l'on calcule pour des tableaux de 2 par c ou de r par 2 ; équivalent du V pour des tableaux de 2 par 2.

Population

Ensemble de cas duquel est tiré un échantillon et auquel les chercheurs veulent généraliser leurs conclusions (voir Échantillon).

Pourcentage

Fréquence normalisée supposant un nombre total de cas de 100.

Pourcentage cumulatif

Pourcentage de scores qui sont égaux ou inférieurs à une valeur donnée.

Produit croisé

Produit des écarts entre les scores et la moyenne.

r (Coefficient de corrélation de Pearson)

Mesure d'association convenant à des relations entre deux variables d'intervalles/ratio.

r^2 (Coefficient de détermination)

Proportion de la variation des scores d'une variable dépendante qui est expliquée par une variable indépendante.

R (Coefficient de corrélation multiple)

Mesure d'association de la relation entre une variable dépendante et deux variables indépendantes ou plus.

R^2 (Coefficient de détermination multiple)

Proportion de la variation d'une variable dépendante qui est expliquée par un ensemble de deux variables indépendantes ou plus.

Réduction proportionnelle de l'erreur (RPE, mesure de)

Mesure d'association qui indique la proportion dans laquelle les erreurs de prédiction des scores de la variable dépendante sont réduites dès que sont connus les scores de la variable indépendante.

Réflexion

Avec le jeu, l'aspect le plus important de l'analyse statistique... et de presque tout d'ailleurs.

Régression linéaire

Réduction de la relation entre des variables à une droite ou un plan présentant le meilleur ajustement.

Relation causale

Relation entre deux variables qui remplit les conditions de la causalité : respect de l'ordre temporel, association, absence de relation fallacieuse.

Relation curvilinéaire
Relation entre deux variables ordinales ou d'intervalles/ratio qui change de direction.

Relation fallacieuse
Association statistique qui n'est pas une relation causale mais plutôt une relation qui est due à une variable antécédente (ou à quelques variables antécédentes).

Relation négative
Relation dans laquelle les scores les plus élevés d'une variable correspondent aux scores les plus faibles de l'autre variable.

Relation positive
Relation dans laquelle les scores les plus élevés d'une variable correspondent au scores les plus élevés de l'autre variable.

Relation véritable
Relation causale qui n'est pas expliquée par l'effet d'une variable antécédente.

Reproduction
Démonstration qu'une relation bivariée n'est pas sensiblement affectée par les variables antécédentes dont on choisit de contrôler l'effet.

Résidu
Erreur de prédiction d'un score de la variable dépendante à partir du score de la variable indépendante.

RPE (mesure de)
Voir Réduction proportionnelle de l'erreur.

Score
Valeur attribué à un cas pour une variable.

Score-Z (score standardisé)
Score transformé sur la base du nombre d'écarts-types par rapport à la moyenne.

Seuil alpha (niveau alpha)
La probabilité de rejeter une hypothèse nulle vraie. Appelé aussi le seuil de signification ou le niveau de signification (voir Niveau de signification).

Somme des carrés

Mesure de variation qui correspond à l'addition des écarts (élevés au carré) entre des scores et une moyenne.

Somme des carrés inter-groupes

Mesure de variation qui correspond à la somme des carrés des écarts entre les moyennes des groupes et la moyenne totale.

Somme des carrés intragroupe

Mesure de variation qui correspond à la somme des carrés des écarts entre les scores individuels et la moyenne de leur groupe respectif.

Somme moyenne des carrés

Mesure de variation que l'on calcule en divisant une somme des carrés par les degrés de liberté correspondants.

Somme totale des carrés

Mesure de variation qui correspond à la somme des carrés des écarts entre tous les scores et la moyenne totale.

Sous-ensemble

Cas choisis pour une analyse en fonction de leur score pour une ou pour plusieurs variables précises.

Spécification

Démonstration qu'une relation bivariée est tributaire de la valeur d'une variable de contrôle.

Statistique

Caractéristique d'un échantillon (voir Paramètre).

Statistiques

1. Nombres qui résument des informations. 2. Méthodes pour résumer quantitativement et pour généraliser des informations. 3. Caractéristiques d'un échantillon.

Statistiques descriptives

Méthodes dont on use afin de résumer quantitativement des informations.

Statistiques inférentielles

Méthodes permettant de généraliser des informations provenant d'un échantillon à une population plus vaste de laquelle est tiré l'échantillon.

t (*t* de Student)

Statistique qui décrit la distribution d'échantillonnage de la différence entre les moyennes ; équivaut à $\sqrt{F}$ avec $N - 1$ degrés de liberté. Utilisé dans les tests de signification statistique de la différence entre les moyennes pour une variable indépendante dichotomique et une variable dépendante d'intervalles/ratio.

Tableau ANOVA

Tableau présentant les résultats d'une analyse de variance.

Tableau partiel

Tableau bivarié intégré à un tableau multivarié et correspondant à l'une des catégories de la variable de contrôle (ou des variables de contrôle).

Tableau partiel d'ordre un

Sous-tableau d'un tableau partiel intégré à un tableau multivarié à une seule variable de contrôle.

tau-b (τ_b)

Mesure symétrique d'association convenant à des variables ordinales.

tau-c (τ_c)

Mesure symétrique d'association convenant à des variables ordinales.

Test *t*

Test de signification statistique de la différence entre deux moyennes. Équivaut à une analyse de variance avec un test F dans le cas où la variable indépendante est dichotomique.

Théorème de la limite centrale

À mesure que la taille N des échantillons augmente, la distribution d'échantillonnage de la moyenne s'apparente de plus en plus à une distribution normale, avec une moyenne égale à la moyenne de la population et un écart-type de $\frac{\sigma}{\sqrt{N}}$.

V de Cramer

Mesure symétrique d'association qui repose sur le chi-carré et qui convient à des variables nominales.

Variable

Caractéristique ou propriété dont la valeur varie de cas en cas.

Variable antécédente

Variable qui précède, dans la chaîne causale, la variable indépendante (donc également la variable dépendante).

Variable de contrôle (facteur test)

Variable maintenue constante lors de l'examen d'une relation bivariée.

Variable dépendante

Variable affectée par une variable indépendante.

Variable dichotomique

Variable n'ayant que deux valeurs.

Variable factice

Variable dont les valeurs sont 0 et 1 ; utilisée pour permettre l'introduction de variables nominales à l'intérieur d'analyses de corrélation ou de régression.

Variable d'intervalles/ratio

Variable mesurée à l'aide d'une unité standard ou constante.

Variable dissimulatrice

Variable qui masque une association d'ordre zéro entre deux variables.

Variable intermédiaire

Variable qui relie, dans une chaîne causale, une variable indépendante à la variable dépendante.

Variable nominale

Variable dont les valeurs ne sont pas ordonnées.

Variable standardisée

Variable dont tous les scores ont été convertis en scores-Z.

Variable ordinale

Variable dont les valeurs peuvent être ordonnées mais qui n'est pas mesurée à l'aide d'une unité constante.

Variance

Moyenne des carrés des écarts entre les scores et la moyenne (voir Écart-type).

Variation expliquée

Variation des scores de la variable dépendante expliquée par les scores d'une variable indépendante.

Bibliographie

Voici quelques livres sur les statistiques et des sujets connexes que mes étudiants et moi avons trouvés particulièrement utiles.

Méthodes de recherche en général

Le manuel de Earl Babbie, *Practice of Social Research*, huitième édition (Belmont, CA, Wadsworth, 1997) est une introduction aux méthodes de recherche qui est très utilisée en sociologie. Le texte de Babbie est clair et, tout en se concentrant sur les méthodes de sondage, il couvre la plupart des principales techniques de recherche utilisées en sciences sociales. Je recommande chaudement aussi le livre de Rodney Stark et ses collègues, *Contemporary Social Research Methods*, deuxième édition (Bellevue, WA, MicroCase Corporation, 1998) qui est accompagné d'un cahier d'exercices. Il y a aussi d'autres très bons textes de méthode, dont *Approaches to Social Research*, deuxième édition (New York, Oxford, 1993) par Royce Singleton Jr. *et al.*, et *Applied Social Research*, troisième édition (Fort Worth, TX, Harcourt Brace, 1994) par Duane R. Monette *et al.* [1].

Manuels généraux de statistiques

Si vous avez besoin d'une mise à jour en mathématiques élémentaires (les fractions, les formules, les graphiques, etc.), consultez

---

1. Il existe, en français, de bons manuels sur les méthodes de recherche en sciences sociales. Voir par exemple, *Recherche sociale: de la problématique à la collecte des données*, deuxième édition (Sainte-Foy, Presses de l'Université du Québec, 1992), publié sous la direction de Benoit Gauthier, de même que *Guide d'élaboration d'un projet de recherche* (Québec, Les Presses de l'Université Laval, 1988) par Gordon Mace, qui présentent les étapes de la recherche scientifique, de la définition du problème à l'observation sur le terrain (N.D.T.).

Mathematics for Introductory Statistics (New York, Wiley, 1969) par Andrew R. Baggaley. Ce livre est encore réédité après plus de 25 ans. Cela donne une bonne idée de sa qualité. Vous trouverez peut-être utile de consulter aussi le *Dictionary of Statistics and Methodology* de W. Paul Vogt (Newbury Park, Sage, 1993)[2].

Il se pourrait que vous trouviez utile de consulter un autre manuel de statistiques pendant que vous travaillez avec celui-ci. Une approche différente peut clarifier un raisonnement statistique ou une procédure. J'ai indiqué, dans la préface, qu'il existe plusieurs bons manuels de statistiques. L'un des meilleurs est celui de Herman J. Loether et Donald G. McTavish, *Descriptive and Inferential Statistics* (Boston, Allyn and Bacon, 1993). Dans leur livre, Loether et McTavish vont plus en profondeur que la plupart des manuels d'introduction, y compris celui-ci. J'aime aussi beaucoup le livre de Hubert M. Blalock, *Social Statistics*, deuxième édition révisée (New York, McGraw-Hill, 1979), sans doute parce que j'ai fait mes premières armes en statistiques avec la première édition de ce manuel. Dans son excellent livre, *Modern Data Analysis* (Pacific Grove, CA, Brooks/Cole, 1990), Lawrence C. Hamilton concentre son attention sur l'analyse exploratoire de données. D'autres manuels sont très bien faits : *Elementary Applied Statistics* (New York, Wiley, 1968) par Linton Freeman ; *Introduction to the Practice of Statistics* (New York, Freeman, 1993) par David S. Moore et George P. McCabe ; *Elementary Statistics in Social Research*, cinquième édition (New York, Longman, 1997) par Jack Levin et James Alan Fox. Enfin, *Contemporary Problems in Statistics* (New York, Oxford, 1971), dirigé par Bernhardt Lieberman, est constitué d'un ensemble de textes portant sur les statistiques et les questions qui y sont reliées[3].

La maison d'édition Sage Publications de Newbury Park en Californie publie des plaquettes bon marché sur les statistiques et les méthodes de recherche dans sa collection *Quantitative Applications in the Social Sciences*. Cette collection comptait 117 titres la dernière fois que je l'ai consultée et elle continue de s'accroître. La plupart des

---

2. Le *Dictionnaire pratique de mathématiques et statistiques en sciences humaines* (Paris, Éditions universitaires, 1970) par Jean-Jacques Pinty et Claude Gaultier, peut s'avérer utile en français (N.D.T.).

3. Voici quelques manuels généraux de statistiques en français: *Élements de méthodologie et d'analyse statistique pour les sciences sociales* (Montréal, McGraw-Hill, 1994) par Alain Gilles, *Les statistiques: une approche nouvelle*, deuxième édition (Montréal, McGraw-Hill, 1992) par Donald H. Sanders et François Allard, *Mathématiques et statistique appliquées aux sciences sociales* (Paris, Dunod, 1991) par Alain Blum, et *Statistiques*, deuxième édition revue et corrigée (Laval, Éditions Études vivantes, 1992) par Norma Gilbert et Jean-Guy Savard. On trouvera un excellent exposé sur l'analyse exploratoire de données dans *Pratique de l'analyse statistique des données* (Québec, Les Presses de l'Université Laval, 1986) par Richard Bertrand en collaboration avec Claude Valiquette (N.D.T.).

livres sont très courts [4] et chacun traite d'un sujet en particulier. Voici quelques titres qui illustrent l'étendue des sujets couverts dans cette collection : *Ecological Inference, Analysis of Nominal Data, Tests of Significance, Measures of Association, Applied Regression, Multiple Regression in Practice*. Vous verrez que la collection de Sage peut être très utile pour certains sujets.

On trouve de nombreuses vulgarisations sur les statistiques. Les meilleures et les plus amusantes sont : *How to Tell the Liars from the Statisticians* (New York, Dekker, 1983) par R. Hooke, *Statistical Exorcist : Dispelling Statistics Anxiety* (New York, Dekker, 1984) par M. Hollander et F. Proschan, et, bien sûr, quelques classiques dont *How to Lie with Statistics* (New York, Norton, 1954) par D. Huff, et *Say It with Figures* (New York, Harper and Row, 1957) par Hans Zeisel.

Pour une évaluation stimulante et provocatrice du mode et de l'écart-type, ne manquez pas *Full House* (New York, Harmony Books, 1996) par Stephen Jay Gould. Gould utilise le mode et l'écart-type pour expliquer pourquoi on ne trouve plus de frappeurs au baseball qui atteigne une moyenne au bâton supérieure à 0,400, et pourquoi il n'y a plus de progrès dans l'évolution en dépit du fait que les formes de vie sont de plus en plus complexes. Quel livre !

Sur les probabilités, consultez le livre de Irving Adler, *Probability and Statistics for Everyman : How to Use and Understand the Laws of Chance* (New York, New American Library, 1963) qui est facile d'accès et plein d'exemples.

Vous préféreriez regarder les statistiques à la télévision ? Glissez dans votre magnétoscope une cassette de *Against All Odds : Inside Statistics* (Annenberg/Corporation for Public Broadcasting). Il s'agit d'un cours télévisé en 26 leçons intéressantes et bien faites. Insight Media de New York distribue plus de 30 cassettes vidéo sur les statistiques et la présentation visuelle d'informations, y compris les cassettes de *Against All Odds*. On trouve aussi de courts enregistrements (20-25 minutes) sur les statistiques de base dans la série *Why Use Statistics* chez Films for the Humanities and Sciences.

Analyse tabulaire

Plusieurs livres de la collection *Quantitative Applications* de Sage peuvent être très utiles :
–   sur les tableaux croisés : *Analysis of Nominal Data* par H.T. Reynold, *Analysis of Ordinal Data* par David Hildebrand *et al.*, et *Measures of Association* par Albert M. Liebetrau ;

---

4.   La publicité de la maison Sage soutient que les livres de la collection *Quantitative Applications* ont autour de 88 pages, mais elle ne dit pas si ce nombre est une moyenne ou une médiane.

—   sur les tests de signification : *Understanding Significance Testing* par Lawrence B. Mohr, *Tests of Significance* par Ramon E. Henkel.

Les statisticiens débattent de la pertinence et de l'utilité des tests de signification depuis des années. Denton Morrison et Ramon Henkel ont rassemblé les arguments pour et contre dans leur livre *Significance Test Controversy : A Reader* (Chicago, Aldine-Atherton, 1970).

Le livre de Morris Rosenberg, *Logic of Survey Analysis* (New York, Basic Books, 1968) est le meilleur ouvrage sur le modèle de l'élaboration bien que celui de James A. Davis, *Elementary Survey Analysis* (Englewood Cliffs, NJ, Prentice-Hall, 1970) soit excellent lui aussi. Dans leur livre *Delinquency Research : An Appraisal of Analytic Methods* (New York, Free Press, 1967), Travis Hirschi et Hanan Selvin soulèvent des questions importantes concernant l'analyse causale et le modèle d'élaboration. C'est un livre pénétrant même pour nous qui ne nous intéressons pas à la recherche sur la délinquance[5].

Graphiques et autres présentations visuelles

Personne n'a écrit sur la communication de l'information avec plus d'intelligence ou un meilleur sens de l'esthétique que Edward R. Tufte dans son livre *Visual Display of Quantitative Information* (Cheshire, CT, Graphics Press, 1983). Ce livre est un délice pour l'esprit et les yeux, tout comme l'autre livre plus général de Tufte, *Envisioning Information* (Cheshire, CT, Graphics Press, 1990). Ce sont des livres splendides, parmi mes préférés.

Le livre de Robert Leffert, *How to Prepare Charts and Graphs for Effective Reports* (New York, Barnes and Noble, 1981) et celui, plus avancé, de C.F. Schmid, *Statistical Graphics : Design Principles and Practices* (Melbourne, FL, Krieger, 1992) sont plus prosaïques mais tout aussi utiles. *Elements of Graphing Data* (Murray Hill, NJ, AT&T Bell Laboratories, 1994) par William S. Cleveland, est aussi très bon.

Analyse de variance, de régression et de corrélation

Les ouvrages suivants, tous de la collection *Quantitative Applications* de Sage, peuvent être utiles soit comme introduction à ces sujets pour les deux premiers, soit pour un exposé plus poussé pour les deux derniers : *Understanding Regression Analysis* par Larry D. Schroeder *et al.*, *Applied Regression* par Michael S. Lewis-Beck, *Multiple Regression in*

---

5.   Pour un exposé en français du modèle de l'élaboration et des problèmes de l'analyse causale, voir *L'analyse mathématique des faits sociaux*, deuxième édition (Paris, Plon, 1970) par Raymond Boudon (N.D.T.).

Practice par William D. Berry et Stanley Feldman, et *Analysis of Variance*, deuxième édition, par Gudman R. Iversen et Helmut Norpoth. Le livre de W.C. Guenther, *Analysis of Variance* (Englewood Cliffs, NJ, Prentice-Hall, 1964) et celui de Modecai Ezekiel et K.A. Fox, *Methods of Correlation and Regression Analysis*, troisième édition (New York, Wiley, 1967) sont des références fréquentes dans ces domaines.

Ouvrages divers

L'association américaine de sociologie publie un petit guide très utile pour les citations et les références : *Style Guide*. Il est aussi clair que bref. D'autres ouvrages discutent de stratégies de rédaction et de style : *Short Guide to Writing About Social Science* (New York, HarperCollins, 1993), par Lee Cuba, *Sociology Writing Group's Guide to Writing Sociology Papers* (New York, St. Martin's Press, 1994), et *Writing Empirical Research Reports* (Los Angeles, Pyrczak, 1996) par Fred Pyrczak et Randall R. Bruce[6].

Vous vous intéressez à l'histoire des statistiques ? Stephen M. Stigler a écrit sur ce sujet avec intelligence et élégance dans *History of Statistics : The Measurement of Uncertainty Before 1900* (Cambridge, MA, Harvard, 1986). Mais son texte exige des connaissances statistiques qui dépassent ce que j'ai présenté dans ce manuel. Le livre de Theodore M. Porter, *Rise of Statistical Thinking : 1820-1900* (Princeton University Press, 1986) est moins exigeant mais tout aussi intéressant. Enfin, celui de F.N. David, *Games, Gods and Gambling* (New York, Oxford, 1962) est une histoire des probabilités facile à lire[7].

À propos de l'importance du jeu et de la réflexion, je recommande les travaux de Doublas Hofstadter, à la fois pour leur contenu et comme exemples. Son *Godel, Escher, Bach* est un « tour de force[8] », mais vous devriez commencer par son *Metamagical Themas* (New York, Basic Books, 1985). Hofstadter joue avec les idées avec élégance et exubérance. Pour améliorer vos aptitudes en calcul en apprenant à travailler avec des grands nombres, lisez le chapitre « On Number Numbness » (« À propos de la torpeur des chiffres ») dans *Metamagical*

---

6. En français, on pourra consulter *Comprendre et communiquer la science*, deuxième édition (Bruxelles, De Boeck Université, 1996) dans lequel Jean Crête et Louis M. Imbeau proposent des règles de communication écrite et orale pour les producteurs et les consommateurs de connaissances scientifiques en plus de décrire la logique de la recherche scientifique (N.D.T.).

7. Il existe quelques ouvrages d'histoire de la statistique en français. Voir, entre autres, *La politique des grands nombres : histoire de la raison statistique* (Paris, Éditions La Découverte, 1993) par A. Desrosières, et *Histoire de la statistique* (Paris, Presses universitaires de France, 1990, Coll. Que sais-je ?) par Jean-Jacques Droesbeke et Philippe Tassi (N.D.T.).

8. En français dans le texte (N.D.T.).

Themas. Vous aurez du plaisir à apprendre à mieux comprendre les budgets des administrations publiques, ou le slogan de McDonald (« Billions and Billions Served » (« Nous en avons servi des milliards »), ainsi que les autres nombres gigantesques au milieu desquels nous vivons. Sur l'aptitude en calcul en général, lisez *Innumeracy* (New York, Penguin, 1988) et *Beyond Numeracy* (New York, Penguin, 1991) par John Paulo.

La plupart des livres que j'ai cités sont non seulement utiles mais aussi agréables à lire. Voici cependant ma proposition pour le prix du livre de statistiques le plus ennuyeux qui ait jamais été publié : *Million Random Digits with 100,000 Normal Deviates* publié par la Rand Corporation. Très utile, sans doute, mais très ennuyeux !

Index

A

analyses bivariées 26
analyses multivariées 26, 312
analyses univariées 26
ANOVA 227, 327
association 144
    (*voir aussi* mesure
    d'association)
asymétrie 87, 89, 101, 179

B

banque de données 5, 29
biaisée (estimation) 95

C

C 171
carrés moyens 238
cartographie 58
cas 5, 19
cas déviants 57, 88
catégories 61
    collectivement exhaustives 16, 17
    fusionner 46
    mutuellement exclusives 16
causalité 144, 277, 292, 299
chi-carré 154, 171

coefficient
    d'aliénation 275
    de contingence de Pearson 171
    de détermination 275
    de détermination multiple 327
    de prédiction de Guttman 175
constante 9, 98, 265
contingence moyenne au carré 174
corrélation 253
    coefficient de 269

D

Darwin, Charles 269
degrés de liberté
    95, 159, 237, 240, 279
    de la variance 95, 105
déviation 82
devis expérimental 312
diagramme
    circulaire 53
    de dispersion 254
    en bâtons 53
    en bâtons divisés 141, 146
    en boîtes 204, 256, 259
dichotomies 203
différence entre les moyennes 204
dispersion 92

distribution
    de fréquence bivariée 126
    d'échantillonnage 108,
    117, 153, 208, 242
    forme d'une 100
    normale 105, 117, 232
    symétrique 86
    cumulative 41, 61
    de fréquences 33, 34, 61
    de pourcentages 33, 38, 61
    marginale 127
données 4, 29
    agrégées 21, 30
    brutes 34
    d'échantillon 29
    écologiques 22, 30, 58
données manquantes
    21, 62, 116, 146
    exclusion 51
    exclusion «en liste» 282
    exclusion «en paire» 281
droite de régression, *voir* régression
    264
droite des moindres carrés 264
Durkheim, Émile 22, 145
D_{yx} de Somers 187

E

E^2 244, 249
écart-type 92, 97, 116
échantillonnage aléatoire 8, 232
échantillons 7
échelle 9, 29
élaboration 298, 310
erreur 274
    alpha (de type I) 152
    bêta (de type II) 153
    écologique 23, 30
erreur-type 111, 117, 212
explication 298

F

F 242
facteur de test 298
fausseté écologique 23

fichier de données 5, 19, 29
fréquence 34
    anticipée 154
    combinée 127
    de cellule 127
    observée 154

G

Galton, Sir Francis 269, 273
gamma 181
gamma partiel 308
Goodman 181
Gossett, William S. 210
Gould, Stephen Jay 146
groupe expérimental 312
groupe-contrôle 312

H

histogramme 55
homoscédasticité 217
hypothèse nulle 150

I

indépendance 232
intensité des relations 258
interaction 246, 325
interprétation 307
intersection 265
intervalle de confiance, 112 117
    pour les différences entre les
    moyennes 220

K

Kendall, Maurice G. 191
King, Martin Luther 24
Kruskal 181
kurtose 101

L

lambda 175
Lazarsfeld, Paul 298

M

médiane 72, 86, 89
mesure 9, 29
  d'association 170, 179, 245
  symétrique d'association 272
  de tendance centrale 69
Michels, Roberto 22
mode 70, 86, 89
moindres carrés, droites des 262
moyenne 78, 85, 89
multicolinéarité 326

N

National Opinion Research Center
  8, 19
niveau alpha 153
  de mesure 10, 29, 85, 114
  de signification 151, 153

O

ordre un 298
ordre zéro 298

P

φ 171
paramètre 8, 29
Pearson, Karl 171, 269, 273
pente 265
Platon 24
populations 7
pourcentage 38
probabilité 151
produit croisé 271
proportion 39

R

R-carré 327
ratio de corrélation 245
ratio F 239, 248
réduction des erreurs 274
réduction proportionnelle de l'erreur
  (RPE) 178, 181, 185, 245, 274

régression 253, 265, 320
  coefficient de 266, 267
  coefficients non standardisés 323
  coefficients standardisés 328
  droite de 262, 321
  équation de 265
  linéaire 265
  multiple, équation de 323
  plan de 322
relation 134, 270
  causale 292
  curvilinéaire 136
  fallacieuse 298, 299
  linéaire et non linéaire 277
  monotonique 135
  négative 257
  positive 257
reproduction 300
résidus 263, 327

S

scores 9, 29
  standardisés 103, 116
scores-Z 103, 116
signification
  « réelle » 163
  statistique 150, 163
Somers, Robert H. 187
somme des carrés 82, 94, 237,
  267, 274
  à l'intérieur des groupes 244, 248
  de la régression 327
  entre les groupes 236, 248
   intergroupes 236
  intra-groupe 235
  moyenne 327
  totale 235, 244, 248, 327
spécification 303
statistiques 4, 8, 29
  descriptives 5, 29
  inférentielles 6, 29, 165
Student 210

T

t de Student 210, 242
tableau ANOVA 243
    conditionnel 296
    de fréquences 36, 125
    de pourcentages 39, 128
    lisible 44
    partiel 296, 298
tau-b 191
tau-c 191
tendance centrale 69, 89
test
    bilatéral 219
    de signification, coefficient de
    corrélation 278, 330
    différence des moyennes 204
    du chi-carré 154
    post-hoc 247
    t 208
    unilatéral 219
théorème de la limite centrale 111
Thoreau 24

U

unité d'analyse 5, 29

V

V de Cramer 171, 173
variabilité 92
variable 9, 19, 29
    antécédente 293, 299
    continue 17, 30
    contrôle 298
    de proportion 14
    de ratio 14
    dépendante 125
    dichotomique 11, 83, 116, 203,
    248
    dichotomique et corrélation 276
    dichotomique, et régression 332
    d'intervalles 13
    d'intervalles/ratio 15, 29, 85, 143
    discrète 17, 30
    dissimulatrice 304
    écologique 22, 62
    factice 333
    factice, et régression 332
    indépendante 125
    intermédiaire 306
    nominale 10, 29, 86, 114, 138,
    141, 143
    ordinale 11, 29, 86, 115
    standardisée 104, 116
variance 92, 93, 116
    intergroupe 238
    intra-groupe 238
    totale 238
variation 92

MARQUIS

Québec, Canada